周金堂　刘　勇／主编

陈鸿宇／副主编

中国县域经济前沿

2012~2013

Frontier of County Economics in China
2012~2013

经济管理出版社

ECONOMY & MANAGEMENT PUBLISHING HOUSE

图书在版编目（CIP）数据

中国县域经济前沿. 2012~2013/周金堂等主编. —北京：经济管理出版社，2014.8
ISBN 978-7-5096-3300-7

Ⅰ.①中…　Ⅱ.①周…　Ⅲ.①县级经济—区域经济发展—中国—2012~2013—文集
Ⅳ.①F127-53

中国版本图书馆 CIP 数据核字（2014）第 187197 号

组稿编辑：申桂萍
责任编辑：宋　凯
责任印制：黄章平
责任校对：陈　颖

出版发行：经济管理出版社
　　　　　（北京市海淀区北蜂窝 8 号中雅大厦 A 座 11 层　100038）
网　　　址：www.E-mp.com.cn
电　　　话：（010）51915602
印　　　刷：三河市延风印装厂
经　　　销：新华书店
开　　　本：720mm×1000mm/16
印　　　张：24.5
字　　　数：398 千字
版　　　次：2014 年 12 月第 1 版　　2014 年 12 月第 1 次印刷
书　　　号：ISBN 978-7-5096-3300-7
定　　　价：88.00 元

序一　在第二届中国县域经济高峰论坛开幕式上的致辞

李　捷

（2012 年 8 月 28 日）

尊敬的各位领导、各位学者：

　　在迎接党的十八大召开的重要时刻，我们今天有幸相聚在广东省惠州市，共同研讨我国县域经济科学发展大计，这很有意义。我代表中国社会科学院，向论坛的成功举办表示热烈祝贺！向对论坛的举办给予大力支持和帮助的惠州市委、市政府表示衷心感谢！向前来参加这次论坛的各位学者表示热烈欢迎！向关心、支持中国区域经济学会县域经济专业委员会发展的各界人士致以诚挚的问候和衷心的感谢！

　　当前，举国上下都在以饱满的热情迎接党的十八大胜利召开。这次代表大会，在高举中国特色社会主义旗帜、全面贯彻落实科学发展观、加快转变经济发展方式，全面推进改革开放和现代化建设事业上，必将起到积极的指导和推动作用。而在贯彻落实科学发展观、加快转变经济发展方式，全面推进经济、政治、文化、社会等各项改革和建设事业，以至于全面建成小康社会和基本实现现代化的战略布局上，县域经济始终占有至关重要的地位，始终发挥着战略衔接点和支撑点的作用。

　　2006 年，我曾经受滕文生同志的托付，到江西省进行县域经济的专题调研。所到之处，使我深深地体会到：县域活则全省活，县域兴则全省兴。凡是有远见的领导者，无不把谋划全局发展战略的中心首先放在县域，无不把推动全局发展战略的抓手首先放在县域，并以县域发展的典型经验指导和带动全局。同时，从中国历史发展的长河看，可以说，自秦确立了郡县制以来，历代有作为的政治家都高度重视县域治理。县域的兴衰治乱，直接关乎国家的兴衰存亡。而从政治家的培养规律看，许许多多有作为、有胆识、有智慧的政治人才，大多经历过掌管县域的台阶，他们的许多理想和抱负，往往是从治理县域中萌发出来的；他们的许多才干和经验，也是从治理县域中积累起来的；他们的超群拔萃，大多也是在治理县域中初见端倪的。可见，不谋县，不足以谋一省、一国，这是中国历史发展与现实反复证明了的一个基本规律。

党的十一届三中全会以来，县域经济随着改革开放的深入开展而得到蓬勃发展。改革开放以来，我国县域经济发展方兴未艾，积累了丰富的成功经验，成为中国经验、中国道路的亮点之一，并为国内外专家所瞩目。党中央、国务院历来重视县域经济发展，大力支持县域经济发展，相继出台一系列相关政策，为我国县域经济发展创造有利的环境。需要特别指出的是，当前许多地方的县域经济社会发展情况很不尽如人意，远不能适应贯彻落实科学发展观、加快转变经济发展方式的客观需要。突出的表现是：县域经济社会发展战略的整体性规划和顶层设计严重不足，存在着各谋其政、各自为政的情况；县域经济社会发展的事权、责任与财权不匹配，甚至是严重脱离，致使想干事者也干不成事、想统筹者也难以统筹；支持县域发展的许多政策及其配套经费，受到条条块块的体制性制约，难以整合成为一股力量，很难在县域发展的总体思路、总体战略指导下科学支配、自主运用。在中国的历史与现实发展中，我们经常会看到一个现象：问题表现在县域，根源在上面。因此，解决这些问题的出路，不能就事论事，不能就县域论县域，而要从更高的层面看问题。种种情况表明，随着改革开放的深入发展，国家综合实力特别是财政能力的迅速提高，为了全面贯彻落实科学发展观、加快转变经济发展方式，必须把县域经济社会发展如何实现全面协调可持续、做到"五个统筹"提高到国家重大决策层面上，作为战略问题和根本问题提出系统的下一步改革发展思路，并作为国家根本大计来推动。

我们还要看到，一些地方在大力推动和搞活县域经济社会发展方面，已经有一些成功经验。这些实践证明，只要措施得当，思路明确，符合规律，持之以恒，中国特色县域经济社会科学发展之路并不是梦想，而是一条在现实当中存在的康庄大道。由此观之，中国县域经济学会等举办中国县域经济高峰论坛，意义十分重大。我相信，以本届高峰论坛为新的发展起点，我国县域经济发展交流研讨必将跨入一个崭新的活跃时期。

　　在此，感谢惠州市委、市政府对本届高峰论坛的大力支持！感谢惠州市委办公室、市政府办公室、惠州市发展和改革局、惠州市社会科学界联合会以及相关单位为本届高峰论坛提供周到的服务！并预祝第二届中国县域经济高峰论坛取得圆满成功！

序二　在第二届中国县域经济高峰论坛 开幕式上的致辞

中共惠州市委副书记　陈训廷

（2012 年 8 月 28 日）

尊敬的李捷副院长、各位领导、各位来宾，同志们：

今天，"第二届中国县域经济高峰论坛"在惠州隆重开幕了，这是全国区域经济学界的一件盛事，也是惠州政治经济生活的一大喜事。这次高峰论坛选择在惠州举办，体现了中国区域经济学会、中国社会科学院工业经济研究所对惠州的信任、关爱和支持，使我们备受鼓舞、备感振奋！在此，我谨代表惠州市委、市政府对论坛的举办表示热烈祝贺！向远道而来的各位领导、各位嘉宾表示热烈的欢迎和衷心的感谢！

县域经济是国民经济的重要支撑力量，是实现城乡区域协调发展的重要环节。统筹城乡协调发展，基础在县域，难点在县域，希望在县域。惠州既有经济相对发达的沿海沿江地区，又有发展相对滞后的山区，在区域协调发展方面既是广东的缩影，也是全国的缩影。多年来，我们紧紧围绕建设科学发展"惠民之州"总目标，坚持"民共建、民共富、民共享、民共乐、民共治"，把发展县域经济作为"加快转型升级，建设幸福惠州"的基石，以创新完善富县强镇制度设计为抓手，实施差异化绩效评价和考核办法，激发县域经济发展活力；以实施《珠江三角洲地区改革发展规划纲要》为契机，围绕推进"深莞惠一体化"和"城乡一体化"，大力加强基础设施建设和城乡规划，深入推进基本公共服务均等化，夯实县域经济基础；以推进"双转移"和"三保持一促进"为手段，加大对县域经济发展的扶持力度；以主体功能区规划建设为重点，优化产业布局，着力培育特色产业，形成产业集群，增强县域经济发展的竞争力。目前，我市县域经济对全市经济增长的贡献率 39%，财政收入占全市总量的 20.3%，呈现速度加快、结构优化、活力增强的良好态势。

中国县域经济高峰论坛是全国性、专业性、高规格、高水平的县域经济论坛。这次论坛以"转变县域经济发展方式，促进区域经济科学发展"为主题，对惠州发展具有重要的指导作用，对全国县域经济发展也将产生积极的影响。我们真诚期望各位领导、专家、学者深入解剖惠州县域经济，给我们多提宝贵意见。我们将以这次论坛为契机，认真吸纳大家的真知灼见，借鉴学习兄弟城市的先进经验，把论坛的成果转化为县域经济发展的具体措施，促进我市县域经济又好又快发展、又快又好转型。这次论坛为我们架起了一座友谊的桥梁，搭建了交流合作的平台，真诚欢迎大家在惠州多走走看看，体验"半城山色半城湖"的惠州风光，品略"岭南名郡"的历史文化，感受惠州人民的热情好客。

最后，祝大家工作顺利，身体健康，阖家幸福！

目 录

总论篇

"十二五""六大战略"引领和促进县域经济科学发展

周金堂①

"十二五"规划纲要是我国"十二五"期间的发展蓝本。县域经济是国民经济的基本单元，属于区域经济的范畴，是宏观经济和微观经济的衔接处，也是城市经济和农村经济的结合部，更是工业经济和农业经济的交会点。县域经济的本质就是民生经济。发展县域经济对统筹城乡发展，大力推进以城带乡，以工促农，有效解决"三农"问题，切实改善民生，提高人民的生活水平，全面建成小康社会有着举足轻重的作用。面对加快经济发展方式转变的现实，"十二五"期间，要有效组织实施《国民经济和社会发展十二五规划纲要》提出的六大发展战略，必须立足我国区域经济发展实际，理性面对县域的要素禀赋现状和县域发展不平衡的现实，坚持以科学发展观为指导，切实转变发展方式，着力调整经济结构，大力实施创新驱动战略，努力把县域工业化、信息化、城镇化、农业现代化同步协调发展这篇大文章、难文章做足做实做好，进而不断为县域经济实现持续健康稳步发展提供新的动力，拓展新的领域，开辟新的途径，开启新的篇章。

一、可持续发展战略引领县域经济走向可持续发展

根据"十二五"主基调是"加快转变经济发展方式"，关键是"加快"，成败

---

① 周金堂，中国井冈山干部学院副院长、教授、研究员、党建学科带头人、硕士生导师，武汉大学中国中部发展研究院博士研究生。

是"转变"，主题是改革，内容是创新的要求，"十二五"规划纲要明确提出要大力实施可持续发展战略。

可持续发展是一个涉及经济、社会、文化、技术及自然环境的综合概念。它是一种立足于环境和自然资源角度提出的关于人类长期发展的战略和模式。第八次世界环境与发展委员会关于人类未来的报告《我们共同的未来》是这样定义可持续发展的："既满足当代人的需求，又不对后代人满足其自身需求的能力构成危害的发展。"这一概念在 1989 年联合国环境规划署（UNEP）第 15 届理事会通过的《关于可持续发展的声明》中得到接受和认同。即可持续发展系指既满足当前需要，而又不削弱子孙后代满足其需要之能力的发展，而且绝不包含侵犯国家主权的含义。联合国环境规划署理事会认为，可持续发展涉及国内合作和跨越国界的合作。可持续发展意味着国家内和国际间的公平，意味着要有一种支援性的国际经济环境，从而导致各国特别是发展中国家的持续经济增长与发展，这对于环境的良好管理也具有很重要的意义。可持续发展还意味着维护、合理使用并且加强自然资源基础，这种基础支撑着生态环境的良性循环及经济增长。此外，可持续发展表明在发展计划和政策中纳入对环境的关注与考虑，而不代表在援助或发展资助方面的一种新形式的附加条件。综合各方面论述，可持续发展包括了两个重要概念：一是人类要发展，要满足人类的发展需求；二是不能损害自然界支持当代人和后代人的生存能力。

可持续发展战略和模式并不是一般意义上所指的在时间和空间上的连续，而是特别强调环境承载能力和资源的永续利用对发展进程的重要性和必要性。在我国已经进入只有加快经济发展方式转变，着力调整经济结构才能保持经济持续健康发展的关键时期，必须对"十二五"规划编制的作用和实施可持续发展战略对推动和促进县域经济发展的功用有一个理性的、客观的认识。

（一）正确认识和理解可持续发展战略的基本内涵是县域实施可持续发展的重要前提

可持续发展战略的实施是应对发展理念变革、模式转型、路径创新的一种战略性理念的转变与落实。而要运用可持续发展战略的引领力，必须对这种战略的基本内涵有一个客观的认识和准确的把握。

第一，可持续发展鼓励经济增长。在我国，发展仍然是第一要务，是解决一切问题的"总钥匙"。没有经济社会的平稳较快发展，国强民富的目标就难以实现。强调经济增长以往是通过经济增长来提高当代人福利水平，增强国家实力和社会财富。但可持续发展不仅要重视经济增长的数量，更要追求经济增长的质量。也就是说，经济发展包括数量增长和质量提高两部分。数量的增长是有限的，而依靠科学技术进步提高经济活动中的效益和质量，采取科学的经济增长方式才是可持续的。因此，可持续发展要求重新审视如何实现经济增长。要达到具有可持续意义的经济增长，必须审计使用能源和原料的方式，改变传统的以"高投入、高消耗、高污染"为特征的生产模式和消费模式，坚持把建设资源节约型、环境友好型社会作为加快转变经济发展方式的重要着力点，深入贯彻节约资源和保护环境的基本国策，实施清洁生产和文明消费，从而减少每单位经济活动造成的环境压力。从经济发展遭遇环境困境的实际情况来看，环境退化的原因产生于经济活动，其解决的办法也只有在经济发展实践中寻找和选用。

第二，可持续发展的标志是资源的永续利用和良好的生态环境。经济和社会发展不能超越资源和环境的承载能力。可持续发展以自然资源为基础，同生态环境相协调。它要求在严格控制人口增长、提高人口素质和保护环境、资源永续利用的条件下，进行经济建设，保证以可持续的方式使用自然资源和环境成本，使人类的发展控制在地球的承载力之内。可持续发展强调发展是有限制条件的，没有限制就没有可持续发展。要实现可持续发展，必须使自然资源的耗竭速率低于资源的再生速率，必须通过转变发展模式，从根本上解决环境问题。如果经济决策中能够将环境影响全面系统地考虑进去，这一目的是能够达到的。但如果处理不当，环境退化和资源破坏的成本就非常巨大，甚至会抵消经济增长的成果而适得其反。

第三，可持续发展的目标是谋求社会的全面进步。发展不仅仅是经济问题，单纯追求产值的经济增长不能体现发展的内涵。可持续发展的观念认为，世界各国的发展阶段和发展目标可以不同，但发展的本质应当包括改善人类生活质量，提高人类健康水平，创造一个保障人们平等、自由、教育和免受暴力的社会环境。也就是说，在人类可持续发展系统中，经济发展是基础，自然生态保护是条件，社会进步才是目的。而这三者又是一个相互影响的综合体，只要社会在每一个时间段内都能保持与经济、资源和环境的协调，这个社会就符合可持续发展的要求。显然，在新的世纪里，人类共同追求的目标，是以人为本的自然—经济—

社会复合系统的持续、稳定、健康的发展，我国县域经济的发展也不例外。

（二）紧密结合我国区域经济发展实际，推动县域经济可持续发展

经过 30 多年的改革开放，我国经济发展取得了巨大的成就，目前已成了世界第二大经济体，但发展不平衡、不协调、不可持续的问题仍然突出，产能过剩，部分企业投资效益低下，新兴产业尚未形成真正的增长动力，经济增长的内生动力尚未真正开启，城乡差距、地区差距、收入差距等现象亟待解决，就业、医疗、教育、养老、环境等民生保障还需继续完善，再加上我国人口基数大，人均资源少，石油、铁矿等矿产资源外向依赖程度高，使我国的可持续发展面临前所未有的压力和挑战。从县域来看，经济底子薄、发展基础差，这使县域推进新型工业化普遍面临资源不足、结构不合理、技术水平不高、资源利用率较低等问题[1]。这种客观现实，要求在发展县域经济过程中必须高度重视可持续发展，坚持以科学发展观为指导，以"十二五"规划为蓝图，结合各县市的实际情况，转变发展方式，发展循环经济，推广低碳技术，促进绿色生态经济发展，不断为实现经济社会发展与人口资源相协调、永续走可持续发展之路创造条件。

第一，要面对新形势、新任务，重点把好"控"和"转"这两道关。把好"控"关，这是因为目前沿海及大城市都处在经济结构转型升级的关键时期，产业梯度转移和一些能耗高、用工量大的企业向内地和县域转移的现象比较普遍，这一方面对中西部和落后地区县域经济的发展是一个机遇，同时也带来了生态保护的压力和环境污染的风险，承接产业梯度转移的县级政府及有关部门要严格把好"进入"关，坚决控制有污染和破坏生态环境的企业、产业进入县域。把好"转"关，这是因为县域地域辽阔、人口众多、土地资源丰富、发展经济的支撑条件特殊。县级政府应根据建设环境友好型、资源节约型两型社会的要求，加快对现有工业企业的转型升级，对那些低质同构的有污染和重复建设的企业该关停的坚决关停。要利用县域经济是农村经济与城市经济结合部的优势，依托特殊资源，发展特色产业，尤其要把形成壮大绿色低碳特色产业的文章做足做实，大力推进第三产业的发展，围绕做大做强旅游产业，因县制宜发展农家乐、绿色产品、特色养殖、特色种植、特色农产品加工、观光农业、休闲养生产业，拓宽县

---

① 周金堂.国家背景下的工业化与县域经济发展［M］.北京：经济管理出版社，2005：110-155.

域居民收入渠道，提高农民收入水平，挖掘农村消费市场潜力，增强农村消费能力，为县域经济实现平衡、绿色、可持续发展创造条件。

第二，要结合各地实际，培育实施可持续发展的新典型，发挥榜样引领示范作用。可持续发展的理论变成行动和经济社会发展的成果，需要有好的规划指导、切实可行的政策措施保障和成功的样板示范引领。这些年来，从东到西，从南到北，县域实施可持续发展的成功案例很多，给了人们不少的启发，也值得县域在发展中相互学习借鉴。例如：河北省香河县努力打造"环北京绿色经济圈"科学发展①，随着京津冀区域经济一体化步伐不断加快、北京经济圈纳入国家"十二五"规划和环北京绿色经济圈的加速崛起，香河县抢抓发展机遇、放大区位优势，定位于建设一流北京"后花园"，打基础、筑平台、强功能、增实力，以"中国家具之都、现代产业高地、休闲商务新城、生态宜居家园"为平台，按照"坚持科学发展、推进富民强县、建设幸福家园"的奋斗目标，大力承接首都产业转移，全面提升对接首都设施条件和外部吸引力，不遗余力地推进"财富香河"、"生态香河"、"平安香河"、"幸福香河"建设，打造率先发展的"小高地"，以一流的工作业绩领跑环北京绿色经济圈。截至2012年6月底，全县财政收入完成14.9亿元，同比增长23.8%；地区生产总值初步测算完成64.7亿元，同比增长10.3%；固定资产投资完成39.2亿元，同比增长26.3%；城镇居民人均可支配收入和农民人均现金收入分别达到15181元和9105元，同比分别增长14.2%和13.5%。

香河县以可持续发展为基本要求，坚持发展率先，抓好产业转型，全力打造"财富香河"，坚持一产抓特色，在"绿"字上做文章；二产抓迈进，在"强"字上做文章；三产抓拓展，在"大"字上做文章。同时坚持环境争先，提升城乡面貌，全力打造"宜居香河"，以建设北京城市功能拓展承接地为目标，加快推进与北京的融合进程，走出一条快速、高效的可持续发展道路。

香河县的成功做法告诉我们，县域实施可持续发展战略天地宽、领域广、办法多，只要坚持以科学发展观为指导，坚持因县制宜，坚持改革创新，坚持以人为本，是可以取得令当代人和下几代人都满意的效果的。

① 李文建等. 香河县努力打造"环北京绿色经济圈"科学发展［EB/OL］. http://www.xyshjj.cn/ News/ sxdx/201208/59313.html，2012-8.

二、扩大内需战略拉动县域经济稳步健康发展

构建扩大内需的长效机制，发挥投资对扩大内需的重要作用，有效抵御外部冲击，必须把经济增长建立在国内需要的基础之上，正确处理好城乡一体化和经济增长与提高居民特别是县域居民收入水平和消费能力的关系，更加注重民生问题，特别是社会保障和公共服务在二次分配中的比重，把扩大内需战略的实施建立在更加有利于促进县域经济的健康协调发展的基础之上。

（一）推动县域经济科学发展，必须全面正确认识和坚决执行扩大内需战略

"十二五"规划提出的"坚持扩大内需战略"，是我国经济实现转型升级发展的重要战略，也是县域经济发展的战略基点和着力点。内需，即内部需求，包括投资需求和消费需求两个方面。扩大内需，就是要通过发行国债等积极财政货币政策，启动投资市场，通过信贷等经济杠杆，启动消费市场，以拉动经济增长。对我国这样一个发展中大国来说，拉动经济增长的最主要力量仍然是国内需求，这是我国经济发展的坚实基础。坚持扩大内需特别是消费需求的战略，必须充分挖掘我国内需的巨大潜力，着力破解制约扩大内需的体制机制障碍，加快形成消费、投资、出口协调拉动经济增长新局面。

世界经济全球化程度加深，国际市场风险加剧，外贸出口难度加大，使扩大内需战略成为我国的政策现实选择。加强和改善宏观调控，巩固和扩大应对国际金融危机冲击成果是"十二五"时期经济建设的重要任务。要处理好保持经济平稳较快发展、调整经济结构和管理通胀预期的关系，保持宏观经济政策的连续性和稳定性，避免经济大的起落。要注意调控政策的短期和长期效应的契合，加强各项政策协调配合，为促进经济平稳较快发展提供保障。

要着眼建立扩大消费需求的长效机制，把扩大消费需求作为扩大内需的战略重点，进一步释放城乡居民消费潜力，逐步使我国国内市场总体规模位居世界前列。要积极稳妥推进城镇化。扩大内需巨大潜力在于统筹城乡发展，大力推进新型城镇化，在统筹大中小城市和小城镇协调发展的同时，充分发挥县域的作用，努力构建一个从东到西、由南到北、梯次推进的城镇化发展格局。大力发展服务

业和中小企业，增加就业创业机会。要完善收入分配制度，合理调整国民收入分配格局，着力提高城乡中低收入居民的收入，增强居民消费能力。要增加政府支出用于改善民生和社会事业的比重，扩大社会保障制度覆盖面，逐步完善基本公共服务体系，形成良好的居民消费预期。要在完善消费的政策，改善消费环境，保护消费者权益，促进消费结构升级上下功夫，加强市场流通体系建设。合理引导消费行为，倡导文明、节约、绿色、低碳消费模式。

要在调整优化投资结构上下功夫。发挥投资对扩大内需的重要作用。要根据"十二五"前期国家要把扩大内需的重点放在确保完成在建和续建项目并发挥效益上的实际。发挥产业政策作用，引导投资进一步向民生和社会事业、农业农村、科技创新、生态环保、资源节约等领域倾斜。坚持区别对待、分类指导，引导投资更多投向中西部地区。要严格执行投资项目的准入标准，有效遏制盲目扩张和重复建设。促进投资消费良性互动，把扩大投资和增加就业、改善民生有机结合起来，创造最终需求。要明确界定政府投资范围，规范国有企业投资行为，鼓励扩大民间投资，放宽市场准入，为更多的投资进入扩大内需领域创造条件，为有效拉动经济增长提供动力。

（二）县域实施扩大内需战略，必须坚持因地制宜，结合国情省情县情民情

我国县域地域范围广、人口众多、经济发展不平衡[①]。同时随着"三农"政策、新农村建设和惠农等政策的不断落实和加强，农民的收入有了明显的增加，生活水平有较大的提高，这使得农民对家用电器、先进农机、电子产品和交通工具等商品有较强的购买力。农村市场正在快速地形成，需求也不断地增加，发展县域经济必须紧紧抓住这个机遇，挖掘农村市场潜力，把扩大农村需求作为拉动内需和发展县域经济的重要举措。在落实扩大内需战略的具体实践中，县级党委政府一要用足用好国家及各级政府出台的政策。通过有效的财税政策、金融服务和加大农村补贴等宏观经济手段刺激农村消费，扩县域需求，使县域经济的稳步健康发展建立在内需有效扩大的基础之上。二要因县制宜，宜业施策，促进投资与消费良性互动，完善农村市场的基础设施，大力开拓农村市场，改善农村消费环境，保证农民能消费、有消费和消费好。三要发展县域对外贸易。由于资源分

---

① 周金堂. 论经济发展方式的转变与县域经济发展的新途径 [J]. 江西社会科学，2009（9）：70-76.

布不均、各地特色不同等原因，加强对外贸易，扩大县域与境外国外的经贸往来是很有必要的。区域经济学和发展经济学中的很多成功案例告诉我们，外部资源往往对自身经济的发展能起到关键性的作用，同时生产的产品也有一个好的去处，特别是对特色产业发展有着举足轻重的作用。发展对外贸易还能带动交通运输业的发展。县域要积极推行扩大内需战略，坚持以内需为主，内外兼顾，不断为实现县域经济持续健康发展创造平台，拓展领域。

运用扩大内需战略发展县域经济的例子很多，例如，山东省烟台市福山区[1]，2012年上半年GDP增长12.5%；地方财政收入突破10个亿，增长22.8%，被授予山东省"全省县域经济先进单位"。该区重点抓好大项目投资，安排近9亿元用于解决23项群众实际问题。在消费性服务业方面，将投资13亿元的千年古刹卢寺10月举办开光法会，10亿元的仁和时代广场下半年开工建设。福山区随着工业化的快速推进，近10万产业工人在福山居住生活，地产业一直保持稳健的刚性需求态势，2012年上半年成交量同比增长21.3%。

福山区根据产业与城市良性互动的发展规律，重点实施以下工程：一是老城改造工程。加快推进270万平方米的35个旧城改造板块，到"十二五"末实现老城变新城。二是新城扩张工程。沿内夹河流域向南拓展35平方公里的新城区，高标准配套总投资13亿元的路网管网等重大基础设施，全面提升城市的承载能力。三是生态建设工程。大规模开展城市、农村、山体和水系"四绿化"活动，全年完成植树绿化8700亩，打造魅力宜居的森林城市。

福山区在民生工程上下功夫，2012年将安排近9亿元用于解决23项群众实际问题。实施总面积1.9万亩的大樱桃标准化示范区、蔬菜无公害种植、土壤有机质提升以及23处畜牧业标准化养殖基地建设；全面实现"乡镇中学城区办"的目标，对农村学生提供住宿、午餐、校服、校车接送"四免费"服务；普遍上调新农保基础养老金标准，60岁以上农村老人每年最低领取养老金1000元；全面理顺新中国成立以来农村离职干部养老保障，"一揽子"解决了农村干部领不到养老金或领取标准低等问题。

---

① 齐鲁晚报. 福山区：9亿元解决23项实际问题［EB/OL］. http://www.xyshjj.cn/News/sxdx/201208/59309.html，2012-8-1.

福山区走扩大内需、改善民生的良性循环的发展道路的实践告诉我们：扩大内需战略是我国谋发展、稳增长的最重要动力之一，是提高居民的幸福指数的关键过程，更是全面建成小康社会的重要基础。县域是扩大内需的重要层次和特殊领域，是农村与城市的接合部，是实施新型工业化、城镇化和推进农业现代化的主战场，发展县域经济是提高广大人民群众生活水平特别是农民收入和消费水平的关键所在。调整经济结构，转变发展方式，必须快速、高效地把扩大内需战略落实到县域经济社会发展的实践中，只有这样，充分发挥扩大内需对县域经济的拉动作用，稳步提高居民的生活水平，切实解决"三农"问题，全面建设小康社会才能在全国县域范围逐步得以实现。

三、区域发展总体战略推动县域经济良性协调发展

充分发挥不同地区比较优势，促进生产要素合理流动，深化区域合作，推进区域良性互动发展，逐步缩小区域发展差距是区域发展总体战略的主要内容。认真实施区域发展总体战略，充分发挥各地区比较优势，坚持把深入实施西部大开发战略放在区域发展总体战略优先位置，全面振兴东北地区等老工业基地，大力促进中部地区崛起，积极支持东部地区率先发展，加大对革命老区、民族地区、边疆地区和贫困地区扶持力度。这是中央立足发展中国特色社会主义全局，促进区域协调发展，解决发展不平衡问题作出的重大战略部署，也是我们党对区域协调发展理论与实践的总结和深化。发展县域经济，必须高度重视区域发展总体战略的调控和指导作用。

（一）区域发展总体战略的实施需要县域的群体联动与相互支撑

区域协调发展，关系到经济发展的稳定和可持续，关系到发展后劲，关系到解决制约中国未来发展的巨大"瓶颈"之一，甚至关系到国家的安全。要围绕两个大局的战略构想，把率先发展的重点放在"率先加快经济发展方式转变方面"的东部，使东部的县域在率先发展的实践中领好头，发挥开放、开发的示范和引领作用。明确把西部放在区域协调发展的优先位置，考虑的不仅仅是经济问题，更是一个政治问题。采取特殊的扶持措施，把雪中送炭与增强"输血"和"造

血"功能结合起来，是加快革命老区、民族地区、边疆地区、贫困地区发展特别是加快新疆、西藏等地区发展的战略目标和主要任务。西部和老少边穷地区的县域要抓住中央加大扶持的战略机遇，大力发展县域经济，全面转变县域经济发展方式，提升县域经济素质，努力为密切各区域间县与县直接的经济利益联系，打破区域分割，构建全国统一的大市场，促进区域协调发展，推动全国同步实现小康创造条件。要通过发展海洋经济来拓展发展空间，使我国在由陆域大国向海洋大国的拓展中，把海洋国土的战略开发和海陆统筹管理更好结合起来，发挥更好的强国富国作用。

（二）发展县域经济是区域发展总体战略落地生根开花结果的主要着力点

构建大城市圈、大经济圈和区域一体化是我国未来区域发展的方向，也是发展经济的重要渠道。县域经济应对接好区域发展总体战略，在区域发展的总体战略指导和调控下，发挥县域优势，借助周边区域资源和市场，完善自身设施设备，谋取县域经济的科学快速发展创造条件。

第一，要在建设和完善基础设施上下功夫。特别是交通网的建设，应站在时代的高度科学规划，根据区域一体化发展要求，加大投入，构建区域一体化交通网络，缩小县域与区域中心城市的距离，为产品的跨区域流动与贸易提供便利的条件。要完善投资兴业的基础设施设备，给进入县域发展的企业提供综合服务和优良环境。

第二，要在加强区域合作上做文章。在区域发展的背景下，县域经济发展应加强与周边其他经济区域的合作，共同制定相关贸易制度、协议和政策等措施，消除资源和产品流动的壁垒，实现互利共赢之局面①。

第三，要应加强资源和市场的整合。要利用"十二五"国家加大现代化交通运输体系建设力度，通过快速铁路网和高速公路网建设，为大幅拉近区域的时空距离创造条件，为在更大范围内配置资源，提高效率创造机遇，要结合县域的实际情况，发挥自身优势，加强资源和市场互补，构建产业链和产业群，建立合理的区域与县域的结构框架，整合区域整体资源，为实现县域经济的持续高效发展夯实基础。

---

① 刘云中. 中国区域经济一体化程度的变化轨迹和政策含义 [J]. 中国发展评论, 2013（2）：24–29.

推动区域发展具体战略的落实，县域大有可为。以辽宁省鞍山市岫岩满族自治县 "七大经济区引领岫岩平稳开速发展"① 为例，岫岩满族自治县以建设富庶文明幸福新岫岩为目标，岫岩拉开了历史上最大的一次区划调整，大宁、雅河、前营、阜昌、玉皇山、偏岭、兴隆七大经济区已正式挂牌成立。七大经济区总区域面积 306 平方公里，总人口 19.8 万人。七大经济区不仅仅是岫岩在城市规划和规模扩张上的一次壮举，更为岫岩县域经济提供了广阔的发展空间。据介绍，岫岩七大经济区的规划和成立，是岫岩在充分挖掘自身潜力的前提下对自身优势的一次整合和集中发力，由此，岫岩形成了产业从南至北、从东到西的园区化发展和集群化发展的新格局。其中，作为距岫岩城市中心最近的大宁经济区将全力打造物华天宝的魅力新城、商机无限的产业高地、快速崛起的城市新区；雅河工业经济区将集中力量加大园区建设力度，成为岫岩城市建设的新引擎、对外开放的新窗口、县域经济的新支撑；前营农高区则以农产品为主导，全力建设以食用菌产业发展为代表的深加工龙头、研发龙头、流通龙头，实现农业的大发展；阜昌经济区将重点推进大洋河两岸开发，不断开创城市核心区建设新局面，努力打造更具有影响力的中国玉都；玉皇山风景区将全力向国家 5A 级风景区的目标迈进，形成岫岩旅游产业发展的龙头；偏岭经济区以全力招商引资上项目、鼓励全民创业为主，将努力提升百姓的幸福指数；兴隆经济区将突出城镇建设、园区建设，优化发展环境，全力建设好岫岩"北大门"。

岫岩七大经济区的成立，对扩大城市规模、完善城市功能、招商引资上项目、构建经济发展新格局、提高地区知名度和美誉度起到积极的促进作用。岫岩相关人士表示，七大经济区虽然刚刚起步，但在短时间内已经成为岫岩经济发展的前沿阵地，同时也为岫岩经济的平稳运行奠定了坚实基础。2012 年上半年，以七大经济区为引领，岫岩经济社会继续保持平稳较快发展态势，地区生产总值完成 98.7 亿元，同比增长 12.8%。借助七大经济区在空间、产业等多方面的优势，岫岩重点项目建设也取得明显进展，共规划项目 372 个，新开工建设 157 个，占全年计划的 74.8%。

<hr />

① 张国巍. 七大经济区引领岫岩平稳快速发展 [EB/OL]. http：//www.xyshjj.cn/News/sxdx/201208/59315.html，2012-8-3.

岫岩富庶的整体规划与发展充分结合了自身实际，以自然、人文及交通等资源禀赋，合理规划了区域发展分布，同时七大区域相互配合、相互协调，促使富庶整体快速、高效发展。具体经济融入区域发展总体战略，必须根据所在区域的实际情况，做足县域自身资源优势，在与其他区域共同发展的过程中取长补短，为形成资源的合理组合、市场的相互利用的一种相互促进的发展新模式做出积极的探索。

四、主体功能区战略带动县域经济分类分区发展

改革开放以来，随着我国经济持续较快增长，工业化城镇化加快推进，国土空间发生了巨大变化。这种变化有力地支撑了综合国力增强和社会进步，但也存在一些必须高度重视的问题。今后一个时期是我国全面建成小康社会的关键时期，也是深化改革开放、加快转变经济发展方式的攻坚时期，在经济持续健康发展中国土空间开发还面临着一系列新的压力和挑战。在这样的背景下，有必要从中华民族的长远发展和可持续发展出发，统筹谋划未来国土空间开发的战略格局，形成科学的国土空间开发导向，为县域经济的特色发展不断开辟新的领域和途径。

（一）实施主体功能区战略，是推进区域特别是县域经济分类分区发展的重大举措

按照全国经济合理布局的要求，规范开发秩序，控制开发强度，形成高效、协调、可持续的国土空间开发格局，是主体功能区战略的中心内容。优化国土空间开发格局，实施分类管理的区域政策，实行各有侧重的绩效评价，建立健全衔接协调机制，是推行主体功能区战略的主要政策主张和措施。

推进形成主体功能区，就是要根据不同区域的资源环境承载能力、现有开发强度和发展潜力，统筹谋划人口分布、经济布局、国土利用和城市化格局，确定不同区域的主体功能，并据此明确开发方向，完善开发政策，控制开发强度，规范开发秩序，逐步形成人口、经济、资源环境相协调的空间开发格局。

推进形成主体功能区，是在区域发展上贯彻科学发展观的重大战略举措，有

利于推进经济结构战略性调整，从根本上转变经济发展方式，实现科学发展；有利于按照以人为本的理念推进区域协调发展，缩小地区间基本公共服务和人民生活水平的差距；有利于引导经济布局、人口分布与资源环境承载能力相适应，促进人口、经济、资源环境的空间均衡；有利于从源头上扭转生态环境恶化趋势，促进资源节约和环境保护，应对和减缓气候变化，实现可持续发展；有利于打破行政区划界线，制定实施更有针对性的区域政策和绩效考核评价体系，加强和改善区域调控。

党的十七届五中全会将建设主体功能区提升到国家战略高度，与区域发展总体战略共同构成我国区域发展的完整战略。2010年底，国务院印发了《全国主体功能区规划》。十一届全国人大第四次会议通过的"十二五"规划《纲要》，对未来五年我国推进主体功能区建设的任务作了具体部署。这是我国走上科学发展轨道的一项重要战略举措①。主体功能区战略下县域经济发展一是要分析自身条件，结合国土空间、人口、资源等综合因素，做到宜工则工、宜农则农、宜商则商，同时结合"十二五"规划纲要，以科学发展观为指导，更加明确县域的发展方向。二是要完善政策体系，努力为县域经济的发展提供体制机制保障。以主体功能区战略为目标，构建并出台相应的政策体系，加强财政运作能力，完善投资政策，制定出合理的土地制度，出台更适应功能区发展的人口政策，在人口迁移流动中加强户籍管理和完善社会保障制度，加强生态环境的保护与治理工作等措施，形成一套符合以建设主体功能战略为目标的县域经济科学发展的体制机制。

（二）县域是实施主体功能区战略的重要层次，也是发展生态经济、特色产业的主战场

县域参与主体功能区的建设就是要各地县域根据资源环境的承载能力和发展潜力，按照国家划定的优化开发、重点开发，限止开发和禁止开发的区域范围，明确自己在不同区域功能定位中的角色，并按照国家制定的相应的政策和评价指标，规范自己的发展行为，并通过改革创新，奋力作为逐步形成各具特色的县域

---

① 马凯. 实施主体功能区战略，科学开发我们的家园［EB/OL］. http://www.gov.cn/ldhd/2011–09/01/content_1937833.htm，2011-9-1.

发展模式，为区域发展格局的形成夯实基础。近年来，各地在主体功能区战略的引导下通过大力发展符合区域功能定位要求的县域经济，创造了不少新鲜经验和特色做法。

例如，作为三江源生态保护和建设核心区的青海省果洛藏族自治州素有"千湖之县"美誉的玛多县[①]，拥有大小湖泊4077个，是黄河源头。20多年前的玛多山清水秀、湖泊成群、湿地连片，水草肥美、牛羊成群。1980~1982年，玛多人均年收入520元，连续3年蝉联全国排名第一。现在，70%的草场退化沙化，4000多个湖泊只剩1000多个。原因是政府号召其他市县的劳动力来玛多放牧，草原厚度不断下降，直至只剩草根贴着地面。人均收入比当年下降100元。

从2005年开始，国家投资75亿元在三江源头实施了我国最大的生态保护与建设工程——三江源自然保护区生态环境保护与建设工程，主要建设内容包括生态保护与建设项目、农牧民生产生活基础设施建设项目和生态保护支撑项目，共三大类十三个建设项目。经过项目实施，目前草地退化趋势减缓，林草植被覆盖度增加，水源涵养能力增强，生态恶化的趋势得到遏制。

如今的玛多县，恢复了"千湖之县"的原貌，成为羚羊、藏野驴等野生动物和鸟类的天堂；流经花石峡镇几经干涸的东曲河，流量在逐年增大；玛沁优云乡附近沙化的山丘逐渐被牧草侵蚀，湿地面积扩大；达日满掌山上昔日鼠兔遍野的黑土滩变成了牧场。和玛多一样，三江源很多地区都出现了生态好转的迹象。曾经沙化的鄂陵湖畔水草丰美、牛羊肥壮；扎陵湖、鄂陵湖等湖泊水位上升，面积扩大，为确保玛多黄河源水电站库区安全，曾两次因断流而被迫停止发电的库区泄洪闸也提高了泄洪高度。

作为三江源生态保护和建设的核心区，三江源生态保护和建设工程实施7年来，果洛藏族认真实施"三江源"综合治理工程，为做到草畜平衡，减少人类活动，增加和改善农牧民群众的收入和生活水平，实现恢复和保护生态环境的目标，建成并投入使用了大量的生态移民异地安置点，采取禁牧、休牧、划区轮牧和围栏补播等措施，昔日恶化的生态明显恢复。

又比如，河北省张家口市沽源县根据自己的区位条件和发展，实现了大路菜

[①] http://www.weather.com.cn/climate/qhbhyw/09/1722120_2.shtml.

向精细菜种植的转变，为县域经济发展和开拓市场，增加菜农收入创出一条新路①。沽源县大路菜向精细菜转变，年人均增收800元。沽源县深入调整种植结构，蔬菜、马铃薯等经济作物种植面积达到97万亩，比例由原来的55.6%提高到现在的80.8%。成立各类专业合作组织215家，发展农村经纪人队伍2000多人，建成蔬菜批发市场18个，带动了10大产业园区发展，将成为北京周边最大的绿色农产品基地。沽源县在稳定20万亩蔬菜种植面积的同时，通过发展节水灌溉和设施大棚，推进"大路菜向精细菜"和"露天菜向设施菜"转变。目前已落实精细菜种植面积8万亩，比例由去年的25%提高到了40%；设施蔬菜由过去的2000亩增加到1万亩，占蔬菜种植面积的5%。预计全县蔬菜产业可实现产值8亿元，人均增收800元。积极发展马铃薯产业，扶持7家种薯繁育龙头和13家深加工企业，打造集种薯繁育、商品薯种植、加工、销售一体化的马铃薯产业链。全县马铃薯种植面积达到30万亩，其中优质种薯种植面积7万亩，年产种薯15万吨，全部实现订单销售，保障百万亩种植规模生产用种。商品薯种植面积23万亩，年产商品薯50万吨。马铃薯总产值达5亿元左右，人均增收300元。特别是流转土地的农民，依靠土地出租、劳务等环节，人均增收2500元。另种植豆类8.7万亩，饲草9.6万亩等，有力推进了传统农业优化升级。

　　沽源县在大力发展蔬菜种植业的过程中，形成的大路菜向精细菜转变不仅突出了沽源县的区位自热条件特色，更满足了市场需求，增加了农民的收入。沽源县是传统的农业大县，蔬菜种植业一直是该县的特色，同时根据市场需要转变种植观念，围绕发展现代化农业办工业，充分利用特色把产业做大做强，为县域经济发展增强后劲与动力，给老百姓增收开辟新的门路和渠道。这是实施主体功能区战略的有益探索。事实上，县域最大的特性就是地域性，即资源禀赋不同，主体功能区战略的真正内涵就在于各地县域，必须根据区域资源禀赋的不同，立足实际，把自身的特色资源、产业基础来做大做强、做精做优县域经济。在实施主体功能区战略过程中，特色产业是拓宽县域经济发展领域的有效途径。

<hr>

① 李宏，祝汉. 沽源县：大路菜向精细菜转变　年人均增收800元［EB/OL］. http://www.xyshjj.cn/News/sxdx/201208/59369.html，2012-8-8.

五、就业优先战略引导县域经济朝着以人为本方向发展

"十二五"规划纲要提出实施就业优先战略，其核心内涵是："坚持把促进就业放在经济社会发展的优先位置，健全劳动者自主择业、市场调节就业、政府促进就业相结合的机制，创造平等就业机会，提高就业质量，努力实现充分就业。""十二五"将民生的保障和改善作为经济发展的出发点和落脚点，而就业作为民生头等大事，这本身就说明就业既是保障和改善民生的重要基础和条件，又是全面实现小康和构建和谐社会的重要目标和标志。就业问题事关亿万劳动者及家庭切身利益，解决得好，就业率提高，失业率下降，人民生活有保障，收入有来源，发展有基础，人们对国家富强社会进步也有信心，有助于国强民富；若解决不好，失业骤增，人民收入无来源，家庭生活无保障，不仅会引起贫富分化，还会导致经济停滞不前，社会动荡不安。

重视民生必须夯实民生之本这一基础，必须把充分就业作为经济社会发展的优先目标，把实现社会充分就业作为让更多人分享经济社会发展成果的重要途径，通过"实施更加积极的就业政策"，"加强公共服务"，"构造和谐劳动关系"，最大限度地创造劳动者就业和发展机会，努力实现充分就业。山东省制定实施了"基层公共就业服务平台建设规划"[①]，从 2010 年起省级连续三年投入专项资金 2.84 亿元，市县配套 4.76 亿元，对全省 1818 个街道（乡镇）和 50994 个社区（行政村）人力资源社会保障（就业）基层平台进行规范化建设，配备工作人员和协理员 78876 人，平台服务承载能力达 1：857 人。着力打造以 2 公里为半径、30 分钟为时限的"山东半小时就业服务圈"和"就业 e 社区"。同时率先在全国颁布实施《山东省公共就业服务标准》，实现从服务标识、服务模式、柜台设置、人员仪表的全省统一，群众现场评价满意率 90%以上，为山东经济发展提供有力的推动。

---

① 韩金峰. "四位一体"推动就业优先战略. http://cpc.people.com.cn/n/2012/1221/c64102-19975125. html.

县一级承上启下，要素完整，功能齐备，处于我国行政管理的特殊层级，更应该"把促进就业放在经济社会发展优先位置"。发展县域经济是保障和改善民生的出发点和根本落脚点。解决民生的根本任务是解决就业问题，发展县域经济必须坚持就业优先战略。处于不同区域的县域要结合各地实际情况，全面系统地解决就业问题，重点解决好农村转移劳动力、城镇就业困难人员、高校毕业生、下岗工人和退伍军人的就业难题。县域推行就业优先战略，一般来说，要做好三个方面的工作：

第一，县级政府要把解决就业问题放在十分重要的位置上。就业是民之根本，是人们获取财富的最根本的途径，也是人们提高生活水平的主要渠道。政府及相关部门应把就业问题提到日常工作的首要位置来抓，根据国家实施就业优先发展战略的政策要求，结合县情制定出金融、财税和社会保障等领域向就业倾斜的具体措施，充分利用县域要素资源，把"经济账"、"民生账"与"社会账"算好，大力发展劳动密集型产业、服务业和小型微型企业，千方百计扩大就业创业规模，健全与全国联网的统一规范的人力资源市场，构建和谐的劳动关系，把发展县域经济与实现充分就业相互制约的现状改变成相互促进的关系，使更多人的就业能成为促进县域经济更好更快地发展的动力。

第二，要因县制宜构建实现充分就业的平台。解决就业问题的关键是营造良好招商引资和创业环境，构建实现充分就业的平台。就一个县的县域经济发展而言，大量的外资和企业的进入以及良好的创业氛围的形成既能成为解决就业问题的重要抓手，又能成为实现县域经济社会可持续发展的环境。按照建设资源节约型、环境友好型社会的要求营造良好的创业环境，加强县域基础设施建设，加快城乡公共服务均等化建设步伐，大力推进县域新型工业化、城镇化和农业现代化，为实现县域充分就业搭建有效平台，夯实必要基础。

第三，完善就业政策，加强法律法规建设。充分落实好国家《促进就业法》、《劳动法》等相关法律法规，完善就业援助政策，多渠道开发公益性岗位，积极开展对外劳务合作，为劳动者提供优质高效的就业服务，健全协调劳动关系三方机制，发挥政府、工会和企业的作用，完善劳动争议处理机制，切实维护劳动者权益。政府及相关部门应加强县域城乡居民失业就业调查和监测，完善税费减免、岗位补贴、培训补贴、社会保险补贴、技能鉴定补贴等政策，完善面向全体劳动者的职能培训制度，加强职业技能培训能力建设。完善投资、创业及就业优惠措施的法律保护。

六、对外开放战略促进县域经济走向开放合作、互惠"双赢"发展

面对国际国内的新形势，继续实施对外开放战略，是我国更好地统筹国际国内两个大局，进一步提升对外开放水平的需要，也是扩大县域开放程度，提高县域经济发展质量和效益的有效途径。

（一）正确领会对外开放战略的重要内容和政策举措是促进县域经济实现开放发展的重要前提

"十二五"规划纲要提出，"必须实现更加积极主动的开放战略，不断拓展新的开放领域和空间，扩大和深化同各方利益的汇合点，完善更加适应发展开放型经济要求的体制机制，有效防范风险，以开放促发展、促改革、促创新"。"坚持扩大开放与区域协调发展相结合，协调推进沿海、内陆、沿边开放，形成优势互补、分工协作、均衡协调的区域开放格局。"规划提出的扩大开放政策，着重于统筹国际国内两个大局，加大实施西部大开发战略，推动经济由东向西沿边开放，向西开放。尤其要通过扩大沿边开放，利用好中亚、南亚、东南亚国家资源丰富、市场潜力大、战略位置重要的优势。"继续稳定和拓展外需，加快转变外贸发展方式。推动外贸发展从规模扩张向质量效益提高转变，从成本优势向综合竞争优势转变"。要坚持"引进来"和"走出去"相结合，利用外资和对外投资并重，提高安全高效地利用两个市场、两种资源的能力。

对外开放战略的实施，需要我们着眼全球战略配置资源和要素，培养新优势。着力优化对外贸易结构，推动加工贸易转型升级，进一步完善进口促进政策，优化进口结构，统筹"引进来"与"走出去"，把利用外资作为对外开放的重要内容，正确处理好引进技术与自主创新的关系，始终把自主创新能力放在核心位置，积极搭建新的合作机制和合作平台，推动企业积极有效开展对外投资合作，进一步拓展我国的外部发展空间。

"十二五"明确提出继续坚持对外开放战略，大力实施互利共赢的开放战略，必须营造良好外部环境。目前，我国应牢牢把握后危机时期国际格局剧烈变动带来的机遇，充分发挥新兴大国的影响力，积极参与后危机时期全球经济秩序与全球治理改革，为未来重构国际经济秩序奠定基础[①]。实施可持续外贸发展战略，实现外贸在经济、社会、环境效益的有机统一。要化解劳动力成本上升和环境约束增强带来的矛盾和压力，发挥我国在生产规模、配套能力、国内市场等方面的明显优势，进一步巩固全球制造业的中心地位和贸易大国的地位。要按照科学发展观的要求，实施可持续外贸发展战略，实现外贸在经济、社会、环境三个方面的可持续发展。利用全球资源，推进自主创新与产业结构升级。扩大服务业对外开放，增强服务业竞争力。大力推进"走出去"战略，要把保障海外资源安全作为实施开放战略的重要内容，打造一批具有国际竞争力的跨国公司。扩大国际资源产业投资，保障海外资源安全。优化对外开放布局，促进区域协调发展。我国地区之间经济发展不平衡与各地参与经济全球化的程度差异有密切关系。促进区域良性互动、协调发展，是我国"十二五"时期转变增长方式的重要内容。要审慎稳步推进金融开放，维护国际收支基本平衡。

　　在经济全球化为当今时代主题的大背景下，县域经济作为国民经济的重要层次和区域经济的重要板块，应积极采取行动，拓展自身开放的领域和空间，营造合作共赢的环境，为县域经济社会的持续健康发展创造更多的机会。要完善外资外企进入县域的基础实施设备建设机制与政策措施，通过合法管理、参股合作、政策支持等营造良好的投资环境，发挥外资在推动自主创新、产业升级、区域协调发展等方面的作用。通过做大做强特色产业产品，发挥县域企业优势，加强品牌建设，增加技术含量、培育核心竞争力和出口新优势，迎合外部市场的需求。要用好国家建立的有效应对国际经济和贸易环境波动的机制，提高县域经济抵御风险的能力，加快"走出去"的步伐，不断拓展区域和外部发展的空间。

　　县域所处的地位特殊，县域经济发展的好坏不仅在很大程度上影响到国民经济的总量和质量，更关系到民生建设。重视县域经济的发展就必须坚持以"十

---

① 张小济."十二五"时期我国发展的国际环境和对外开放战略［N/OL］. 中国经济时报，2011-03-20. http：//roll.sohu.com/20110320/n304595509.shtml.

二五"规划纲要为蓝本，以科学发展观为指导，以有效实施六大战略为取向，结合各地县域实际情况，发挥自身优势，用足用好国家各项政策，推动县域经济的健康持续快速发展。

（二）培育和运用好县域对外开放的新典型是引导县域经济开放发展的有效选择

近年来，在对外开放战略的牵引下，全国各地大胆探索、积极创新，在通过扩大对外开放、大力发展外向型经济上取得了不少新的经验，培育了不少新的典型。例如，河南省南阳市社旗县把对外开放作为经济发展的主战略①，作为"一举求多效"、"一发动全身"、"一优带百通"的战略性举措，以项目工作为主抓手，深入开展大招商活动，积极向上争取项目，强力培育产业集群，形成了全方位对外开放的格局，促进了县域经济的快速发展。

围绕发展开放型经济，通过"走出去"和"请进来"，社旗和外界的交流和融合进一步扩大，2012 年各级部门在社旗县召开各类现场会 20 余次，邀请外地客商考察洽谈 400 多人次，招引了一大批工业项目和一、三产类项目，重点区域的招商累积了初步经验，社旗环境及服务得到了省内外充分认可，社旗对外的开放形象进一步确立。

社旗县有关部门和乡镇紧紧围绕上级产业政策和投资导向，谋划制作了一大批政策性项目，全年共制作各类政策性项目 153 个，总投资 138 亿元，涉及农业、工业、高新技术、基础设施建设、社会事业等九大领域。项目谋划数量和总额均位居全市前列，为项目争取奠定了坚实基础。

通过领导带头招商、驻地招商、以商招商和组织参加节会招商等形式，形成了全方位对外招商的新形势，全县招商引资工作取得了较大进展。①招商工作日益制度化。社旗县招商引资指挥部定期听取招商引资工作汇报，及时协调解决招商引资过程中遇到的困难和问题，坚持实行招商引资工作一周一汇总、一月一通报制度，推进了工作的有效落实；对新招引的项目，由产业集聚区管委会、招商局、国土局、规划局等部门，研究项目选址，搞好各项服务，实现了部门协同作战工作常态化。全县初步形成了组织推动，领导主动，部门联动，政策驱动，产

---

① 社旗网讯. 社旗加快对外开放加速县域经济发展. http://news.01ny.cn/2013/sheqi_0423/315583.html.

业带动的招商引资大氛围、大格局。②招大引强成果丰硕。成功引进了总投资10亿元的亿仁鞋业、总投资5.3亿元的汉和机械、总投资4.3亿元的南阳智源汽车配件等一批重点项目，实现了项目引进数量质量"双提升"。③一、二、三产业招商协调推进。在积极招引工业项目的同时，坚持一、二、三产业一起上，先后引进香港莱润、恒都实业、宏天建设等6个投资公司参与现代农业、城建、民生、现代服务业等领域的开发建设，引资总额达到55亿元。④区域招商初见成效。紧紧围绕社旗县主导产业发展，以长三角、珠三角地区为主攻方向，以先进制造业、纺织服装、电子信息、建材为重点招商产业，积极参加"百名闽商进南阳"和"浙商南阳行"等招商活动，共签约项目9个，合同引资额33.4亿元，成功引进了瑞亚印刷电路板、汉和机械等一批新项目。全年共签约引进各类招商项目132个，合同引资额118亿元，到位资金32.1亿元。其中，入驻产业集聚区亿元以上工业项目14个，实际利用境外资金2573万美元，完成进出口总额711.3万美元，超额完成市定目标。外派劳务工作成效显著，荣获"国家级劳务服务平台建设县"称号。

通过加快产业集聚区和重点项目建设，培育壮大骨干企业，全县工业实现了速度效益双提升。项目建设推进有力，骨干企业发展迅猛，主导产业日益壮大，产业集聚区发展迅猛，企业改制基本完成，获得"河南省产业转移先进县"、"南阳市企业服务先进县"称号。

社旗县在市场经济的条件下，把对外开放作为促进县域经济发展的主战略的有益探索告诉我们：积极主动地开放是转变县域经济发展方式，提升县域经济素质的主抓手，也是"筑巢引凤"、"开门迎客"提升县域经济开放度、加快县域产业转型升级的主要途径，必须坚持因县制宜，把"引进来"和"走出去"落实到县域具体的经济社会建设实践中，为开放合作、互惠"双赢"发展格局的形成夯实基础。

综上所述，"十二五"期间，我国六大战略的全面实施对县域经济社会的发展的影响是全面的、深刻的。由于我国各地生产力水平不一，要素禀赋不同，人们的思想观念、科技文化知识和劳动技能也不一样，所以在选择和运用六大战略上，肯定有所不同或各有侧重。大量的事实告诉我们：在转变经济发展方式的实践中，"大呼隆"或"齐步走"是行不通的，只有选准了、找实了、用好了具体的战略措施，县域的发展才能与国家的大战略接上轨、对上路、合上拍，县域经济的发展才能真正在国家全面实施六大战略的"大合唱"中找准自己的定位，唱好自己的"声部"，进而为我国经济社会的持续健康发展、为全面建成小康社会做出应有的贡献。

参考文献：

［1］世界环境与发展委员会. 我们共同的未来［M］. 吉林：吉林人民出版社，1997：20-30.

［2］周金堂. 国家背景下的工业化与县域经济发展［M］. 北京：经济管理出版社，2005：110-155.

［3］国民经济和社会发展十二五规划纲要［M］. 北京：人民出版社，2011.

产业新城：县域经济转型发展的新探索

刘 勇[①]

近年来，北京周边的固安、大厂、怀来等产业新城，以其先进的产业规划、资源聚集和产业服务能力，实现了引人关注的快速增长。这种发展模式主要有以下特征：一是邻近大都市。固安、大厂、怀来距北京市区只有 50 公里、48 公里和 120 公里，且具备畅通的交通条件。二是受行政区隔影响，尚是要素价值洼地。固安、大厂、怀来等地工业用地价格只是北京相邻地区的几分之一甚至十几分之一。三是大都市产业链出现明显的功能外溢和产业外迁。由于要素价格上涨的作用，越来越多的企业选择将企业组织体系在空间上裂解，也就是把研发和运营功能留在大都市，将生产、物流外迁到周边地区。四是当地政府明确的合作意愿，在多个方面对产业新城发展给予有力支持和积极配合。

客观分析，固安等产业新城之所以能够强势崛起，既有大都市辐射、产业转移和城市化推进等区域经济发展一般规律的影响，也与其自身独特的发展条件分不开。这种独特性可表述为在超近距离上不同行政区域间的断崖式发展落差。据计算，固安、大厂、怀来三县先后在 2002 年、2007 年和 2008 年启动产业新城战略之际，各自人均 GDP 分别只及当年北京市的 28.6%、35.0% 和 27.2%；人均地方财政一般预算收入差距更大，只相当于北京市的 4.0%、9.2% 和 8.2%。可以想象，一旦这些县域的基本设施（特别是与北京相联的交通体系）和城市功能获得改善，来自北京市场、旨在寻求低成本经济性的各种投资和消费需求将形成势不可当的外溢效应。实际上，基于产业新城与北京对接沟通体系之上的投资流动和购买力流动也在不断缩小二者之间的发展差距。

[①] 刘勇（1970 —），男，山西太原人，博士，中国社会科学院工业经济研究所研究员。

从全国情况看，像北京这样的特大型中心城市寥寥无几，而毗邻大都市但隶属不同行政区，且存在类似固安、大厂、怀来与北京这样巨大差距的县域更加有限。但是，产业新城发展模式所凝结的思路、做法和经验，对大多数工业化、城镇化尚处于起步阶段，产业结构封闭型、初级化特征突出的县域经济而言，却有重要的借鉴意义。

一、对接发达地区及中心城市：县域经济实现跨越式发展的突破口

随着市场经济的发展，生产要素跨区域流动趋于常态化，区域内部经济联系日益紧密。区域一体化为县域经济实现跨越式发展提供了难得的机遇。从固安、大厂、怀来等产业新城的实践看，主动接受首都经济圈辐射、对接融入首都产业链分工体系，形成"两头在外、大进大出"的开放型发展模式是其县域经济发展的成功经验之一。

固安地处环首都经济圈核心区域，与北京在技术、项目、人才等领域具有紧密协作的分工基础，不仅是首都新机场的发展辐射区，还是承接首都职能转移、支撑京津冀区域协调发展的重要增长极。固安旗帜鲜明地提出建设以"产业之区、休闲之地、空港之都、宜居之城"为内涵的京南卫星城。大厂则依据"厂开乃大，合众而强"、"站位区域、对接北京"的理念，坚定实施融入北京、接轨发展的策略，抓住北京实施功能疏散和产业转移的机遇期，着力打造"京东创意水乡城市"，加速推进后发崛起。怀来充分利用北京这个触手可及的资源库、近在咫尺的大市场，加强与中央企业、知名民企、外商外企、高等院校、科研院所的对接，通过引进优质企业，合作建设重大项目，打造对接北京的桥头堡。

事实证明，县域经济发展除了依靠自身基础之外，还可以选择另一种发展途径，即主动接受发达地区特别是中心城市的辐射，利用比邻发达地区的区位优势和广阔的市场空间，发展开放型经济。具体而言，固安、大厂、怀来等产业新城可为其他地区发展县域经济提供以下启示：

（1）实施对接区域中心城市战略。目前，环绕北京周边有河北省的"四区十

"三县"，即张家口的涿鹿、怀来及赤城；廊坊的三河、大厂、香河、固安、广阳及安次县；承德的丰宁、滦平；保定的涿州、涞水。这些县市区位优势相当，但是发展绩效却各有不同，其中一个可能原因在于缺乏一个行之有效的对接北京战略。固安、大厂、怀来虽然资源相对优势并不明显，但是县域政府却以建设产业新城为平台，积极破除传统方式下封闭发展的"瓶颈"，从产业项目、基础设施、体制机制、社会建设等多方面着手，以产业对接为基础，以基础设施对接为保障，以体制机制对接为引领，积极探索建立资源共享及合作机制，全面加快与北京的对接，逐步实现要素流动、商品贸易、公共管理等方面与北京实现一体化，明显降低企业商务成本。

（2）建设连接区域中心城市的快速交通体系。尽管这些年来，我国高速交通网络有了较大进步，但是快速交通不发达仍然制约了大多数县域经济的发展。从大厂和怀来看，情况也是如此。大厂境内高速公路尚未建成，通往北京方向的快速路建设仍未动工；怀来进京方向的京藏高速是闻名全国的"首堵"路段。从实践看，一方面，应重点建设高速公路、城际高速铁路或城际轻轨，扩大区域中心城市辐射范围；另一方面，推进道路交通管理区域一体化，消除影响货物流通的行政区划壁垒，缩短对接区域中心城市的经济距离。以"一地双网"的通信一体化为契机，加快推进与区域中心城市电信网、互联网、广电网的互联互通，尽早实现有线数字电视对接。

（3）推动体制机制对接。对接中心城市不等于项目招商或者定期会晤，而是依靠体制创新，从制度设计入手，逐步缩小与发达城市的差距。从固安等产业新城的实践看，要做好以下几方面工作：首先，设立对外协调组织机构。县级政府应成立对外承担区域协调的组织机构，由县（市）负责人担任机构领导，整合各部门资源，负责开展涉及产业和基础设施对接、流动人口管理等区域协作事务。其次，坚持政府引导和市场机制相结合，搭建区域对接平台。如建立区域之间的互访制度、参与建立跨区域产业联盟、试点跨区域园区共建模式等。最后，强化民生重点项目对接。建立与区域中心城市在人才教育、医疗卫生等方面的资源共享及合作机制。建立健全跨区域环保联动机制，促进区域生态与经济协调发展。

（4）构建开放型产业组织体系，强化产业对接。县域政府需要发挥要素资源优势和市场互补优势，按照"主导产业配套、新兴产业共建、特色产业互补"的思路，推进与区域中心城市的产业对接。这种产业对接又离不开开放型产业组织体系的支持，并依托若干个领头企业在全国乃至世界范围组织各种要素资源和开拓市场空间。从固安经验可以看出，构建开放型产业组织体系重点围绕"四个主体、两个市场、三大网络"，四个主体就是企业、政府、合作机构（园区平台）和知识机构（创新组织），这四个主体之间要形成良性互动，并不局限于特定空间地域范围内；两个市场是指国内市场和国际市场，重点面向国内区外市场和国际市场；"三大网络"是指技术研发网络、产品生产网络和市场营销网络，拓展网络域面，深化节点分工，增强网络互动。通过开放型产业组织体系建设，实现与区域中心城市的优势互补、功能联动和错位发展，并使县域经济能够融入全球产业链分工体系。

二、产业新城建设：裂解二元经济结构、实现城乡一体化发展的重要载体

长期以来，我国城乡经济社会发展形成了严重的二元结构，城乡分割，城乡差距不断扩大，"三农"问题日益突出。总体上看，我国建立促进城乡一体化制度的政治、经济、社会条件基本具备，时机已经成熟。关键是对促进城乡一体化的城乡规划、产业布局、城镇体系、基础设施、住房危改、公共服务，以及覆盖城乡的社会保障等方面进行规划和体制、机制的创新。通过建设产业新城，以城市经济增量支持新农村建设，进而实现城乡同步发展、共同富裕，正在成为推进城乡统筹发展的有益探索。

（1）把先进生产要素集聚发展作为城乡统筹的经济基础。例如，固安工业园区成立10年来，生产总值年均复合增长达到95.2%；财政收入年均增速107.6%，其发展速度、运作模式均引领京津冀风气之先。随着园区规模从小到大，现代产业体系雏形初现，固安工业园区对县域政府财力增长的贡献也在不断加大。2007~2011年，固安县地方一般预算收入年均增速由2003~2007年的13.3%上升到61.7%。县域财力的高速增长为固安统筹城乡发展提供了强有力的财政保障。

实现城乡基础设施有效对接，必须提高新农村基本建设投入力度，加快农村

基础设施建设。过去 5 年，固安新修、改造农村公路 311 公里，新增农村变电站 6 座，铺设燃气管网 142 公里，建成了一批新农村书屋、农村文化大院等文化基础设施，稳步推进农村无线电视网建设，农民文化生活不断丰富。此外，还在各乡镇大力推广"户清、村集、乡运、县处理"农村垃圾处理模式。在固安，路、水、电、气、讯等城市基础设施不断向农村延伸，镇村面貌焕然一新。

在产业新城的反哺支持下，固安民生事业提质扩面，城乡社会事业得到均衡发展。首先，社会保障体系不断完善，医疗、养老等"五险"参保人员不断增加，新农合参合率超过 90%，新农保参保率达到 92%，城乡低保实现应保尽保。其次，固安投资 2.8 亿元迁建固安一中，改造危旧校舍 2.9 万平方米，对全县所有农村中小学进行了供暖设施改造，结束了不安全取暖方式；在全县范围内彻底消除了中小学 D 级危房，县域办学条件得到有效改善。最后，对全县所有敬老院进行升级改造，五保户集中供养率保持在 80% 以上。残疾人帮扶、贫困户危房帮建工作有力推进，弱势群体生活水平大幅提升。农村卫生体系"三基两化"工作圆满完成。

（2）把农村新民居建设作为统筹城乡发展的有力抓手。新民居是在城乡一体化发展背景下新兴涌现的科学、绿色、现代化农村居住模式。新民居在居住区规划上尊重农村生产生活特点，注重土地集约利用和生态环境保护；在建筑形式上体现传统文化与时代特点的紧密结合，注重新能源和绿色环保技术应用；在配套功能上以城市为标准，实现道路、供水、供电、供暖、电信、排水等基础设施全覆盖和教育、医疗、文化、娱乐、商业、休闲、养老等服务设施统筹建设。

在战略上，固安将新民居建设确定为拓展产业新城的重要内容。按照"地域相邻、产业相似、民俗相通"的原则，全县 419 个村街规划合并成 106 个农村社区。目前，已有郭村、马公庄等 31 个村街启动了新社区建设，初步形成了以南五里村为代表的县城周边组团社区和以林城村为代表的农村组团社区，百姓的生产生活环境得到了有效改善。围绕"改造城中村、整合城边村、建设中心村、合并弱小村、治理空心村、搬迁不宜居住村"的思路，积极稳妥推进 54 个村街的新民居建设。在此基础上，以连片建设、组团发展为基本方式，鼓励多村联建或扩建中心镇区、中心村，打造出一批展现地方特色、模式迥异、风格凸显、功能先进的万人小镇和社会主义新农村示范区。

（3）以产业新城为平台，深度发掘利用特色资源，发展体验、观光、休闲、生态多种形式的都市农业和休闲度假旅游业。通过推进土地流转，建设 1000 户、占地 500 亩的家庭休闲体验园。围绕永定河绿色生态带建设，通过市场运作的方式，沿永定河右堤、大清河左堤固安段实施万亩油葵、万亩薰衣草、万亩三叶草工程建设。以南王起营村为核心，发展万亩花木种植，打造南北两个集休闲度假、餐饮娱乐为一体的观光农业基地。发展休闲农业，对现有果园资源进行升级改造，建设集果品生产、观光采摘、餐饮旅游于一体的万亩园艺生态果园。发展生态农业，以 7 个乡镇的 40 个蔬菜专业村为中心，建设 4 万亩绿色有机蔬菜生产基地。

围绕独特的温泉资源优势和产业新城的区位优势，固安在统筹城乡发展中还着力发展以温泉养生为基础、以都市休闲和度假服务为载体的休闲度假旅游业，推动农村经济转型发展。包括：引进一批中高端主题酒店、设计酒店，培育设计多元、风格多样的差异化酒店集群；延伸发展以民俗文化、民间工艺、古音乐为依托的文化创意产业，培育民间文化创意品牌，壮大焦氏脸谱、邢氏纸雕等民间工艺设计产业；发展以高端商务、旅游度假、健康养生、生态观光、民俗节庆为主导的休闲服务集群，并将其作为产业新城的重要产业支撑。

概括起来，产业新城作为县域经济开放型发展的窗口和平台，不仅引入了以往封闭型发展条件下所急需的资金、技术、人才、理念等关键要素，更重要的是在更大程度上和更广范围内融入了外部市场体系。可以说，产业新城对县域外部环境所形成的影响力和集聚力，是提升县域经济专业化和社会分工水平的重要支点，为发展现代农业、加快传统产业转型升级提供了契机。

表 1　固安产业新城城乡一体化发展的主要任务

	分类	产品	增值服务	专业服务
城乡统筹一体化	基础设施	九通一平产品	魅力体系	城乡规划、品牌推广
	公共服务	文体活动中心	文化辅导、科普知识	
		学校	学前教育、义务教育	
		卫生医疗院	基本医疗	
		养老院	基本养老服务	
		村镇就业培训中心	提供基本就业/创业场地	就业指导、就业咨询
		新民居等保障性住房	社区物业服务	

	分类	产品	增值服务	专业服务
城乡统筹 一体化	产业发展	观光农业园	提供场地、设施等	
		设施农业园	提供场地、设施等	
		养殖基地	提供标准场地	
		农业展览中心	农产品/农具展示	

资料来源：固安工业园。

三、产城互动：紧密连接县域工业化与城镇化的发展纽带

目前，我国县域经济正从三农型向复合型转变，也就是正在从以乡村为依托、以农业和农村经济为主体的传统县域经济，向以县城和中心镇为依托、以非农经济为主导、一、二、三产业协调发展的新型县域经济转变。这种转型最终能否取得成败，关键就在于能否有效推进工业化和城镇化的互动发展。

在现代经济增长中，工业化和城市化是两条相互作用、互为因果的发展主线。工业化进程反映着资源要素向工业部门集中所导致国民经济产出能力的迅速增长；城市化则凸显了经济发展过程中由于人口空间分布变动所带来的行为和生活方式变化等社会后果。在工业化、城市化和经济发展水平之间，存在着显著的正向变动关系。

在改革初期，由于城乡资金、劳动力等要素市场被计划体制分割为二，在"离土不离乡"的政策导向下，迅速崛起的乡镇工业在空间布局上没有构建起与城市化的内在关联，得不到城市基础设施、服务体系等方面的配套支持。这部分工业所吸纳的资金和剩余劳动力被排除在现代城市经济之外，就地向非农产业转移，形成了中国独特的乡村工业化道路。

由于城镇对工业发展的聚集和支撑效应没有充分显现，城镇化水平与工业化进程出现了比较明显的脱节。2011年，我国城镇化率与工业化率之比为1.28，明显低于国际公认的1.4~2.5的合理值。从就业结构看，我国服务业就业比重为34.1%，世界上大多数低收入和中等收入国家一般为45%，发达国家大都在70%左右。造成这种状况的原因在于，受产业层次和空间布局影响，工业部门对服务

经济的带动性偏弱且在空间结构上与城市经济断裂，使城镇化进程也失去了应有的产业支撑。

由于产业新城发展模式在战略上高度重视现代产业发展与城市拓展的内在联系，使得产城互动成为支撑县域经济社会发展的一个突出亮点，形成了多方面的发展效应。

（1）吸引先进制造业集聚发展，拉动非农产业和非农就业增长，为城镇化注入实质性发展动力。城镇化的本质是就业结构重心从农业移向非农产业和各类劳动人口向城镇集聚的有机统一。凭借优越的经济区位、完善的基础设施和差异化的招商服务，一批以京东方、冀雅电子、锦绣前程、东方信联、峻岭电子、正兴车轮、百灵威（大厂）等为代表、具有较高科技水平和增值能力的制造企业被迅速吸引到产业新城的工业园区。在产业集聚的过程中，各类外来劳动人口也随之流入产业新城，成为产业新城发展的强有力基础；同时，这些外来企业也为本地劳动者释放出大量的、不同层次的就业机会，促进了产业新城所覆盖区域就业结构的转型。从长期来看，引导和推动先进生产要素向产业新城集聚，还将在产业链上刺激、催生配套产业和生产性服务业的本地化，拉动消费性服务业的发展，培育新的经济增长点，提高县域经济的资源配置效率和增长质量。

（2）高起点规划、高标准建设产业新城，实现产业发展和城市扩张在空间与功能上的有机融合、紧密衔接。固安、怀来、大厂等产业新城始终坚持高起点规划，通过聘请国际一流规划团队，完善县域总规、控制性详规、修建性详规等法定规划，强化城市规划对于城镇空间快速拓展的引领作用。通过统筹协调工业园区与城市功能区的发展关系，将两化互动理念落实到城镇空间布局。在此基础上，科学合理地布局、建设各类公共服务设施，安排好教育、卫生、商业、文化等城市配套功能。例如：大厂潮白新城规划建设的五环中央公园，以体育、养生、幸福为设计主旨，以奥运五环为设计构思，包含竞技体育、奥运五环的奥林匹克精神，休闲运动、拓展运动的养生理念。公园占地 321 亩，包含行政办公、文化娱乐、商业办公混合、办公商业混合、商住商务混合五部分。还配有公园主景亭、餐馆酒吧、书店公园服务廊架、健身房、体育活动服务中心、露天剧场、茶室、画廊—城市文化展览、市民活动中心—城市客厅等休闲娱乐设施。实践证明，通过产城统筹，将产业发展与城市规划统筹管理，更有助于推进工业化进程。

（3）积极承接大都市服务业外溢，高水平提升产业新城的服务功能、集散功能、创新功能、文化功能和枢纽功能，着力增强城市对产业发展的吸附力、集聚力和支撑力。固安围绕"产业之区、休闲之地、空港之都、宜居之城"的总体定位，加快夯实商贸、商务、旅游、餐饮、物流五大功能建设，坚持把服务业发展与县域温泉、花木、林果、民间文化艺术等特色资源的挖掘利用有机结合，形成了温泉商务、温泉养老、农业观光、林果采摘、文化体验等新兴业态，引进了固安国宾温泉休闲基地、桑坦德养老基地等14个超30亿元的现代服务业项目，启动了总投资220亿元的总部公园项目，服务业发展实现了高点起步。大厂按照"产城互动"理念，把3个省级园区与夏垫新城、潮白新城和县城新区建设相整合，重点建设中央商务区、金融集聚区、科技研发区，重点发展商贸物流、文化创意、旅游会展、金融商务等产业发展。怀来围绕自己的特色产业——葡萄酒产业，沿产业链上下游，重点发展职业技能培训、特色旅游、商业会展、专业物流、葡萄酒贸易以及创意研发、生态经济总部等相关服务业。以现代服务业为突破口，着力强化城市对产业发展的服务功能，推进三次产业协调融合发展，不仅可以有效提升产业新城的集聚和承载能力，更能够在深层次上打破限制城市发展的根本束缚，为城镇化进程开辟更大的拓展空间。

四、政府购买服务：县域政府职能转变、产业新城开发效率跃升的创新之举

县域经济是中国经济发展的基层单位，也是国民经济的重要组成部分和基础，在绝大多数县域经济体中，掌握国计民生、影响国家经济命脉的企业很少或者基本没有，大多都为中小企业，他们最为需要的是公正、公开、公平的市场经济环境。大力培育、发展县域经济，需要明确主体、主角，企业与政府各司其职，需要努力构建一个政府搭建舞台、企业主演主唱的良好格局。这就涉及一个核心问题，即政府究竟在发展县域经济中的作用是什么？其作用的边界在哪里？该干什么、不该干什么，都要界定清楚，这实质上也就是政府和市场的边界问题。

改革开放以来，通过不断向市场分权，扩大市场运行空间，政府直接干预经济活动的范围大大缩减，但就合理界定政府与市场边界而言，还有相当的距离。从始于固安等产业新城实践看，县域政府和市场的边界不仅泾渭分明，而且政府的日常事务也得到了明显的瘦身。其原因在于这些县域政府在产业新城开发过程中大量采用"政府购买服务"模式，而不是像以往那样亲力亲为。从选择国内外一流规划团队进场设计，到按 BT、BOT 模式进行园区基础设施建设，再到招商引资、招商选资，县域政府只负责战略决策、规划把关、监督审核，具体事务交给专业化的社会组织来完成。在这种模式下，县域政府可以将自身有限的资源聚焦到政策制定、管理监督等关键性行政环节，专业化社会组织的内在优势则顺畅地注入到产业新城开发进程的事务性环节。

关于政府购买服务的内涵，目前国内比较公认的界定是一种"政府承担、定项委托、合同管理、评估兑现"的新型政府提供公共服务的方式，政府摒弃传统的对公共服务项目包揽一切、包办一切的做法，通过公开招标，择优录取社会服务机构，由其完成为社会发展和人民生活提供服务的事项，并根据规定的服务质量和数量由政府支付一定的服务费用。这种运作模式最早是源于西方的一项社会福利制度方面的改革，指政府在社会福利的预算中拿出经费，向各类提供公共服务的社会服务机构，直接拨款购买服务或公开招标购买社会服务。它是介于政府直接提供服务和完全私有化两个极端之间的一种折衷方式，即政府继续保留其福利投资主体和制定福利政策角色，但将营办服务的责任通过合同形式交给独立的营办机构，这些机构可以是私营的营利性的组织、非营利性组织、其他政府组织、个体工作者等。

"行政"一词的拉丁词源是"minor"，意思是进行服务，主要指对事务的计划、组织、推动和监督。社会行政有两个起源，它既是政府实施社会政策的活动，也是社会服务机构在实施服务的过程中筹措、组织各种资源，协调服务，有效配置资源的活动。行政管理学家崔克尔（H. B. Trecker）认为，社会行政是一种持续的动态过程，这一过程旨在促进达成共同目标，合理地配置人力、物力资源，通过协调与合作的方法，包含计划、组织、领导等要素。政府购买服务，政府提供部分或全部资金，并保留制定政策的权利，即对所要购买的服务做出限定，如服务对象的范围和资格条件，服务的质量、数量和目标以及评估方法等；

营办机构则负责提供配套资金，在政府的政策范围内制定提供服务的具体计划和方法，并组织人力和物力实施计划。在这一过程中，体现了从政府的政策制定到服务机构落实政策的过程，体现了政府与服务机构双方工作的配合。

近年来的产业新城实践表明，以园区平台公司身份出现的专业化社会组织主要体现出四方面的运作优势：一是资源动员和集结优势，能够在更广阔的时空维度上调动包括资金、技术、人才、智力等在内的各种稀缺资源；二是专业化优势，具备专门的知识、流程、人员以及品牌、声望等无形资产；三是规模优势，开发体量大、成本分摊能力强，使开发成本大大降低；四是网络化整合优势，能够为县域政府和招商对象"量身定做"解决方案，而且网络所覆盖的合作伙伴越多，这种定制能力就越强。

政府购买服务这种现代行政管理模式，在产业新城的迅速崛起中，展现出强大的生命力。

（1）它使地方政府获得了发展工业园区所急需而自身当期财力又难以负担的基础设施投入。据不完全统计，在三个产业新城各自 10 年、5 年和 4 年的发展历史中，依靠基础设施投入分别达到 49.4 亿元、20.4 亿元和 14.5 亿元，分别达到各县同期累计一般预算收入的 2.2 倍、1.9 倍、0.8 倍。密集的、快速的、高效的基础设施投入构成了产业新城崛起的基本保障。

（2）它使全球一流战略规划团队的顶级设计和最先进的开发理念得以注入到产业新城的规划和建设之中。2002 年，固安工业区在创建设之初便确立了以"未来城市试验区"为核心理念的发展定位，工业园区规划由"新都市主义"倡导者美国 DPZ、EDSA、RTKL、英国阿特金斯（ATKINS）、德国罗兰·贝格等国际级咨询机构担纲规划设计工作及产业定位研究；在制定空间战略发展总体规划的过程中，又先后聘请国内和欧美 8 个国家的 20 多位专家组成"国际工作营"，用长达半年的时间进行规划设计，形成了"公园城市、休闲街区、儿童优先、产业聚集"的规划和建设方针。

（3）为工业园区发展构筑起全程、高效的招商服务体系。招商引资效率直接关系到工业园区的发展速度和发展质量。而招商服务又是影响招商成败的关键环节。政府通过购买服务的方式外包招商业务，使工业园区发展与专业招商机构的内在优势（强大的客户数据库平台+高度专业化的招商团队+完全市场化的激励机制+网络化整合招商资源）全面对接，招商引资的效率与以往相比得到了极大提升。也正是凭借这种运作模式，固安工业园区在全国率先推出了全程无忧管家式服务。园区投资服务部下设 24 小时服务指挥中心，24 小时全天候服务，对入驻企业实行封闭式管理，协助企业处理与政府各部门有关的事宜，为投资者营造了温馨的投资环境。

（4）有利于工业园区可持续发展中各种利益的长期均衡。可持续发展强调的是经济、社会和环境的协调发展，其核心思想是经济发展既满足当代人的需要，又不对后代人满足其需要的能力构成危害。在可持续发展中，环境与经济的协调至关重要。工业园区要实现生态环境系统与社会经济系统协调发展，无疑要有适度的行业规模和适中的发展速度，要有合理的产业结构，还要有比较稳定的利益结构。尤其是各种局部利益与全局利益、眼前利益与长远利益之间的冲突，都无法完全凭借其中一方的意志获得解决。在这种情况下，政府引入专业化的第三方机构负责基础设施建设和招商引资服务，通过制度安排形成了更趋稳定的利益结构，有助于弱化和消除各种可能的利益冲突。

参考文献：

［1］费孝通. 我看到的中国农村工业化和城市化道路. 浙江社会科学，1998（4）.

［2］闫恩虎. 城镇化与县域经济发展的关系研究. 开发研究，2011（3）.

［3］马宗国. 我国城市总体发展途径探讨. 城市发展研究，2011（6）.

［4］阳盛益，蔡旭昶，郁建兴. 政府购买就业培训服务的准市场机制及其应用. 浙江大学学报，2010（6）.

［5］温俊萍. 政府购买公共就业服务机制的研究. 中国行政管理，2010（10）.

中国县制改革的思考[①]

闫恩虎[②]

一、县制改革是壮大县域经济的基本保障

可以说，中国历来就是一个县域的国度。县制在中国已有 2700 多年的历史，县制作为国家与政权的基本组织形式已经 2300 多年了。纵观历史，县制是中国地方行政管理体系中最稳定的一个层次，县以上及以下的行政层次变化较大，而县制却在 2000 多年中基本稳定。县制的产生和发展为传统中国中央集权的统一王朝的形成和壮大奠定了体制和社会基础，也为统一的多民族国家的形成、发展和繁荣提供了制度保障。但随着社会制度的变化，以及当前经济管理体制改革的深化，在传统理念（封建社会的"县以牧民"、计划经济的"听命"县政）严重束缚下的现行县制已经不能适应目前经济社会发展的需要，成为当前阻碍县域经济发展的关键。可以肯定，县制改革将是我国下一步体制改革的重点。

目前中国县域经济最突出的特征是落后性。县域面积占全国的 93%、人口占全国的 74%，但目前 GDP 仅占全国的 50% 多一点，县域财政收入占全国财政总收入的 23.6%，县域年末金融机构存款占全国总数的 28%，县域经济年度实际利用外资占全国总数的 36%，基本建设投资占全国总数的 1/3，这些数据都与县域

---

① 本文为国家教育部 2011 年人文社科研究规划基金项目《新时期中国县制改革与县域经济科学发展的适应性研究》（项目编号：11YJAZH108）的阶段成果。
② 闫恩虎（1968 —），男，陕西蒲城人，嘉应学院县域经济研究所所长、"客商"研究所所长，经济学副教授，研究方向：县域经济、商业文化。

拥有的土地和人口比例极不相称。根据 2002 年底的统计，县域单位财政总支出超过总收入的 515 亿元，赤字县比重达 73%，赤字总量占地方财政总量的 77%。目前县域人均社会总产值仅相当于大中城市的 1/4，人均收入仅相当于大中城市的 1/3（农民的实物收入计算在内，如果不算农民实物收入，城乡收入是 6:1）。根据蔡昉教授等收集的 36 个国家农业与非农业标准劳动者的收入比率，1990 年和 1995 年城市人均收入超过农村 1 倍以上的国家分别只有 5 个和 3 个，而中国通常在 2~3 倍之间波动。显示中国城乡差距十分突出。[1] 农业是县域经济在国民经济体系中承担的重要分工，严峻的"三农"问题是县域经济社会落后的突出体现。目前，全国约有 55% 的县靠国家财政补贴，有 2/3 的农民由于收入低而缺乏基本的消费能力。另据 2003 年中国社会科学院的调查，目前全国仅有 1/3 的乡镇有供水站，83% 的村不通自来水，13% 的村不通公路，53% 的村不通电话，95% 的村虽通电但电价普遍是城镇的 2 倍以上，93% 的村接收的电视信号相当微弱，全国尚有 207 个县无公共图书馆，67.9% 的乡镇没有文化站，206 个县没有律师。县域经济的落后已经成为我国建设全面小康社会和构建和谐社会的基本障碍，也是当前我国参与国际竞争提升综合国力的重大制约。

形成县域经济发展落后的根本原因是体制障碍。城乡分异的户籍和土地管理制度，不仅直接造成县域最大的两种资源——人力资源和土地资源不能从根本上盘活，造成农民不平等的"低国民待遇"身份、承担比城市居民更重的税收和各种非税负担，而且将 70% 多的国民束缚在十分有限的土地上，使他们的生存和发展受到根本性制约；长期失衡的产业政策和公共政策加剧了农业的落后和农村的封闭贫困；极不合理的财税制度在进一步扩大城乡差距，加剧"三农"问题的严峻性；偏颇保守的金融管理制度使县域经济发展得不到现代金融服务的有力支持；还有严重滞后发育的农村社会保障制度、人才管理制度等都在阻碍县域经济的高快增长和可持续发展。[2] 但最关键的障碍因素是县域行政管理体制。

目前，各地在组织发展县域经济方面普遍存在一个认识误区：过分注重政策的激励作用而忽视制度的保障作用。各省、市政府在其促进县域经济发展的方案中大都提到一个口号："放权让利"，但在现行体制下，可以说，真正能够起到决定性作用的"放权让利"政策几乎是没有。比如，对经济具有杠杆或刺激作用的政策和管理权，像税收减免权，省级政府也没有，谈不上放下去；至于银行贷款及其利息浮动，随着金融体制改革，政府已无权干涉，也谈不上放下去；工商、电力、技术监督等，均属于条条管理体制，也难以放权于县；土地管理还面临进一步依法严格管理的趋势，放的可能性更谈不上。"放权让利"方面做得最好的浙江，下放的权利不外乎是项目的直接申报权、出入境管理权、户籍管理权、车辆管理权等，这些都是操作性的社会管理权，最多也就是产生局部性的影响。必须清楚，政策是一种手段，制度才是经济发展的基本保证。社会发展是有组织的活动，制度是规范人的行为、调节人际关系的手段，是发展由可能到现实的中介。近代以来，无论中西，生产力大的发展、社会的巨大变化和进步均发生在制度变革之后，这类现象普遍存在，表明制度是制约发展的重要因素。制度在发展中的地位表现在人的活动的社会结构中，器物、制度、文化是社会系统的三个基本要素，它们的关联构成社会基本结构。[3] 1993 年，诺贝尔经济学奖的获得者诺思认为竞争力在于通过制度创新来营造促进技术进步和经济潜能发挥的环境，强调竞争力优势是制度安排的产物。他在 1973 年与罗伯特·托马斯合著的《西方世界的兴起：新经济史》中指出："对经济增长起决定作用的是制度性因素而非技术性因素"；"制度从均衡到不均衡又回到均衡的变迁过程构成了经济增长的决定源泉"。[4] "从家庭承包制开始，中国发展出一种信念结构，这种信念结构无须借助任何西方的标准处方就实现了经济的快速发展。然而，如果中国想继续保持经济增长势头，就必须在政治经济结构中构建激励机制，这可能需要建立那些更具西方社会的适应性效率特征的制度。"①

在世界经济论坛公布的 2006 年度全球（国家或地区）竞争力排名规则中，重点强调"稳健的机构环境"，说明制度保障是核心竞争力因素。

要壮大县域经济并促进可持续发展，必须全面深化县域行政、经济、社会管理体制改革。在目前中国政府主导型的市场经济体制下，最关键和最迫切的是县域行政管理体制改革。

---

① 道格拉斯·C.诺思. 理解经济变迁过程 [M].北京：中国人民大学出版社，2005：143.

二、县制改革的必要性和紧迫性

（一）行政管理体制滞后已经成为县域经济发展的严重制约

目前，我国县域行政管理体制滞后突出表现在两个方面：一是行政管理层次太多，导致县级政府自主组织经济发展的权利太小；二是中国特色的"市管县"体制。国际通行的地方行政层次是两级，我国是四级，加之行政和社会管理权利的条块分割，县级政府的自主发展权已是微乎其微。"县级政府事权、财权、行政权不对称。由于体制改革，较多的职能部门的管理体系转变为垂直管理，使县级政府的自主权、经济决策权、社会事务统筹权和社会事务管理权被削弱，但仍然承担着相应的责任，县级政府在发展本地经济，处理本地事务时往往力不从心"。[5] 而"市管县"体制更是不符合工业化中期以后城乡分治的行政规则和国际惯例。

（二）新形势下县域经济发展格局变化的客观要求

随着市场经济体制的确立和发展，县域经济作为地方经济的主要代表和国民经济发展新的增长极，发展迅速，其格局已由行政区划内的"点状辐射"向跨行政区域的"块状推移"变化，从而形成跨越县域、市域甚至省域的经济区域。目前，我国县级行政区域与经济区域相互涵盖、相互包容的局面已非常明显。而现行县域行政管理体制同这种经济发展格局很不适应，严重阻碍县域经济的横向协作发展。

（三）现行的行政区划严重不适应市场经济体制下区域经济协作与发展的要求

我国现行的行政区划在很大程度上沿袭了元代行省制的格局。"犬牙相入"，大而雷同，它适合"大一统"的中央集权国家在交通和通讯不发达的情况下，管理简单的以自然经济为主的农业社会，和市场经济以及工业经济要求的专业化和集聚化很不适应。加之，新中国成立后利用高度集权配合计划经济布局的行政区划调整，没有考虑区域经济发展的市场条件和竞争要求。在新形势下，这种区划格局同区域经济发展与社会进步的反作用日益明显。行政区划是体制要求和社会经济发展的产物，其设置模式除考虑地域范围、自然地理状况、生产力水平、交通通讯能力、民族分布等因素外，重要的还是有利于经济社会的可持续发展。目前，行政区划与经济发展的矛盾直接影响县域经济的发展，阻碍县域经济在资源整合、市场开拓、横向协作等方面的发展。

三、县制改革应明确的原则

随着我国市场经济体制进一步完善和现代化建设的发展，国民经济体系在职能结构上逐渐集聚为两个系统：城市经济和县域经济。未来的城市经济主要集聚要素职能，而县域经济将从主体上承担生产职能。县域是中国经济社会发展最基本的区域单元，是政权组织的基本单元和国家治理的基础环节。县域经济不仅是国民经济的基本构成，是建设全面小康社会的重要载体，而且也是中国的"国本经济"、"民生经济"、"稳定经济"、"最基本的生态经济"、"参与国际竞争的巨大市场后备"和工业化中期阶段后中国经济新的增长极，更是未来中国区域经济合作与发展的主要基础和未来推动经济发展的生力军。[1] 必须强调的是：县制改革不仅仅是县域行政区划的简单变动或行政管理手段的变革，而且是一场深刻的地方政府制度改革和政府权力的再分配。县制改革对于我国正在进行的体制改革、城市化进程乃至整个现代化进程，都有着极其重要的影响。[6] 因此，必须从战略的高度，从国家宏观体制的高度，进行认真深入的研究和分析，慎重地有步骤推进。从现代化建设和可持续发展的角度讲，县制改革必须注意以下几个原则：

（1）坚持以科学发展观为指导，按照构建和谐社会和统筹城乡发展、统筹区域发展、统筹经济社会发展、统筹人与自然和谐发展、统筹国内发展和对外开放的要求，遵循市场经济规律，以有利于国际化竞争与协作提升综合国力为原则，消除一切不利于区域经济协调可持续发展的体制和传统障碍。

（2）县制改革不是单一的县级行政管理体制改革，而是以县制改革为中心，启动全面的国家行政管理体制和行政区划改革。要求全国行政管理系统按照健全和完善市场经济体制的原则、适应区域经济发展和经济全球化的要求，进行全面的改革，从而建立起全国统一的县域经济发展与协作体系。因为县域经济是国民经济的基础，县是我国行政管理的基本环节。县域管理体制的改革必然要求省、市以至全国同步改革。改革的总体要求是在保持相对稳定的前提下，与整个国家发展战略相配套，适应经济社会发展的需要，有利于区域经济发展和提高国际竞争力。

（3）必须高度重视意识形态的先导作用。正如诺思所言：意识形态是人们关于世界的一套信念，它既是一种规范制度，又是一种世界观，它能支配和解释信念、制度的合法性；是一种行为方式，是个人与环境达成协议的一种节约成本的工具，这种方式通过提供给人们一种世界观而使行为决策更为经济。在诺思看来，既然意识形态是经济增长的一个变量，人们就必须建立一个有利于增长的成功的意识形态；他认为成功的意识形态不仅要使人们认识到现行体制中可能存在的不公平和低效率，而且也要使人们确认只有通过他所参与的改革活动，才能创造出一个公正而有效率的体制。[4] 加尔布雷斯认为："信念的解放是改革任务中最艰难的，也是其他变革所依赖的基础。它之所以难以克服是因为，建立在信念基础上的权力具有独特的专制性；当权力充分发挥效力时，出于其本性它会排除一切可能削弱其控制的思想。"[7] 县制改革，必须将以发展为大局的思想广泛宣传，让国民普遍认识到改革的重要和紧迫，扫除不利于改革的思想障碍和利益阻挠。

（4）县制改革的核心问题是"市管县"体制。

四、"市管县"体制的弊端分析

作为推进工业化和发展商品经济的产物，"市管县"体制是在中国特定的政治经济环境下，在传统计划经济体制向社会主义市场经济体制转轨过程中产生的，有其历史的必然性。改革开放以来，随着农村生产关系改革的深入和农村经济的发展，一方面，农村因亟须获得城市在技术力量、智力支持、信息服务、资金支援等方面的援助，对城市依赖大为加深；另一方面，城市的工业生产、经济改革也迫切需要辐射到农村，以保障城市的市场、劳务、原料及副食品供应。城乡一体化反映了商品经济条件下城乡关系的紧密联动规律。作为这一客观经济规律作用的产物，"市管县"体制对于密切城乡关系、加强城乡合作、巩固工农联盟、促进城乡一体化进程等诸多方面都起到了一定的推动作用。[6] 但随着区域经济和城市化的发展，尤其是市与县经济差距的缩小，由于"市管县"体制缺乏系统配套的城市发展机制和人口政策的平台，该体制下的市县矛盾已经成为当前我国城市群区行政区划管理中的最突出矛盾。尤其在经济发达的东部沿海地区，"市管县"体制的弊端日益突出。具体而言，目前"市管县"体制的弊端主要表现在以下几个方面：

(一) 造成虚假城市化现象

根据国际通用标准，城市作为一个涵盖城市人文子系统、政治子系统、经济子系统和公共设施子系统的人类社会生活载体，有其内在规律性，而我国因"市管县"体制一哄而起的地改市、地市合并、县改市热潮，尽管带来了城市数目的急剧扩张，却违背了这种规律性。首先，我国的许多市已不再是一个城市型行政区，而是一个以广大农村为主体的区域型行政区。造成市辖区域和市区概念混淆，出现重庆一度成为"世界第一大城市"（将重庆市人口加上所辖县市人口的统计）等怪诞的现象。其次，许多市仍是农业主导，第二、第三产业比重偏低，大量"市民"从事农业，非农业人口比率偏低。这种所谓的城市，实质仍然是一个农业功能或至少是半农业功能的超级"县"，而非真正意义上的城市。以湖南省为例：1997年湖南省12个地级市辖区（不含市辖县）农业人口的比重高达48%，其中常德市鼎城区、张家界市永定区、益阳市赫山区的农业人口比重分别高达88%、80%和75%。可见，它们并不是真正的"城市区"，而是典型的"乡村区"，城市化的水分很大。[6]

(二) "市管县"体制缺乏法律依据

《中华人民共和国宪法》规定中国行政区划为省、县、乡三级，虽然《宪法》第30条第二款规定"直辖市和较大的市分为区、县，自治州分为县、市"。目前实行地级市管县体制的法律依据来源于此。但究竟怎样算是"较大的市"？1959年国务院批准青岛、徐州、唐山、齐齐哈尔、淄博等18个市为"较大的市"，加上28个省会城市，"较大的市"共计46个。因此，只有46个"较大的市"和4个直辖市依据《宪法》可以实行"市管县"。其他的市和县是两个平行的行政区域主体，有各自的辖区，它们都受省、自治区或其派出机构（比如地区行政公署）的管辖。由于以前混淆了"地级市"与"较大的市"的概念，实行"市管县"的地级市竟多达205个，结果"市管县"名义上是市受省委托代管县，但事实上市执行的是真正意义上的管理，也就是说，实际上市已经成了一级行政区划。这显然违背《宪法》的规定。

（三）违背工业化中期以后城乡分治的国际惯例

以前实行"市管县"体制表明了政府的一种企图通过城乡合治实现城乡互补和城乡一体化的努力。改革开放前，我国一直实行城乡分治体制，在管辖范围上市政府一般只限于城区和郊区，在户籍管理上实行市民和农民分类管理，在政府体制上则实行一般区域性地方政府和市镇政府两套体制，在行政区划管理体制上城市型行政区和地域型行政区并存。随着"市管县"体制的推行和深入，我国城乡关系已由过去的城乡联盟发展到城市领导乡村，基本实现了城乡合治的地方行政管理体制。但是，进入工业化中期以后，由城乡合治走向城乡分治，由城乡混一走向城市自治、农村自治，是许多国家城乡治理的成功经验，也是世界行政史揭示的一个客观规律。目前，我国已经进入工业化中期阶段，"市管县"体制，违背了城乡分治的发展规律。因为，随着工业化和城市化的发展，城市和农村逐渐成为两个具有质的差异的完全不同的领域。城市主要是集聚流通、科技和文化等要素职能，而农村不仅有其特定的生产职能，还肩负着保障国家粮食安全的重大职责，城乡分治才是有效治理的正确方向。另外，从中国目前的实践来看，所谓城乡合治，基本上仍然是板块式的合治，而不是真正有机的一体化合治。管县的市政府的机构设置大都可以清晰地分成两个系统：一是城市管理系统，二是农村管理系统，两者之间基本上互不相关。城乡合治并不会带来城乡互补或城乡一体化。在不彻底改革城乡二元分割的户籍制度和不彻底打破重工抑农、重城轻乡观念的情况下，任何形式的城乡合治都改变不了"外合内分"的客观事实。因此，企图通过拉郎配式的"市管县"体制实现城乡合治，既违背了城乡分治的国际惯例，又不符合当代中国城乡发展的实际状况。[6]

（四）增加了一个地方行政层级，不仅多了一个财政上解层次，而且产生了新的条块分割

根据亚洲开发银行考察团的研究报告，按地方政府层级划分的 1993 年中国财政收入构成，省占 16.7%，地级市占 43.9%，县（市）占 24.2%，乡（镇）占16.7%；财政收支出构成，省占 23.8%，地（市）占 31.7%，县（市）占 30.2%，乡（镇）占 12.7%。实行分税制后，地方财力进一步向地级市集中，在 1999 年

江苏省地方税收收入中，省、地级市、县（市）分别占 16.24%、59.91% 和 23.85%。[8] 目前，地级市财政是我国财政结构中最大的部分。多了这一部分，对于县域经济而言，增加了一个财政上解层次，影响经济发展的自主权。"市管县"体制，使地区一级政权由过去的虚设变成实置，对县的管辖由地区行政公署以省的名义管理（虚管）变为由市全权管理（实管），行政区划的层级由省、县、乡三级变为省、市、县乡四级。凡是县与省之间需要上情下达或下情上达的问题，无论是政策性的还是业务性的，本来可以直接沟通，但现在却不得不经由市一级中间层次，与地管县时相比，信息传递增加了一套程序，影响了信息传递速度，降低了行政效率。"市管县"体制，造成市视县为附属行政单位，要求县的经济发展从属于市区经济发展的需要，导致这两个利益主体的冲突，从而使得"市管县"实际成了"市吃县"、"市卡县"、"市刮县"和"市压县"。

（五）行政区域与经济区域的强制性统一，不利于经济社会发展

实行"市管县"体制，目的在于通过行政命令，使行政区域和经济区域达到一致，以经济比较发达的城市辐射和带动周围农村乡、镇经济的发展，逐步实现城乡一体化。但在现实中，市所辖的行政区域却往往与经济区域不相一致。根据行政学的有关原理，一个下级只能服从于一个直接的上级，以避免多头领导和政出多门。因此，在行政体制上，不允许两个同级的地方政府共管一个县，但从经济发展的需要上看，有些县的确需要多个中心城市的带动和辐射，甚至需要外省的市来带动。"市管县"强化了一个市对所带县的垄断地位，但却限制甚至排斥了其他市对该县的带动作用，"市管县"体制不利于县域经济间的横向协作。[6]

说到底，"市管县"体制，是一种排斥市场机制的管理框架。在这样的体制下，没有实力的市也要维持着庞大的行政级别架构，而一些有实力的县级市——比如顺德、南海、江阴，它们的 GDP 甚至比有些省还要高，但却连设立银行分行的资格都没有。严格意义上讲，在国家内部结构体系的安排中，县或者县级市，还从来没有像今天这样处于弱势地位。作为中国从农业社会向工业社会过渡中的交错地带——县，它的权益与作用正在受到现行体制的削弱。因此，要壮大县域经济并可持续发展，"市管县"体制到了非改不可的时候了。

五、国外县制的借鉴

中国与西方国家的政府权力结构模式不同，西方国家是扁平式的，权力重心在地方州、县一级，而中国是倒金字塔型的，行政权力自下而上集中。西方国家地方行政结构多是二级制，县一级大多是自治的。虽然中国在地方行政管理理念和模式上与西方国家有所不同，但"县"级行政区划和县域经济并不是中国特有的现象，在发达国家如美国、德国和英国等同样存在，发达国家（完成工业化的国家）的县制经验值得借鉴。

从德、英、美、日四国的县制及其职能可以看出：

（1）在世界主要国家，县是地方行政管理的重要组成部分，但是，在各州，县级政府的数量一般由中央政府直接控制，以保持地方政府行政管理的稳定性。

（2）发达国家县级政府的职能为：在公共事务方面主要是承担维护法律秩序，进行城市规划、公共安全、社会福利、公共救济、医疗服务、公共教育、卫生监督、防灾救灾、环境保护、文化娱乐等方面的管理。在经济发展方面，主要是编制经济发展规划、制定相应的产业政策、进行工商和投资管理、促进居民就业以及实施税收与财政预算管理等，县级政府的经济职能主要是维护市场经济秩序，并以此目的干预和促进地方经济发展，一般不直接插手专业领域内的具体经济活动。

（3）在实施公共事务管理上贯彻政府和社会合理分担的原则，政府不独立承担。而是广泛动员社会力量，将一部分事务转交由社会志愿组织、私人企业和其他社会团体共同承担，以增强县城居民参与社会公共事务管理与服务的意识，增强政府行政的民主性和透明度。

（4）在财政收支上，中央（联邦政府）、州和县三级政府之间普遍实行分税制，县级财政收入主要来自中央和州的财政补助，同时，在事权上，县与上级政府的分工十分明确。[9]中国县域经济发展当前正处在转型时期，现代化进程正在逐步加快，在此情况下，引进或嫁接发达国家县级政府的运行机制和经验，完善中国县域政府的经济管理功能，维护市场经济秩序，这对发展壮大县域经济具有重要的现实意义。

六、县制改革的思路探讨

县制改革，不能简单地说是撤销地级市或市县分离，而是要求全国行政管理系统按照健全和完善市场经济体制的原则、适应区域经济发展和经济全球化的要求，进行全面的改革，从而建立起全国统一的县域经济发展与协作体系。改革的总体思路是"缩省强县、市县分治、省县直辖、创新市制、乡镇自治"。

"缩省强县"是目前县制体制改革的前提和基础。"缩省"是指扩大省级行政建制的数量、缩小区划范围。目前中国的一个省，就管辖面积和人口而言，相当于一个中等国家。而且目前中国的省级区划，无论是国际比较还是历史比较，都显得太大。就国际比较而言，美国的国土面积没有中国大，但有50个州；俄罗斯国土面积广阔，但如果不考虑加盟共和国和西伯利亚的寒荒地带，其省级区划一般也没有中国大。就省辖人口而言，全世界没有任何一个国家能和中国比。就历史比较来说，秦初设36郡，后增至48个；隋唐废郡设州，州数100多个。中国封建时代的省级区划一直都在50多个，而且当时的版图还没有现在大。清朝虽设18个行省，但它是五级行政管理，下还有道、府、州（厅）、县。中国目前的省级行政区划不仅规模过大，而且区划范围基本上沿袭封建时代的划分积弊"犬牙交错"。这既不利于有效管理，也不利于凝聚区域竞争力，对国家的长治久安也没有好处。根据中国目前的人口、资源和经济发展格局，将省级行政区划增加到50个以上是比较合适的。中国科学院地学部委员谭其骧教授早在20世纪80年代就向中央提出"废除现有省制"的建议，并于1989年12月在民政部召开的行政区划学术讨论会上提出了划全国为50个省的具体方案。中国社会科学院农村发展研究所农村政策研究中心主任李成贵教授也曾系统提出"缩省"的构想。[10] 海南省和重庆市的设立，说明"缩省"的思路已经在自觉或不自觉地展开。

"强县"包括两方面内容：一是"并县"，二是"扩权"。中国县市区规模不一，目前平均每个县管辖30万到40万人。各省之间、省内地区之间规模差别较大。少数县规模过大，全世界2/3的国家没有中国最大的县大。而另有少数县则规模太小，有的人口不足 10 万人。相对于省级行政区划规模，目前中国的县级行政区划规模普遍显得小而弱。根据 2002 年底国家民政部的统计，全国 20 万人口以下的县、市辖区有 720 个，其中 10 万以下的有 314 个。[9] 县域规模过小，不仅不利于壮大经济实力，也不利于推动城镇化和农业产业化，而且还增加了行政成本，加重了农民负担。因此，要对部分规模过小、人口较少的县进行"并"和"转"，按照目前中等以上的规模要求设置县。目前，要加大"并县"的步伐，促进县域经济发展的优势互补和区域资源的优化配置，壮大县域经济。"并县"的思路：顺应地理、经济、文化习惯，注重历史沿革，根据经济布局和经济带动能力，着眼经济发展潜力，参照交通条件和资源基础，大县并小县、强县并弱县、小城市并县，促进优势互补，科学、合理布局。"扩权"，指扩大县级行政区的经济和社会管理权限，调动地方发展和竞争的积极性，激发县域经济发展活力。"扩权"的根本措施是"市县分治、省县直辖"，减少行政管理和财政上解层次，便于政令通达、自主发展。

"创新市制"是目前县制体制改革的核心环节和敏感环节。"创新市制"和"市县分治"相结合，强调"市管县"体制改革不是简单的撤销地级市或市县分离，而是因地制宜、与时俱进地实施有利于促进县域经济大发展的行政区划改革，面向全球化，凝聚竞争力。目前，"创新市制"的具体思路有三种：

（1）城市扩容并县，依靠大中城市的吸纳力和辐射力将周边县（市）撤县设区，并入城市。在城市化进程加快的大背景下，特别是东部沿海发达地区，随着大交通的改善和城市能量的扩张，作为区域中心的省辖市与其代管的周边县（市）关系正在发生改变，城市政府正在走向真正意义上的区域政府。在中心城市周边的县域，只要产业联系紧密、交通条件成熟、城区规划允许，便可以成为中心城市的组成部分（撤县设区）。最近，长三角和珠三角的大中城市已经开始城区扩容，效果良好。江苏大部分省辖市调整了行政区划，将周边的紧邻县（市）划入城市范围，拓展城市发展空间；浙江杭州市将萧山、余杭并入市区，地域扩大到 3000 平方公里，人口增加到 450 万人，成为长三角地区城市规模和经济实力仅次于上海的第二大城市；地处我国南部的花都、番禺不久前也划归广州市，使广州地域面积达到 7400 平方公里，超过了上海，人口达到 1000 万人，接近北京，而佛山市则由于将南海、顺德、三水和高明四县（市）并入麾下，一跃成为广东第三大城市。由此看来，地市级政府不全是有关学者认为的那样，是一个待撤销的多余层次，有的恰恰相反，正进入一个全新的嬗变期，在城市化进程的隆隆脚步声中，猛然意识到应有的作为，重新找到自己的定位。市级政府作为城市政府的概念也正在深化和更新，市县两级的关系将被全面刷新。市级政府也正在成为区域傲视群雄的主体，打造和展示自己的全新形象，吸纳并聚合自身稀缺的优质生产要素，向周边抛射出强大的经济能量。它对周边的县域已不再满足于发挥行政性、单一化的代管职能，而是正在对县域经济发挥着综合性、全方位的带动功能。它要把县域经济融合在以市区为中心的一体化经济之中，并且在城市化发展进程当中，通过市级政府的改革探索和职能创新，为中国政府层次过多的难题找到一个可行的解决办法。城区扩容并县后，新的市政府在对其并入的县域经济发展中，至少可以发挥以下功能：①品牌功能。一般而言，省辖市都比县级有较高的知名度和美誉度，它是区域内县域经济可资利用的一张名片。②集聚功能。市级政府可以利用自身行政影响力及城市投资环境吸引力帮助县域吸引生产要素。③导向功能。市级政府通过示范导向、规划导向、政策导向、服务导向、重大活动导向及舆论导向等来促进县域经济的发展。④整合功能。市级政府可以用行政、市场等手段来整合县域的资源和优势，集中进行策划、运作，变个体优势为集群优势。⑤辐射功能。市级拥有的要素富集度与县级存在一个梯次，它具有向县域辐射人才、项目、产业、信息等要素的能力。⑥统筹功能。统筹谋划区域内与县域经济发展密切相关的重大问题。强化区域内经济和社会发展的规划布局，帮助各并入县（市）明确定位分工和发展方向。[11]

（2）"城镇组团"，城镇化水平高、现代产业基础好、与中心城市联系紧密、所处区域靠近城市群落的，可以撤县设市，组成区域城镇集团。加快市区经济建设，提高集聚力、辐射力和带动力。促进资源共享，加快流通，完善要素市场，全面提高县域竞争力和现代化水平。

（3）"市县分治"，根据城乡分治的原则实行市县分治、市县平级、省县直辖。市和县各自具有不同的经济职能和社会职能：城市集聚要素市场，发挥流通、服务职能，发展现代产业；县域重在生产、资源开发，保障粮食安全。

"乡镇自治"是县制改革的长远思考。目前可以操作的是根据各县特色经济发展思路和资源分布状况，进行科学乡镇规划，加大撤并乡镇的力度，取消经济集聚功能差的各种"麻雀镇",突出专业镇、中心镇的地位,再进一步根据"强化条条,虚化块块"的原则,改革乡镇行政管理体制,强化乡镇的经济协作职能,促进乡镇企业和民营经济发展,提高县域经济的产出效益。县级政权集中行政管理职能,乡镇一级逐渐向协作、中介、社会管理的职能转化,最终达到乡镇自治。

虽然"省县直辖"在理论上讲得通,可以减少行政层次,便于政令畅通,节省财政开支等。但必须考虑中国国情,幅员辽阔,人口众多,加之多民族大家庭,经济发展又不均衡。目前中国有 8 个省面积比欧洲最大的国家法国大,31个省,管理世界 1/4 的人口。我国大多数省都管辖 100 个左右的市、县(区),加上省直机关几十个厅局,省长可能连县长的名字也记不全,如果断然撤销地级市建制,省级政府的行政管理将在短期内难以适应。在目前我国经济转轨、政府转型的特殊时期,贸然取消省与县的衔接层次,将造成省对县管理失控的局面,不利于稳定和发展。地级行政建制由虚到实的演化,已经历了半个多世纪。不仅已经有完整的机构设置,也已经形成连通上下的管理和利益纽带,而且这个纽带目前正在流畅运转。事实上,自改革开放以来,政治经济实力已经大幅度地从省级向地级转移,地(市)已经成为区域省县之间的行政和经济核心。大批省属国有企事业单位下放地级市管理。许多原来由省级掌握的计划、财政和用人权也转归地级行政单位。近来,这种权力转移之势越来越盛。在九届人大一次会议上,温州市的负责人要求享有"经国务院批准的较大的市"可以制定地方性法规的权力,反映出地级行政单位积极谋求自治权的倾向。1997 年底,全国金融工作会议决定撤销中国人民银行省级分行,并将国有商业银行的省级分行与省会分行合并,这一举措势必对今后的省地关系产生深远影响,在权力天平上为后者增添了一个很有分量的砝码。[12] 为此,我认为,县域行政管理体制改革,必须注意以下四点:

(1)"强县"必须和"缩省"结合起来。"缩省"应该首先进行省管特大城市的直辖市改革,依托大城市的集聚和辐射功能,促使其"辖县"、"管区"、"带市",通过省辖特大城市的分离先行缩小一些过大的省区,探索尝试,积累经验。然后再根据区域经济资源分布和产业发展布局的情况,对经济职能过于复杂的几个大省(如安徽、河南、山东等)进行区划分缩。再在此基础上根据国际惯例和我国国民经济的发展规划进行全国统一的省级区划整合。

（2）县的社会经济管理职能必须在法律上全面规范。一方面，要保证政策政令畅通，保证整个国民经济体系健康可持续发展；另一方面，要建立健全县级公务员聘任管理制度，严格机构设置和人员编制，防止机构臃肿，"吏"多为患。

（3）必须重视历史遗留问题的解决。要在稳定发展的大前提下有序推进县域行政管理体制改革。

（4）"市县分离"必须以乡镇的规范建设为基础。搞好乡村经济社会建设，才能固本强基。

参考文献：

［1］蔡昉等. 劳动力流动的政治经济学［M］. 上海：上海人民出版社，2004.

［2］闫恩虎. 县域经济论纲［M］. 广州：暨南大学出版社，2005.

［3］鲁鹏. 制度与发展关系研究［M］. 北京：人民出版社，2002.

［4］［美］道格拉斯·C.诺思，罗伯特·托马斯. 西方世界的兴起：新经济史(The Rise of the Western World：A New Economic History)［M］. 厉以平，蔡磊，译.北京：华夏出版社，1999.

［5］杨小川. 新农村建设的物质基础［N］. 南方日报，2006-04-12（A12）.

［6］黄仁宗. 对市管县体制的新思考［J］. 决策咨询，2001（8）.

［7］加尔布雷斯. 经济学和公共目标［M］. 北京：商务印书馆，1980.

［8］梁尚敏. 中国财政振兴的理论与实践［M］. 北京：中国财政经济出版社，1997.

［9］凌耀初. 中国县域经济发展分析［J］. 上海经济研究，2003（12）.

［10］青理东. 县域发展研究［M］. 北京：中央党校出版社，2006.

［11］冬冰. 浅谈市级政府在县域经济发展中的定位和作用［EB/L］. http：//www.china-County.org/.

［12］华伟. 州府重建论［EB/L］. http：//www. Bjsjs. net.

东部篇

广东省经济发展方式转变之必然：
城市化驱动消费需求理论的"悖论"

姜百臣[①]　马少华[②]

一、引　言

　　城市化是指随着经济发展、工业化进程的不断推进，农村地域不断向城市地域转化，农村人口持续不断地向城市迁移的一个动态过程，因此，城市化是我国经济发展和社会进步的必然结果与重要标志。[1] 城市化是农村人口从农村向城市的迁移的过程，使得城市人口增多，农村人口下降；同时，城市化使得农村生活方式向城市生活方式转变，包括消费观念、消费习惯、消费能力、消费行为以及消费环境等，这是城市化质的体现，也是备受各界关注的问题。城市化对消费需求的影响一直是国内外学者长期研究的重要理论与现实问题。

　　目前理论界争论的焦点主要是城市化对居民消费需求起到的是拉动效应还是挤出效应，抑或是没有贡献？美国经济学家 D.W.乔根森认为人们对粮食等农产品的需求是有生理极限的，而对工业品的需求则是无极限的。当农产品的需求可以得到满足时，农村要素转移到城市工业部门，逐步城市化将改变农民的生活方式、消费行为，农民消费结构乃至整个国民的消费结构升级都有赖于城市化的拉动效应。[2] 这或许可以解释我国"二元结构"的长期存在制约了消费需求发挥的

━━━━━━━━━━

　　① 姜百臣，生于1962年，男，吉林人，华南农业大学经济管理学院教授，硕士生导师，研究领域：消费行为、社会保障和企业管理。
　　② 马少华，生于1986年，女，广东人，华南农业大学经济管理学院研究生。

一个原因。

由于国际金融危机的持久影响，出现了世界范围内的产能过剩。我国以出口拉动的经济增长模式面临挑战：一是对高投资和出口的依赖，二是对低成本资源和要素的高强度投入的过度依赖。但是，对这两方面的依赖都是不可持续的。为此，我国的经济增长方式急需转型，需要逐步依靠提升国内消费需求来促进经济平稳较快地增长，使消费成为经济发展的动力和源泉，从外需驱动转向主要由内需驱动，从投资驱动转向主要由消费驱动，真正实现经济的可持续性发展。2009年中央经济工作会议提出这样的战略：把扩大居民消费、拉动内需与城市化结合起来。这一战略将扩大消费融入城市化进程当中，赋予了城市化以新的发展内涵。然而，我国的先进工业与落后农业并存的"二元经济"问题突出，这一现象使得城乡居民的收入和消费存在很大差异，制约了消费需求的扩张，成为我国经济发展的"瓶颈"。

改革开放以来，城乡分割的局面逐渐向城乡统筹转变，我国城市化水平逐步得到提高，快速的城市化发展进程必然会使城乡居民的收入和消费的差距逐渐缩小，有效地扩大内需。在目前阶段城市仍然是消费的主要空间载体，要实现经济拉动方式的转变，最终依托则必然是城市化。广东省是改革开放的前沿阵地，城市化发展进程良好，2005年全国抽样调查表明，广东的城市化率已达60.68%，其中城市化率最高的佛山市2003年达到了99.84%。[3]近年来，广东省以出口为导向的经济发展模式也受到国内外的冲击，亟待转变经济拉动方式，通过扩大内需来保持未来经济的可持续发展。

二、城市化拉动消费的作用机制

英国经济学家凯恩斯认为，一国的就业水平是由有效需求决定的，心理上的消费倾向使得消费的增长赶不上收入的增长，因而引起消费需求不足。随后，刘易斯将研究领域推进到发展中国家，提出二元经济理论。二元经济理论认为城乡之间在劳动生产率、居民收入上存在着差异，需通过发展城市工业吸收农村剩余劳动力，使得农村人口向生产率、工资水平高的城市转移，这种趋势会扩大整个社会的需求水平。[4] D.W.乔根森对刘易斯的二元经济理论进行了修正和补充。从这些研究成果不难看出，城市化对于消费具需求有驱动和拉动作用，城市化水平的提高对国内消费需求有着重要影响，主要表现在以下三个方面：

第一，城市化有利于居民收入水平的提高，为消费水平的提高创造了条件。在信息社会和知识经济时代，城市为信息和知识的生产、传播和积累提供了良好的条件，使城市经济产生了巨大的聚集效益和规模效益，城市的专业化分工和充分的市场竞争不仅增加了就业和获取收入的机会，而且增加了收入的稳定性和持续性，使得居民的收入预期乐观，居民的消费倾向也相应提高。同时，农村劳动力的边际生产率随着人口的不断流出而提高，由此也获取了更高的劳动报酬。从整体上而言，随着城市化的不断发展和深化，城乡居民的收入水平都得以提高，尤其是农村居民。根据消费理论，消费主要是由居民的收入决定的，因此，居民收入水平的提高，为消费水平的提高创造了条件。

第二，城市化有利于改善消费环境，开启潜在消费需求和升级消费结构。随着城市化水平的提高，城市人口越来越多，为了满足越来越大的市场需求，城市的消费环境将会进一步改善，从而满足居民各种各样的需求，使其消费行为更加便利，解决"没地方花"的怪圈现象。与此同时，城市化的发展使得城乡的沟通更加密切，城市中的各种商业机构也会瞄准农村这个庞大的市场，进驻农村地区，为农村居民提高了更便捷的消费环境。加之城市化使得居民的收入整体得到了提高，居民购买力得以提升，潜在消费需求被激发，消费自然得到开启，需求也就得以扩张。

另外，在居民收入水平不断提高，消费环境也不断得到改善的城市化背景下，居民除了对基本日常消费的需求增加外，对发展型和享受型消费的需求也越来越强烈，消费结构发生了重大的改变。城乡从分割到统筹的转变，使得信息交流更加迅速和快捷，加之消费的示范效应和广告的诱导作用使得居民改变原有消费观念，偏好发生改变，接轨于更高层次的消费水准，从而也使得消费结构得到升级和优化。居民消费结构的不断升级是保证消费需求不断扩大的必要条件。

第三，城市化有利于居民预防性储蓄的减少、消费倾向的提高。城市的社会保障体系和消费信贷等资本市场较之农村都比较完善，居民所面对的流动性约束和不确定因素相对较少，增加了居民对未来预期的乐观性，在一定程度上代替个人实现了跨期消费规划所要进行的储蓄，这就会使居民倾向于减少自己的预防性储蓄而增加即期的消费，对释放居民的储蓄具有积极作用，从而有助于消费需求的扩大。健全的社会保障机制不仅能够增加经济生活中的确定性因素，使居民形成更为稳定、更为理性的心理预期，而且，它还使得居民在消费信贷的决策上减少受储蓄规模的影响程度，因为社会保障支出降低了居民对未来收入存在不确定性的风险预期。因此，居民在消费信贷决策上就会更趋于开放和大胆。因此，随着城市化水平的提高，城市人口所占比例不断攀升，享受比较完善的社会保障制度和资本市场的人越来越多，居民所面对的不确定减少了，弱化了预防性储蓄动机，居民的消费倾向也提高了，消费需求也不断地扩大了。

从以上城市化对消费的作用机制的分析可以看出，城市化可以为消费创造构成消费需求的基本要素并使之不断扩大，产生明显的消费升级效应，具有巨大的消费拉动力，是开启和提振消费的原动力。因此，推进城市化进程是扩大内需的有效途径，从而达到转变经济发展的拉动方式，促进经济的可持续发展。

然而，我国长期形成的"二元经济结构"的经济发展模式根深蒂固，且发展方式和社会制度也不同于国外，以及因改革和转制所带来的难以预期的不确定性，在这一特殊的制度背景下，我国的城市化是否也能驱动消费，扩大需求，转变经济发展方式呢？现阶段我国是否可以通过推动城市化来扩大内需进而带动经济增长呢？如果可以，这种推动作用是否具有可持续性呢？这些都是本文要探讨的问题。基于此，本文选取广东省为例，采用协整检验和格兰杰因果关系检验，从定量角度研究城市化和消费需求二者的关系，旨在为政府部门转变发展方式的决策提供参考和建议。

三、城市化对居民消费影响的实证分析

（一）变量选取与数据说明

目前，理论界对于城市化水平的衡量标准尚未达成一致，因为城市化是一个复杂的动态过程，涉及的内容特别广泛，其中包括人口、空间、社会、制度和经济等一系列的因素。常见的测算方法有：人口比重指标法、城镇土地利用指标法、调整系数法、农村城镇化指标法和现代城市化指标法五种，[5] 为了避免造成过大误差和错误，后四种方法由于范围界定和数据获取困难等原因而很少被使用。因此，本文采用人口比重指标法来衡量广东省的城市化水平，同时考虑到我国一直以来的严格户籍管理制度这一特殊背景，鉴于此，用非农业人口占总人口的比重表示广东省城市化率，记为 U。而对于居民消费水平的衡量，为了剔除不同年份物价的影响，确切地反映居民真实的消费水平，所以居民消费水平则用最终消费率来衡量，记为 C。

考虑到广东省城市化的演化进程，以及其他制度、社会因素的影响，本文选取 1978~2008 年的时间序列对广东省的城市化进程与居民消费的关系进行实证分析，数据来源于《广东省统计年鉴》。为了消除原始时间序列中存在的异方差现象，对变量进行对数变换，变换后不改变原序列的关系，记为 LnC 和 LnU。

（二）实证分析

1. 单位根检验

为避免伪回归现象致使回归结果无效，首先要对时间变量序列及其差分序列进行单位根检验，以确定各变量的平稳性，这是进行协整分析的基础。运用 ADF 检验对所分析的两个变量及差分变量进行单位根检验，最优滞后期根据 SIC 准则自动选取，检验的结果如表 1 所示。

在 1% 的显著性水平下，两个变量的时间序列都是非平稳的，而 LnC 和 LnU 的一阶差分的 ADF 值都小于 1% 检验水平的临界值，所以两个变量的时间序列的一阶差分是平稳的。可见，LnC、LnU 都是一阶单整的序列，即 LnC~I(1)，LnU~I(1)，可以对这两个变量之间的长期关系进行下一步协整检验。

表 1 对变量单位根的 ADF 检验结果

序列	水平检验结果		一阶差分检验结果	
	ADF 值	P 值	ADF 值	P 值
LnC	−0.7007	0.8317	−4.8441	0.0005***
LnU	−3.3060	0.0859	−5.7361	0.0003***

注：***代表在 1% 显著水平上显著，无标志则说明检验值不显著，接受具有单位根，为非平稳序列的原假设。

2. 协整检验

LnC、LnU 都是一阶单整的序列，采用 Engle-Granger（EG）两步法进行协整检验，检验结果如表 2 所示。

表 2　残差的单位根检验

变量	ADF 值	1%临界值	5%临界值	10%临界值
et	−2.1529	−2.6443	−1.9524	−1.6102

从表 2 可以看出，残差序列的单位根 ADF 检验值为−2.1529，而 5%显著水平临界值为−1.9524，故残差序列不存在单位根，是平稳的，也就是说，LnC、LnU 这两个变量是协整的，所以它们之间存在长期的动态均衡关系。二者的具体回归结果如式（1）所示：

$$LnC = 2.0899 - 0.1176 LnU \tag{1}$$

3. 格兰杰因果关系检验

上文的协整检验揭示了广东省城市化与居民消费之间存在着长期均衡的动态关系，但是无法揭示变量之间是否具有因果关系，因此，它们之间的具体因果关系还需借助格兰杰因果关系检验进行进一步验证和分析。格兰杰因果关系检验只适用于平稳的时间序列变量，所以对 LnC 和 LnU 的一阶差分进行检验。结果如表 3 所示。

表 3　格兰杰因果关系检验

因果关系假设	滞后期数	F 统计值	P 值
D（LnU）不是 D（LnC）的格兰杰原因	1	5.3633	0.0287
D（LnC）不是 D（LnU）的格兰杰原因	1	0.1525	0.6993
D（LnU）不是 D（LnC）的格兰杰原因	2	3.0960	0.0645
D（LnC）不是 D（LnU）的格兰杰原因	2	2.3848	0.1145
D（LnU）不是 D（LnC）的格兰杰原因	3	1.6644	0.2066
D（LnC）不是 D（LnU）的格兰杰原因	3	1.1980	0.3360
D（LnU）不是 D（LnC）的格兰杰原因	4	1.5619	0.0297
D（LnC）不是 D（LnU）的格兰杰原因	4	0.9252	0.4724
D（LnU）不是 D（LnC）的格兰杰原因	5	1.2776	0.3275
D（LnC）不是 D（LnU）的格兰杰原因	5	0.6076	0.6957

表 3 的格兰杰因果关系检验，滞后期分别选取 1 期至 5 期，检验结果可知：广东省城市化水平提高不是消费需求增长的原因，消费需求增长也不是城市化增长的原因。

(三) 实证结果分析

通过分析，我们可以得出这样一个结论：广东省城市化水平和居民消费之间存在协整关系，即二者之间会自动调整并趋于均衡，是一种长期的动态关系。然而二者之间并不存在格兰杰因果关系检验。为什么会出现与城市化拉动消费需求的经济学理论相背离的现象呢？究其原因，由于受经济发展和社会制度的影响，以及改革和转制所带来的波动，使得广东省的城市化进程有别于西方国家的城市化进程。西方的城市化是高质量的城市化，随着城市化人口的迁移，各种配套设施和福利制度都会同步跟进，使得城市化能够充分发挥其对消费需求的驱动作用。然而，对于广东省来说，虽然实现了城市化人口比重的不断攀升，但是与之相匹配的软硬件——配套设施、服务和制度却远远滞后于人口城市化的程度，从而制约了城市化进程对消费需求的拉动作用的发挥，出现了与西方城市化驱动消费需求的经济理论相悖的情况。

第一，城市化使得城乡收入分配差距扩大，整个社会的消费倾向和消费能力下降。对于农村居民来说，由于土地被低价征用等原因，使得他们成为农村剩余劳动力，而城市化却没有及时地调整产业结构和发展产业以吸纳农村的这部分劳动力，使得他们的收入预期下降，面临的不确定风险增多，因此，他们的消费倾向和消费能力弱化，农村的巨大的消费需求没有得到开启。另外，对于刚进入城市的居民而言，由于自身素质和就业歧视等原因，收入水平并没有得到明显的提高，加之城市的生活成本过高，这进一步降低了居民的消费倾向。

第二，社会保障制度的二元化和滞后性，削弱了消费需求的释放。在农村长期的社会保障制度的缺失，并没有因为城市化的推进而得到改善，城乡二元保障结构问题依然突出，在住房、医疗和养老等方面的农村社会保障的投入远远不能够满足农村居民的需求，使得消费能力不高的农村居民的消费水平进一步下降。同时在城市内部，出现社会保障滞后于城市化水平。不少新迁入城市的农民虽然身份上已经实现了向城市居民的转变，但是却不是城市社会保障体系的受众者。在就业、住房、医疗、养老和子女教育等方面没有享受与城市原居民同等的待遇，这样不但没有提高他们的生活质量，反而助推了居民基于买房、养老、子女教育以及应付各种意外风险的各种预防性储蓄动机，使得储蓄率上升，消费倾向降低，抑制了居民的消费。

第三，城市化进程的高房价抑制了居民非居住性消费的提升。城市化过程中，因城区面积扩大而强制征地拆迁本无可厚非。然而作为社会的弱势群体的农民，不但土地补偿和拆迁安置标准过低，而且没有提供足够的生产生活保障措施，使得正常的生产和生活秩序被打乱。除了基本的消费外，还需提高储蓄解决住房问题，住房问题是一笔高额度的消费，因此，对其他非居住消费产生很大的挤出作用，且影响周期较长。随着城市规模的不断扩大，房地产投资也大幅增加，投机倒把和房价恶意炒作的问题也不断凸显，在近两年愈演愈烈，尤其是广州和深圳的房价更是居高不下，使得城市生活成本不断攀升，给尚无住房或存在还贷压力城市居民带来了流动性约束，导致了对居民在其他消费上的支出的挤占，非居民消费需求出现了疲软的现象。这也解释了式(1)中为什么城市化对居民消费的作用是负的。

除了广东省城市化进程中的软硬件——配套设施、服务和制度远远滞后于人口城市化的程度外，广东省经济发展模式也是出现实证结果与经济理论相违背现象的又一个关键因素。自从改革开放以来，借助于地理位置和政策优势，广东省以出口为导向，发展以低成本资源和要素的高强度投入的资源推动型经济发展模式，依靠外需来拉动经济的发展。这样的发展模式给广东的经济发展带来了时代的飞跃，同时也造成了"一边倒"的局面，一味地强调出口，忽视了国内需求这个庞大的市场，出现了外需导向挤压内需的现象，制约了国内需求的开启。对广东这样一个资源不算富裕的地区而言，一旦失去了价格低廉的资源要素持续不断的供给，就会出现发展的"瓶颈"。由于土地等资源价格的上涨，劳动力工资的不断提高，目前广东省的要素竞争优势正在逐步削弱和消失。如果不及时转变经济增长方式，逐步依靠提升国内消费需求来促进经济平稳较快地增长，使消费成为经济发展的动力和源泉，从外需驱动转向主要由内需驱动，广东以出口为导向的经济发展方式就难以为继了。尤其是在后金融危机和世界经济尚未稳定的情况下，国外生产订单减少，跨国公司将加工生产环节转向劳动力更加低廉的东南亚等地区的挑战面前。

四、结论与启示

本研究结果表明，城市化和消费需求存在长期的均衡动态关系，但是二者并没有存在格兰杰因果关系，即广东省城市化水平提高不是消费需求增长的原因，消费需求增长也不是城市化增长的原因。之所以出现与城市化拉动消费需求的经济理论相悖的原因在于广东省的城市软硬件配套与人口城市化程度的不相匹配以及以出口为导向的经济增长模式的不可持续性。

2008 年，广东省的人口城市化率已经达到 64%，但是要能够真正达到拉动消费的高质量的城市化水平还是有很大差距。因此，对于广东省来说，亟待提高城市化的质量，充分发挥城市化对消费需求的驱动作用，从而扩大内需，进而转变广东省长期依靠外需和以出口为导向的经济增长模式，实现依靠内需的可持续性发展方式的转型，形成一个良性的经济循环，让广东省的经济发展走得更稳更快更持久。在当前继续推进城市化进程，进一步深化城乡的统筹时，需要坚持：

(一)"一个调控"——调控房地产市场，保证"居者有其屋"

只有构建一个健康有序的房地产市场，才能保证城市化的稳步推进和"居者有其屋"。因此，需要对居高不下的房价进行调控，除了出台相关的政策法规还应立法对投机投资者进行严惩，以期规范市场秩序，使其达到均衡的状态。另外，应加大廉租房、经济适用房、限价房等保障性住房的供给量，解决广大居民的实际问题，使其走出以购房为终生消费的中国式怪圈，从而提高非住房性消费的消费倾向。

(二)"两个统筹"——统筹城乡收入差距和社会保障体系

收入是决定消费者行为的主导因素，而城乡收入差距过大，直接降低了整个社会的消费边际倾向。因此，在城市化过程中，需要调整产业结构和产业政策吸纳剩余劳动力。这就决定了在未来相当长一段时间内，广东省不能放弃劳动密集型的产业发展战略，而应该实现劳动力的使用创新，提高工业对劳动力的吸纳水平。只有统筹兼顾，才能逐步解决社会收入分配的不公平，有效地、稳步地提高农村居民的收入，缩小收入差距，从而提升其消费力，促进消费市场的开启。

健全的社会保障制度能够让消费者有乐观的、稳定的预期，从而提振其消费需求。因此，要完善社会保障体系，尤其要达到城乡统筹，改变长期存在的"二元社会保障"结构。从城市社会保障制度讲，网络基本健全，保障功能基本齐备，保障水平和力度都比较大，但需要根据人口城市化的程度，做适当的调整和深化。而农村的社会保障制度尚处于起步和探索阶段，保障面较窄，保障水平偏低，发展不均衡，为此，急需借鉴城市的模式，根据实际情况进行进一步的改革和创新，以促进城乡的统筹和衔接。

参考文献：

［1］李金昌，程开明. 中国城市化与经济增长的动态计量分析［J］. 财经研究，2006（9）：19-30.

［2］谢晶晶，罗乐勤. 城市化对投资和消费需求的拉动效应分析［J］. 改革与战略，2004（3）：12-15.

［3］赵修渝，陈虹全. 广东省 FDI 与城市化关系的实证研究——基于市级面板数据的检验［J］. 科技管理研究，2009（11）：124-127.

［4］W.A.Lewis. Eeonomic Development with Unlimited Supplies of Labor［J］. Manchester School，1954.

［5］姜爱林. 城镇化水平的五种测算方法分析［J］. 中央财经大学学报，2002（8）：76-80.

广东县域节庆发展研究报告

广东县域经济研究与发展促进会

节庆产业作为高端服务业，具有群众性、民族性和社会性，是一种高附加值的产业。近年来世界节庆经济发展迅速，已经成为当今世界经济的一个重要组成部分，它在西方国家占据了 GDP 的 3%~5%，在整个文化产业中的比重也不小于10%，甚至在西方一些发达的小镇，当地居民收入的 30%来源于节庆产业。2009年，中央一号文件提出要增强县域经济发展活力，各地政府纷纷出台相关政策努力通过各种方式来激活县域经济，而积极举办节庆活动成为重要的方式之一。2011 年，我国文化产业总产值超过 3.9 万亿元，占 GDP 比重超过 3%，而我国的节庆产业占文化产业的比重在 0.4%左右，产值在 150 亿元左右。我国的节庆活动作为一种新兴的产业形式正形成经济增长新的驱动力，各大城市为了加速发展、提升产业结构、带动就业等纷纷举办各种各样的节庆活动。节庆是经济社会和谐发展的"助推器"，节庆产业是现代服务业的重要内容，节庆经济作为一种高端的经济形式和文化形态，正在激活地方经济发展和丰富人们的精神生活方面扮演日益重要的角色。

一、节庆及相关概念的界定

节庆的研究始于对节庆概念的认识和理解。目前，对节庆概念的定义在学术界有不同的表达，但是节庆概念是随着时代的变化而不断演进的，不同时期也蕴含不同的内涵。针对节庆概念和节庆内涵、外延的界定需要在定义的基础上来进行。综合前人的研究并结合当代的发展，我们对节庆、节庆经济、节庆产业和县域节庆以及传统产业和现代产业的区别作如下阐释：

（一）节庆、节庆经济、节庆产业、县域节庆的概念区别

节庆是指在特定的时间和特定的地点定期举办（一般是每年一次），一定的人群为了某种生活诉求和精神信仰而参与的具有公众性、文化性和社会性的事件。节庆是一种文化载体，不同时期它承载着不同的文化内容。这种方式，既包含着人们的娱乐和休闲成分，又昭示着人们特有的生活方式和价值取向。

节庆经济是指人们利用节庆集中购物、集中消费的行为，带动供给、带动市场、带动产业发展的一种系统经济模式。节庆产业涉及的产业体系范围很广，除作为节庆经济的支柱行业的旅游业外，还有商业、餐饮、娱乐、体育、交运、影视、展览、广告等。节庆经济本身属于消费经济范畴。其基本特征是消费，空间特征是流动与聚合，包括人流、物流、资金流和信息流。节庆经济是激活经济的"发动机"，加速地区发展的"助推器"。

县域节庆界定的是广东省67个县（市）以及县域内的镇村，在特定时间围绕特定主题，通过举办特定的活动、仪式或典礼吸引社会公众和县域百姓广泛参与，从而达到塑造形象、拉动旅游、吸引投资、促进消费、改善基础设施、进行商品与信息交流、活跃和丰富县域群众精神文化生活的大规模群众集会活动，包括县域博览会、商贸洽谈会、休闲体育等相应性质的活动。

（二）传统节庆与现代节庆的区别

传统节庆是中国农耕文化的重要载体，是我国农业文明的重要内容，是现代节庆文化发展的原动力。它同现代节庆既存在本质上的联系又有着形式上的区别。传统节庆本质上是人类经济社会发展的产物，是随着人类生活方式的发生、演进更替而不断变化的，但其本原性是传统节庆发展的核心，丧失了本原性就丧失了节庆的文化属性和社会属性，也就丧失了稳定性。因此，传统节庆具有深远的文化根源和厚重的文化积淀，是一种长期的历史文化结晶。

现代节庆所承载的是我国现代文化资源，传承了传统节庆的核心文化要素，但同传统节庆形式又有较大差异。在当代社会，它被赋予了现代文明的特征，它是以活跃群众精神文化生活为宗旨，以拉动城市旅游和投资为重点，以打造节庆品牌、塑造城市形象为关键，以提升产业结构升级为主导的一种综合的高端化产业形态。现代节庆尤其是旅游节庆正成为一支新兴的文化力量走上了我国历史的发展舞台。

二、广东县域节庆发展现状

县域节庆发展具有地域性、时代性和空间性的特征。不同地区县域节庆根源也各有差异，地域的不同，决定着人们的生活习惯的差异，进而决定着人们风俗文化差异。但是节庆总体上体现了人们的精神追求和信仰，人们价值观的转变。同时节庆在发展的过程中，渗透着不同时代的气息，反映了不同时代的人们精神文明面貌。下文将从节庆起源、发展现状、节庆的分类以及节庆的时空分布来了解广东县域节庆发展状况。

（一）广东县域节庆发展现状

广东县域节庆资源十分丰富，但是节庆经济和节庆创新发展相对不足。据不完全统计，广东县域具有一定规模和影响力的特色节庆有五六十个，在这些节庆中真正形成相关产业，并带动地区发展的约占 1/5，也就是十个左右。在国际化发展和可持续发展方面也面临着种种制约，在全国比较出名的都屈指可数，目前还没一个可以达到像山东潍坊国际风筝节、江苏盱眙的国际龙虾节、浙江象山的国际开渔节等具有国际影响力的特色节庆。

节庆的发展是随着经济实力的增长而不断演进的。在经济易受珠三角辐射的县（市），由于产业的转移带动了一批城市的快速发展，比如肇庆的四会、高要；清远的英德、佛冈等城市近两年竞争力不断增强，在产业发展的基础上更推动了地区节庆的繁荣，同时通过节庆的举办宣传大大提升了地方产业知名度和城市影响力，进一步带动地区招商引资，形成了相互影响、相互促进的良好发展局面。在其他地区也在着力打造县域特色节庆，以节庆旅游为主体是节庆发展的重要方向。

（二）广东县域节庆的分类

节庆有多种分类方式，广东县域节庆根据依托的资源及其主题的不同主要可分为以下四类：

（1）民俗文化类的节庆。主要有连南"盘王节"、连州的"抬大神"，南雄的珠玑古巷姓氏文化节、封开的麒麟白马舞、德庆的悦城龙母祖庙庙会、开平的水口泮村灯会、鹤山玉桥民间艺术节、遂溪的醒狮文化节、雷州市的年例、吴川市元宵民间艺术节、高州市冼太夫人诞、信宜市苗寨坐妹节、陆丰的妈祖文化节、博罗的道教文化节、佛冈舞被狮、阳春高流墟、高要开耕节等。

（2）特色物产类节庆。主要有英德市英石文化节、佛冈县豆腐节、四会市柑橘玉器节、郁南的两广柑橘文化节、始兴的杨梅节、高要的茶果节、新丰的樱花节和枫叶节、广宁的竹子节、平远的脐橙旅游节、廉江的红橙节、开平大沙茶文化节、饶平的中国岭头单丛茶文化节、惠东的鞋文化节、增城和从化的荔枝节、从化流溪梅花节、从化竹笋节等。

（3）新兴的旅游美食类节庆，这类节庆是以旅游观赏为导向。主要有新兴的土鸡美食文化节、翁源的广东兰花博览会、恩平的车房文化节、丰顺的温泉文化旅游节、澄海县国际兰花旅游文化节、南澳县的生态旅游文化节、博罗县的荔枝旅游文化节、龙门的南昆山生态旅游文化节、揭西县的生态旅游文化节、惠来县旅游文化美食、清新县漂流旅游节、广东绿道旅游节、从化宝趣玫瑰世界旅游节、大埔客家文化旅游节、兴宁市自驾车乡村旅游节、大沙梅花旅游节等。

（4）国际体育赛事节庆。比如怀集的国际攀岩节、阳山的越野车节、佛冈中国汽车锦标赛等。

三、广东县域节庆的特点

节庆活动具有文化和经济的双重属性，其文化属性表现在能够满足人们求知、求美、求乐的欲望，实现欣赏价值、审美价值和认识价值的总和。节庆活动的经济属性在于它能够向社会提供文化性消费，通过对节庆资源的利用，实现经济产出并逐渐形成节庆产业经济。具体而言，广东县域节庆呈现以下特点：

（1）广东县域节庆资源丰富，发展相对滞后；节庆经济的带动作用比较有限，但是发展潜力巨大。根据统计广东县域大小节庆有 200~300 个，具有一定地区影响力的节庆有 50~60 个，这些节庆大多根植于古代的传统习俗。以地区民族传统举办的节庆主要有连南盘王节，连州的"抬大神"，封开县的"麒麟白马舞"、悦城龙母祖庙、吴川市的元宵民间艺术节、遂溪县的"醒狮艺术节"、雷州市的年例（百鸡宴和过火海）、陆丰县妈祖文化节、博罗县广东道教文化节、礼佛文化节等。但大部分都只是传统民俗，少有将其发展成助推经济的创新性事件。

（2）广东现代节庆大都是以地方特色美食、物产、旅游景点及体育竞技等为依托而打造的，具有一定的时代性和创新性。其中比较成功的有四会的柑橘玉器节、增城的荔枝文化节、英德市的英石文化节、广宁县竹子节、廉江市红橙节、平远县脐橙旅游节、惠东鞋文化节、怀集县国际攀岩节和燕子节、阳山县越野车节等。这些地区通过节庆带动了相关产业的发展，形成了具有一定地区影响力的节庆品牌。同时产业的发展同节庆经济进行了有机的结合，"以节促经、以经推节"的发展模式初步显现。

（3）广东新兴节庆发展迅速，但竞争力和影响力相对薄弱。近几年广东县域新兴节庆发展迅速，地方特色产业得到一定程度的开发，但是规模普遍较小，地区影响力还比较小，需要各方的进一步支持和引导，如揭西的生态旅游文化节、惠来县旅游美食文化节、龙门县南昆山生态旅游文化节、博罗县荔枝旅游文化节、南澳县生态旅游文化节、澄海县国际兰花旅游文化节、丰顺县温泉文化旅游节、恩平市温泉旅游文化节等。新兴节庆都是随着经济的发展而逐步产生的，有些是根植于古代的传统基础上的，具有文化内涵开发的潜力，拥有良好的可持续发展的潜力；有些则是根本没有传统根基的，完全是现代文化基础上兴起的，这类节庆往往同当地新兴文化相生相伴，并且文化主要是由经济带动而产生的，经济的发展走势决定了这种文化节庆举办时间的可持续性。

广东县域节庆主要表现为以上三个特点，这主要是由广东特殊的地域环境、经济环境和人文环境所决定的。广东县域节庆发展相较于全国来说，有一定的相同和相近之处，但是总体上而言，广东的省情是珠三角地区比较发达，广大县域比较落后，造成县域节庆的发展相对滞后，同沿海其他发达省份相比，资源优势没有得到有效的发挥，形成了"冰火两重天"的局面。

四、广东县域节庆发展存在的问题

从以上的分析可以看出广东县域节庆在发展过程中还存在较多的问题，这些问题集中表现在对节庆的认识、理解，节庆举办的目的、意义，节庆经济的发展方式，节庆价值的表现，节庆创新及节庆的可持续发展方面。如果节庆举办偏离了节庆的目的和意义，则节庆就很难长久发展，而影响节庆举办目的和意义的则是对人们精神追求的准确认识、理解和定位，而这又源于对文化内涵的挖掘能否迎合不断变化的人们的精神需求，而这最终将取决于节庆的创新发展。没有创新就没有节庆的可持续发展，因此深刻认识节庆发展中存在的问题是提出解决办法的前提，现从以上方面具体分析广东县域节庆发展存在的问题。

（一）办节理念相对滞后

由于经济发展的相对滞后，广大县域对节庆的认识和了解还很不充分，对于节庆未来的发展方向还很不明确。人们没有认识到自身拥有的资源可以发展成为重要的经济产业，以改善地区经济落后的局面。比如，始兴的杨梅节只举办了一届，但是始兴已经建成数十个杨梅生产基地，2009 年杨梅产量达到 50 万斤，产值达 500 万元，产业基础良好，但是当地民众缺乏节庆宣传的理念，不了解节庆对地方招商引资以及经济和社会效益的带动作用。在广大县域还存在许多像始兴县这样拥有产业优势的地区，在转变思想观念方面还没有得到正确和有效的引导，人们的办节观念还比较落后。尽管广大县域节庆保存还比较完整，但是当新的思想和潮流冲击到这种落后的事物时，将面临着巨大的延续性挑战。

（二）办节主题不明，办节模式雷同

当前，全省范围内一批新兴的以旅游、生态、美食为主导的节庆正走上县域文化的舞台。这些节庆一定程度上吸引了社会的关注，同时也存在盲目办节的情况，造成了大量的节庆主题雷同，比如，荔枝节，增城、从化、博罗、茂名都有，并且增城的荔枝节是办得较好的。新丰县和蕉岭县都有枫叶节，江门的恩平、开平都举办过车房文化节，但是开平办了一届就结束了，这种临近地区举办相同主题节庆存在资源的竞争，并且车房文化节本身属于高端消费的市场，在总体经济实力还比较低的县域选择这种主题就显得"超前"了。这些节庆政府主导的倾向比较严重，本身缺乏市场化发展的客观环境，节庆偏离了自身存在的意义，很快丧失了发展的根基。

（三）办节对县域财政压力较大

一个节庆的举办需要筹备大量的资金，少则几十万元甚至上百万元的投入，

多则几百万元甚至上千万元的投入，这对于广大县域以"保运作、保民生、保工资"的吃饭财政经济状况，其财政负担是十分沉重的。许多粤北贫困县一年的财政收入才几亿元，连"三保"尚且都很困难，更无力注资于节庆的发展。因此节庆发展依靠政府主导在经济欠发达的地区依然困难重重。

（四）缺乏知名节庆品牌及创新

节庆品牌是城市的一张名片，具有较强创新能力的节庆其品牌影响力也较大。品牌的创建是一个创新积累的过程。目前广东县域节庆知名品牌尚不多，比较有影响力的节庆，比如四会的柑橘玉器节、英德的英石文化节、广宁的竹子节、惠东的鞋文化节、阳山越野车节等在广东省内的知名度还比较有限，其作为城市品牌的创建还需要一定的时间；节庆创新发展方面，不能迎合当代人们的需求；有的刻意追求当代的办节潮流，却忽视了文化内涵的创新，使得节庆创新流于形式而逐渐丧失意义。

（五）办节可持续发展的稳定性不好

目前，一些地方盲目地依托当地的有限的资源，跟随当前全国"办节"的热潮，推出一些没有文化内涵，主体模糊，办节方式雷同的节庆。这些节庆是在没有充分市场调研的基础上举办的，根本没有进行可行性的研究，急功近利，主要是政府主导的一些短期效益行为，没有认清市场发展的方向，误判其市场发展空间，于是出现了有些节庆举办一两届就偃旗息鼓了。这在广东整体县域节庆发展方面还比较突出，比如潮安的粤东杨梅文化节、开平车房文化节、始兴杨梅节、新兴土鸡美食文化节等，县域节庆资源没有得到较好的利用。尤其是一些新兴的以旅游美食为载体的节庆，缺乏内涵挖掘的潜力，在节庆发展过程中又缺乏专业的策划人员，造成了许多节庆发展的"早夭"现象。

五、广东县域节庆发展的对策建议

（一）开放办节理念，发挥县域资源优势

对广东县域节庆发展来说，应该加强节庆文化和节庆产业的认识和研究，积极探索节庆产业发展的规律性和科学性，学习和借鉴当今世界和全国知名节庆的

办节经验。比如，怀集的国际攀岩节在发展理念方面，从最初的以"徒手攀岩"竞技为主要内容发展成为集竞技、旅游、美食为一体，探索了旅游和体育优势互补，促进了攀岩这项既惊险有趣又具有强烈可观性的体育项目在我国的进一步发展，推进全民健身活动的深入实施和旅游业的兴旺。不再局限于传统节庆内容的单调、呆板，年复一年重复上演的状况。因此，作为广东不发达的粤东西北山区，同样有着与发达地区不一样的比较优势资源，最主要的就是将这些资源同当地的文化习俗结合起来，形成具有经济和社会效益的大众关注的事件，挖掘出经济、社会和文化的价值，在保持其原生性的基础上，升华各种优势资源的利用价值和理念。

（二）突出主题，创新节庆产品

节庆主题的选取，不仅要凸显地方特色，而且还要与外来先进文化相融合，展现时代个性与创新精神。广东县域节庆要立足于本土文化，体现节庆主题的民族性，这样才能激发参与者对求新、求奇、求特的感召力。

节庆的发展要与时俱进，节庆产品要不断创新。单一的节庆产品形式是缺乏生命力的，无法满足人们日益增长的文化的需求。廉江的红橙节自 2003 年开始举办，至今已经举办七届了，通过举办节庆全方位展示了廉江工农业产品、廉江旅游景点、廉江特色美食和廉江传统文化艺术，并大力开展招商引资和经贸活动，包括廉江市推介会及投资项目签约仪式、廉江精彩一日游推介会、廉江特色产品暨全国旅游特色商品（廉江）展销会、廉江旅游美食一条街。这将廉江的特色物产同旅游、销售、饮食等有效进行了结合，创新了节庆产品和发展模式，迎合了人们的不断变化的需求。

广大县域在进行节庆主题的选取时，应以广泛的文化背景（如地域文化、历史文化、宗教文化、商业文化、饮食文化等）作基础，体现主题的鲜明性和包容性，才能提升节庆的文化品位，扩大节庆的市场影响；同时应注重节庆产品的推陈出新，将节庆发展同商业和服务业结合起来，通过商贸服务业塑造节庆品牌，打造节庆经济的创新产品品牌和特色。

（三）创新办节模式，推进节庆运作的市场化

根据国内外知名节庆的发展规律，市场化运作是节庆走向成功的重要模式。由于现代节庆多为人造活动，这种节庆活动创办初期的参与性普遍不高，而且举

办节庆是一项复杂的系统工程，需要严密的组织和大量投入，因此，为达到预期的效果，节庆发展初期一般采取"政府主导、社会参与、市场运作、产业协办"的运作模式，由政府来引导筹办，体现在由政府出资、组织、协调等方面，确保节庆活动顺利进行。但是，随着节庆举办次数的增多、规模的扩大、效益的增加，由政府出面办节已经不能满足市场发展的需要。此时节庆要逐渐由"官办"转变为"民办"，即由政府主办、行业协会被动参与的官办运作机制逐渐转变为民间组织主办、政府帮办、社会参与的市场化运作机制，实行"以节养节，自负盈亏"的办节方针，促进节庆市场化运作。比如，南宁的民歌节前两届在政府的操办下"骂名鹊起"，从第三届开始南宁成立大地飞歌文化传播有限公司，对民歌进行市场化操作，实行"文化创新"与"开拓市场"并重，专心打造受群众欢迎的民歌，最终使南宁民歌节实现了盈利。

（四）节庆与产业相结合，促进节庆的产业化和产业的节庆化

在经济欠发达地区，节庆走向市场化的最好的路径是与地方产业相结合。通过国内外大量节庆实践，我们可以看到节庆的发展多与地方产业紧密联系，广东县域应当两手抓，一手抓文化的产业化，一手抓产业的文化化。具体来说，对节庆而言，文化的产业化就是将节庆打造成融各种相关地方特色产业和人们精神追求于一体的具有提升经济结构和促进经济发展的社会组织体系；产业的文化化是指以地方特色产业为内容，在此基础上催生的反映从事产业活动的人们价值观的社会形态。在这里主要是指由产业发展基础上形成的节庆活动。

广东省内部分节庆开始出现了产业化的趋势，比如惠东的鞋文化节、英德的英石文化节、平远的慈橙文化节、蕉岭的枫叶节和金橘节、饶平岭头单丛茶文化节、廉江的红橙节等，但是节庆同产业的结合只是迈出了一小步，还没有完全发挥它们之间的合作优势。广大县域如果能够较好地将节庆同产业发展结合起来，未来几年将达到上百亿元甚至几百亿元的产值收入，将会创造上百万个就业岗位，因此市场空间巨大。

六、小 结

节庆的发展是一个社会文化历史的演变和积累的过程，在其发展长河中不断地去粗取精，把最精华的部分留存下来，反映了人们价值观的变化。人们文化观念的改变引领着节庆的走向，同时节庆的发展反过来又影响着人们的精神面貌的改变以及社会和谐的构建。节庆发展的意义在于人们行为压力的释放，人们精神价值的凸显以及国家政权与地方民俗之间的认同，进而推进国家的精神文明建设和社会的和谐发展。节庆是文化事业的一个重要组成部分，也是人类文明的一种表现形式，是人类社会发展的重要成果，应该得到社会的认可、尊重、继承和发扬。

广东县域节庆有其自身的特色和优势，同时也存在劣势，节庆的发展作为精神文明建设的重要组成部分关系着"建设幸福广东"和谐社会的构建，作为文化产业的一部分，不能有所偏废。结合自身实际，学习和借鉴发达地区的办节经验对于广东县域节庆发展具有重要作用，在此基础上进行创新是广东县域节庆始终保持竞争力和生命力的重要法宝。节庆的发展最终取决于人的发展，人的发展在于社会的进步，社会的进步需要发展经济，因此人的发展就是要发展经济；当前节庆促进经济既是社会的需要，也是时代的要求；产业是经济发展最重要的组织形式，因此，在节庆发展过程中催生了节庆产业，形成了节庆经济。本研究就节庆文化、节庆产业和节庆经济进行了具体的分析，希望以此对节庆有更好的认识和理解，对节庆的产业化发展具有一定的参考和借鉴。

广东县域金融生态环境的测评

广东县域经济研究与发展促进会

金融生态是仿生概念，是运用生态学相关理论对金融系统进行的分析，由于金融是伴随商品生产和流通的自然发展演进而来，形成自身的发展规律和内在逻辑，成为人类社会经济活动中具有结构特征和功能特点的"秩序结构"，因此，金融系统具有很强的金融生态学特征。

金融生态环境是指作用和影响金融生态主体生存和发展的各种因素，是金融生态组织、环境、调节三者间的相互影响关系。广义上，金融生态环境是指宏观层面的金融环境，是影响金融业生存、发展，具有互动关系的社会、自然因素的总和，包括政治、经济、文化、地理、人口等一切与金融业相互影响、相互作用的方面，强调金融运行的外部环境，金融生态环境是金融运行的基础条件；狭义的金融生态环境是指微观层面的金融环境，包括法律制度、行政管理体制、社会诚信状况、会计与审计准则、中介服务体系、企业的发展状况及银企关系等方面的内容。营造良好的金融生态环境，既有利于金融业的发展，也有利于放大资金积聚的"洼地效应"，引导资源科学合理分配，推动地方经济的可持续发展。

一、金融生态环境的相关研究综述

有关金融生态问题的研究具有中国的研究特色，从概念的提出到论题的论证，大多属于国内学者的研究。周小川（2005）、苏宁（2005）认为金融生态主要是指金融运行的外部环境，强调金融生态环境对金融机构行为及其运行状况的影响；徐诺金（2005）运用生态学的概念解释金融生态，指出金融生态概括为各种金融组织为生存和发展，在与其生存环境之间及内部金融组织相互之间的过程中，通过分工、合作形成的具有一定结构特征、执行一定功能的动态平衡系统。因此，金融生态系统的研究需要从有关金融生态环境、金融生态主体、金融生态调节等方面展开，并基于金融产权制度、金融生态的自我调节机制、金融的外部环境，对中国的金融生态问题进行了研究。

李扬（2005）结合自然生态系统长期演化的结构和功能特征，把金融生态分成金融主体以及金融生态环境，并构建中国城市生态系统的数据库，采用层次分析方法，从经济基础、企业诚信、地方金融发展、法治环境、诚信文化、社会保障制度等 10 个维度，并运用 DEA 模型对城市金融生态环境进行定量分析，运用贡献弹性系数说明短期内改善金融生态环境的政策选择；刘煜辉（2007）则描述中国地区性金融生态体系，测评中国地区的金融生态环境。

韩大海、徐效波（2006）运用距离指数、协调指数、金融生态指数，构建了中国省级金融生态系统的评价模型，并对各省级的金融生态系统进行实证分析，揭示各省金融发育特征和地域空间分布；而那洪生（2007）则测评黑龙江省的金融生态环境，指出影响金融生态系统的因素，并提出相应建议；周炯、韩占兵（2010）根据金融生态机制原理，构建适应中国西部地区的金融生态评估体系，运用面板数据对中国西部 12 省的金融生态环境进行了评估。

徐小林（2005）介绍金融生态环境的研究方法，发现实证研究大多采用因子分析、层次分析或者主成分分析，部分研究用到距离指数、协调指数以及金融生态综合指数，但实证研究的关键在于设计适合本地区实际的金融生态评价体系。

根据系统论，金融生态环境具有优化路径，生态系统通过正、负反馈相互交替，相辅相成并自行调节，使系统维持着稳态，正反馈增强系统功能，而负反馈则削弱系统功能，正负反馈交互作用促进系统的稳态。由于在金融生态中，政府、金融机构、企业之间也存在这种正负反馈机制。三者为了自身的利益目标，为实现自我行为最优而采取最优决策，从而使得金融生态系统达到相对稳定的状态。各行为主体基于"理性经济人"目标实现自我正反馈功能，在这个过程中必然出现与系统中心的背离，这时需要相应的负反馈机制，如政府调节来促进系统的稳态。

在构建金融生态可持续发展的过程中，调节机制的培育需要依靠激励机制与约束机制。要保证激励机制和约束机制的有效运行，则必须使金融生态主体具有一致性目标，即金融机构、企业和政府的长远的、最终的目标是达到金融生态的优化，如图1所示。

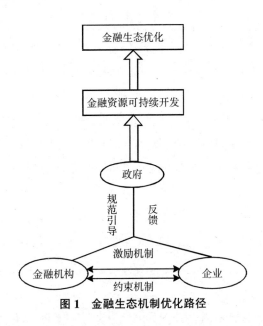

图1 金融生态机制优化路径

金融生态机制优化路径图显示，金融生态系统是牵一发而动全身的网络，其中某一环节的变动将对整个系统带来不可逆的影响，并可能重建新的金融生态系统类型。由于金融生态的调节是系统工程，它不是单一机制的运用或多种调节机制的简单累加，而要注重各调节机制的相互配合与促进，在自我调节的基础上，配合行业调节和政府监管，从而达到金融生态调节机制的最优。

二、广东县域金融生态环境的现状

广东的县域共计67个县（市），包括23个县级市、44个县（其中3个民族自治县）。主要分布在东西两翼和粤北山区等欠发达地区，其中16个属于扶贫开发重点县，占县域数量的24%。广东县域面积14.58万平方公里，占全省总面积的81.1%，县域人口4901万人，占全省户籍人口的60.9%，县域GDP达到8647

亿元，占全省 GDP 的 19.01%，县域财政预算收入占全省财政收入的 8.5%，居民储蓄存款为全省城乡居民储蓄存款的 6.8%①。

广东县域金融生态建设具有一定的基础和成就，如广东的金融总量跃居全国前列，金融创新保持一定活力，截至 2010 年末，广东金融机构本外币各项存款余额 82019 亿元，各项贷款余额 51799 亿元，不良贷款余额和不良贷款率继续实现"双降"，加大对先进制造业以及服务业的信贷扶持力度，重点对"双转移"产业园区，广东省重大项目以及对中小企业、民营企业和"三农"领域提供信贷支持，信贷余额分别达到 8000 亿元、50 亿元、400 亿元以及 2.08 万亿元，其中共向 34 家广东省级产业转移工业园发放的贷款余额更是同比增长 135%。此外，至 2010 年末，广东银行业投向粤东、粤西、粤北的贷款余额同比分别增长 18.6%、18.7% 和 19.3%，比珠三角地区贷款增幅分别高 6 个、6.1 个百分点和 6.7 个百分点，较好地改善了珠三角与欠发达地区之间信贷资源分配不平衡的状况。农村商业银行、村镇银行、小额贷款公司等地方法人金融机构的试点得以继续推进。

经过县域经济的快速增长和政府的努力，广东县域金融生态环境有所改善，表现在：

（一）县域金融总量不断上升，县域金融生态具有改善的基础

广东县域的存贷款总量比较大，县域金融机构本外币各项存款余额/GDP 指标值均稳定在 70% 左右，2010 年跃升到 104.7%，贷款余额占 GDP 的比重也逐年升高。但反映金融中介服务与效率水平的存贷比不太稳定，广东县域的金融中介发展水平和经济增长并未表现一致的关系。

广东 2010 年县域城乡居民储蓄存款余额达到 5578.7 亿元，在全省占比 19%，其中储蓄存款余额超过 100 亿元的县（市）有 21 个，占全部 67 个县域的 31.3%，包括从化市、增城市、兴宁市、惠东县、博罗县、台山市、开平市、鹤山市、廉江市、恩平市、阳春市、英德市、揭东县、信宜市、化州市、四会市、高要市、高州市、电白县、潮安县和普宁市。

（二）金融机构不断创新，县域金融生态具有机构的保证

广东县域内的金融机构包括中国人民银行、国有股份制商业银行、农业发展

---

① 《2011 广东县域经济综合发展力研究报告》。

银行、农村信用合作社、邮政储蓄机构等非银行金融机构，在组织上形成国有金融、商业金融、政策性金融、合作金融、邮政金融等并存的局面，在形式上，县域金融形成比较完备的机构体系。

广东县域的地方法人金融机构改革向纵深推进，新型金融机构加快发展，截至 2010 年末，已开业运营的村镇银行 11 家，小额贷款公司 140 家，加之县域的邮政储蓄银行业务的发展，县域金融机构的种类趋于完备。

(三) 县域政府政策支持，县域金融生态具有改善的潜力

广东县域政府对金融工作给予高度重视和支持，在支持和推动金融改革，防范和化解金融风险、维护金融债权等方面完成大量工作。县域政府成立由政府部门与工商、税务、法院、技术监督、统计、银行联手组建的"金融生态建设领导小组"，对各地区的金融资产不良率、逃废银行债务率在内的各种指标进行严格审核，建立了区域金融风险预警机制。将"金融生态建设"纳入各级政府考核机制，促进县域金融生态环境的建设。

广东县域政府明确对于县域金融的支持，重视金融发展的规划，广东 67 个县（区）中有 46 个县（区）制定本县域的金融发展规划，设定县域金融发展的阶段和目标，同时大多数政府明确金融发展的支持和配套政策，为县域金融生态环境的改善提供政策保障。

(四) 社会信用环境建设，县域金融生态具有社会文化基础的支撑

县域的社会信用环境有所改善，广东县域政府不断加强市场诚信的宣传和教育，使县域的信用环境有较大改善，为信贷和投资创造市场条件。广东一些县域由政府统筹，相关职能部门协调联动，依托全国联网的人民银行企业和个人征信系统，建设县域综合性征信中心，县域金融运行基本平稳，资金的流动性、安全性和营利性不断提高，金融服务的信用环境不断提升。

但是，广东县域金融生态也存在很多问题，广东金融具有"大而不强"的特点，表现在金融机构的资金运用效率和金融资源分布的均衡性方面，如浙江 2010 年末金融机构本外币各项存款余额 54478 亿元，全部金融机构本外币各项贷款余额 46938 亿元，存贷比超过 86%[①]，远高于广东 63% 的存贷比；广东的金

---

① 根据中国人民银行统计数据计算。

融机构与城镇居民的存贷款主要集中在珠江三角洲地区，广大县域占有和运营的金融资源非常有限，其金融发展水平抑制了广东金融总体运行效率，影响了广东金融的发展。

县域金融的发展很大程度取决于金融的生态环境，由于广东曾经发生数起金融大案，金融生态环境一度恶化，虽然经过恢复性建设而有所改善，但仍然存在如下问题：

（一）县域经济基础薄弱，资金外流现象比较严重

县域经济社会发展水平决定县域金融具有交易成本高、风险大、回报率低的特点。由于广东县域金融机构中商业银行分支机构及邮政储蓄占有相当份额，前者对利润的追求必然将资金从农村通过其上级银行贷放；后者作为政策性银行运营资金的主要供给者，其在农村吸纳的资金也大部分流出于农村经济循环体系外。资金流动的必然规律作用加上有外流的渠道，导致县域资金外溢现象比较严重，农村金融运行的整体生态环境不容乐观。

（二）县域经济发展差距大，金融生态具有不平衡性

经济基础决定影响金融生态环境的质量，广东县域经济较为发达，但具有不平衡性，县域总体经济实力较弱，经济效益不高，经济发展动力不足，人均收入低于全省平均水平，也低于其他经济发达省份。据资料，2009 年浙江省 58 个县域 GDP 为 15310 亿元，占全省 52.41%；财政收入为 1083 亿元，占全省 19%；江苏省 51 个县 GDP 为 16385.79 亿元，占全省 54.56%；财政收入为 1187.89 亿元，占全省 37.44%。广东县域经济在全省经济总量中的比重偏低，对全省经济的贡献率有待提升。县域经济薄弱是广东经济的短板，县域经济的发展水平跟广东的经济规模不相称。

广东县域除珠三角的经济发展较快，第二产业占比相对较高以外，东西两翼的县域经济总量不足，第一产业比重偏高，第二产业比重过低，第三产业发展缓慢。2010 年，珠三角地区新增贷款 6552 亿元，占全省的比重为 89.9%，粤东、粤西、粤北地区新增贷款占全省的比重分别为 3.0%、3.0% 和 4.1%，虽然贷款增速分别高于全省水平的 2.2%、2.3% 和 2.9%，但贷款余额的区域倾向仍然明显。县域新增贷款占比上升。2010 年全省中资银行业机构县域贷款余额 3017.2 亿元，比年初增加 590.7 亿元，增长 24.4%，新增贷款占全部新增贷款的比重为 8.1%，

与其地区生产总值占全省 20%的地位明显不相称①。

表 1 2010 年广东区域的经济发展差异

	GDP 亿元	GDP 增长（%）	第三产业增加值增长（%）	第三产业增加值占 GDP 比重（%）	地方财政一般预算收入（亿元）	地方财政一般预算收入增长（%）
珠三角	37388.21	12.0	9.8	48.7	3138.56	24.4
东翼	3241.43	14.9	11.5	35.8	160.78	28.3
西翼	3534.85	14.2	16.6	39.4	144.95	26.6
山区	3279.46	14.6	9	34.5	208.19	29.7

数据来源：《2010 年广东国民经济和社会发展统计公报》。

广东县域的金融发展表现出不平衡特征，珠三角作为广东的经济重心，经济总量大、增速快，吸引金融机构的大部分金融资源，金融发展水平较高，金融与经济发展比较协调。部分经济快速增长的县域，吸引金融资源向该地区流动，经济与金融发展的协调性有所提高，其他大部分县域，特别是山区和东西两翼的县域，由于金融生态环境欠佳，面临金融机构撤离、金融业务收缩、金融资产增长缓慢等问题，金融发展与经济增长的协调性较差。

（三）县域金融机构体系不健全，县域金融运行成本较高

县域经济的薄弱造成金融机构的生存和发展空间受到极大限制，导致金融机构网点纷纷撤并，资金外流。广东的县域金融组织体系不健全，多数县域金融机构只保留部分国有商业银行的分支机构、农业发展银行、农村信用社、邮政储蓄和少量的保险机构。县域金融机构网点数最多的县域有 202 个网点，最少的只有 11 个网点，平均为 67.5 个网点。

2010 年，全省在县域有活跃金融业务的金融机构包括农村信用合作机构、财务公司、邮政储蓄、农村新型机构等，在县域具有经营优势的包括农信社、农业银行，其他新型县域金融机构在营业网点、从业人数、资产方面都还比较薄弱；同时，国有商业银行、股份制商业银行、外资银行、政策性银行经历在县域机构的收缩以后，目前保留在县级的营业网点已经非常之少，而且营业网点的功能集中在吸收存款。此外，证券、担保、信托资、租赁等金融机构在县域，尤其

---

① 《2010 年广东省金融运行报告》。

是县域的广大农村地区的业务基本处于空白状态。

县域金融运行的成本比较高，从金融机构贷款利率的浮动情况分析，信用社的利率上浮比率最高，利率上浮 1.1 以上的占比高达 65% 以上，甚至有上浮 2.0 以上的贷款利率，显著高于其他商业银行的贷款利率水平，反映在广大县域经营的信用社的贷款价格比较高。

表2 2010 年广东省各贷款利率浮动区间占比表

单位：%

	合计	国有商业银行	股份制商业银行	区域性商业银行	信用社
合计	100	100	100	100	100
0.9~1.0	36.7	47.8	30.0	36.0	16.7
1.0	29.4	30.8	31.8	32.9	19.7
1.0~1.1	18.9	15.3	22.8	21.5	21.3
1.1~1.3	10.9	6.0	14.6	7.0	21.3
1.3~1.5	2.0	0.1	0.6	0.5	10.6
1.5~2.0	1.6	0.1	0.1	0.9	8.6
2.0 以上	0.4	0.0	0.0	1.2	1.9

数据来源：《2010 年广东金融运行报告》。

(四) 县域的中介服务体系缺失，动摇县域金融生态的基础

广东县域普遍存在担保、评估、公证等中介机构不足的问题，担保手续烦琐、费用偏高、风险补偿机制尚未建立，一定程度上制约良好金融生态环境的建设。

中介服务体系是建设良好金融生态环境的重要组成部分，有助于改善银企信贷关系。但是，广东县域的中介组织发展缓慢，由于大部分地区县级财政为赤字财政，政府无钱成立中小企业担保公司，虽然一些县政府设立担保基金，但数额小、担保条件苛刻、收费较高，担保业务量很小。同时，县域缺乏为中小企业融资服务的社会化信用评估体系，绝大部分中小企业很难达到商业银行的授信级别要求。中介组织的运作不够规范。广东县级的会计、审计、资产评估等中介服务机构大多是政府某些职能部门的挂靠单位，行政化垄断严重，人员素质普遍不高，内部管理比较松散，专业化服务水平偏低，受行政、人情和权力等因素的影响，其公正性和独立性大打折扣。信息担保机构不健全，缺乏中小企业担保机

构，企业贷款没有有效担保，形成了企业贷款担保难。由于县域中小企业大都有效资产不足，贷款担保难的问题成为银企对接的梗阻。

（五）县域社会信用体系欠缺，制约县域金融生态的优化

由于广东县域的社会征信系统建设和征信业发展缓慢，缺乏统一的企业和个人信用信息数据库，金融机构难以获取客户的真实信用状况以做出正确的信贷决策。部分企业借承包、改制、破产之机，重新登记注册，开立新账户，使银行资产被悬空；改制企业财务制度不健全，银行难以考察和掌握其真实财务状况，容易造成决策失误，形成贷款损失。由于现有信用评估体系对债务人约束力极其有限，社会信用意识淡薄，动摇县域金融生态的信用基础。广东县域仍然存在逃债、躲债和赖债现象，但失信惩罚机制尚未有效建立，缺乏对债务人违约的制约。

广东县域的诚信教育和宣传相对滞后，社会信用文化缺失，县域企业诚信意识淡薄，逃废金融债务现象屡见不鲜，尚未形成信用户、信用村、信用镇、信用县，失信效仿现象比较严重。

（六）县域的司法环境弱化，阻碍县域金融生态的改善

法律制度的安排对银行的资产保全不利，司法部门执法易受地方政府行政干预，这在广东县域经济中较为普遍。一是政府出面要求贷款，要求金融机构为一些项目提供配套资金；二是政府相关部门直接向银行借款，采取直接或变相手段申请办理贷款；三是地方政府干预司法公正执行，一些县域政府偏离市场规律，主导企业改制或转制，主导农村产业和经济结构调整，增加金融机构在县域贷款的成本，挫伤金融机构信贷投入的积极性。

广东县域企业改制、破产以及涉及金融纠纷案件上，由于行为主体偿债意愿不强，债权保全、资产接收、资产处置过程中税率过高，金融案件诉讼费过高等因素，使县域金融机构的资产很难得到有效维护。司法执行对金融债权保护不力，金融案件在审判和执行过程中与地方利益交错相织，经常受到"政府意愿"、"社会稳定"、"职工安置"等因素的影响，加上地方保护主义，影响司法的公正性和严肃性，执法效率低，程序复杂，成本较高，金融债权不能得到维护，存在判决后难执行、执行周期长等现象，诉讼费用较高，导致金融机构依法保全信贷资产的积极性不高，不愿通过司法途径处置不良贷款。

三、县域金融生态环境的测评

县域金融生态环境的测评有利于增强县域金融生态环境建设的主动性和针对性，本文以金融生态环境的内涵为基础，结合广东县域的特点，构建县域金融生态环境指标体系，测评广东县域的金融生态环境，并分析金融生态环境差异的原因。

金融生态环境是涉及政府、司法、金融、企业乃至全社会的系统工程，因此评价指标要从整体出发，多角度、全方位地反映区域金融生态环境。本文设计的评价广东县域金融生态环境的指标体系由金融发展、经济基础、政府及行政能力、诚信水平四类指标法和 32 项子指标构成。

（一）县域金融发展指标

金融生态环境与金融发展两者相互依赖、相互促进。金融生态环境是金融业发展的基础和前提，金融生态环境的好坏直接制约着金融业发展水平的高低。金融生态环境越好，金融业的发展速度越快、质量就越高；同时，金融业发展得越快，经营效益越好，对经济发展的支持作用就越大，经济增长的速度和质量就越高，金融生态环境就会越好。

金融发展指标反映金融生态状况的好坏与运行效率的高低，是判断金融生态系统的运行特征和发展阶段的基础，本报告选取以下指标：金融机构各项存款、金融机构各项贷款、各项存款占 GDP 的比率、人均储蓄额（万元）、金融机构网点数量（个）、金融机构从业人员（人）。

（二）县域经济环境指标

经济是金融发展的物质基础，经济发展水平决定着金融发展的方向、结构、规模、质量和效益。经济基础与金融生态系统之间的内在联系，为从经济基础的角度评价金融生态环境提供了基本依据。县域经济指标反映县域的经济状况，构成县域金融发展的支持，是评价县域金融生态环境的经济支持的指标，本报告选取以下指标：人均地区生产总值、人均生产总值增长速度、投资总额、固定资产投资额、工业总产值、农业总产值、第三产业生产总值、第三产业增长速度。

企业竞争力指标。企业是金融生态环境的重要组成部分，是金融主体与金融生态环境交流的主要载体，企业发展水平的高低，是否在同行业中具有较强的竞争实力，决定企业经营效益的好坏，直接影响银行对企业的信贷投放力度。因此，我们在县域经济方面同时选取企业指标：乡镇企业个数、乡镇企业人口占总人口的比重、乡镇企业总产值、乡镇企业利润总额、乡镇企业劳动者报酬。

（三）县域行政环境指标

金融生态环境建设工作是一项复杂的系统工程，需要政府的统一领导，协调各经济主管部门、金融部门、政法部门、新闻宣传部门等社会各方面力量共同参与才能完成。因此，地方政府公共服务和行政能力在金融生态环境建设过程中的作用尤为重要，本报告选取以下指标：地方财政一般预算收入、地方财政一般预算支出、乡政府数（个）、政民是否互动、政府是否有金融发展规划、财政缺口（财政支出/财政收入）、政府对资源的控制（财政支出/GDP）。

（四）县域社会诚信指标

法制环境指标。良好的法制环境是推进金融生态环境建设的有力保障，它不仅有助于维护银行业、保险业、证券业等金融行业的合法债权，规范金融市场秩序，也有利于打击各种金融违法犯罪行为，确保社会稳定。

县域的诚信指标对于金融生态环境具有重要意义，但由于能够获得的数据不多，因此我们只能选取具有替代意义的指标。居民收入水平一定程度反映人民诚信的经济基础，企业上缴税收一定程度反映企业承担的社会责任，所以在县域金融指标，如不良贷款率等数据难以获得的情况下，我们采用以下替代指标，即国有经济在岗职工人数、城镇集体经济在岗职工人数、国有经济在岗职工平均工资、城镇集体经济在岗职工平均工资、企业上缴税金、企业税利比。

表3 广东县域金融生态评估指标体系

项目	子项目	原始指标
经济环境	发展水平	人均地区生产总值、人均生产总值增长速度、投资总额、固定资产投资额、工业总产值、农业总产值、第三产业生产总值、第三产业增长速度
	企业基础	乡镇企业个数、乡镇企业人口占总人口的比重、乡镇企业总产值、乡镇企业利润总额、乡镇企业劳动者报酬

续表

项目	子项目	原始指标
行政环境	行政支持	乡政府数（个）、政民是否互动、政府是否有金融发展规划
	财政力度	地方财政一般预算收入、地方财政一般预算支出、财政缺口（财政支出/财政收入）、政府对资源的控制（财政支出/GDP）
信用环境	社会诚信	国有经济在岗职工人数、城镇集体经济在岗职工人数、国有经济在岗职工平均工资、城镇集体经济在岗职工平均工资、企业上缴税金、企业税利比
金融发展环境	金融基础设施	金融机构各项存款、金融机构各项贷款、各项存款占 GDP 的比率、人均储蓄额（万元）、金融机构网点数量（个）、金融机构从业人员（人）

金融生态的评估方法主要采用因子分析，因子分析方法考虑每类指标对城市金融生态的影响，将定性和定量、主观和客观的分析有机地结合起来，使得金融生态的评价更加科学，实现指标之间具有相对独立性。按照因子分析原理，本文建立广东县域金融生态环境的评价模型。

广东有 67 个县域，每个县域有四类 32 个评价指标，分别设为 x_1，x_2，…，x_{67}，公共因子为 F_1，F_2，…，F_m（$m < p$），组合模型为：

$$F_1 = \alpha_{11}X_1 + \alpha_{12}X_2 + \cdots + \alpha_{1p}X_p$$

$$F_2 = \alpha_{21}X_1 + \alpha_{22}X_2 + \cdots + \alpha_{2p}X_p$$

$$F_m = \alpha_{m1}X_1 + \alpha_{m2}X_2 + \cdots + \alpha_{mp}X_p$$

模型假设条件：

（1）$\alpha_{k12} + \alpha_{k22} + \cdots + \alpha_{kp2} = 1 \cdots$（$k = 1$，2，…，$m$）

其中 $\alpha_{kj} \cdots$（$j = 1$，2，…，p）表示第 k 个单位指标的权数。

（2）F_i 和 F_j（$i \neq j$；i，$j = 1$，2，…，m）互不相关。

（3）F_1 是 X_1，X_2，…，X_p 的一切线性组合中方差最大的项，F_1 占总方差比重最大，其余递减。

（4）X_1，X_2，…，X_p 的协方差矩阵的特征值 λ_k 是综合因子 F_k 的方差。

（5）第 i 个综合因子保持原始数据总信息的比重为：

$$\alpha_i = \lambda_k / \sum \lambda_k \cdots （k = 1，2，\cdots，p）$$

综合因子所含的信息量逼近原始指标所含信息量，综合因子的个数小于原始指标个数，本文采用 SPSS 统计软件，通过降维和聚类的方法，对选取的 32 个指标进行统计处理，测量广东县域金融生态环境的发展水平。

按照因子选取原则，模型选取的 2 个主成分因子累计方差贡献率达到 94.41%，将提取的主因子分别命名为 F1、F2。根据评分，广东 67 个县域金融生态环境的因子得分在 3.60~-0.75，分布如图 2 所示。

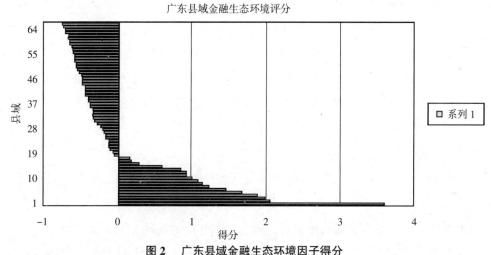

图 2　广东县域金融生态环境因子得分

根据测评结果，广东 67 个县域中的 18 个县域的金融生态环境得分为正，以 1 及其倍数为区间临界，可以将广东县域的金融生态环境划分为 4 个区间级：处 A+级（F≥3.0）的县域是增城市；处于 A 级（2.0≤F<3.0）的县域是四会市；处于 B+级（1≤F<2.0）的县域包括普宁市、清新县、台山市、博罗县、潮安县、揭东县、英德市共 7 个县市；处于 B 级（0≤F<1.0）的县域包括高要市、开平市、鹤山市、从化市、佛冈县、惠来县、阳东县、阳春市、廉江市共 9 个县市；处于 C（F<0）级的县域包括饶平、惠东等 49 个县市。

根据测评结果，广东 67 个县市中只有增城、四会处于 A 级及以上，16 个县市处于 B 级及以上，而处于 C 级的县市则达到 49 个，占比达 73%。

总体上看，广东县域的金融生态环境并不理想，大多数县域的金融生态环境有待改善。

广东县域金融生态环境具有差异的原因可能是：

第一，经济环境的差异。金融生态环境与县域的经济状况紧密相关，经济基础比较好的区域，其得分也比较高。

第二，金融服务水平的差异。由于珠江三角洲和南部沿海区域的经济发展较快，金融机构和金融业务的增长比较迅速，金融机构的个数、金融从业人数都大大高于山区和东西两翼，金融机构的存贷规模大，存贷比也明显高于其他区域；同时，较优厚的经济待遇，也能吸引和留住金融人才，形成特有的金融人才优势，从而奠定珠三角金融生态的金融服务基础。

第三，行政环境的差异。县域政府对金融业的政策支持、提供的公共服务质量，对金融生态环境具有重要影响。县域政府重视和遵守金融运行的内在机制，尊重金融机构的独立性和债权保护，为市场营造良性的诚信环境和法制环境，对于县域金融生态环境具有重要意义。广东金融生态环境较好的县域，其政府一般具有较强的财政能力，制定金融规划，有政民互动的机制，而金融生态环境较差的县域，政府往往缺少规划，公共服务意识较差。

第四，金融生态的历史记录。广东县域曾经发生金融要案、大案，对于金融生态环境产生持久的负面影响，恶化县域的诚信环境，导致金融机构的撤出和金融业务的萎缩，成为县域金融发展的障碍，如江门地区的开平、恩平等。

综上，广东金融生态环境较好的县域，如增城、四会，在经济、金融和行政方面都有一些得力措施。增城以"保健康增长、促科学发展"为主题，实施实现经济社会发展目标的 33 条政策措施，加强对企业的投资审批服务，通过政企联动，积极推动外贸出口，加大内销展贸力度，保持经济又好又快发展，2010 年增城全国县域经济基本竞争力排名第 9 位；四会市制定工业强市、两源经济并举、科教人才兴市、城乡区域协调发展和绿色四会建设的系统战略，其经济增长水平位于肇庆第一。

金融生态环境排名比较靠后的县域，大多为金融主体不足，经济发展基础薄弱，经济社会发展水平较低的地区，如韶关所辖县域、梅州所辖县域、江门所辖部分县域等。韶关地处粤北欠发达山区，县域拥有大部分的土地和人口资源，2010 年 7 个县（市），土地面积和人口分别占全市的 80% 和 70% 以上，但县域经济比重仅为 46.2%，经济比重偏小。由于城市经济不发达，政府的财政收入不高，对县域的支持和带动作用尚不显著。

金融大案要案对区域的金融生态环境有突变影响，进而影响当地的金融生态环境，江门所辖的县域金融生态环境主要受金融案件的影响，比如涉案金额最大的 2001 年开平中行"10·12"案，涉案金额达 40.1 亿元，案件严重影响江门地区的整体金融生态状况，由于发生的金融大案要案对金融生态环境的恶劣影响和后续效应，江门的金融资产质量一直不高，不良贷款率较高，直到 2005 年才有所好转，不良贷款率下降，金融生态环境有所改善。

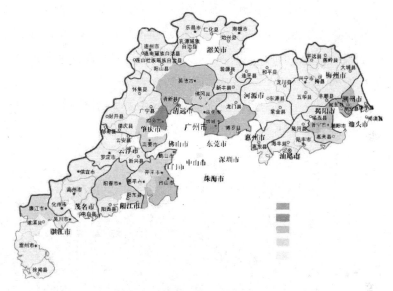

图 3　2010 年广东县域金融生态环境因子综合得分分布

根据综合得分制作的分布图，广东金融生态环境较好的县域具有一定的地理特征，表现在以下两个方面：

第一，金融生态环境较好的县域分布在广东的南部沿海区域，具有地理位置优势。广东南部沿海毗邻港澳台，与港澳台的经济往来及投资带动经济较为快速的发展，从而使得该区域内的县域经济发展速度快于其他地区。2010 年广东省全省的进出口总额达到 7846.63 亿美元，其中珠三角地区进出口总额达到 7510.8 亿美元，同比增长 28.4%，占整个投资总额的 95.72%。例如增城紧邻广州，2010 年的总体经济较快增长，工业对经济增长的贡献作用增强，投资、消费、出口合力拉动经济增长经过一定时期的积累，经济在总量上必然会超过其他地区；而广大北部山区，交通闭塞，与外界的经济交往很少，金融生态环境也较差。

第二，金融生态环境较好的县域分布在广州、肇庆、清远、江门、揭阳附近周边，体现中心城市对县域金融的辐射与带动特征。2010年以来，人民银行广州分行依托三大经济圈，推进区域的金融一体化，组织签署广佛肇、深莞惠、珠中江《金融合作备忘录》，建立区域金融合作协调机制①，因此，环绕经济比较发达的中心城市的县域，其金融生态环境也较好，如四会紧靠珠三角核心区，能够承接大批产业转移，具有一定的地域优势。而广大的中北部山区和东西两翼地区，由于远离经济发达的中心城市，其金融生态环境总体上表现得较差。

综上，根据因子分析方法的结果，我们定量测评广东县域的金融生态环境，分析其经济的、地理的分布特征，总体上反映广东县域的金融生态环境。

同时，广东的县域金融生态环境还可以分类测评，县域金融生态的综合排名是金融生态环境质量的总体判断，影响县域金融生态环境的因素主要是指标体系中的四类，本文按影响最为显著的三类因素，即经济基础环境和政府及行政能力指标，进行分类的因子分析。

表4 广东县域金融生态环境进行分类测评结果

排名 \ 分类 县（市）	金融服务环境	经济环境	行政环境
1	增城市	增城市	增城市
2	台山市	四会市	从化市
3	普宁市	普宁市	博罗县
4	开平市	清新县	英德市
5	廉江市	台山市	台山市
6	高州市	博罗县	惠东县
7	电白县	潮安县	高要市
8	潮安县	揭东县	普宁市
9	信宜市	英德市	开平市
10	化州市	高要市	高州市

金融发展状况与金融生态环境密切相关，也是金融主体判断金融生态环境的直接结果。金融发展水平与经济水平互为因果关系，县域金融随经济的发展而发展，而且反过来促进经济的发展。因此，县域经济基础是县域金融生态环境建设的根本。县域经济一定程度上决定县域金融生态环境，但是从排名分析，县域的

---

① 转引自《2010年广东省金融运行报告》。

金融生态环境排名与经济基础环境排名并不一致。行政环境的测评，县域政府为了建设良好的金融生态环境，完全有能力发挥政府的职能，积极协调各种矛盾，解决县域经济发展过程中出现的各种问题，调动各种积极因素，努力在县域范围内营造健康、和谐的金融生态环境，为本县经济的快速发展创造良好条件。

从行政环境的排名分析，政府的作为对于县域金融生态环境的建设意义重大，2010 年增城市政府确立创建全国科学发展示范市的新目标；实施保增长、扩投资、促消费、谋发展的一系列举措，全力以赴保健康增长；推进产业结构调整优化，深化主体功能区建设，启动"两城两区"开发建设，实施全面的道路交通建设工程，推动增城融入大广州和珠三角，深入实施公园化战略和城乡环境"清洁美"工程，打造珠三角生态大花园和优质生活圈，推进各项社会事业等。因此，基于良好的经济基础，政府政策的大力推进，增城的金融生态环境排名最靠前，属于 A 级优质。

根据分类生态环境的测评结果，将广东县域金融生态环境划分为四类，如图 4 所示。

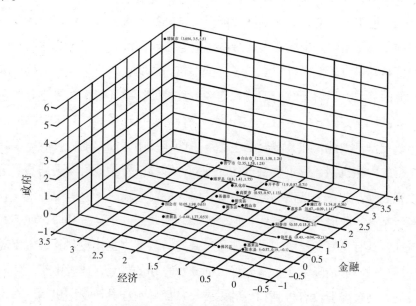

图4 2010 年排名前 20 位的县域经济、金融、行政立体图

（一）金融基础、经济基础、政府行政环境三项俱优的县域

这类金融生态环境全优的县域如增城。增城市在金融机构、金融业务方面已

经形成一定规模，经济发展水平较高，2010 年增城完成地区生产总值（GDP）675.78 亿元，增长 16.0%，增速分别比全省（12.2%）和广州市（13%）高 3.8 个百分点和 3 个百分点；政府支持经济的力度强，行政环境优良，2010 年地方财政一般预算支出达到 36.03 亿元，居广东所有县（市）的第一位①，政府的有力支持是促进经济增长的强有力的动力。

（二）金融基础、经济基础、政府行政环境其中两项较优的县域

金融基础、经济基础较好，只有政府行政环境比较弱的县域，如潮安等。这类县域的经济基础较好，得益于其交通、市场、土地方面的比较优势，原有的金融机构数量比较多，金融总量比较大，但是该类县域的制度环境、诚信环境较弱，体现在其政府行政力量相对较弱，企业逃债现象严重，贷款违约、金融案件的频繁发生等。由于制度环境和社会诚信属于生态环境中的软性因素，因此这类县域通过加强制度建设，加大政府监管与服务力度，能够改善县域金融生态环境。

金融基础、政府行政环境较好，只有经济基础较弱的县域，如高州。这类县域的存在，说明单纯的经济基础并不能保证良好的金融生态环境，如果地方政府积极发挥主观能动性，也可能形成金融生态状态较佳的经济欠发达地区。该类县域的经济基础得分较低，基本都是经济基础较为薄弱，产业结构初级化，缺乏优势产业群的县域，但由于政府的行政作为，良好的行政环境，加之原有的金融基础，这类县域具有较好的金融生态环境，综合得分也比较高，对未来县域经济的发展形成支持。因此，在县域金融生态环境的建设中，如果地方政府重视和遵守金融运行的内在机制，尊重金融机构的独立性和债权保护，科学规划县域金融的发展，则能够营造一个良性的金融生态环境，特别是诚信环境和法制环境，

经济基础、政府行政环境优，但金融基础较弱的"半强"县域，如英德。这类县域通常具有良好的经济、地理位置，政府行政能力也比较强，但由于对于金融发展的认识不够清晰，在金融发展方面缺少长期的规划，或者由于近年来经济长足发展，而金融业没有得到相应的发展，从而导致在县域金融机构、金融业务方面的总量不高，金融基础薄弱。这类县域通过政府的相关政策扶持，制定针对

---

① 广东统计信息网《2010 年增城经济运行情况分析》。

性的金融发展规划，与经济发展相适应的金融业应该实现较大的发展。

（三）金融基础、经济基础、政府行政环境其中一项较优的县域

这类县域通常整体金融生态环境比较弱，但在形成县域金融生态的因素中，有某一类比较突出，如金融基础较好的廉江，经济基础较好的四会，政府行政环境较好的从化等。由于只有某类因素较占优势，所以这类县域金融生态环境的总体评分比较低。

（四）金融基础、经济环境和政府行政环境三项俱弱的县域

这类县域大部分位于粤北山区以及粤西粤东等山区五市县域，普遍特点是工业化基础薄弱，发展水平低，产业结构调整与升级缓慢，县域金融机构稀少，金融业务量萎缩，政府财政收入不足，政府对经济的支持能力差，表现出金融发展所需要的整体环境较弱，如南澳、连山等县域。

四、改善广东县域金融生态环境的政策建议

从金融生态主体、金融生态调节机制和金融生态环境的金融生态系统考察，基于广东县域金融生态经济基础薄弱、起步晚、差异大，县域金融生态总体上仍然比较脆弱的状况，结合对广东金融生态测评的结果，我们从机制保证和政策促进两个层面提出建议。

从机制方面改善广东县域金融生态，应加强县域金融体系和经济基础建设。由于金融生态的建设是系统工程，良好的金融生态环境的营造，需要地方政府部门、司法部门、金融监管部门和金融机构共同努力。为保证广东县域金融生态环境的改善，县域政府应实施相应的政策保障措施如下：

（一）协同政府、监管部门和金融机构，构建县域金融生态调节机制

建立政府参与的金融稳定协调机制，形成以政府为引导，人民银行、金融监管部门及政府有关职能部门协同配合的金融稳定协调工作机制，明确各部门在金融稳定中的职责和任务。一是建立地方政府、人民银行、金融监管部门、地方经济综合部门、公安部门、司法部门、新闻部门等共同参加的金融生态调节机制；二是转换金融机构的经营机制，增强金融机构的自我发展和调节能力，构建总

行、分行、支行之间信贷经营的约束与激励兼容机制，实现县域金融运行的"效益"和"稳定"。

(二) 构建适应县域经济发展的金融组织，实现多元化的县域金融主体

根据县域发展多层次需求，构建政策性金融、商业金融、社区互助金融相结合的金融体系。国有股份制商业银行应该改革现行信贷管理体制和经营机制，适当下放县域的贷款审批权限，积极创新适应县域经济的金融产品，为不同类型的企业提供个性化的金融服务；强化农发行的政策性金融服务功能，深化农村信用社的经营改革，在县域设立村镇银行和小额贷款公司等小型金融机构，鼓励其通过市场运作服务县域经济的发展；建立机制鼓励邮政储蓄银行将吸收的资金反哺县域经济。通过金融主体的设立和金融业务的发展，形成适应广东县域经济发展的金融体系。

(三) 激活特色优势产业，增强县域金融生态的产业支持

激活特色优势产业发展活力作为有力支撑，不断拓展特色产业的发展空间。由于广东各县域比较优势不同，产业发展方向也应不同，或以资源采掘类为主，或以制造业为主，或以特色旅游业为主。因此，县域应通过克服相对劣势，发挥比较优势，促进相关产业的不断壮大，催生新的经济效益，以保证良好的县域金融生态环境的经济环境。

(四) 建立风险补偿机制，促进县域金融安全区的建设

广东县域应尽快建立金融保险制度，消除县域金融经营的后顾之忧，为信贷投放提供必要的制度保障。也可以考虑建立政策性金融利益补偿机制，探索建立县域投入风险补偿机制，通过补偿性财政支出，引导资金流向县域，缓解县域信贷资金短缺问题，对金融机构在县域的贷款利息减免税费，实行财政贴息政策，发挥财政资金的杠杆作用，引导银行信贷资金向县域经济的配置。

(五) 以保护金融债权为主导，构建县域金融生态的司法保障环境

一是由政府牵头成立金融生态环境维护工作事务部，负责对司法等部门的协调，监督司法部门依法、公正地审理金融案件，建立联席会议制度，定期组织金融和司法部门召开会议，加大金融案件执行力度，在县域形成大力支持和配合司法部门工作的氛围，为司法部门创造良好的执法环境；二是司法部门加大司法环境整治，增强司法透明度，坚决打击债务人通过各种手段逃废金融债务行为，提高金融案件的审理效率和质量，提高已判决经济案件的执行率；三是尝试建立地区性的金融业服务与竞争公约、企业破产改制办法、逃废债企业公示制度等，优化金融生态环境，保全金融资产，减少行政干预，维护公平公正的法制环境。

（六）加快中介服务机构的建设，完善县域金融生态的社会信用环境

县域金融生态环境的改善需要建设良好的中介机构体系，建立健全各类社会信用服务中介机构的市场准入、退出制度，推动会计、律师等各类事务所及动产、不动产评估等中介机构规范发展，提高中介服务市场的社会公信力。加快培育、扶持和引进信用担保机构，推动中小企业信用担保体系的建设，由地方政府安排一定的担保扶持资金和风险补偿资金，用于担保机构的组建、增资和风险代偿，建立和完善信用中介机构风险控制和补偿机制，同时切实解决资产评估、公证、转让中的收费过高、手续过繁问题，减轻企业负担，为金融机构开办抵押、担保贷款业务创造有利条件。

在社会信用体系方面，一是建立企业个人信用信息数据库，制定统一的信用体系、规范标准和查询体系，尽快实现信用信息的共享；二是在推进农村"镇、村、户"信用评级的同时，积极引导农信社扩大不同信用等级的利率优惠及信贷规模档次，促进县域金融信用意识的稳步提高；三是依靠政策手段推动社会信用体系的进一步完善，有效防范与分散金融信贷风险。广泛开展"信用户"、"信用村"、"信用镇"的创建活动，形成良好的社会信用环境。

（七）发挥县域政府的能动性，优化县域金融生态的政策环境

金融生态环境的建设必须纳入政治、经济、文化、法制等宏观环境下整体考虑，有系统地加以实施规划，因此，县域政府的作用必须进一步加强。一是发挥地方政府在县域金融生态环境建设中的积极作用，构建整体联动的金融生态维护机制。加强地方政府对县域金融生态环境建设的组织协调，将改善金融生态环境纳入对各级政府部门的考核内容，打造"诚信政府"。二是制定金融业发展规划，积极培育发展金融产业，把金融业纳入县域经济发展全局，支持金融机构改革，支持和帮助金融机构清收和处置不良贷款，落实国家有关税费减免政策，形成县域金融发展的政策环境。三是推进县域经济结构调整，深入研究县域经济发展的比较优势，提高县域经济的综合竞争力，营造可持续发展格局，为优化县域金融生态奠定经济基础。

(八) 构建政、银、企信息交流平台,提高县域金融服务水平

构建政府、银行、企业的信息交流平台,促进县域金融生态环境的改善。县域金融和企业在政府的协调下,构建银企信息交流平台,制定联席会议制度,定期召开联席会议,通过直接对话的方式,披露有关的经营管理信息,互相交流各自在经营和发展中存在的问题,协调解决经营中难题,促进县域银企的协调发展。

此外,县域金融机构要提高金融服务水平,完善贷款管理制度,简化贷款决策程序,在合规的贷款操作程序下,建立适应县域经济的中小企业、农户等信贷审批机制,根据县域经济发展的需要,增加信贷品种,如对农业产业化龙头企业实行授信管理,对种养大户、中小企业尝试订单贷款、联保贷款、农机设备按揭贷款、融资租赁业务等,切实加大对县域经济支持的力度,以满足政府、企业、群众的需求,共同促进县域经济金融的发展。

(九) 定期测评和发布县域金融生态状况,动态跟踪县域金融生态变化

在广东县域的金融生态环境建设中,以金融生态指数对资金的流向和安全进行引导,定期公开发布县域金融生态测评等重要信息,对县域金融生态变化的状况、影响因素和前景以及对金融机构风险在一定范围进行披露和提示,以便及时制定和调整相应的对策措施。

参考文献:

[1] 徐诺金. 论我国的金融生态问题 [J]. 金融研究,2005 (2).

[2] 李扬,王国刚,等. 中国城市金融生态环境评价 [M]. 北京:人民出版社,2005.

[3] 徐小林. 区域金融生态环境评估方法 [J]. 金融研究,2005 (1).

[4] 韩大海,徐效坡. 我国省级区域金融生态系统评价 [J]. 金融教学与研究,2006 (4).

[5] 刘煜辉. 中国地区金融生态环境评价 (2006~2007) [M]. 北京:中国金融出版社,2007.

[6] 那洪生,等. 黑龙江省金融生态环境建设的实证分析 [J]. 黑龙江金融,2007 (3).

[7] 周炯. 区域金融生态评估指标体系构建与实证检验:基于西部地区金融生态水平考察 [J]. 统计与信息论坛,2010 (2).

20世纪90年代以来广东省县域经济差异分析

周春山[①]　王晓珊　盛修深　刘艳艳

一、引　言

广东处在中国改革开放的前沿，其县域[②]经济发展在全国具有典型的代表性。在经历30多年的经济高速发展后，广东县域经济总体上得到了大幅度的提高，同时县域内部的差距进一步扩大。

区域科学学科是在20世纪50年代逐渐系统发展起来。瓦尔特·艾萨德对区域学科研究内容、方法、理论进行了系统的阐述。传统的区域发展理论包括均衡发展理论，如大推进理论、低水平均衡陷阱理论、贫困恶性循环理论等，以及非均衡发展理论，如循环累计因果理论、核心边缘理论、增长极理论、区域经济梯度推移理论等。近几十年，区域发展理论在一些方法与研究角度又取得了一些新的进展，包括地区差异的构成与分解、现代企业区位选择论、区域收敛和发散理论[1]等。

关于区域经济差异，学者的研究基本上涉及了差异的描述和测度[2~5]、差异动因的分析[3,6~8]、时空演变特征[4,7,9~12]、区域发展模式[13]以及区域协调发展的对策建议[4,9]等方面，然而前人研究中存在三点主要不足：第一，研究采

[①] 作者简介：周春山（1964—），男，河南信阳人，教授，博士，主要从事区域发展与城乡规划研究。
[②] 本文讲的县域包括县级行政单位（县、县级市）、地级市下的市区（同个地级市中的市区作为一个研究单元，不再细分）、不带管辖县的地级市。

用的基本地域单元过大（多采用地级市或以上的区域），无法体现省域内部的差异；第二，采用的统计分析指标比较单一，研究时间跨度比较短，时间段集中在20世纪八九十年代，针对21世纪最新发展情况的研究较少；第三，研究的重点主要是探讨区域发展的差异以及缩小差异的对策，很少总结区域发展不同的类型模式。

本文以县域作为基本研究单元、以多指标为基础采用主成分分析和聚类分析等方法，对广东省县域经济差异进行类型划分和模型总结，以求客观揭示广东省县域经济发展规律。

二、数据来源与方法

数据来源于广东省统计年鉴1992~2009、广东省第四次、第五次人口普查资料、广东农村统计年鉴1992~2009，以及各地级市统计年鉴中的相关指标。

首先，通过20世纪90年代以来人均GDP、人均GDP标准差的变化分析广东省县域经济差异时序演变；其次，通过集中指数和人均GDP等级划分两种方法分析其空间格局演变；再次，通过选取反映经济规模、经济发展水平等六方面共27个变量建立指标体系，用主成分分析和聚类分析的方法，划分广东省县域经济类型区；最后，归纳出广东省县域经济差异的演变特征、演化模式、演化阶段。上述分析结果用Arcgis软件制图表达。

三、总体演变特征

（一）时序演变分析

广东省人均GDP1991年为2914元，2008年为37589元，年均增长率为16.23%。广东经济发展由初级产品生产阶段进入工业化高级阶段的初期。珠三角地区、珠三角外围地区（广东省除珠三角外的地区）的人均GDP分别由1991年的4689元、1548元增加到2008年的53544元、19461元，年均增长率分别为

15.40%、16.06%，经济发展阶段分别由原来的初级产品生产阶段、传统社会阶段演化为工业化高级阶段末期、工业化中级初期。珠三角在经济发展阶段上快于广东省平均水平一步，而广东省的平均水平又领先于珠三角外围地区一步（见图1）。1995 年和 2002 年是广东省县域经济差异演变的重要拐点年。

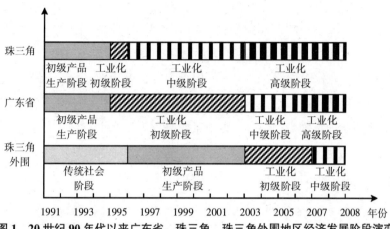

图 1 20 世纪 90 年代以来广东省、珠三角、珠三角外围地区经济发展阶段演变

从 1991~2008 年，无论是珠三角、珠三角外围，还是全省，人均 GDP 标准差都是在增加的，且珠三角的人均 GDP 标准差大于全省，全省又大于珠三角外围地区，表明随着时间的增加，广东省的区域差异在增大，越是发达的地区其区域差异也就越大（见图 2）。

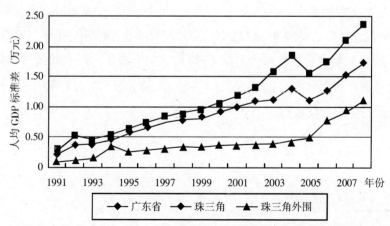

图 2 20 世纪 90 年代以来广东省、珠三角、珠三角外围地区各县市人均 GDP 标准差变化

（二）空间格局演变分析

选取集中系数和人均 GDP 等级划分来测度广东省经济发展的空间结构演变的情况。集中指数是用于度量区域人均 GDP 的差距相对于人口分布的不均衡程度，其计算公式为：

$$C = (1 - H/T)*100$$

式中，C 为集中指数；H 为各县人均 GDP 由大到小排序后，累计占全区域 GDP 50%的县所对应的人口之和；T 为全区域人口总和。

C 在 50~69 为相对均衡，70~89 为相当集中，大于 90 为高度集中，值越大，表示经济集中程度越高，地区差距越大。20 世纪 90 年代以来广东省县域经济差异集中系数的浮动范围为 79~83，集中系数表现出先变小后变大，之后又变小的动态变化过程（见表 1）。可见，广东省县域经济差异在空间上总体上表现为经济相当集中，但集中的总趋势下有局部时期的分散趋势。

表 1　20 世纪 90 年代以来广东省县域经济差异集中系数演变

年份	1991	1993	1995	1997	1999	2001	2003	2005	2007	2008
集中系数	80.85	80.64	79.54	80.13	80.84	82.76	82.92	80.96	81.07	80.80

把人均 GDP 在全省平均 75%以下的地区划分为不发达县市，75%~100%为较不发达县市，100%~150%为较发达县市，150%以上为发达县市[①]。总体看来，1991~2008 年，县域经济在空间上表现为极化效应为主导，经济和财富高度集中在珠三角地区。但根据集中程度的变化可以分为三个阶段：1995 年以前，经济相对扩散；1996~2002 年，经济进一步集中；2003 年至今，经济相对扩散（见图 3）。

综上所述，集中系数和人均 GDP 等级划分两个衡量空间结构演变的标准得出的结论是吻合的。广东省县域经济差异较大，在空间演变上表现出先分散后集中，再分散的动态变化过程。

---

① 参照世界银行通用做法确定的分类标准。

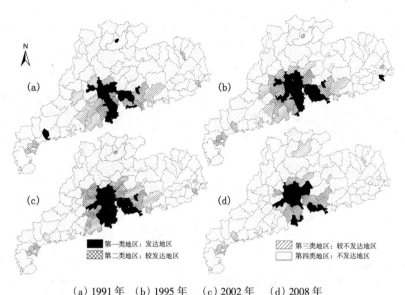

（a）1991 年　　（b）1995 年　　（c）2002 年　　（d）2008 年

图 3　广东省各类县市空间格局演变

四、类型区划分

（一）指标体系的建立

按照区域可持续发展的要求，采用经济规模、经济发展水平、经济发展速度、经济发展潜力、社会经济结构和人民生活水平六大类指标共 27 个变量进行因子分析（见表 2）。

表 2　1991 年与 2008 年广东省县域经济差异分析所选取的变量

变量类型	变量	变量类型	变量
经济规模	区域总人口（千人）	经济发展水平	人均 GDP（元）
	GDP（千元）		人均工业总产值（元）
	工业总产值（千元）		人均实际利用外资额（美元）
	地方财政收入（千元）		人均固定资产投资额（元）
	固定资产投资额（千元）		人均社会消费品零售额（元）
	社会消费品零售总额（千元）		人均年末城乡居民存款余额（元）
	城乡居民储蓄存款年末余额（千元）		经济密度（千元/km²）

续表

变量类型	变量	变量类型	变量
经济发展水平	投资密度（千元/km²）	社会经济结构	工业化率（%）
经济发展速度	GDP 增长速度（%）		非农业人口比率（%）
	人均 GDP 增长速度（%）		非国有制经济职工人数/在岗职工人数（%）
经济发展潜力	对外交通指数	人民生活水平	职工平均工资（元）
	每万人拥有的科学研究和综合技术服务事业从业人数（人/万人）		农民人均纯收入（元）
	人均耕地面积（hm²）		每万人拥有的卫生事业从业人数（人/万人）
社会经济结构	人口密度（人/km²）		

注：工业化率=工业产值/工农业总产值；对外交通指数是一个虚拟的自定义指标，该指标由港口得分、高速公路得分、国道、铁路得分和机场得分五部分得分组成。

（二）主成分分析

分别对 1991 年、2008 年上述变量进行主成分分析，提取累积方差贡献率超过 85%的五个主因子，各主因子的特征值、贡献率与反应变量的关系及命名如表 3 所示。

表 3　1991 年广东省县域经济差异分析所提取的主因子

1991 年提取主因子				2008 年所提取的主因子			
名称	特征值	贡献率（%）	所反应的变量信息	名称	特征值	贡献率（%）	所反应的变量信息
经济规模	7.45	27.58	与 GDP、城乡居民储蓄存款年末余额等呈高度正相关	人均投资和消费额	9.33	34.54	与人均工业总产值、投资密度、人均实际利用外资总额、人均社会消费品零售额等呈高度正相关
人均投资额及消费额	7.05	26.11	与人均固定资产投资额、人均社会消费品零售额等呈高度正相关	人口规模及经济规模	4.87	18.05	与区域总人口、社会消费品零售总额等呈高度正相关
经济发展速度	4.41	16.35	与人均 GDP 增速、GDP 增速呈高度正相关	非国有制经济比重与工业化程度	2.78	10.29	与非国有制经济职工人数/在岗职工人数、工业化率呈高度正相关
人口密度及人均耕地	3.54	13.11	主因子与人口密度呈高度正相关；与人均耕地面积呈高度负相关	经济发展速度	2.06	7.64	与 GDP 增速、人均 GDP 增速呈高度正相关
非国有制经济比重	1.39	5.15	与非国有制经济职工人数/在岗职工人数呈高度正相关	人均耕地	1.40	5.18	与人均耕地面积呈高度负相关

（三）县域经济类型区划分

在上述因子分析的基础上，采用层次聚类分析，分别对广东省 1991 年 96 个县市和 2008 年 88 个县市的 5 个主因子进行聚类分析，分别划分为七个和六个广东省县域经济类型区，并依据各类型区主因子得分的平均值及所处的地理位置对县域经济类型区进行命名（见图 4）。

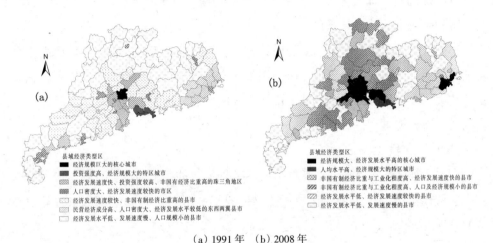

（a）1991 年　（b）2008 年

图 4　广东省县域经济类型区

五、演变特征、模式和阶段

（一）演变特征

从 1991 年到 2008 年广东县域经济类型区的演变（见图 4），呈现出以下几个特征：

（1）广东省由原来的典型的核心—边缘结构发展为明显的圈层结构。1991 年，七类县域经济类型区中，位于中心区的类型与位于外围的类型经济发展水平相差很大，是典型的核心—边缘结构；而 2008 年，六类县域经济类型区中，中心与外围的县域经济类型区其经济发展水平呈梯度由内往外递减，呈现圈层结构特征。

（2）广东省在极化作用持续加强、区域差异不断扩大的同时，扩散效应已开始显现。扩散效应包括珠三角内部的扩散、珠三角与珠三角外围地区的扩散，即广东省区域经济在不平衡发展中出现了平衡的趋势，从而使广东省县域经济空间格局进入新的发展阶段（见图5、图6）。

（3）欠发达地区经济总体上难以摆脱经济发展落后的局面，但局部地区由于资源及特殊的机遇而优先发展起来，低水平均衡被打破。比较典型的是清远市、河源市和韶关市的部分县级市。

（4）原增长极范围扩大，新的增长极出现。原增长极珠三角核心城市由2个增加到4个。粤东地区由于行政区划调整、广东省出台振兴粤东地区发展的相关扶持政策等一系列因素，使得汕头市作为区域中心城市的地位进一步凸显，粤东新的增长极出现雏形。

（二）演化模式

在上述县域经济差异演变特征分析的基础上，抽象出20世纪90年代以来广东省县域经济类型区发展演化模式图（见图5），并进一步归纳出广东省县域经济的三种发展模式。

模式一：核心城市发展模式。该模式在地理上主要位于珠三角内圈层，演变特征是核心城市在经济上体现出不断自我强化，最后走向高水平的趋同化、一体化。其发展的驱动力主要有：①发达的产业基础；②优越的区位和完善的基础设施，吸引较多外来投资；③较高的政治地位和知名度；④创新能力强；⑤发达的服务业。1991年广东省只有两个核心城市，即"Ⅰ经济规模巨大的核心城市"广州市市区和"Ⅱ投资强度高、经济规模大的特区城市"深圳市。与广州市市区相比，深圳市在经济活力上表现更为突出，但城市功能的综合性比不上广州市市区。2008年广东省的核心城市共有五个，除了原有的广州市市区和深圳市外，毗邻广州市市区的佛山市和毗邻深圳市的东莞市以及粤东中心城市的汕头市市区崛起后也跻身于这个行列，其中"广州—佛山"、"深圳—东莞"呈现"双城化"发展趋势。

模式二：较发达地区发展模式。该模式在地理上主要位于珠三角外圈层及珠三角外围地区的部分地级市市区，演变特征是经济发展水平较高，介于发达地区与欠发达地区之间，大部分地区经济发展水平保持较好的增长态势。从其发展的

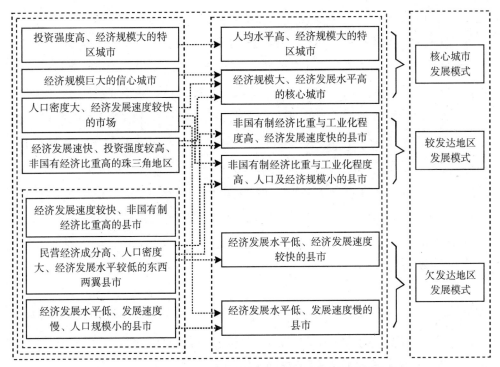

图5　20世纪90年代以来广东省县域经济类型区发展演化分析

演变来看，少数邻近省会、副省会城市或本身是区域中心的城市，经过若干年经济发展而成功跻身核心城市行列；少数原属于较发达地区的县市由于地理位置较为偏远，区位、政策等优势不明显，逐渐被边缘化，被挤出较发达地区行列而变为欠发达地区。其发展的驱动力主要有：①较好的产业基础；②区位优势明显，既可享受核心城市的基础设施和相关服务，又方便接收来自港澳地区的产业转移和外来投资；③廉价的土地和劳动力。较发达地区发展模式在1991年包括"经济发展速度快、投资强度较高、非国有经济比重高的的珠三角地区"和"人口密度大、经济发展速度较快的市区"两种类型区，2008年则主要由两种类型区组成，即"非国有制经济比重与工业化程度高、经济发展速度快的县市"和"非国有制经济比重与工业化程度高、人口及经济规模小的县市"。

　　模式三：欠发达地区发展模式。该模式在地理上主要位于珠三角外围地区（东西两翼和粤北山区）。其经济发展一直处于低水平；总体上，低水平的发展惯性使其难以摆脱经济落后的局面，但部分地区利用其生态、交通或政策优势等获得发展的机会，从而打破珠三角外围地区发展的低水平均衡。其发展的驱动力主要有：①原有的经济基础较差，资源型产业较多，内源驱动不足；②区位条件差，远离中心城市和港澳地区，外来投资少，外源驱动不足；③交通等基础设施较差；④自然条件差，人口出生率高，人才流失严重，劳务经济明显。欠发达地区发展模式在1991年包括"Ⅴ 经济发展速度较快、非国有制经济比重高的县市"、"Ⅵ 民营经济成分高、人口密度大、经济发展水平较低的东西两翼县市"和"Ⅶ 经济发展水平低、发展速度慢、人口规模小的县市"三种类型区，而该模式演化到2008年则主要由两种类型区组成即"Ⅴ 经济发展水平低、经济发展速度较快的县市"和"Ⅵ经济发展水平低、发展速度慢的县市"。

（三）演化阶段

以县域经济演变特征和模式分析为基础，将演化分为以下三个阶段（见图6）：

（1）1995年以前：珠三角外圈层快速发展，区域集聚程度降低。东莞、顺德、珠海、中山等珠三角外圈层地区凭借区位、土地、劳动力、政策等优势吸引了大量外来投资，迅速发展起来，其经济地位大幅度上升，而中心城市发展速度相对较慢，总体上表现为区域集聚程度降低。

（2）1996~2002年：核心城市优势进一步显现，区域集聚程度增大。珠三角外圈层经过十几年发展，外来投资已趋向稳定；而位于珠三角内圈层的广州依托其人才、交通、行政地位、产业基础等优势，表现出很强的发展后劲，彰显中心城市地位，中心城市对外围地区产生较强的极化作用，使得区域集聚程度进一步增大。

（3）2003年至今：珠三角内外圈层发展相对稳定，边缘地区出现新的增长极。珠三角内外圈层在经历了20年的发展之后，其发展态势趋向稳定，逐渐形

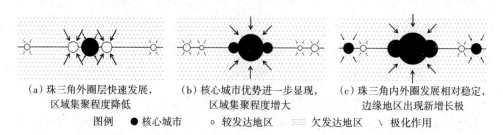

(a) 珠三角外圈层快速发展，　　　(b) 核心城市优势进一步显现，　　　(c) 珠三角内外圈发展相对稳定，
　　区域集聚程度降低　　　　　　　　区域集聚程度增大　　　　　　　　边缘地区出现新增长极

图例　●核心城市　　○较发达地区　　∷欠发达地区　　＼极化作用

图6　20世纪90年代以来广东省县域经济差异演化三阶段

成明显的圈层结构。同时，在远离珠三角的粤东、粤西地区，形成新的增长极，使得区域集中程度降低。

六、结　论

（1）20 世纪 90 年代以来，广东经济发展由初级产品生产阶段进入工业化高级阶段的初期。广东省县域经济差异在逐步增大，越是发达的地区其区域差异也就越大；在空间演变上表现出先分散后集中，之后又分散的动态变化过程。

（2）广东省各县市经济类型 1991 年为七类，2008 年为六类。广东省县域经济差异演变特征包括：第一，广东省由原来的典型的核心—边缘结构发展为明显的圈层结构。第二，广东省在极化作用持续加强、区域差异不断扩大的同时，扩散效应已开始显现。第三，欠发达地区经济总体上难以摆脱经济发展落后的局面，但局部地区由于资源及特殊的机遇而优先发展起来。第四，原增长极范围扩大，新的增长极出现。

（3）综观广东省县域经济差异演化过程，归纳出县域经济的三种发展模式：核心城市、较发达地区和欠发达地区三种发展模式。其演化大致呈现以下三个阶段：①珠三角外圈层快速发展，区域集聚程度降低；②核心城市优势进一步显现，区域集聚程度增大；③珠三角内外圈层发展相对稳定，边缘地区出现新的增长极。

参考文献：

[1] 刘慧. 区域差异测度方法与评价 [J]. 地理研究，2006，25（4）：710–718.

[2] 俞勇军，陆玉麒. 江西省区域经济发展空间差异研究 [J]. 人文地理，2004，19（3）：41–45.

[3] 陈修颖. 1990 年以来浙江沿海区域差异及其成因分析 [J]. 地理科学，2009，29（1）：22–29.

[4] 赵莹雪. 广东省县际经济差异与协调发展研究 [J]. 经济地理，2003，23（4）：467–471.

[5] Xu Jian-hua, Lu Yan, Su Fang-lin, etc.. R/S and Wavelet Analysis on Evolutionary

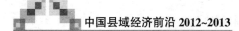

Process of Regional Economic Disparity in China During past 50 Years ［J］. Chinese Geographical Science，2003，14（3）：193-201.

［6］Wei Yehua，Fan C. Cindy. Regional Inequality in China：a Case Study of Jiangsu Province ［J］. The Professional Geographer，2004，52（3）：455-469.

［7］仇方道，佟连军，朱传耿，等.省际边缘区经济发展差异时空格局及驱动机制——以淮海经济区为例［J］.地理研究，2009，28（2）：451-463.

［8］欧向军，顾朝林.江苏省区域经济极化及其动力机制定量分析［J］.地理学报，2004，59（5）：791-799.

［9］Mei Lin，Xu Xiaopo，Chen Mingxiu. Regional Evolution Features and Coordinated Development Strategies for Northeast China ［J］. Chinese Geographical Science，2006，16（4）：378-382.

［10］仇方道，朱传耿，佟连军，等.淮海经济区县域经济差异变动的空间分析［J］.地理科学，2009，29（1）：56-63.

［11］靳诚，陆玉麒.基于县域单元的江苏省经济空间格局演化［J］.地理学报，2009，64（6）：713-724.

［12］冯邦彦，彭岚.广东经济空间结构演变及优化［J］.广东商学院学报，2009（6）：84-89.

［13］冯健.经济欠发达地区县域发展模式与战略——以河南省兰考县为例［J］.地理研究，2005，24（5）：811-821.

促进广东县域经济发展的基本对策

广东县域经济研究与发展促进会

一、强化产业集聚与产业链化发展，切实促进县域实体经济发展

广东县域经济需要从"产业协作"向"产业融合"转变。一是在一些有条件的县域应大力发展生产性服务业，并将其作为县域经济发展的重要组成部分，重点加强设计创意、现代物流、科技研发等现代服务业发展，注重制造与服务的相互渗透，实现制造与服务的一体化发展，促进县域制造与服务融合发展。二是对于一些现有的县域已经形成的一些特色与优势产业，特别是传统的产业集群，应延长、加深其产业链，形成若干个特色产业集群。全面提高传统优势工业，进行技术创新，促进广东县域工业产业高级化和经济增长集约化发展。三是加快二产、三产融合发展，对于二产当中的一些产业环节可以让三产去做，实现二产、三产化发展。强化服务品牌化经营，实现商业品牌和管理品牌相结合，引导产业发展从规模向品牌化转型。四是立足县域特色发展面向大都市消费人群的休闲农业和生态环境，鼓励扶持发展农业龙头企业和农产品加工业，推进农业产业化经营；实现特色农业和绿色农业互为发展，为区域发展营造良好的生态环境，从而促进房地产、休闲旅游业等第三产业的发展。五是加大对民营企业支持，为就业创造机会。民营经济是广东县域经济发展活力的重要体现，广东县域经济需要壮大民营经济特别是民营龙头企业，引导这些企业积极开拓国内市场和激活本地消费市场。培育一些竞争力强的民营企业上市，形成若干广东县域资本板块，这不

仅可以帮助这些板块的公司的实现战略转型，而且还可以在更高层次通过这些板块推动企业、科技与资本的融合，特别是通过企业的资本运作，引领广东县域产业并购集聚，进而将整个产业引向高端环节。六是打破行政区划的约束，统一规划引导，促进劳动力、资本等生产要素和建设项目向县域中心城区聚集，合理规划布局，可以考虑在近期优先发展中心城区，通过经济适用房建设以及其他保障性住房建设引导人口迁移。通过完善教育、医疗等生活配套设施引导人口向中心城区集聚，增强中心城区的人气与活力，提升城市中心区的建设品质，并进一步优化居住环境与就业环境。

二、强化体制机制创新，切实推动县域政府职能转变

结合广东省《关于简政强镇事权改革的指导意见》，各地市应抓住机遇，鼓励和选择一批经济实力较强的镇进行改革。一是要以理顺县域各政府部门的职能为重点，以提高工作效率、节约行政成本，方便老百姓办事为目标，加快县域体制改革步伐，促进广东县域各级政府从全能型政府转变为服务型政府。二是要增强县域社会治理与公共服务供给能力，以优质的公共服务和有效的社会治理化解转型期的社会危机，实现社会和谐。在广东县域地区选取有条件的县（市），引导争取成为广东省级"县域综合改革发展试点市（县）"，并获得准地级城市的管理权限和相关配套政策。三是要在财政体制方面，继续大力推进"省管县"体制改革，争取县域的财政直接由省管理，预算内的县财政直接与省财政结算，避免了市对县财政的截留。进一步加大和深化财政管理体制改革力度，按照财力与事权相匹配的要求，合理界定上级与县级财政支出责任规范，进一步增加县级财力。应针对县域乡镇运作经费普遍不足这一现象，适时研究出台合理的财政补贴和区域财力分配制度，并建立与主体功能区划分相适应和匹配的政绩考核制度。四是要在经济管理权限设置上实行"能放都放"的原则，加大改革按行政层次划分管理权限的体制改革力度，努力促进政府职能转变。通过加大放权力度，采取授权、委托等方式下放管理事项，切实扩大县、镇管理权限，同时除人事权外，把省、市两级政府经济管理的所有权都下放给县（市）。五是进一步建立健全县

委、县政府权力行使的公开透明运作制度。在决策机制方面，完善决策听证、专家咨询和民意征集吸纳制度；推进政府绩效评估，建立完善县党政机构效能监督考核体系。应进一步实现县权行使的公开化、透明化，让基层权力更直接地接受老百姓的监督，让权力在阳光下运行。

三、强化金融生态环境营造，切实推动县域投融资环境优化

县域经济发展需要金融的强力支持，在一定程度上，金融支持力度的大小决定了县域经济发展的成效，广东需要强化县域金融生态环境建设，为县域经济提速进位综合发展提供持续保障。一是要有序引进、设立新型农村金融机构。在保证资本金充足、严格金融监管和建立合理有效的退出机制的前提下，鼓励在县域内设立多种所有制的社区金融机构，引导符合条件的境外金融资本、产业资本、民间资本在县域投资设立村镇银行、贷款公司和农村资金互助社。二是加强社会信用体系建设。在广东县域建立健全企业和个人征信体系，增强全社会的信用意识，结合创建信用企业、信用乡镇、信用村和信用户活动，加大对守信企业的信贷倾斜，为增加信贷投放创造良好的社会信用环境。三是加大对农信社的扶持力度。依托现有的农信社在全省各县（市）网点优势，充分发挥其在服务"三农"、服务中小企业中的作用，可以将进入农村的财政资金、各项支农惠农政策性补贴资金，优先存放到农村信用社，拓宽农信社资金来源渠道。同时，政府出台相关政策，帮助化解各农信社呆账、滞账，增强其信贷功能。四是鼓励、引导商业银行开展多种形式的贷款业务。支持县域中小型企业以各种有效的物权凭证进行抵押贷款，加大试点力度，创新符合县域特点的抵押担保方式。允许农民住宅、大型机械器具、县域中小企业厂房及设备等用于抵押贷款。鼓励有条件的县（市）组建政策性担保机构，支持民营资本进入融资担保领域，提高县域发展融资担保能力。五是支持重点企业进入资本市场直接融资。大力发展直接融资，积极扶持县域龙头企业做大做强，推动一批企业上市，为企业开辟一条低成本、高效率的筹集境内外资金的渠道，从而改变县域企业过度依赖银行信贷资金的单一融资方式，为企业提高核心竞争力提供更多金融工具。六是建立面向广东县域中小企业

的信用担保机构。健全中小企业信用担保体系和信用管理体系，以合作、扶持等形式引进民间融资机构为中小企业提供融资担保服务，引进顾问公司为县域企业提供规范化管理、人才培训、营销策划、品牌推广等服务。

四、强化县域居民充分就业，切实保障县域经济社会稳定发展

当前经济条件下推动广东县域居民提高劳动者就业能力，实现充分就业，有利于改善人们的生活水平，保障经济的稳定发展和社会的进步。一是各级劳动保障部门需要紧紧围绕促进充分就业的目标，以消除"零就业家庭"为目标和切入点，建立跟踪服务制度，探索通过开发公益性岗位、劳务型公司、推荐就业、灵活就业等多种形式，扶持就业困难群体就业，努力做到"出现一户、安置一户、消除一户"。并适时将就业困难服务对象范围扩展到辖区居民、被征地农民、外来人口中的特困群众，借助信息系统，摸排就业援助对象，逐户逐人进行安置。二是在中心镇和小城镇重点扶持发展有较大吸纳就业能力的产业。广东县域现在的中心镇和小城镇是农村劳动力转移的重要空间载体。在中心镇和小城镇必须大力发展第三产业，重点是发展农产品流通、交通、通信、信息服务、技术服务等行业，开发农村的旅游等新兴产业，更好地促进农村劳动力转移或本地就近就业。将产业转移工业园区作为吸纳农村劳动力就业的重要载体，进一步促进劳动力转移与产业转移的紧密结合。三是重视非正规就业岗位的作用，通过正规、合法的中介组织了解非正规就业人员与雇佣者的需求，让更多的非正规就业人员能在城镇安心工作，同时也让更多的雇佣者能顺利雇用到所需人员，从而多方面引导有条件的农村剩余劳动力转移。四是重视县域地区职业就业培训。要整合培训资源，改革培训体制机制，提高培训质量。在县域地区推进人力资源网络体系建设，形成县（市）——镇二级公共就业服务体系，实现人力资源网络体系对城乡的基本覆盖。加快县级综合培训基地建设，实施"一村一品"的特色农业发展战略，采取集中办班、现场指导、示范引导等形式开展实用性的农业科技培训，全面提升农村劳动力技能培训水平。激励中职学校为本地培训技工人才。凡公办中

职学校推荐实习生或毕业生在本地企业项岗实习或就业时间满一年的，给予中职学校补贴；同时，有入读各类智力扶贫技校意愿的本地学生，毕业后愿意留在本地区企业就业，并能承诺服务 1 年以上的，可优先安排入读。五是鼓励本地劳动力创业。各县（市）应设立创业扶持专项资金，用于鼓励农村劳动力创业，可以通过竞标方式选出一定数量的优秀创业者，给予一定金额的创业资金扶持。

五、强化县域民生全覆盖，切实促进县域经济社会协调发展

县域经济发展必须将保障和改善民生作为出发点和归宿，而保障与改善民生直接依赖教育、卫生、基本社会保障和公共就业等基本公共服务对社会成员的可及性。广东县域在这方面有大量工作需要落实。一是要重视保障"基本民生"。应强化各级政府在基本公共服务中的主体地位和主导作用，加快建立人人可及的基本公共服务，争取以中心镇为重点，推进全覆盖工程，即具备条件的建制村通水泥（油）路、村通广播电视、中小学校舍安全改造、村级建有卫生室、农村实现安全饮水等。二是加快保障"底线民生"，更加关心县域地区困难群众的生产生活，特别是加大对农村、对薄弱环节的财政投入，实现广东县域居民在公共服务方面的"底线均等"。三是关注"热点民生"，要着力解决群众反映强烈的热点、难点问题。通过选准重点，分步推进民生六大公共服务体系，如城乡事务受理服务，城乡卫生服务，城乡科技、教育、文化、体育服务，城乡生活服务；城乡社会福利服务、城乡就业服务和救助服务。四是应建立以基本公共服务为重要导向的各层级政府绩效考评体系，强化对公共部门的约束引导，提高政府提供基本公共服务的效率和水平，将基本公共服务均等化纳入政绩考核体系，建立激励约束兼顾的政府绩效考评体系。同时，合理划分县（市）、镇在基本公共服务中的职责分工。

六、强化科技创新扶持力度，切实增强县域 科技产业化发展

广东县域经济发展需要找准提升自主创新能力的突破口，努力推动产业转型与升级。一是构建广东县域自主创新投融资体系。可以考虑组建面向广东县域大中型企业的风险投资机构，解决长期困扰县域经济大中型企业自主创新融资难和风险高问题。二是尽快设立广东知识产权保护与促进发展专项基金，选择资助县域具有重大影响的关键技术和核心技术，设立专题，组织科研机构和高等院校进行联合攻关，实现研发转化为应用成果。三是集约化建设面向广东县域科技创新平台体系。如广东珠三角的县域打造以科技园区为主体的创新空间载体作为试点，成熟后推广至粤东西北地区；扶持和引入为科技创新服务的中介机构，在广东县域地区大力引进从事生产性服务业的中介机构，以帮助中小企业在科技成果转化过程中进行技术开发、转让、咨询、诊断、培训和推广活动。四是针对广东县域高科技企业提供政策性金融服务，特别是对自主创新能力强、从事关键技术与核心技术开发的中小企业要给予重点扶持。五是可以采取政府引导、企业参与、市场运作、行业规范的办法来组建面向广东县域的高新技术行业协会。

七、强化县域合作互利互动，切实促进县域间 经济协同联动

随着世界经济一体化和区域化趋势的进一步加快，广东各区域谋求其经济长远持续的快速发展，离不开与周边地区经济的协作与整合。广东县域经济通过"区域内聚"已经形成了一定的产业，并且具备了产业可持续发展能力、产业辐射能力、吸引力和环境竞争力，这为广东县域相互间实现合作互动发展提供了条件。为了切实促进县域间经济协同发展，今后应努力加强以下工作：一是广东县域需要从"区域内聚"向"区域联动"转变，创造县域经济发展活力。要紧密围

绕广东产业发展规划，合理制定县域产业空间布局与功能，重点建设沿海县域产业发展轴、县域中心城区产业核心区和重点产业园区，努力实现区域产业特色化、优势互补、共同发展的目标。二是通过构建县域行业协作与商会机制，促成县域企业实现跨区域的有序合作与竞争，形成复杂多样的协作分工体系，提升县域经济的规模优势与竞争优势。三是出台土地回购储备管理办法，对广东县域现有的因产业规划调整或者企业经营不善导致利用率低下的土地，逐步进行回购，为县域产业提升和转型升级储备土地资源。

八、强化县域生态环境建设，切实推进县域经济绿色化发展

广东有 1/2 的县（市）承担生态屏障的功能，开发强度必然受到一定限制，政府的财政收入也会受到影响。为了促进这些县域加快发展，需要采取以下措施：一是加强生态补偿机制的基础研究工作。开展生态保护立法研究，为建立生态环境补偿机制提供法律依据；根据广东县域生态环境污染和生态破坏的实际情况，科学确定不同地区的补偿标准、补偿方式和补偿对象；突出重点，针对群众反映突出、严重影响生产生活和需要实行抢救性保护的区域开展补偿试点，如自然保护区、饮用水源保护区等；在财政支付能力有限、政府控制力不足的条件下，加强产权改革制度研究，调动民间参与污染治理和生态建设的积极性。二是需要进一步调整与完善激励型财政机制，在保持激励型财政机制总体框架不变的基础上，将财政一般性转移支付与县域生态环境挂钩，并提供足够的资金、技术、智力支持。鼓励县域加强生态环境保护，同时加大对这些县（市）的基础设施和公共服务建设。三是建立健全政府间财政转移支付制度。加大下游对上游转移支付力度，改进转移支付办法，下游对上游对口支援的县（市）予以各种形式的实物转移支付（如技术、设备、资产转移等）和价值转移支付，如开征生态环境费（税），设立"粤北山区生态补偿与生态建设基金"等。四是强化生态补偿的税收调节机制。调整和完善现行资源税，增收水资源税，以解决广东县域日益突出的缺水问题；开征森林资源税，以避免和防止生态破坏行为；对非再生性、

稀缺性资源的开发要逐步提高税率；发挥消费税在环境保护方面的调节作用。五是拓宽生态建设和环境保护资金筹措渠道。今后可以继续利用发行债券这一有利的筹资手段，解决资金缺口。同时，可以考虑发行中长期特种生态建设债券或彩票，筹集一定的资金。可以提供各种优惠政策，鼓励私人投资到环保产业，争取在股票市场中形成绿色板块。要创造良好的条件引进海外资金，积极吸引国外资金直接投资于广东县域生态项目的建设。

2010 年广东县域经济发展基本问题分析

广东县域经济研究与发展促进会

一、2010 年广东县域经济的总体发展状况

目前，广东省县域共计 67 个县（市），包括 23 个县级市、44 个县，县域面积达 14.58 万平方公里，占广东省总面积 17.98 万平方公里的 81.1%；2010 年县域常住人口 4434.85 万人，占广东省常住人口（10430 万人）的 42.5%。

（一）县域经济实力不断增强

2010 年，广东全部县域 GDP 总量合计为 8647.47 亿元，占全省 GDP 总量的 19.02%，比 2009 年多了 0.5 个百分点（见表 1）。县域平均 GDP 超过 100 亿元，达到 107.27 亿元，其中县域 GDP 超过 100 亿元的县域有 34 个，比 2009 年多 6 个，比 2008 年多 10 个，超过 200 亿元的县域 16 个，比 2009 年多了 10 个。财政一般预算收入为 385.91 亿元，占全省一般预算收入的 8.55%，比 2009 年有所提高。县域城乡居民储蓄存款余额达到 5578 亿元，比 2009 年多 793 亿元，占全省的 6.8%，其中储蓄存款余额超 200 亿元的县有 4 个，比 2009 年多了 1 个，超过 100 亿元的县（市）有 21 个，比 2009 年多了 8 个。

表 1 2009 年和 2010 年广东县域经济占全省比重的比较

类别	2010 年		2009 年	
	实际值	占全省比重（%）	实际值	占全省比重（%）
地区生产总值（亿元）	8647.47	19.02	7178	18.49
财政一般预算收入（亿元）	385.91	8.55	297.1	7.39

117

1. 县域经济 GDP 增长速度不断加快

近年来，广东县域经济总体上发展速度更快，GDP 增长速度均保持 10% 以上。2005~2010 年，广东 67 个县域地区生产总值保持较高的增长速度，增长速度分别为 12.9%、16.8%、14.3%、13.5%、12.69% 和 15%，较各年广东省 GDP 增长速度有所提高（见表 2）。2010 年平均 GDP 增长速度 15%，占全省经济总量的份额略有增加，其中有 66 个县（市）GDP 增长率超过 10%，比 2009 年多 6 个，比 2008 年的 42 个多了 24 个；36 个县（市）GDP 增长率超过 15%，比 2009 年多了 23 个，超过 20 的有 7 个，比 2009 年多 5 个，显示出广东省县域经济总体上处于快速发展阶段。

表 2　2004~2010 年广东县域 GDP 增长速度与全省的比较

单位：%

类别	2004 年	2005 年	2006 年	2007 年	2008 年	2009 年	2010 年
广东省	14.8	13.8	14.6	14.7	10.1	9.5	12.2
县域合计	9.9	12.9	16.8	14.3	13.5	12.69	15

2. 县域人均 GDP 不断提高

随着总体经济快速增长，广东县域人均地区生产总值也在不断提高。2010 年县域人均地区生产总值 19853 元，是 2005 年的 2 倍，5 年时间将近翻了一番，2004~2010 年县域人均生产总值年均增长 12.3%，县域人均 GDP 增长速度略高于全省人均 GDP 的增长速度（见表 3）。同期人均地区生产总值年均增长速度高于全省的有 29 个县（市），年均增长速度超过 20% 的有 2 个县。

表 3　2004~2010 年广东县域人均 GDP 与全省的比较情况

单位：元，%

类别	2004 年	2005 年	2006 年	2007 年	2008 年	2009 年	2010 年	年均增长
广东省	20876	24438	28284	33151	37589	40549	43596	12.2
县域合计	8208	9229	10690	12545	14839	16011	19853	12.5

3. 财政收入增长速度和投资效率高于全省平均水平

2010 年，67 个县域单位地方财政一般预算收入 385.9，比上年增长 29.9%，远高于县域生产总值 15% 的增长速度，也远高于广东省地方财政一般预算收入

23.8%的增长速度。2010 年，67 个县固定资产投资有所增加，共完成投资
3982.71 亿元，增长 29.13%，县域投资规模占全省比重 25%；县域人均固定资产
投资 9147 元，为全省人均固定资产投资的 59.12%；县域投资占 GDP 比重，即
投资率 46.06%，比全省投资率（35.44%）高 10 个百分点。

（二）县域经济发展相对较落后状况没有明显改善

广东总体经济实力在全国名列前茅，但县域经济却落后于江浙等省份，也落
后于江西等省份，甚至与全国县域经济发展水平一般地区相比，优势也不明显。
2011 年第十一届全国百强县评选，江苏有 29 个，山东 26 个，浙江 24 个，广东
只有 2 个。虽然广东省部分经济实力强的县（市）升为地级市或转为市辖区，在
相当的程度上降低了县域的经济指标，但以目前全省的 67 个县（市）而言，面
积占全省的 81.81%，人口占全省 52.6%，GDP 只占全省 19%，财政收入只占全
省 8.55%。2010 年浙江全省 58 个县的 GDP 为 18407 亿元，占全省 51.52%；财
政收入为 1374 亿元，占全省 20.1%。2010 年江苏全省 51 个县 GDP 为 19594.64
亿元，占全省 55.37%；财政收入为 1672.64 亿元，占全省 38.27%。此外，广东
周边的江西省县域经济发展步伐较快，2010 江西省县域创造生产总值 5001.4 亿
元，占全省生产总值的 66.2%。位于我国中部地区的省市县域发展也呈良好态
势，2010 年，湖北省县域地区生产总值达到 7537.86 亿元，占全省生产总值的
57.34%，对全省经济增长的贡献率为 60.4%。相比之下，广东县域经济在全省经
济总量中的比重严重偏低，落后面还比较大。广东县域经济还相当薄弱，县域经
济对全省经济的贡献率还有待提升（见表 4）。

表 4　2010 年广东县域经济发展与其他省区县域发展的对比

省份	百强县数量（个）	县（市）数（个）	人口占全省比重（%）	GDP 占全省比重（%）	地方财政一般预算收入占全省比重（%）
广东	2	67	52.46	19	8.55
江苏	29	51	62.12	55.37	38.27
山东	26	91	70.59	59.56	36.41
浙江	24	58	63.07	51.52	20.1

二、2010 年广东县域经济发展特点

（一）县域经济发展得到高度重视

2010 年，省委省政府以及大多数地市领导高度重视农村特别是县域经济的发展，有力地推动了县域经济发展工作。全年中，分别在政府工作报告、全省富县强镇事权改革工作现场会和研究讨论广东《十二五规划建议》的广东省委常委会议上，对于怎样促进县域经济发展壮大都分别做了研究和部署。要求大力发展民营经济和引进外资并举，建设特色产业群和专业镇，推动县域经济发展壮大。要求推进富县强镇和简政强镇事权改革，创新特大镇行政管理体制，赋予珠三角地区特大镇县级经济社会管理权限，促进县镇经济发展壮大、加快经济发展方式转变；要求完善县域城镇布局，加强县城和中心镇规划建设，新增基础设施投资和产业项目向县镇倾斜，推动人口和产业集聚，支持有条件的县城和中心镇发展为中小城市；要求逐步探索建立完善县级事权与财力相匹配的新机制。这些研究和部署有效地推动了县域经济的发展和壮大。

（二）"双转移"成效显著，县域工业拉动作用不断增强

随着各产业转移工业园区配套措施的逐步完善和进一步整合，全省工业产业的转移力度也在不断加大。产业转移有效地加快了东西两翼及山区与珠三角产业对接的步伐，加快了东西两翼及山区工业发展速度。2010 年，园区所在的 15 个地市中，县域经济发展态势明显向好，相对发展速度和成效比较显著。一方面，随着产业转移工业园区的快速发展，园区工业对推动东西两翼及山区工业发展的作用不断增强，贡献不断提高，比如园区所在大部分地市，县域工业比重提高和贡献超过同年全省平均水平。另一方面，各产业转移工业园区在招商引资过程中，一般都筛选具有一定规模、符合园区发展方向的大型项目进入，这些项目又带动相关配套产业进入，形成集聚发展态势，大大提高了园区企业的劳动生产率。比如 2010 年佛山顺德（云浮新兴新成）产业转移工业园、东莞大朗（信宜）产业转移工业园的年劳动生产率同比分别提高 75.3% 和 65.1%。

（三）主体功能区规划持续推进，生态环境不断改善

大部分县（市）以不同类型主体功能区为平台，不断优化产业布局、提升产业发展水平、促进产业多元化发展，努力构建现代特色产业体系，推动经济持续健康增长。同时节约了大量的土地资源，提高了增长质量和效益放，提升参与全球分工与竞争的层次，从而使县域产业分工更加明确，特色更加突出，产业空间布局更加合理，产业梯度与发展链条更加清晰完善，产业竞争力进一步提高。同时部分县（市）还以主体功能区建设为平台，把主体功能区划理念具体落实到县域一级行政区，及时转变了发展思路。在充分考虑各地经济基础、区位条件、人口分布、资源禀赋等差异的基础上，在全县划分"优先发展区"、"重点发展区"和"开发与保护并重示范区"三类主体功能区，并赋予各镇不同功能定位、职责要求，形成合理的区域经济结构和区域分工格局。

（四）体制不断创新，县域经济发展活力增强

2010年广东大力推动县域体制创新，增强县域经济发展活力。广东省政府发布的《广东省县镇事权改革若干规定（试行）》，再次力推富县强镇、简政强镇事权改革。这也是我省继在2009年出台《关于富县强镇事权改革的指导意见》、《关于简政强镇事权改革的指导意见》、《关于推广顺德经验在全省部分县（市、区）深化行政管理体制改革的指导意见》等文件后，又一事权改革的重要文件。明确了县级人民政府及其部门、特大镇人民政府可以依照法律、法规和规章规定的程序行使上级人民政府及其部门调整由其行使的行政管理职权。同时，加大力度推行了"省直管县"试点，即行政体制综合改革试点、财政管理体制改革试点。截至目前，除顺德外，广东南雄、紫金、兴宁、封开四个县（市）也实现了收支划分、转移支付、财政预决算、资金往来、年终结算五个环节与省财政直接联系。行政管理综合体制改革每个地级以上市都找一个域进行试点。这些不断推进的体制创新将大大激发县域经济发展的活力。

三、广东县域经济发展存在的主要问题

(一) 县域经济发展不平衡格局没有改善

从经济总量看,2010 年珠江三角洲 15 个县 (市) 的总人口仅占全部县域人口的 21.60%,而其 GDP 却占整个县域的 34.22%,地方财政收入占 45.74%,城乡居民储蓄存款余额占 35.83%,其他主要经济指标也均在广东县域经济中居举足轻重的地位。而东翼拥有 21.5% 的县域人口,其 GDP 只占县域总和的 18.02%,地方财政收入只占 13.13%,城乡居民储蓄存款余额只占 16.54%,指标均比 2009 年有所降低。西翼 12 个县 (市) 的总人口占 27.85%,GDP 只有整个县域的 22.62%,地方财政收入占 13.28%,城乡居民储蓄存款余额占 20.86%。县域经济发展不平衡格局没有得到有效的改善,甚至还有所恶化 (见表 5)。

表 5　2010 年广东县域经济分区发展比重表

区域	所含县市数 (个)	2010 年		2009 年	
		GDP 总量 (亿元)	占全省县域比重 (%)	GDP 总量 (亿元)	占全省县域比重 (%)
珠三角	15	2958.94	34.22	2453.60	34.18
粤东	12	1558.45	18.02	1294.54	18.03
粤西	10	1956.39	22.62	1642.50	22.88
粤北	30	2173.69	25.14	1796.25	25.02
总计	67	8647.47	100	7178.00	100

从人均水平来看,2010 年全省县域人均 GDP 为 19852 元,珠三角县域人均 GDP 为 28590 元,西翼为 17578 元,东翼为 15573 元,北部山区为 17820 元;人均地方财政一般预算收入从高到低的依次是珠三角 1743 元,北部山区 942 元,东翼 563 元,西翼 487 元,这也说明县域经济发展不平衡问题依然比较严重 (见表 6)。目前,珠三角县域人均 GDP 是东翼县域人均 GDP 的 2 倍;67 个县域单位中剔除人均 GDP 最高值 (最高值是增城,人均 GDP 为 68068 元,在广东县域中太突出),人均 GDP 次高值与最低值相差 23646 元,最低值仅为次高值的 18.8%,最低值也仅为县域人均 GDP 的 36.9%。

表6 2004~2010年广东县域地区人均GDP比较

单位：元

类别	2004年	2005年	2006年	2007年	2008年	2009年	2010年
县域合计	8208	9229	10690	12545	14839	16233	19852
珠三角	13348	14972	17346	20440	24067	28360	28590
东翼	6875	7499	8649	10207	12190	13030	15573
西翼	7413	8549	9802	10916	12777	14281	17578
山区	6314	7139	8426	10277	12254	13940	17820

（二）县域经济产业结构层次低，经济运行质量不高

虽然2010年县域产业结构在不断优化，但仍不尽合理，体现在农业比重过高，工业规模小比重低，服务业发展缓慢。全省县域增加值产业构成比为18.19:52.22:29.59，呈现二、三、一的格局，与全省平均水平5.0:50.4:44.6相比，第一产业高13.19个百分点，第三产业低15个百分点之多，县域经济第三产业的发展还有很大的空间。在地理条件等自然要素的作用下，粤西地区的第一产业水平很高，但工业发展水平相对比较低的现状还是没有改善。

表7 2010年广东县域地区产业结构对比

县市（2010年，比重）	第一产业	第二产业	第三产业
珠三角县域	12.89%	57.68%	29.42%
粤东县域	12.67%	60.29%	27.03%
粤西县域	29.13%	37.34%	33.53%
粤北县域	19.77%	52.02%	28.20%
全省县域	18.19%	52.22%	29.59%

（三）县域城镇化发展相对滞后，农村劳动力转移难度加大

改革开放以来，县域农业占县域GDP的比重已大幅下降，但农业人口比重却没有同步减少。2010年县域农业占县域GDP的比重为19.24%，而县域农业人口户数却占81.04%。非农人口户数仅占18.96%，比1995年的18.97%增长不足0.01个百分点，县域的城市化进程远滞后于经济的发展。农村剩余劳动力向二、三产业转移是增加农民收入的根本出路。县域城市化进程缓慢制约了农村劳动力的转移。目前，全省县域从事第一产业的有2171.33万人，以县域现有的农业生

产资源，有 500 万个劳动力就已足够。农村大量剩余劳动力转移困难，制约了农民收入的增长。

（四）县域财源拓展困难，财政拮据问题突出

财源拓展困难，财政入不敷出是广东省县域经济的突出问题。全省财政收入不足 3 亿元的有 22 个县（市），占县（市）总数的 33.2%。2010 年全省 67 个县（市）地方一般预算内财政收入为 385.91 亿元，仅占全省一般预算内财政收入的 8.55%，远低于财政支出，缺口超过 200 亿元。相当一部分县（市）的财政都是"吃饭财政"，根本没有财力搞经济建设。同时，许多建设项目配套资金的政策加重了县（市）的财政负担。政府部门安排的公共设施建设项目，往往要求地方财政安排配套资金，而这种资金配套政策对发达地区和欠发达地区"一视同仁"。没有配套资金就不安排项目，就得不到项目建设的资金。其带来的后果是，一方面由于欠发达地区县（市）缺乏配套资金而使项目和建设资金流向发达地区县（市）；另一方面欠发达地区县（市）为了得到项目和建设资金不得不把财政资金用于配套，使拮据的县（市）财政捉襟见肘。

（五）各类人才和技术短缺，发展转型条件有限

相对广东省大中城市而言，广东省大部分县域经济实力还较薄弱，还不能为科技人员及各类人才提供优越的工作和生活条件，对人才吸引造成了一定程度的阻碍。来自于县域的大学生毕业后回县、乡工作的不多，愿去县域企业工作的更少。一些县域在待遇和事业留人方面，缺乏持久的吸引力，人才流失严重。广东省县域既缺乏一般人才，更缺高层次、复合型人才，尤其是缺乏具有现代市场意识和开拓创新能力的经济型人才。人才缺乏导致了科技力量的薄弱，科技创新难，科技基础差，吸引投资的软硬环境不佳，实现转型发展的条件有限，这是当前县域经济发展迫切需要解决的一个难题。

（六）县域外贸出口增长缓慢，实际利用外资相对较少

现阶段，广东已形成全方位的外向型经济格局，但全省县域外向型经济不均衡，尤其是粤北、粤西和粤东的县域受自然条件和区位条件等因素的影响，外贸出口和实际利用外资规模与珠三角县域相比，差距十分明显。2010 年广东县域外贸出口 197.7 亿美元，只占全省比重的 4.36%。县域出口占其生产总值的比重（出口依存度）仅为 15%，远低于全省 64.78% 的平均水平。在 67 个县中，绝大部分县的出口依存度在10%以下。同时，县域外资引进力度不够，2010年县域实际利用外商直接投资总量21.12亿美元，只有全省的12.9%。在67个县中，实际利用外商直接投资低于500万美元的有18个，其中低于100万的有8个，个别县利用外资为零。

（七）园区建设和城镇发展用地指标和企业贷款比较困难

随着广东县域经济发展，在项目建设用地上土地瓶颈压力越来越大。特别是受用地指标和征地拆迁、用地需求增长较快、土地后备资源相对不足等制约，广东县域土地利用困难日益突出。2010年广东各县（市）用地普遍紧张，不同程度地出现了增加建设用地规模、减少耕地与完成基本农田保护任务矛盾突出的现象，统筹调控用地的压力加大。另外，由于信贷政策制约，广东县域本地企业底子薄、规模小、企业融资难度大，项目、企业资金严重不足，影响项目建设和企业经营，导致有的项目建设周期拖长和企业资金周转困难。2010年全省县域金融机构存款7548.46亿元，而2010年县域金融机构贷款3061.46亿元，贷款仅占存款的40.56%，其中涉农贷款仅占存款的8.2%。此外，邮政储蓄也从县域抽走大量资金，邮储部门提出的利率价格等条件过高而无法实现邮政资金"反哺"农村。另外，由于一些企业信用观念淡薄，逃债现象严重，银行对中小企业的贷后管理难，债权无保证，导致一些县域出现了中小企业"贷款难"和银行"难贷款"的两难局面。

2011 年广东镇域经济综合发展力研究

广东县域经济研究与发展促进会

镇域经济是广东县域经济发展的基础，对于增强县域经济发展活力，提升广东县域综合发展力具有重要意义。广东镇域经济在县域经济中占有重要地位，加快发展镇域经济，培育新增长点是广东县域落实科学发展观，全面建设小康社会，实现全面、协调、可持续发展的重大举措。对广东镇域经济总体发展情况进行评价，有利于形成相互竞争、共同促进发展的良好局面。本研究立足现有的统计部门相关数据资料，以可操作性和引导性为原则，构建了广东镇域经济综合发展测评体系，对 2010 年广东近 1146 个镇域经济（包括城关镇）进行了综合测评，评定出 100 个综合发展水平较高的镇域经济（以下简称百强镇）。

广东镇域经济综合发展力测算是在深入调研的基础上，对广东省镇域经济发展状况的定性与定量相结合的评价，目的是为推动广东省镇域经济科学发展提供决策参考。

一、2010 年广东镇域经济发展现状

（一）夯实发展根基，镇域经济总量显著提升

2010 年广东省有 1146 个镇域，镇域总人口为 6795 万人。2010 年广东镇域经济保持较快发展。其中，财政收入保持较快增长，2010 年全省镇域财政总收入 928.15 亿元，比 2009 年同比增长 21.75%；镇域资产投资增长较快，2010 年镇域资产总额为 1673 亿元，比 2009 年增长 13.72%；金融运行平稳，2010 年末镇域居民储蓄存款余额为 9506.91 亿元，比 2009 年增长 10.4%。

（二）突出中心镇和专业镇建设，城镇功能定位更加完善

广东中心镇进一步加快发展，2010 年广东省中心镇 GDP 达 7944.32 亿元；可支配财政收入达 324.19 亿元；城镇化率达 58.24%（见表 1）。截至 2010 年，广东省建制镇总体规划覆盖率达 82%；277 个中心镇已实现总体规划全覆盖，中心镇控制性详细规划的编制工作稳步推进；全省村庄规划覆盖率为 38.78%，其中 2010 年编制村庄规划 1196 个，促进城镇功能不断完善，也成为广东城镇化发展的重要力量。2010 年经广东省科技厅认定的省级专业镇共 309 个，经济规模已经突破 1.1 万亿元，占全省地区生产总值的 28%；专业镇第三产业占比达 32.5%，而工业类专业镇的工、农业总产值比例为 35∶1。2010 年专业镇特色产业总产值已经突破 1 万亿元，占本级工农业总产值的比重接近 40%，带动形成了陶瓷、机械、五金、电子、纺织服装等 30 多类优势特色产业。在特色产业的拉动下，全省聚集形成了工业总产值超千亿元的专业镇 2 个，超百亿元的专业镇 76 个。

表 1 "十一五"时期广东省中心镇发展

	2006 年	2007 年	2008 年	2009 年	2010 年
GDP 总量（亿元）	3780.52	4809.86	5280.73	6194.07	7944.32
可支配财政收入（亿元）	138.59	160.09	181.58	232.06	324.19
城镇化率（%）	49.01	54.88	48.26	55.29	58.24

（三）总结推广云安改革经验，全面加快农村综合改革工作

为推动广东山区县域的农村综合改革，广东以云安县为试点进行了一系列有益的尝试，随后，广东省委、省政府相继出台了《关于推进山区县农村综合改革的指导意见》、《关于深化珠三角地区农村综合改革的若干意见》，全面铺开新一轮农村综合改革。2010 年广东统筹城乡综合配套改革试点工作有序推进，包括广州增城、佛山、中山和惠州等试点地区全面启动各项试点任务，取得阶段性进展。

（四）推进镇级行政管理体制改革试点，大力创新行政体制

为贯彻落实中央编办发〔2010〕50 号文和中央编办经济发达镇行政管理体制改革试点工作会议精神，广东将狮山镇、容桂街、石龙镇、塘厦镇等列为简政强镇事权改革试点，将新塘、长安镇等列为经济发达镇试点，重点在于将该下放、能下放的经济社会管理权限都下放，与放权相关的法规文件及具体程序也正

在制定中，以保证放权的效果，为大力创新行政体制提供经验借鉴。以"不增人员，减少成本，提高效率"和从"向上相对应"转为"向下相适应"为原则，科学设置镇域管理机构，切实实行"大部制机制改革"。2010年，各县（市）通过加快简政放权步伐，本着"能放则放、该放必放"和"权责利相一致"的原则，将涉及人民群众生产生活的行政管理权限大量下放到镇域，扩大了镇级政府行政事务管理和处置权限。

（五）积极依托主体功能区划，改革镇域政绩考核机制

2010年广东在综合资源环境承载能力、现有开发密度和发展潜力基础上，加快对各镇进行统筹规划，将各镇划分为优化开发镇、重点开发镇和生态发展镇三类具有明确主体功能的类型。对重点开发镇，在符合县（市）总体规划要求的前提下，以镇为主进行开发发展，对开发发展后符合条件的，可转为优化开发镇。对优化开发镇，以县级为主，在科学规划、集中管理的基础上进行集中开发，建立合理的财税分成机制，实现集约集聚发展。对生态发展镇，将政府职能定位为提供基本公共服务、加强社会管理、维护社会稳定、保护生态环境为主，其正常运转经费由上一级财政予以扶持保障，确保镇域集中力量履行其具体承担的各项工作任务。并同步改革镇域政绩考核机制，如重点开发镇主要考核经济增长及其质量效益、工业化和城镇化水平以及相关领域的自主创新能力，实行综合评价；优化开发镇重点考核经济结构调整、节能减排和自主创新能力；生态发展镇不再重点考核经济增长指标，侧重考核基本公共服务、社会管理、生态发展、农民增收和农村稳定等。

（六）扶贫"双到"工作稳步推进，农民收入有所增加

广东从2010年开始实施"双到"扶贫模式，出台扶贫开发"规划到户、责任到人"实施意见。通过广东3409个机关单位直接对口3409个贫困村，不仅派出3409个工作队长期驻到村里，每个单位的若干名员工还要一一对口帮扶村里的贫困户。依靠这种严格的"扶贫开发工作责任制"，广东扶贫双到工作稳步推进，也带动了当地发展。广东镇域农民收入持续增加，2010年农民人均纯收入保持较显著增长，达6019.44元，比2009年增长10.49%。

二、2010年广东镇域经济存在的主要问题

（一）镇域政府承担职责多，管理权限却相对不足

广东大多数镇域政府受突发性、应急性事务多的影响，工作安排经常被打乱，工作的自主权很小。尤其当上级的考核指标过多过滥时，镇域政府只能把主要精力放在完成上级交办的任务、应付各种的检查评比上，而没有足够的时间去谋划本地区的发展。广东目前各地一些县镇的经济发展在很大程度上受制于责权倒挂，如在珠三角一些特大镇如虎门镇、长安镇等城市化与工业化水平已相当高，却仍然按照农业地区的行政管理体制来运行。特别是一些常住人口四五十万，经济总量相当于内地一个地级市的镇，许多管理权限只相当于一个科级水平，这与经济发展极不适应，造成镇里的官员往往把大量的时间和精力用在跑行政审批、跑部门的协调上，镇级政府的行政自主权、经济决策权、社会事务管理权和综合调控能力都受到很大的限制。

（二）县镇财政分配体制有待理顺，镇政府功能有待完善

由于财政体制不合理，广东镇域财政负担较重。在一些经济欠发达的镇，财政分配没有要向镇级倾斜，镇级财力有限，历史债务较重，镇级财力与其承担的责任不匹配；还有一些镇内的行政事业性收费和现属上级部分并没有全额返还镇财政。广东当前县、镇政府财政收支结构还有待调整，特别是需要进一步理顺县镇财政分配体制，在保障县（市）基本财力和经济发展积极性的基础上，适当向镇域倾斜财力，要进一步加大对镇域的财政转移支付力度，适度均衡各镇的财力，缩小镇域间基本公共服务能力差距。由于镇级行政管理权力有限，镇级政府的职能转变还不到位，社会管理和公共服务职能还相对薄弱，机构设置还不尽合理，职能交叉、权责脱节、责任不明等问题还一定程度存在，镇政府功能还有待完善。近些年来的广东县乡关系调整，都是加强县直部门权力，削弱镇域政府的权力，如税收、林业、教育、工商、卫生、国土部门管理体制的调整等，这也造成镇域政府对本地区各种资源的配置能力和经济社会的管理能力越来越弱。

（三）镇级社会管理体系不完善，公共服务体系有待加强

当前广东镇级政府除其承担必要的社会管理职能外，最大的功能还是为当地老百姓提供公共服务，其政府规模、权限的大小主要应与公共服务供给的需要相适应。而当前一些镇级社会管理职能的转变，但在人员经费等方面并没有相应配套，这等同于镇的事权下放，而人权、财权等不下放，造成镇级社会管理能力不足与社会管理体系不完善，阻碍了社会和谐发展。与此同时，广东镇域的财力主要用于镇域机关和事业单位人员工资支出等发放人头经费，以及用于招待、通讯、交通等自身运转上，真正能够用于发展公益事业的资金非常紧缺。在这种情况下，大部分镇域根本没有多少财力用来兴办公益事业、开展公共服务，这也造成了公共服务供给的不足。

（四）镇域经济发展不平衡，发展质量相差巨大

广东镇域经济不仅存在着区域间的差异，区域内部差异也明显。以 2010 年为例，广东珠三角镇域经济税收总收入为 784 亿元，约占全省镇域经济的84.5%，并且农民人均纯收入约为其他地区的 1~2 倍，显示出广东镇域经济发展不平衡（见表 2）。由于第二、三产业规模小，财政收入少，广东镇域的基础设施方面的建设水平较低，仍存在房屋建筑破旧、公共设施落后、绿地不足、道路交通设施不完善、环卫设施落后、镇容"脏乱差"等问题。特别是在粤北地区，许多城镇都是沿过境公路发展起来的，有些镇区仅是公路两侧"一层皮"，用地布局松散，城镇建设面貌较差，发展质量还有待提升。

表 2　2010 年广东省各区域城镇经济发展状况

区域	镇（个）	人口（万人）	税收总收入（亿元）	年末资产总额（亿元）	农民人均纯收入（元）
珠三角	324	2457.83	784	1559	8547
粤东	184	1372.98	53.47	34.08	4743
粤西	211	1344.80	34.20	24.40	4424
粤北	427	1619.43	56.11	56.26	5488

三、加快广东镇域经济发展的建议

(一) 重视园区和招商工作，打造特色产业基地

产业发展的集约化、区域化符合产业发展规律，既能够加快产业聚集，也有利于基础设施配套和项目服务，还可以节约利用土地、减少环境污染。因此，在发展镇域经济过程中，有必要在区位、资源、交通等基础条件较好的区域，集中规划建设镇域加工制造业基地，如工业园区等，努力引导各类加工制造企业向基地集中。为加快加工制造业基地的发展，必须重视招商引资，在招商引资过程中，要注意抓住新型产业的发展机遇，重视工业化和商业化的结合。与此同时，要努力做好配套服务，只有这样，整个产业链才能逐渐形成，产业发展才能形成特色。此外，在管理服务上，要牢固树立亲商、安商、富商的服务理念，靠特优服务打造"投资洼地"，增强环境的吸引力。建议镇域产业园区可以实行闸口式管理，企业除正常生产管理以外，其他方面的社会事务基本上由园区接管，让客商把主要精力放在生产上，使园区真正成为镇域经济发展和招商引资的良好载体和平台。

(二) 加快提升传统产业，大力发展新兴服务业

在加快提升传统产业方面，镇域经济发展要注重发挥市场机制的调节作用和政府的引导作用，充分利用好农业资源、新兴的工业资源、交通资源、信息资源、人文资源和政策资源，力促本企业要转变经营模式，努力培育形成几家"参天大树型"的大型骨干企业，来引导带动既有产业做大做强。广东镇域经济升级的一个重要体现是第三产业的兴起与健康发展，经济转型不能忽略服务业在建设中心镇的主要作用。服务业发展相对滞后，服务业类别与覆盖面与镇域经济整体发展不相适应，就会影响产业结构优化。要大力发展专业市场、现代物流、金融保险、文化创意、休闲旅游、餐饮娱乐等服务业；积极推进现有农贸市场的升级改造和专业批发市场的规划建设，大力引进连锁经营、专卖店、大卖场等商贸企业，加快商贸流通业发展。要加强镇内生活服务配套设施建设，开发商业街，繁荣商贸与餐饮业，适度发展房地产业；要优化就业结构，加速教育、医疗、文化

体育事业建设，活跃社会文化生活，提升居民素质。

（三）构建多渠道融资机制，破解镇域发展资金问题

长期以来，广东镇域经济发展缺乏财政性资金的引导，使镇域经济的各项改革难以到位，要按照财权和事权相一致的原则，为镇域履行职责配置相应的财力。要充分运用市场机制，更多地发挥民间投资的作用，建立以政府投入为导向，政府、集体、个人和民间资本共同投资建设的多元化投资机制。要鼓励国有商业银行和地方金融机构在镇域设立分支机构，引导和鼓励各类金融机构增加对镇域的信贷投放，鼓励发展农村信贷担保机构，积极培育小额信贷组织和资金互助组织。建议省级财政在"十二五"期间每年安排一定的资金支持镇域经济的建设，主要用于试点镇基础设施建设、三高农业示范项目、环境规划整治等重点项目建设。通过资金引导，促进镇域经济的改革到位、经济发展。

（四）充分发挥民营经济作用，放宽民营资本投资限制

民营经济是广东镇域经济的主体和生力军，是其经济发展的活力与希望所在。可以说，现在的镇域经济的主体就是民营经济，发展镇域经济就是发展民营经济。这些年来，广东省镇域经济不断发展壮大，民营中小企业的支撑作用强力显现。民营中小企业与镇域经济发展互为依存，密切相关。要抓好特色产业镇和产业集群的任务，按照"民营中小企业抓集群"的思路，把特色产业镇的建设与镇域经济的发展紧密结合起来。要通过对现有特色产业镇、产业集群按产业链进行加宽、拉长，围绕着龙头、龙身、龙尾的协调配套发展，充分发挥龙头企业的带动引领作用，努力解决影响发展的薄弱环节，不断增加民营中小企业的数量，增强集群内企业相互配套能力，提高产业聚集度。对一些特色不明显但综合实力强、多元化发展的重点镇域，也要作为中小企业主管部门支持发展的重点，促其不断扩大规模，增强竞争实力，做大做强，建成经济强镇。应切实放宽对民营资本投资的限制，迅速形成民营经济蓬勃发展的塔基，鼓励和支持富裕起来的农民、农村能人、打工学成归来者投资兴业，不断壮大私营企业、培育个体大户。要筛选一批重点民营企业，实行重点帮扶，促其尽快上规模、上档次，加快提升民营经济发展水平。

（五）创新镇域管理体制，坚持扩权强镇

发展镇域经济，体制上的改革和创新不可或缺。浙江的镇域经济发展速度比

较快，强镇发展好，其中一大原因就是管理体制创新。要在明确镇政府功能定位的基础上，科学合理地配置镇的权力，坚持简政放权，理顺条块关系，增强镇的管理协调能力，将镇政府建成真正统一、效能的农村社区政权组织。要将应该由镇政府履行的权力坚决地下放给镇域，通过向镇下放权力，把镇政府的职责和权力统一起来，强化镇政府统一管理本区域政治、经济、社会发展的功能。首先是扩大镇应有社会管理事权。本着"能放则放，该放必放"和"责权利相一致"原则，把部分县直部门的职权下放或委托镇域行使，增强镇社会服务功能。其次是扩大镇域应有财权。建立"统收共享、全额保障、超增奖励、补助直拨"的财政管理体制，逐步提高镇税收返还比例。最后是扩大镇应有人事权。围绕配强配优镇班子的要求，进一步扩大干部人事推荐权，干部调整建议权和干部问责处理权，使镇域党委对配备镇级班子副职有推荐权，对调整个别镇班子成员有建议权，对镇干部工作问责有处理权。

（六）加强乡村公共服务体系构建，大力开展扶贫与促进农民增收工作

要强化镇政府的社会管理和公共服务职能，特别是要强化为"三农"服务、推动区域经济协调发展的职能。要改变传统的以镇域为主体，组织和提供公共服务和公益事业的供给模式，按照精简、统一、效能的原则，重新构建以县域为基础、以中心镇为节点的纵横交错的新型服务网络和服务体系。要通过扶贫"双到"工作，提高公共服务保障能力。要结合农村综合改革，围绕省市两级扶贫开发"双到"的工作部署，充分考虑各镇实际情况，以产业扶贫为突破口，坚持输血与造血相结合、扶贫与扶智相结合、短效与长效相结合确保实效，实施循环经济帮扶、创业基金帮扶、转移就业帮扶、基础设施帮扶等，走出一条促进农民增收的新路子。

坚持五个注重　发展县域经济

惠州市委常委、常务副市长　张瑛

（2012 年 8 月 28 日）

　　惠州市位于广东省东南部、珠三角东北端，全市土地面积 1.13 万平方公里，海域面积 4520 平方公里，常住人口 463 万人。现辖惠东、博罗、龙门三县和惠城、惠阳两个区，设有大亚湾经济技术开发区和仲恺高新技术产业开发区两个国家级开发区，有 53 个镇（乡）、16 个街道办事处。县域陆地面积 8649 平方公里，占全市总面积的 76.2%，常住人口 226.9 万人，占全市总常住人口的 49%。

　　近年来，惠州把发展壮大县域经济，作为落实科学发展观、统筹城乡发展、建设幸福惠州的重要战略举措，既依靠规划引领、改革创新、发展中心镇等内生力量，又借助优化发展环境、实施"双转移"战略、以区带县等外部力量，多措并举，扎实推进，全市县域经济呈现出良好的发展态势。2011 年，全市县域经济实现 GDP 732.6 亿元，占全市 GDP 的 35%，三个县的 GDP 增速均高出全市 GDP 平均增速 1.5 个百分点以上；完成地方财政一般预算收入 36.9 亿元，占全市总数的 22.7%。我们的主要做法是：

一、注重强化规划引领，打造县域特色产业集群

　　推进主体功能区建设、壮大县域特色产业集群，是推动县域经济科学发展的必然选择。在国家和省主体功能区划框架下，惠州将全市划分为"优化提升区、重点拓展区、村镇发展区、生态发展区"四类主体功能区，确立了"五区、三轴、多园"的产业发展战略格局。惠东、博罗、龙门三县根据规划指引，着力打

造"东北部旅游与生态经济产业区"、"稔平半岛旅游与海洋产业区"和"西部加工制造业产业区",发展"国道324产业拓展轴"和"沿海产业拓展轴",建设罗阳鸿达高新技术产业园以及东莞(惠州)产业转移园、东莞凤岗(惠东)产业转移工业园,形成了各具特色的县域特色产业集群,有力地推动了县域经济的发展。

(1)惠东县形成了滨海旅游、制鞋、清洁能源和现代农业等产业集群。①滨海旅游方面:引进北京金融街等投资公司,投资120亿元开发巽寮滨海旅游度假区,建成3个国家AAAA级旅游景区,建成及在建的五星级酒店6家。2011年惠东滨海旅游业实现地区生产总值51.5亿元,占全县GDP的17.2%。②制鞋工业方面:2011年,全县有制鞋厂家4963家,产鞋7亿双,被评为"中国女鞋生产基地"和"广东女鞋名城"。③清洁能源方面:平海电厂总投资85亿元,一期两台机组建成投产,累计发电155.9亿千瓦时。④特色农业方面:建成一批国家级、省级农业示范基地,成为首批两个现代农业科技示范县之一,是全国"冬种马铃薯基地"。

(2)博罗县形成了优势传统产业、旅游产业和现代农业三大特色产业集群。①优势传统产业方面:2011年,电子信息、纺织服装、医药制造等优势传统产业完成工业增加值177.33亿元,同比增长20%。②旅游产业方面:科学开发罗浮山等优质旅游资源,2011年,实现旅游综合收入11.1亿元,同比增长45%。③现代农业方面:建设水稻、蔬菜、水果、水产四大主导产业基地,建成80多个特色农产品生产基地,石湾、福田分别被评为市"韭黄之乡"和"菜心之乡"。

(3)龙门县形成了水泥建材、生态旅游和特色农业三个特色产业集群。①水泥建材方面:引进建成了华润、光大、塔牌三大水泥项目,2011年,全县水泥行业实现工业产值37.3亿元,占规模以上工业产值的51.4%。②生态旅游方面:建成国家AAAA级旅游景区4家,获评"中国最佳文化生态旅游目的地"、"中国最佳休闲度假旅游名县"、"中国温泉之乡"等荣誉称号。③特色农业方面:建设柑橘、蔬菜、优质稻和粉葛、慈姑等特色农产品生产示范基地,被评为"中国年橘之乡"。

二、注重深化体制改革，激发县域经济发展活力

深化体制机制改革，是激发县域经济加快发展的活力之源。近年来，我市大胆推进各项改革，有效地激发了县域经济发展活力。

（1）深化行政体制改革，提高政府运作效率。推进大部制改革，市政府工作部门由 35 个调整为 32 个。博罗县推进县级行政体制改革试点，党政部门由 33 个减少至 28 个，精简压缩党政机关事业机构 11 个。

（2）创新行政审批制度改革，提高政府服务效能。完成第五轮行政审批制度改革，取消行政许可 27 项，下放县区实施 146 项，取消、下放比例高达 82%。行政许可全面实行"零收费"。建设行政服务大厅和网上办事大厅，年审批业务超过 12 万宗，按时办结率达到 100%，群众满意度达 99.9%。推出企业登记"网上注册易"、注册资本"零首期"等改革措施，企业注册登记效率提升 60%。

（3）推进财政体制改革，加大对县域经济扶持力度。实行"三奖一补"激励型财政机制，对乡镇实施"鼓励收入增长"、"确定基数、挂钩奖励"、"鼓励先进"等奖励政策，对 33 个财力薄弱镇给予财政补助，调动乡镇发展经济积极性。

（4）深化农村管理体制改革，拓宽农民致富途径。在全省率先启动为农民住宅核发"两证"（《集体土地使用证》、《房地产权证》）试点。截至 2011 年底，已完成 45 万户农民住宅"两证"核发工作。加快农村经营权流转和农村股权改革，不断激发农民致富活力。

三、注重发挥中心镇作用，增强县域经济发展张力

中心镇是城乡资源要素双向流动的重要节点，是推进城镇化、工业化的主战场，也是发展县域经济的主阵地。

（1）加快中心镇建设，发挥中心镇在县域经济发展中的龙头带动作用。惠州市出台《加快中心镇发展的若干意见》，明确对全市 18 个中心镇发展的政策支

持，如对在中心镇收取的基础设施配套费、城市建设维护税全额返还，加快完善中心镇基础设施，优化中心镇发展环境，提高中心镇吸纳人口能力和经济发展能力。据统计，2011 年，全市 18 个中心镇实现 GDP 470 亿元，占全市 GDP 的 22.5%，同比增长 21%。

（2）打造特色专业镇，培植县域经济新增长点。发挥政府主导作用，强化规划引导、政策扶持、平台搭建和供应配套，大力发展"一镇一业"、"一地一色"等特色经济，推进产业特色化、集群化发展。目前，全市已建立了 13 个省级专业镇，其中 7 个为工业专业镇，6 个为农业专业镇。2011 年，13 个专业镇实现 GDP 463.1 亿元，占全市 GDP 的 22.1%。

四、注重基本公共服务均等化，优化县域经济发展环境

改善县域发展条件，营造良好发展环境，是加快县域经济发展的基础。近年来，惠州践行"民生财政"理念，坚持每年市级新增财力的 70%、县级新增财力的 50% 以上投入民生，市本级 1/3 的财力用于转移支付，推进公共财政向农村倾斜、基础设施向农村延伸、社会保障向农村覆盖，扎实推进基本公共服务均等化，县域发展的环境条件不断优化。

（1）加快完善农村基础设施。以农村道路、信息化工程、饮水安全、危旧房改造为重点，加快基础设施向农村延伸。提前四年实现"县县通高速"的目标，通行政村公路 100% 实现硬底化，符合通车条件的行政村 100% 通客运公交。

（2）加快发展农村社会事业。实施城乡教育联动发展计划，全面普及高中阶段教育；在全省率先实施县域内城乡教师收入、教师与公务员收入"两个基本持平"，三个山区县成功创建省教育强县。率先实施"一村一站一医一护士补贴一万元"政策，农村医疗卫生服务体系更加健全。全市行政村基本实现"村村通有线电视、通宽带网络"，公共文化服务网络更加完善。率先实现城镇职工、城镇居民基本医疗保险和农村新型合作医疗"三网合一"。城乡低保和五保供养实现应保尽保。

五、注重实施"双转移"战略，促进区县经济协调发展

实施产业和劳动力"双转移"，是发展县域经济的重要抓手。近年来，惠州认真贯彻落实省委、省政府"双转移"决策部署，坚持"园内"与"园外"相结合、转移与转型相结合，推动了产业转型升级，促进了区县协调共进。

（1）大力发展园区经济，打造县域经济发展新引擎。2008 年以来，山区县抢抓国际产业转移的机遇，积极承接珠三角核心地区和国内外产业转移。我市与东莞市合作，在龙门、惠东共建省级产业转移园。截至 2011 年底，全市产业转移累计引进签约项目 360 宗，协议投资总额 939.7 亿元。其中，两个省级产业转移园累计投入开发资金 20.3 亿元，建成投产项目 75 个，实现工业总产值 89.2 亿元。博罗县承接产业转移项目 92 宗，规模以上工业总产值年均增长 25.1%。

（2）发挥"以区带县"作用，创新推进市内产业转移。发挥惠城区、惠阳区和两个国家级高新区的产业优势和政策优势，推进城区和高新区向市内欠发达地区转移产能，腾出空间发展高新科技和现代服务业。对两个省级产业转移园加挂"仲恺高新区工业园"牌子，在招商引资、园区管理等方面全面对接；鼓励 TCL、德赛、华阳等大企业进驻产业转移园，向山区县转移产能。2011 年，博罗、龙门、惠东三县 GDP 分别增长 16.8%、16%、19.3%，均高于全市 14.6%的平均水平。县域经济"加速快跑"，促进了区县均衡协调发展。

（3）做好劳动力转移和扶贫"双到"工作，促进农民增收、农村发展。市财政大手笔投入 25 亿元，新建市技师学院、卫生和商贸旅游三所高职院校；全市建立 43 个定点培训机构，农村劳动力技能培训率 87%；开展村企、校企对接，实施"一户一技能"订单式培训。截至 2011 年底，全市累计转移农村劳动力 55.54 万人，占农村富余劳动力总量的 98%，基本实现"应转尽转"。创新实施"双项目"扶贫法，全市实施村级扶贫项目 349 个、贫困户脱贫项目 6700 多个，74 个省级贫困村全部实现脱贫，1.227 万户贫困户人均纯收入全部超过 2500 元，基本实现脱贫目标。2011 年，全市农民人均纯收入 10938 元，连续四年保持两位数增长，城乡居民收入差距缩小至 2.43：1，低于全省的 2.87：1。

惠州虽然在发展县域经济方面取得了一些成绩，但与发达地区相比，我们的差距还比较大。接下来，我们要进一步提高认识，厘清发展思路，解放思想，开拓创新，着力在以下五个方面求突破，推动县域经济大发展。

（1）在基础设施建设上实现新突破。加大县域高速公路网、电源电网、水利设施等基础设施建设，推进基本公共服务均等化，营造促进县域经济发展的良好环境。

（2）在发展工业经济上实现新突破。加快推进产业转移工业园区建设，承接发达地区产业转移，壮大县域工业规模。

（3）在壮大民营经济上实现新突破。放宽民营经济进入门槛，加大对民营经济的扶持力度，激发全民创业热情，发挥好民营经济推动县域经济发展的主力军作用。

（4）在发展特色经济上实现新突破。支持各县继续发挥比较优势，以中心镇、特色镇、专业镇为支撑，做大做强特色产业集群。

（5）在体制创新上实现新突破。深化富县强镇事权改革、行政审批制度改革、财政体制改革，以及农村林权、土地流转、农村金融等涉农关键领域改革，激发县域经济发展活力，形成以区带县、区县联动的县域经济发展新格局。

"三产"互动　"三化"并进
推动高要发展新跨越

中共高要市委书记　冯敏强

肇庆市把"两区引领两化"作为重要的战略来部署，吹响了科学发展、加快发展、跨越发展的号角。作为肇庆市经济发展中心区的高要，如何策应这一战略，全面提升科学发展水平，推动经济社会发展实现新跨越？笔者认为，关键在于按照肇庆市委、市政府对高要提出的在实现"两个提升"（产业转型升级水平提升，城市建设对接提升）的基础上，在融入一体化发展、推进新型工业化发展和新型城市化发展发挥"三个重要作用"的新要求，以建设幸福新高要为总揽，以加快转型升级和转变经济发展方式为主线，谋划以现代农业为特征的第一产业、以现代工业为特征的第二产业、以现代服务业为特征的第三产业的"三产"齐兴互动，加快新型工业化、新型城镇化、农业农村现代化"三化"同步并进，努力形成"三产"互动、"三化"并进的发展新格局。

一、"三产"互动、"三化"并进，必须审时度势，形成共识

历史经验表明：一个工业落后的国家，一个农业落后和农村人口占绝大多数的国家，是不可能实现现代化的。在经济社会发展步入工业化、信息化的今天，"三产"互动、"三化"并进，是社会生产力发展到一定阶段的必然选择，也是加快转型升级、建设幸福高要的必由之路。

第一，"三产"互动、"三化"并进，是破解发展瓶颈、推动产业现代化的必然要求。随着工业化的加速发展，传统工业所依托的土地、电力、劳动力等要素

供求矛盾凸显,尤其是土地资源成为制约工业发展的重要瓶颈。新型工业化要求必须高效率配置、使用资源,并从传统的土地、电力、劳动力等资源要素扩展到技术、人才、功能配套、生态环境等。各产业之间的融合性、创新性,产业的集聚发展、相互渗透、整合发展以及持续发展,已经成为现代产业发展的主要趋势。但是,目前高要工业经济主要还是依靠传统产业,产业集聚效应不明显,缺少产业链,缺乏核心竞争力。"三产"互动、"三化"并进,有助于最大限度优化生产要素和资源环境,破解发展瓶颈,促进工业发展从简单的规模扩大向产业集聚转变。因此,推动产业现代化,必须坚持"工业强市"战略,摒弃过去拼资源、拼消耗、拼人力的传统发展模式,坚持走科技含量高、经济效益好、资源消耗低、环境污染少的加快转变经济发展方式道路,以新型工业化带动新型城镇化、农业农村现代化,巩固提高第一产业,优化发展第二产业,大力发展第三产业,形成"三产"互动、"三化"并进的发展格局。

第二,"三产"互动、"三化"并进,是实现产城融合、推动新型城镇化的现实选择。目前,我市城镇化水平不到40%,城镇化步伐明显滞后。究其原因,是三大产业的关联效应不足,城市主导产业支撑力不强,服务业等第三产业发展缺乏依托,对城镇发展和促进农村劳动力转移的作用有限。必须改变过去工业和城市发展"一条腿长、一条腿短"的发展理念,推动"三化"并进,化农业社会为工业社会、化农民为市民,解放更多农村劳动力进入二、三产业,为实现新型工业化、新型城镇化提供重要支撑。通过大力实施"三产"互动、"三化"并进战略,以工促农,以产兴城,以城促产,以工业发展带动人口、物流、服务业向城镇集聚,从而推动新型城镇化,带动农村农业现代化,促进区域发展空间集约利用、生产要素合理流动、公共资源均衡配置,提升城镇综合承载能力。

第三,"三产"互动、"三化"并进,是解决区域发展不平衡、推动城乡一体化的重要途径。由于地域分布及发展基础等原因,高要面临区域发展不平衡等问题,统筹发展任务艰巨。尤其是农业生产方式较为粗放,农产品市场化程度不高,农民收入渠道不多,等等。公共资源在城乡之间配置不均衡,山区和农村基本公共服务设施覆盖率仍然偏低。必须统筹城乡产业发展,"三产"互动、"三化"并进,充分发挥工业化、城镇化对发展现代农业、转移农村劳动力的带动作用，加快推进农业生产方式现代化、农村基础设施现代化和农业管理服务现代化，实现新型工业化、新型城镇化与农业农村现代化同步推进、协调发展。

二、"三产"互动、"三化"并进，必须因地制宜，突出重点

"三产"互动、"三化"并进，核心在新型工业化，依托在新型城镇化，关键在"三产"统筹联动。我们必须结合高要经济社会发展实际，因地制宜，统筹规划，抓住重点，强力推进，以"三化"互动、"三产"并进引领科学发展新跨越。

（一）突出产业招商，加快转型升级，推动新型工业化

以肇庆市实施"两区引领两化"战略为契机，以转型升级引领新型工业化，推动现代产业发展实现新突破。一是突出产业招商。积极"走出去"、"引进来"，大力实施项目招商、产业招商、以商招商，主动承接国内外产业扩张转移，在原有金淘、金渡、白金龙等"六园一带"工业载体的基础上，加快规划建设战略性新兴产业集聚区，加强与央企、大财团合作，大招商、招大商，大力引进科技型、创税型、规模型、生态环保型项目：以汽配大项目引进建设为依托，着力发展汽车配件产业。在扶持鸿图、鸿泰等现有企业发展的同时，加快推进总投资超10亿元的一汽四环汽配、顺华汽车实业、众鑫汽车零部件等项目，大力延伸产业链，做大做强汽配产业。以"金鼎黄金"品牌为依托，着力发展黄金产业，加快推进投资超10亿元的黄金产业园项目规划建设，大力引进相关附加值高、科技含量高的黄金下游产业，做大黄金提纯加工和黄金产品深加工，结合黄金加工、销售等发展旅游产业，打造年产值超百亿元的黄金产业园。以五金国际商贸城为依托，打响"中国小五金之乡"品牌，打造五金国际集散地。二是推动增资扩产。以转型升级为突破口，以突出产业招商，推动增资扩产为主要手段，进一步强化服务意识，转变工作作风，把工作重点放在推动项目建设、培育新的经济增长点上。加快推进鸿图科技四期、天龙油墨二期、宝丽光电科技等投资总额近50亿元的18个增资扩产项目。以深入开展"为民办事问民意"活动，深入基层和企业问计问需解忧，促进企业做大做强。认真落实市四套班子成员挂钩联系重点企业制度，做好第一号"服务员"，为企业排忧解难，扶优促强，提速增效。

狠抓项目建设,对 36 项重点项目和重点工作,以及"3·28"经贸洽谈会引进及动工的 20 多个重点项目,制定工作责任表,明确具体责任人、工作任务和完成时间,加强督办,完善考核,以目标倒逼责任,以时间倒逼进度,以督查倒逼落实,为"三产"互动、"三化"并进提供坚实的发展支撑。

(二)坚持规划先行,提升城市功能,推动新型城镇化

按照肇庆市"两区引领两化"发展战略,以提升城镇的服务功能和承载能力为着力点,进一步提升城镇生产、消费、就业、服务、人文等功能,推动各种生产要素向城镇集聚和整合,实现"三产"互动、"三化"并进。一是高起点规划高标准建设。加快城市规划建设。坚持外延扩张和内涵增长并重、政府主导和市场引导协同,促进城市发展由速度型、粗放型向质量型、集约型转变。在规划建设江滨新城、江景新区、西江新城的基础上,进一步依托新兴江"一河两岸"规划建设高要新城,打造独具高要特色,集防洪、休闲、观光于一体的城市生态景观工程。充分利用生态资源优势,以 50 平方公里生态旅游休闲度假基地为载体,加快规划建设总投资 200 亿元、首期投资 30 亿元的北大未名健康产业前沿技术应用园项目;大力推进总投入 250 亿元、首期投资 20 亿元的北京百悦投资集团高要"西江新城"开发项目,大商集团首期投资 20 亿元的阅江新城项目,广东力信集团首期投资 30 亿元的十里江岸游艇产业度假区项目建设,带动整个高要的城市生态旅游、文化产业等发展;加快推进总投资超 10 亿元的喜来登国际五星级酒店、西城区排涝工程、新兴江城区段堤防生态景观工程、市雕环形立交改造项目、江景绿道景观步行桥工程等项目建设,建设宜居高要。二是强化城市基础支撑。以对接融入珠三角一体化、广佛肇经济圈为导向,加快推进江肇高速刘村连接线、广肇高速莲塘连接线、高要大道等重点工程建设,全力配合珠外环高速、南广铁路、阅江大桥等重点项目建设,加快构建便捷、高效、安全、顺畅的现代综合交通运输体系。加快推进省天然气主干管网工程高要段相关天然气输配系统建设,提升城镇路网、电网、水网"三网"改造。三是繁荣发展城镇服务业。加快"三旧"改造,引进战略投资者,大力发展现代物流、信息服务、生态旅游、文化创意等城市现代服务业,加快构建与新型工业相配套、与城市发展相协调、与民生需求相适应的现代服务业体系,不断优化城市人居环境,提高市民居住舒适度、环境优美度、生活便利度、服务满意度。不断完善城镇基础建设和

功能配套建设，切实增强城镇集聚和辐射能力，支持、鼓励大型房地产项目进驻乡镇，吸引农民进城进镇，扩大城镇规模，推动新型城镇化。

（三）突出资源优势，抓好城乡统筹，推动农业农村现代化

紧紧把握城乡统筹这一主题，变生态资源优势为经济优势，推动农业增效、农民增收、农村发展，努力提升农业农村现代化水平。一是现代农业兴农。以招商引资为平台，以土地流转为抓手，加快传统农业向现代农业转型，加快构建高产、优质、高效、生态、安全的新型农业产业体系。培育壮大一批农业龙头企业，积极发展一批专业合作组织，大力发展一批农业产业专业镇、专业村，提高现代农业产业化水平，使更多农业人口从土地上解放出来。推动农业人口向城镇人口转化，为加速城镇化进程提供坚实基础。二是特色产业富农。以建设"广东现代农业强市"和"现代农业示范区"为目标，大力发展品牌农业、城郊农业、观光农业，建设一批高标准的特色农业生产基地。加大无公害农产品、绿色食品和有机食品发展力度，扩大高要特色农产品品牌效应。扶持发展现代林业，扩大珍贵树种、特色经济林种植规模，加快生态景观林带建设。三是优化环境惠农。全面落实强农惠农政策，抓好农田水利建设，改善农业生产条件。加强水利建设，提高农业的抗风险和防灾减灾能力。以新农村建设为总揽，加大力度创建省卫生镇、卫生村和生态文明村，加快推进名镇名村建设。抓好城乡环境卫生整治、河涌治理、水污染治理和水库饮水水源保护工作，保护农村自然生态。大力倡导现代文明生活方式，加强农村技能培训，加快培养新型现代农民。四是深化农村改革。加大财政向统筹城乡发展投入，推进以简政强镇为重点的农村综合改革，大力改善农村金融服务。积极探索土地承包和土地流转新机制，研究制定被征地农民基本生活保障、就业、医疗等政策，引导农民进城到镇进园区，加快新型工业化、新型城镇化进程。

"三产"互动是高要未来发展的路径选择，"三化"并进是高要未来发展的基本方向，建设幸福高要是未来发展的终极目标。我们要以近年来经济社会发展取得新业绩作为新起点，以等不得的紧迫感、慢不得的危机感、坐不住的责任感，解放思想，开拓创新，全力以赴投身到高要"三产"互动、"三化"并进的发展实践中，为肇庆加快建设成为能够代表珠三角科学发展成果的城市作出高要应有的贡献。

以产业转型的有力升级促进经济发展方式的有效转变

惠东县委常委、常务副县长 韩维斌

(2012年8月28日)

惠东县地处广东省东南部和惠州市东部，濒临大亚湾和红海湾，是广东的沿海大县和山区县。全县陆地面积3535平方公里，海域面积3200平方公里，海岸线长218.3公里。辖16个镇（街道、度假区），常住人口110万人，户籍人口85万人。近年来，惠东县紧紧围绕"加快转型升级、建设幸福惠东"的奋斗目标，着力优化产业结构，积极转变经济发展方式，取得了较好成效。2011年，全县实现生产总值302亿元，实现了"五年翻一番"（增长93%）；财政一般预算收入13.4亿元，实现了"五年增三倍"（增长294%）；固定资产投资143.4亿元，比五年前增长了3.6倍，三次产业结构调整优化为10.7:50.5:38.8。目前，惠东已形成了清洁能源、鞋业制造、特色农业、滨海旅游、商贸物流等主导产业，经济实力、产业结构、发展方式都实现了较好的提升。

近年来，我县在转变经济发展方式上主要做好五项工作：

一、以新兴产业的培育牵动县域经济发展方式转变

引进和培育新兴产业，是转变经济发展方式的重要支撑。我县根据《珠江三角洲地区改革发展规划纲要》赋予的定位和任务，以及建设"环大亚湾经济带"的要求，依托稔平半岛滨海资源丰富、腹地宽广的优势，引进了一批清洁能源产业项目，作为转变经济发展方式的主引擎。其中，平海电厂项目规划建设6台

100 万千瓦机组，是中国煤电机组单机容量最大的电源项目，也是广东省最大的火力发电厂，所装备的"超超临界燃煤发电机组"是国内最先进和最大容量的火力发电机组，其设计供电标准煤耗比国内平均供电煤耗低 16.3%，达到国际先进水平。目前，投资 85 亿元的一期 2 台机组已于去年初正式投产，年发电约 110 亿度，销售产值约 50 亿元，是惠东目前产值最大的工业企业。同时，总投资 37 亿元的惠州国储石油的 500 万立方米地下水封洞库项目已于 2012 年 4 月正式动工（正在申报扩容到 1000 万立方米），预计 2015 年投产注油。此外，东山海黄埠风电、莲花山风电项目已启动招标代理工作，惠州核电项目已意向落户惠东。这些以清洁能源为代表的新兴产业，正在有力地推进惠东工业的适度重型化。

二、以现代服务业的壮大推动县域经济发展方式转变

发展现代服务业，是社会生产力发展到一定程度时的必然选择。近年来，惠东充分发挥滨海旅游资源丰富的优势，加快建设了一批高端滨海旅游项目，以此做大做强现代服务业，助推经济发展方式转变。自 2006 年，我县引进北京金融街控股股份有限公司投资 120 亿元，高起点规划建设巽寮金海湾旅游项目，吹响了惠东打造全省乃至全国高端滨海旅游度假胜地的号角。喜来登、海宸、嘉华、康帝、铂尔曼五星级酒店相继建成，以及中区滨海小镇和北区的滨海生态景观项目的同步创设，使惠东创建成全国少有的滨海五星级酒店群。总投资 400 亿元的富茂威尼斯湾滨海旅游地产项目、总投资 150 亿元的碧桂园十里银滩、总投资 30 亿元的合正尚湾等旅游项目首期工程陆续竣工。投资 50 亿元的万科旅游地产项目、双月湾旅游、檀悦五星级酒店等滨海旅游项目与广惠高速东延线、厦深铁路站场建设正在加快推进。俯瞰整个大亚湾东岸，东起港口沙咀尾、西至稔山亚婆角，已初步形成了推进滨海旅游项目建设的合力，"百里滨海景观大道、浪漫绿色休闲长廊"即将成为惠东更亮丽的名片和现代服务业更有力的支柱。

三、以项目引建平台的构建启动县域经济发展方式转变

转变经济发展方式，必须提升产业的聚集程度和资源利用效益。近年来，惠东积极抢抓我省实施《珠三角规划纲要》和"双转移"战略的重大机遇，立足区域、资源和交通优势，加强与深圳、东莞等珠三角发达地区的合作，强势推进珠三角产业转移园、中航谟岭工业园和女鞋生产基地三大园区建设，主动承接珠三角产业转移，推动产业优化升级。其中，珠三角产业转移园规划面积 4.27 平方公里（已批准扩园 7.47 平方公里），主要承接珠三角等地区的高端装备制造、新型电子信息、新能源汽车、半导体照明（LED）、绿色家具、高端制鞋等产业。目前累计投入基础设施建设资金 13 亿元，签订入园协议项目 81 个，协议总投资 138.9 亿元，其中投产项目（含一期投产项目）35 个，在建项目 3 个。中航谟岭工业园规划面积 2000 亩，目前已平整土地 535 亩，10 宗项目已签订入园协议，其中 2 项目的厂房已经建成。中国女鞋生产基地规划面积 6000 亩，计划建成集研发、生产、会展、仓储物流、教育培训于一体，汇聚女鞋高端资源和综合配套服务功能的主题工业集聚园区，目前该园区桩基工程已完工。三大园区的聚合发展，正逐步改变我县工业规模偏小的现状，未来制鞋工业的重要高地正具雏形。

四、以传统产业的提升带动县域经济发展方式转变

让传统产业焕发新的生机，是转变经济发展方式的重要环节。近年来，我县坚持以推进企业自主创新和加快产业化进程为抓手，着力改造提升传统产业。

（1）实施龙头带动战略，提升农业效益。通过多渠道引导农村劳动力向第二、第三产业转移，把耕地向种养大户、农业企业有偿集中，大力发展优质高端农业、生态休闲农业，大大提高了农业产业化程度和效益。目前，全县有现代农业示范区 6 个，农业龙头企业 64 家（其中国家级农业龙头企业 3 家）。全县每年冬种春收马铃薯 13 万亩，亩产 2400 公斤，产值 5.6 亿元。上海世博会期间，我

县日供"世博菜"70吨。

（2）实施创新带动战略，推进技术创新。由县财政每年安排专项资金支持企业开展技术改造和技术创新，加强与高等院校和科研院所的合作（成立了6家省级、12家市级工程技术研发中心），促进产品研发和科研成果的转化运用。同时，主动帮助符合条件的企业向上申报技术改造和技术创新项目，有力提升了企业的自主创新能力。

（3）实施名牌带动战略，培育产品名牌。为了引导企业创建自主品牌，惠东县委、县政府连续5年对获评国家和省、市级名牌名标的企业给予3万~50万元的奖励，今年奖励金额达到150多万元。目前，全县拥有2件中国驰名商标、30多件省著名商标或省名牌产品，传统产业正走上自主创新的良性发展轨道。

五、以生态环保的优化促动县域经济发展方式转变

一直以来，惠东县坚持经济发展和生态环保并重，全面落实国家产业政策，认真贯彻环保前置审批等"三同时"制度，9个经济大镇基本建成污水处理厂。同时，针对我县地处西枝江上游、辖区内的白盆珠水库是本县和下游县区饮用水源的实际，流域内坚决杜绝污染项目引进，特别是县里把"为全县发展提供生态产品"确定为白盆珠水库周边的5个镇的发展定位，每年安排1000万元给5个镇作为生态补偿，一方面用于保护好青山绿水，另一方面用于大力扶持发展绿色生态产业。目前，莲花山大型森林旅游项目已经启动，高潭连生度假村已经建成，相继培育了安墩柑橘、松坑甘薯、多祝甜玉米等绿色生态产品。惠东，正在实现绿色崛起。

抢抓"省直管县"财政改革机遇
积极探索博罗县域经济科学发展新路

2012 年 7 月 1 日博罗县正式被纳入广东省直管县财政改革第二批试点范围，这对博罗县域经济的加速腾飞是一个重大的机遇。本文结合博罗的发展实际，对在省直管县财政改革的机遇下，如何加快县域经济发展进行研究和探讨。

一、 博罗发展县域经济的优势条件

博罗是一个历史悠久的千年古县，位于广东省东南部，身处珠江三角腹地，总面积 2858 平方公里，下属 17 个镇 1 个管委会。博罗有广袤的城镇和农村，经济发展方式以县城为中心、乡镇为纽带、农村为腹地，具有典型的县域经济特征和发展县域经济得天独厚的优势。一是文化底蕴深厚。博罗建县于 2200 年前的秦朝，史称缚娄，是我国岭南文明古县之一。在历史的长河中，广府文化、客家文化、道教文化和红色革命文化在此相互交融辉映，积淀了深厚的文化底蕴，为博罗的发展奠定了良好的文化基础。二是区位交通优越。博罗毗邻广州、深圳、东莞，是连接广东中部和东部地区的陆上交通枢纽。205 国道、324 国道和京九、广梅汕铁路纵贯全县；广惠、广河、惠河以及正在建设的博深、从莞深高速公路贯穿南北；红海港、宏兴码头直接与香港、澳门通航。便捷的现代立体交通网络，使博罗融入了珠三角"1 小时生活圈"，不断伸展着博罗经济的触角，开阔着博罗发展的视野。三是战略资源丰富。全县森林资源丰富，森林覆盖率达 50% 以上，空气质量优良率长期保持 100%，是珠三角最大的"绿肺"和天然氧吧，素有"博罗待客不用酒，捧出绿色就醉人"之称。水资源充足，有大小河川 29

条，大中小型水库 453 座，地表水流量 77 亿立方米，水能蓄藏量达 5.73 万千瓦，水质优良。旅游资源得天独厚，境内有岭南第一山、国家 AAAA 级旅游景区——罗浮山，国家级自然保护区、珠三角生态休闲旅游胜地——象头山，还有缚娄古国遗址、银岗古窑遗址等名胜古迹。土地资源充裕，全县土地面积 419 万亩，是珠三角土壤最肥沃的地区。

二、近年来博罗发展县域经济的实践做法

发展思路决定发展出路。针对博罗的发展优势和特色，博罗从 2009 年起确立了坚持"以人为本、生态优先、文化引领"的发展思路，积极探索博罗县域经济科学发展的新路。①坚持以人为本。以人为本是科学发展观的核心，发展的目的就是要实现人的全面发展，让人们共享发展成果。实践表明，如果片面地追求发展速度，片面强调做贡献而忽视或者不够重视共享发展成果，那么人民群众改革创业的热情就会降低，必然会影响经济社会的可持续发展。②坚持生态优先。生态环境是人类赖以生存和发展的基础，如果片面地追求经济的数据而忽视了生态环境的保护，忽视了经济发展与生态环境的和谐融合，那么这种经济的发展必将是难以为继的。长此以往，我们失去的将不仅是发展空间，甚至连生存空间也会失去。博罗作为珠三角的最大的"绿肺"和天然氧吧，坚持生态优先，既是我们当前巩固和发挥生态优势，加快发展的现实需要，更是推动长期持续快速发展，实现发展新跨越的必然选择。③坚持文化引领。文化是一种更高层次的追求，当经济发展到一定阶段，对精神层面的需求，对文化的需求，就成为一种更为迫切的需要。博罗有深厚的文化底蕴，发挥先进文化的引领作用，不仅是推动社会主义文化大发展大繁荣的需要，更是推动博罗县域经济持续健康发展的重要保障。总之，以人为本、生态优先、文化引领是三位一体，密切相关的，是科学发展观在博罗的具体体现。

在"以人为本、生态优先、文化引领"这一思路的指引下，博罗经过近几年的实践探索，县域经济发展取得显著成效，迈入了科学发展的轨道。据统计，2012 年上半年全县完成地区生产总值（GDP）177.81 亿元，同比增长 12.6%；公

共财政预算收入 10.34 亿元，同比增长 30%；在岗职工月人均工资 2624 元，同比增长 15.4%；农民人均现金收入 7590 元，同比增长 12.6%。其中，地区生产总值、规模以上工业增加值、公共财政预算收入、外贸出口总额等主要经济指标增幅均超全市平均水平。

（一）以招商选资为抓手，加快转变经济发展方式

胡锦涛同志在 2012 年 7 月 23 日召开的"省部级主要领导干部专题班"上强调，在当代中国，坚持发展是硬道理的本质要求就是坚持科学发展。以科学发展为主题、以加快转变经济发展方式为主线，是关系我国发展全局的战略抉择。转变经济发展方式是破除县域经济发展"瓶颈"，实现科学发展的必由之路。转变经济发展方式，最有效途径是招商选资，通过招商选资做大增量稀释存量，优化经济结构，提高发展质量。2007 年以来，博罗以招商选资为抓手，制定了"四项指标、一个带动"（财税贡献指标、环保指标、科技含量指标、土地投资强度指标和带动力强的项目）的标准，出台了转变经济发展方式 10 个优惠办法，重点发展战略性新兴产业、现代服务业和现代农业，构建具有博罗特色的现代产业体系，加快转变经济发展方式，取得了积极的成效。目前，全县共有世界 500 强企业有 3 家、大型央企有 4 家、五星级酒店 11 家（其中在建 6 家），上市企业 30 多家，农业龙头企业 41 家。

（二）以交通建设为纽带，努力融入珠三角交通一体化

2008 年 12 月国务院批准实施《珠江三角洲地区改革发展规划纲要》，为博罗发展县域经济，融入珠三角一体化带来了千载难逢的机遇。俗话说："要想富，先修路。"路通则财通，只有融入交通一体化，才能更好更快地融入珠三角，共享发展资源。博罗积极参与珠三角一体化的相关交通基础设施的对接建设，通过落实交通一体化规划方案，推进与珠三角相邻城市的铁路（高速铁路）、城际轨道交通、高速公路、城市快线、普通干线公路的无缝对接，加快融入珠三角"1 小时经济生活圈"。2008 年以来，县财政投入 5 亿多元，重点开展 6 条县内主要交通道路改造升级、600 多公里村道硬底化改造、4 宗与深圳、东莞对接交通项目，5 条过境高速公路建设，实现了城乡交通一体化，初步建成了连接珠三角的便捷高效的现代立体交通网络。

（三）以推进"三化"为核心，加快转型升级

大力推进城市化、产业化和基本公共服务均等化。城市化方面：博罗以建设"宜居、宜业、宜游、宜休闲，富有岭南文化特色的山水田园城市"为目标，以创建省文明县城、卫生县城为契机，大力开展县城"拓城扩区"工程，推进"东西南北"四个新区建设，建成了体育中心、文化中心、东山森林公园等一批文体休闲市政设施，开发了保利山水城、富力现代广场、博罗新城、佳兆业东江新城、哈施塔特旅游小镇等一批高档房地产项目，引进远望数码城、俊峰汽车城等一批商贸流通企业，县城建成区面积由 2006 年的 12.5 平方公里扩大到 18.5 平方公里，县城的形象、气质、功能和文明程度实现质的提升。产业化方面：高端项目增多、规模扩大。欣旺达集团、正菱集团、宝能集团等一批优质大项目落户博罗，富士康、中兴长飞、日昭、利海、悦榕庄等高端项目建设加快。园区建设加快、平台优化。西部高端电子信息产业园、汽车零部件产业园、东部工业业园、鸿达工业园和中部现代物流园建设加快。优质高端项目和现代工业园区的建设，使博罗产业规模不断壮大、结构更加优化、产业链更加完善，产业化水平明显提升。基本公共服务均等化方面：以保障和改善民生为重点，以开展"服务基层群众、建设幸福乡村"和"10件民生实事"为抓手，整合城镇资源，促进基本公共服务向农村延伸，加快城乡基本公共服务均等化。2012 年上半年，全县教育支出和一般公共服务支出分别达 4.35 亿元和 2.72 亿元，占全县公共财政预算总支出的 46.2%。农村教育、保险、医疗、卫生条件明显改善，水、电、路、气和文化体育等基础设施更加完善。

（四）以打造"三个示范县"为重点，统筹城乡协调发展

大力开展"省名镇名村建设示范县"、"省水利建设示范县"、"省生态景观林带建设示范县""三个示范县"建设，进一步改善民生，打造品牌，优化生态。名镇名村示范县方面：长宁镇、横河镇两个岭南名镇，罗阳田牌村、石湾铁场村、横河西群村及嶂背村、公庄官山村建设全面启动，扎实推进。罗阳镇田牌村作为建设幸福广东惠州现场会参观考察点之一，获得省、市充分肯定。目前，名镇名村建设共投入资金 1.59 亿元，建成项目 96 宗。水利示范县方面：启动水利项目 20 宗，其中山洪灾害防治非工程措施一、二期全面完成，走在全省前列。生态景观林带示范县方面：2012 年上半年完成造林 112 公里，造林绿化面积 3300 多亩，造林完成率达 95%。

三、省直管县财政改革后发展县域经济的对策思考

省直管县财政改革实际上是一种财政管理体制扁平化的探索，是一项"强县扩权"的积极政策选择，其意义在于：一是增强了县域经济发展的自主性，有利于行政决策和管理更加贴近于县域经济发展的实际；二是为县域经济发展创造了更多公平的机会，提升了县域经济的发展平台，无论是对决策沟通、信息交流，还是对把握竞争机遇、争取发展空间，都产生了积极作用；三是提高了县域行政管理的效率，有利于管理者能更加直接地、近距离地为市场主体提供有效的服务。"自主、公平、效率"是市场经济发展的基本要求，省直管县财政改革的选择适应了这一要求，体现了国家对经济社会发展的作用方式更加贴近于市场主体的行为过程。针对省直管县财政改革带来的新变化、新机遇，博罗要抓好"六个着力"，全力推动县域经济发展实现新跨越。

（一）着力推进新型城市化建设

坚持走新型城市化道路，围绕建设"宜居、宜业、宜游、宜休闲、富有岭南文化特色的山水田园城市"的目标，高起点、高标准谋划博罗的城市发展。一是启动全县发展建设规划编制工作。充分利用被省发改委定为全省发展建设规划编制试点县的机会，对博罗的加快发展和可持续发展进行科学规划。二是抓好功能分区规划。坚持整合资源、突出特色、组团发展，重点规划建设以罗浮山为中心的大罗浮山旅游区、以县城为中心的滨江优化发展区、以东部工业园为中心的东部加快发展区等"三个功能区"。三是高标准修编县城总体规划。按照"两轴四区一古城"格局，建设以大桥路为中轴线、以东江为水轴线的一江两岸滨江新城。

（二）着力推进产业化发展

一是坚持招商选资。坚持"四项指标、一个带动"的招商选资标准，在2012年上半年成功引进欣旺达集团、正菱集团、宝能集团等一批大项目的基础上，重点引进高端电子信息和汽车产业项目，以大项目推动大发展。二是加大引进世界500强和总部经济的力度。充分利用富士康、中兴长飞等项目落户博罗的

大好机会，制定更具吸引力的优惠政策，大力引进世界 500 强企业和总部经济，实现跨越式发展。三是全力支持企业上市。大力支持红墙新材料、新峰药业、罗浮山国药等企业上市，推动企业做大做强。

(三) 着力推进基本公共服务均等化

围绕建设统筹城乡协调发展示范县的目标，深入开展"服务基层群众，建设幸福乡村"主题活动，全力推进基本公共服务均等化。一是加快三个省级示范县建设。加快名镇名村建设示范县、生态景观林带建设示范县、水利建设示范县三个省级示范县建设，通过改善农村的基础设施来加快基本公共服务均等化。二是努力建设幸福乡村。广泛动员和整合各种资源，大规模下派干部，加快农村经济社会发展，建设幸福乡村，缩小城乡差距。三是办好民生实事。重点是加快农村教育、医疗、卫生以及水、电、路、气和文化体育等基本公共服务建设。

(四) 着力保障和改善民生

千方百计增加城乡居民收入。博罗财政实现省直管后，将进一步加大财政保障力度，提高城乡居民工资福利待遇。加快农村富余劳动力转移就业，促进城乡居民充分就业，增加工资性收入。大力支持鼓励城乡居民投资发展乡村生态旅游、农业休闲观光旅游和"农家乐"等第三产业，增加城乡居民财产性收入。加快发展教育、社会保障、医疗卫生和各项民生事业。大力发展特色教育和职业技术教育，做大做强美术、生本、英语、职业教育品牌，强化教师队伍建设，提高教育教学水平。全面解决国有困难企业、集体企业退休人员医保问题。深化医疗卫生体制改革，完成居民电子健康档案建档工作和卫生信息化平台建设，提高公共卫生服务信息化水平，支持民营医疗机构发展，强化疾病预防控制、卫生监督、卫生应急工作，提高公共卫生服务水平。加快经济适用房建设，解决低收入家庭的住房问题。

(五) 着力加强社会管理创新

县级是一个庞大而且复杂的经济体，要实现县域经济健康有序发展，首先必须创新社会管理和服务。一是建设人民满意服务型政府。深入推进行政审批制度改革，加强行政服务中心和网上行政审批系统建设，进一步减少行政审批环节，规范行政审批程序，努力提高行政办事效率和服务水平，打造廉洁高效的服务型政府。二是完善社会管理服务体系。加快推进社会服务中心建设，打造集行政审批服务，金融、法律、会计等社会中介服务，就业指导服务，社会救济服务，以及流动人口和出租屋管理服务于一体的社会服务平台，构建党委领导、政府负责、社会协同、公众参与的社会管理新格局。三是维护社会公平与正义。加强对行政执法部门的执法监督，实行党政领导干部安全生产"一岗双责"，最大限度地遏制各类安全事故。加强食品药品安全监管，健全突发事件预警和应急处置机制，防止权力失控、行为失范，真正做到依法办事、廉洁执法、公正执法，切实提高政府的公信力，建设平安博罗。以解决影响司法公正的突出问题为重点，加强政法机关干部队伍建设，使政法机关做到严格执法、公正司法，切实提高司法的公信力。加强综治信访维稳工作，建立健全各种机制，维护社会和谐稳定。四是积极发展社会组织。培育发展行业协会、公益慈善、科技文化和社区等社会组织，发展志愿服务事业。创新流动人口服务管理模式，维护新生代产业工人合法权益。

（六）着力推进先进文化建设

这是"加快转型升级，建设幸福博罗"的精神动力和智力支持。一是大力开展社会主义核心价值教育，加强社会公德、职业道德、家庭美德、个人品德建设，提高公民文明素质和社会文明程度，不断增强社会建设的文化感召力和凝聚力。二是大力推进诚信文化、包容文化、法治文化、清廉文化、低碳文化建设，打造文化品牌，塑造博罗精神，使诚信、包容、法治、清廉、低碳成为博罗人民的文化自觉，引领博罗的社会建设。三是深入推进文化体制改革，大力发展文化产业，不断完善公共文化设施，广泛开展群众性文化体育活动，促进文化惠民，使广大人民群众共享文化发展成果。

化州经济发展战略研究

陈鸿宇　蔡　兵　张海梅　彭春华　林先扬　赵　超

一、化州经济基本成就

"十一五"期间，化州地区生产总值年均增长 12.9%，保持了较快发展。2010 年化州 GDP 总量 227.87 亿元，增长 17.4%，人均 GDP 达 19027 元，增长 11.1%；财政一般预算收入达 4.9 亿元，增长 24.2%；金融机构人民币存款余额 128.63 亿元，同比增长 18.8%；贷款余额 43.54 亿元，同比增长 26.1%；完成固定资产投资 40.08 亿元，增长 37.0%，比全省平均增幅高了 16.3 个百分点。"十一五"时期，化州实际利用外资 1402 万美元。引进了广东雨嘉水产食品有限公司、上海红马集团、湛江新海集团、广东广晟冶金集团和香港一德公司等一批实力雄厚的规模以上企业 70 个，占引进项目总数的 51.9%。

2010 年，化州第一产业完成增加值 57.19 亿元，第二产业完成增加值 63.10 亿元，第三产业完成增加值 107.58 亿元。三大产业比例由 2005 年 31.8∶25.0∶43.2 调整为 2010 年 25.1∶27.7∶47.2，第二、三产业比重超过第一产业，产业结构进一步优化。其中，第一产业持续健康发展，形成了水果、糖蔗、丰产林和罗非鱼等农业支柱产业，并拥有省、茂名市重点农业龙头企业 7 家，其中省级重点农业龙头企业 1 家。第二产业经济较快增长，形成了电气机械及器材制造业、食品饮料、纺织服装、建筑材料、制药保健品业、乙烯后加工业六大优势传统产业。第三产业发展势头强劲，城乡商业网络日益完善，吸引了一批国内外知名连锁店落户，并且房地产、娱乐、餐旅、汽车、电讯、保险等消费热点逐步形成。

二、化州经济提速进位综合发展的机遇

(一) 粤西重化产业带与机场枢纽对周边地区的强大辐射带动能力

随着重化产业的发展和基础设施进一步完善，粤西地区产业结构将出现重大变化。粤西拥有丰富的海岸线资源和土地资源，具有广阔的发展空间和后发优势。根据《广东省工业九大产业发展规划》，海岸地区都将规划建设石化项目。随着茂名石化改造升级的推进、湛江广钢项目和中科炼化一体化项目建设的实施、粤西新机场枢纽的建设，粤西现代重化工业与基础工业的发展将加快，现有的产业结构将得到改善，将成为广东沿海工业化发展的新空间。

粤西未来的现代产业主体框架，包括加快发展以石化、钢铁、电力、浆纸、船舶等为主体的临港工业；以物流、信息、金融、会展、咨询为主体的生产性服务业；以特色农业和海洋渔业为主体的现代农业；滨海休闲、农林生态游、熔岩景观游、历史文化游为主的滨海旅游和生态旅游业。这些产业的大发展将为粤西县域经济发展带来大量的机遇。处在粤西前沿地区的化州可以顺应新的发展趋势，强调以产业与项目带动区域生产要素集聚发展，加快建设特色鲜明的以临港工业配套产业、生产性服务业、特色农业和休闲旅游业为主体的现代产业体系，形成新的发展格局。

(二) 茂名滨海新区战略开始制定和逐步实施

广东茂名滨海新区的建设也为化州跨越发展创造了重大战略机遇。茂名市将大力实施滨海发展战略，高标准、高起点规划建设广东省茂名滨海新区，"以港兴业、以业兴城"，加快推进滨海新区发展，积极培育新的经济增长极。茂名通过实施滨海新区战略，大力推动产业结构、经济结构和基础设施结构的调整，进一步巩固在区域经济中的主导地位，努力向大都市区的方向发展。化州紧邻茂名及靠近滨海新区，可以发展面向产业新城与城市新区的配套产业，实现产业与空间的对接，主动融入茂名经济核心。

(三) 国家支持环北部湾经济区建设的政策正使桂东南形成新的增长极

广西围绕《广西北部湾经济区发展规划 (2006—2020)》加快桂东南的发展。

根据这一战略部署，环北部湾经济区将建设成为带动西部大开发的新基地和重要国际区域经济合作区，成为我国沿海重要经济增长区域、广西科学发展的排头兵、率先发展的先行区、改革开放的试验区。化州毗邻环北部湾经济区，可以依托广西北部湾经济区发展的政策优势，更多更好地吸引外部资源，加快培育特色产业集群。2010 年 3 月由总部位于南宁的百洋集团控股投资的雨嘉水产加工项目，总投资规模达 3.38 亿元，年加工罗非鱼 6 万吨，出口创汇 4000 多万美元，实现了化州农产品深加工外贸出口的新突破。化州可以继续加大与该经济区的融合力度，不断拓展对内对外开放的深度和广度，推动体制机制创新，促进化州特色经济加快发展。

（四）化州逐渐呈现出区域性交通枢纽的区位优势

经过多年的建设和改造，化州交通基础设施建设发生了巨大变化，逐步形成完善的交通网络。截至 2010 年底，全市境内公路里程达到 6532.2 公里，其中高速公路 1 条 19.2 公里、国道 1 条 35.4 公里、省道 3 条 191.8 公里，均已全部改造成二级以上水泥或沥青路面；县道 225.2 公里，已有 129 公里改造成三级以上水泥或沥青路面；乡道 1442.7 公里，村道 1055.9 公里，自然村道 3562 公里。化州所有行政村已实现通硬底化公路，新农村公路路面硬化正有秩序、有计划地推进。在对外交通方面，黎（塘）湛（江）铁路、广东西部沿海高速铁路沿线枢纽建设；国道 G15 沈海线、国道 G207 线、省道 S284 线、S285 线、S372 线纵贯横穿全境，与县道、乡道不断连接成网；其中粤西新机场的建设与空港物流设施配套，将极大地提升化州区域性交通枢纽的区位优势，为跨越式发展提供保障。

三、化州经济提速进位综合发展的基本战略思路

（一）以提高附加价值为重点，推进三大产业同步升级

1. 化州三大产业转型升级的目标、阶段与重点

化州三大产业均存在产业链短、配套不全、附加值偏低的问题，亟待转型升级。转型升级的目标是通过自主创新，提高化州经济发展的效益和质量，实现经济发展由要素驱动向创新驱动转变。

产业发展重点为：一是实现矿产资源深加工、农副产品深加工、电气机械及器材制造业、食品饮料、纺织服装、建筑材料、制药保健品业、乙烯后加工业八大优势传统产业升级；二是以现代服务业中生产性服务业发展为重点，突出发展银行金融业、物流业、信息服务业、科技服务业、商务会展业、文化创意产业、旅游业、消费性服务业八大类产业；三是发展壮大化橘红、蚕桑、花卉、优质大米、蔬菜、丰产林、生猪养殖、罗非鱼养殖八大现代农业。

2. 三大产业同步升级的联动推进构想

按照"优一化三、优二强三、二三带一"发展思路带动三大产业同步升级，联动推进，形成化州结构优化、布局合理、附加值高、效益好和综合竞争力强的产业发展新格局。一是"优一化三"。立足特色发展化州农业和生态环境，鼓励扶持农业龙头企业和农产品加工业发展，推进农业产业化经营，走特色农业和绿色农业的发展道路，为区域发展营造良好的生态环境，为房地产、休闲旅游业等第三产业的发展创造条件。二是"优化二产"。对已具备优势的第二产业，要延长其产业链，提升产品附加值，形成矿产资源深加工、农副产品深加工、电气机械及器材制造业、食品饮料、纺织服装、建筑材料、制药保健品业、乙烯后加工业等特色产业集群。以技术创新全面提高传统优势工业，通过品牌经营、规模经营、精细经营，增强市场竞争力和提高市场占有率。通过吸引与承接周边的高技术高附加值产业和创意产业等的转移，优势互补，实现二产高级化和经济增长集约化。三是"强化三产"，提升化州传统服务业，大力推进商贸物流、金融、房地产的发展，实现商贸化州的新发展。其中，重点推进化州批发市场升级改造、生产资料市场扩张，促进生产性服务业的繁荣兴旺。重点发展专业配送、第三方物流等现代物流业态，打造物流信息化平台，建设区域性、功能性物流中心。强化服务品牌化经营，实现商业品牌和管理品牌相结合，引导化州产业发展从规模向品牌化转型。

3. 三大产业同步升级的战略选择

（1）集群组团战略。以构筑区域产业集群与组团空间融合为重点，引导四大组团分别形成规模化的产业园区，以特色规模化的园区促进大企业、大产业及关联配套企业发展。东南组团突出加快传统产业升级改造与新兴服务业集群，西北组团突出矿产资源循环经济和特色农业产业集群，东北组团突出农产品深加工与水产加工产业集群，西南组团突出商贸产业集群与现代空港产业集群，最终形成产业集群发展效应和空间规模经济优势，提升化州经济综合发展力。

（2）链条延伸战略。信息技术快速发展和日益深入应用，产业发展呈现从"生产型制造"向"服务型制造"转变，即制造业企业不再单纯生产实物产品，而是趋向提供具有更多附加价值的服务，如研发、采购、储存、物流、营销、服务、融资和技术支持服务等。化州必须鼓励现有龙头企业加大科技投入，增加产品科技含量，提高产品附加价值。引导有条件的企业积极进行产业链重组，逐渐将企业的经营重心从加工制造向诸如提供流程控制、产品研发、市场营销、客户管理、品牌维护、现代物流等生产性服务环节延伸，在做大做强制造企业的同时，孵化更多的服务型企业。

（3）品牌形象战略。品牌和形象是影响力，也是竞争力。要及时抓住粤西振兴发展、茂名滨海新区建设、湛江空港经济圈和环北部湾经济圈的多重机遇，集中力量，整合资源，制定化州三年品牌行动纲要，打造更多具有自主知识产权和区域竞争力的化州区域品牌产品，提升化州产业发展素质。"外树形象"的同时，提速"内强素质"。打造一批知名品牌和龙头企业，努力推动品牌资源的整合和共同应用，完善专业市场，组织企业自办、联办和参与各类展销会，扩大影响，凝聚人气，做强"化橘红、化州罗非鱼、化州木业、化州不锈钢"等行业品牌。加快行业协会和商会的组建步伐，充分发挥行业协会的自主创新作用、自律和协调作用。2015 年底以前，全市 100% 的行业要建立行业协会或商会，80% 的企业应参会。通过行业协会和商会加强品牌保护。

（二）以打造特色经济为重点，推进四大组团协调崛起

1. 构建特色化发展的化州经济"四大组团"

科学地布置四个定位互异、功能差别的城市"组团"，在根本上颠覆传统的单中心、"摊大饼"式的城市空间拓展方式，构建起全新的化州经济空间格局。结合四大组团在产业、城镇、环境、交通、区位、基础设施等方面的条件，引导它们形成各自的产业与空间特色。同时，政府主导建立"组团"（片区）经济发展的协调机构，分工包干，实行错位发展，形成分工协作、有序竞合的全新发展态势，使化州经济实现多功能、多中心和互动合作发展的新局面（见表1和图 1）。

表 1　化州四大组团发展战略导向

类别	空间范围	发展优势	战略方向
东南组团	以主城区、同庆、长岐、杨梅和丽岗为中心	城镇规模、交通区位、产业基础好	以园区集聚发展产业、加快传统产业升级改造,提升城镇服务配套基础、建立快速通道,实现与茂名主城同城化、构建半小时优质生活圈
西北组团	西北部组团,以中垌、平定、文楼为中心	农业资源、矿产资源优势、人力资源优势、城镇发展规模较大(平安镇、中垌镇)	以矿产资源产业链化发展、特色农业规模化提升、循环经济发展为重点
东北组团	以宝圩、林尘、合江、江湖、那务、播扬为中心	生态林业资源优势、山地资源、水资源优势	以农产品深加工为重点、引进公司加农户经营模式,实现品牌与规模发展
西南组团	以良光、笪桥、新安、官桥为中心	土地资源、交通区位、环境良好	依据周边海港与空港经济枢纽进行先进制造业布局、以物流配送设施建设提供区域商贸发展平台

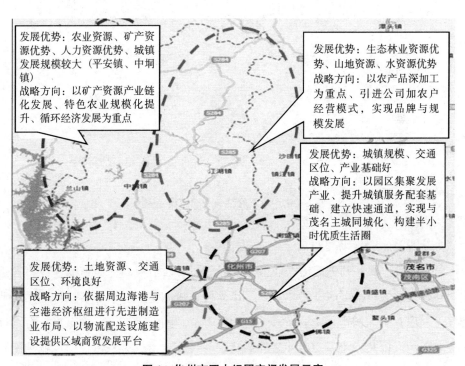

图 1　化州市四大组团空间发展示意

2. 政府协调推动四大组团的内联与整合

化州四大组团特色经济与传统的"工业带"、"城镇带(轴)"不同。一是每一组团都实现人口和产业同步集聚，具有自身相对集中的特色产业和特色经济，避免产业布局"遍地开花"。二是通过构建"一主三副"城镇产业发展轴和"一主二副"中心城镇的空间格局，以经济网络和同类（关联）产业集聚为纽带，而不是以行政区划（镇、街）来划分（见图2），来整体推进化州经济发展。三是各组团之间在产业布局上并不是绝对分工，支柱产业及其龙头企业保持差异发展的同时，配套企业布局由市场主导，形成四大组团共享资源、共拓市场、差异分工、协作发展的格局。

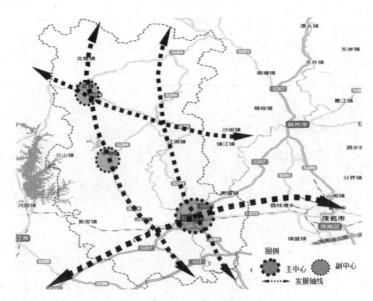

图2 化州市发展轴向空间发展示意

3. 把握机遇拓展与化州周边地区的区域合作

（1）东承转移：开创区域产业合作新局面。粤西沿海高速通道的建设将拉近化州与珠三角城市群的时空距离。下一步需要通过制定相关政策对接珠三角产业转移，以现有的（杨梅）产业转移工业园区等"两园三带四区"为重点，有选择地开展同珠三角大中小城市产业之间的联系与合作，形成关系密切的产业功能联合体。

（2）南靠核心：形成合理产业协作新体系。一是要"靠"茂名主城区，推进化州东南片区、茂名主城区同城化。不仅要努力做到规划、基础设施、产业三方面同城化，还要从生产与服务配套方面加快与茂名中心区融合，形成互动发展格局。根据粤西地区的大项目如大商业、大物流、大旅游、大临空产业的发展需要，预见性地预留发展用地空间，积极引入国内外大型集团参与化州产业的发展，形成以大型集团为主导的、带动配套中小企业为特征的地域产业集聚体。二是要"靠"拟议中的茂名"滨海新区"。化州中心城区的服务业发展具有一定的基础，以为茂名滨海新区以及周边地区大型项目和产业进行服务配套为发展方向，特别是加大酒店、商贸、文化、中介、餐饮和物流配送服务业的发展力度，提高服务品质，打造良好的服务产业体系。三是要"靠"湛江大项目。未来需要将化州石灰石开发利用与湛江石化和钢铁产业发展相结合，可利用靠近粤西新机场的地理优势，发展高端空港产业，如花卉和物流等，形成化州自身的空港经济体系。

（3）西借政策：共享环北部湾发展新政策。北部湾发展规划纳入国家发展战略，化州应努力借用"环北部湾"政策，利用广西这一平台，拓展西南市场及东盟市场。特别是，化州应与这些地区进一步加强在资源开发、基础设施建设、对外贸易、人才培训、社会文化意识形态等多方面的合作，提升化州在环北部湾地区的地位。如化州东南部拥有良好的区位、土地资源优势，可以通过吸引一些北部湾地区产业与企业的进驻，形成与北部湾经济区生产配套圈，实现产业对接与发展。

（4）北拓腹地：共拓区域合作发展新空间。以化州中北部中垌、平定、文楼、宝圩、林尘、合江、江湖、那务、播扬为重点，加强与邻近广西陆川、北流的经济联系，特别是要加快资源类工业和农林业的合作与发展。同时，强化与邻近高州、信宜、云浮、肇庆的经济往来与合作，成为茂名对接珠三角及粤北山区的前沿城市，共拓区域合作发展新腹地。

（三）以提高服务效能为重点，推进民生共享全面覆盖

1. 实现化州基本公共服务全面覆盖的战略意义与现实意义

化州经济发展必须以保障和改善民生作为出发点和归宿，特别是要认真做好教育、卫生、基本社会保障和就业等各项社会事业。让化州人民都能分享改革开放带来的成果，让所有公民都享受到公平均等的基本公共服务，这是化州实现提速进位综合发展要解决的重要课题。通过推进民生共享全面覆盖，有利于保障化州人民的基本权利，促进社会公平公正、维护社会和谐稳定；有利于缩小城乡、区域和不同社会群体之间收入水平、生活质量和发展机会的差距，推动区域之间、城乡之间协调发展。

2. 提高政府的服务效能是推进民生共享的关键

着力推进化州民生共享全覆盖，关键在于提高政府的办事效率和服务效能，要强化各级政府在基本公共服务中的主体地位和主导作用，加快建设公共服务型政府。为此，需要建立以基本公共服务为导向的化州各层政府绩效考评体系，强化对公共部门的约束引导，提高政府提供基本公共服务的效率和水平，将基本公共服务均等化纳入政绩考核体系，建立激励约束兼顾的政府绩效考评体系。同时，合理划分市、镇在基本公共服务中的职责分工。

3. 选准重点，分步推进，打造具有化州特色和全省范例的民生"亮点"

按照"基本民生"、"底线民生"和"热点民生"为导向构建化州民生体系。一是城乡民生事务受理服务体系；二是城乡卫生服务体系；三是城乡科技、教育、文化、体育服务体系；四是城乡生活服务体系；五是城乡社会福利服务体系；六是城乡就业和救助服务体系。争取在化州农村地区推行"五个全覆盖"：村村通水泥（油）路、村村通广播电视、中小学校舍安全改造、村村有卫生室、农村有安全饮水。在整体成本不高的当下，应选准重点，分步推进，做出群众满意、社会普遍关注的民生"亮点"。可以考虑在消除家庭零就业、职业教育培训和劳动力转移、提高社会保障水平等方面成为全省县级示范市。

坚持城乡一体发展　共建共享幸福增城

——增城市促进县域经济科学发展的实践与探索

增城市政府办公室

增城市深入学习实践科学发展观，紧紧围绕建设广州东部城市副中心的目标，大力实施主体功能区深化战略和开发区带动战略，统筹城乡一体发展，初步走出一条生产发展、生活宽裕、生态良好的具有增城特色的科学发展之路。2011年，全市实现地区生产总值788亿元，同比增长13%；工业总产值1786.6亿元，增长16.27%；农业总产值80.12亿元，增长6.4%；地方一般预算收入46.66亿元，增长25.87%。县域经济基本竞争力领跑全省，由"十五"期末的全国第19位跃升到第9位，连续11年居广东省首位。

一、深化主体功能区发展战略，促进城乡区域协调发展

一是规划建设三大主体功能区。增城在思考县域经济发展思路时，把探索主体功能区规划建设作为贯彻落实科学发展观的重要抓手，根据不同区域的资源禀赋条件，结合国土开发和产业布局规划，在全国率先规划建设三大主体功能区。南部工业基础好，区位优势明显，定位为重点开发的新型工业区，组团式集约化发展现代产业，重点建设增城国家级经济技术开发区；中部环境优美，城市公共服务和配套设施较为完善，定位为优化开发的文化生活区，重点建设宜居宜业的挂绿新城；北部工业基础薄弱，但生态环境优美，定位为限制工业开发的生态产业区，重点发展现代农业和生态旅游业，创建珠三角生态旅游目的地。通过科学规划三大主体功能区，优化国土开发格局和产业布局，促进经济社会又好又快发

展。二是确定"一核三区"重点发展区域。按照广州走新型城市化发展道路的战略部署，增城深化主体功能区建设，确定了"一核三区"的重点开发区域。以荔城、增江为主体，营造宜居宜业城市环境，打造城市副中心核心区；以新塘地区为主体，建设增城国家级经济技术开发区和广州东部交通枢纽中心，打造东江新区；以中新、朱村为组团，主动对接服务中新知识城、广州开发区及增城开发区建设发展，规划生活教育科研新城区；以派潭、正果、小楼三个山区镇为主体，推动产业生态化、生态产业化，建设北部生态区。通过高标准建设"一核三区"，打造组团式的城市发展区域，以城市空间布局的优化和城市功能的提升带动高端产业集聚发展，促进城乡区域协调发展。三是建立区域协调发展的保障机制。建立生态补偿机制，设立北部山区专项发展资金，提高生态公益林和基本农田补偿标准，增强山区干部群众干事创业的积极性；健全资源配置机制、财政转移支付机制、分类绩效考核机制等长效工作机制，让发展是政绩，生态保护和建设是更大的政绩成为各级领导干部的发展共识，有效保障主体功能区的开发建设。

二、实施开发区带动战略，加快推动产业转型升级

增城在深化建设南中北三大主体功能区，优化空间开发格局和产业发展布局的基础上，依托增城国家级经济技术开发区，构建"一区多园"发展格局，坚持增量引优、存量提升，坚定不移推进产业转型升级。一是规划建设汽车整车、研发和零部件产业园，形成广汽本田（增城）工厂48万辆豪华乘用车基地、北汽集团自主品牌30万辆整车华南生产基地两大整车项目为龙头，集聚140多家汽车及其零部件制造企业的比较完整的汽车产业链，汽车产业不断壮大。二是规划建设光伏产业园，引进中国电力投资集团太阳电池及分布式能源项目和香港国际太阳能科技投资公司太阳能光伏基片项目，正在加快培育新能源产业集群。三是规划建设 LED 产业园，引进全球最大的红光 LED 生产企业台湾晶元光电项目，正在加快推动省市共建具有强大科技创新能力和产业服务能力的 LED 产业示范区。四是规划建设装备制造业产业园，引进南方电网国家工程实验室项目、珠江钢琴、江西铜业股份等龙头项目，具有发展电子、电力等设备制造产业的良好基

础。五是规划建设生产性服务业园区，引进工信部电子第五研究所，着力打造全国首个生产性服务业示范园区。六是规划建设电子商务及现代物流产业园，引进阿里巴巴集团华南电子商务物流中心、中金数据华南数据中心等项目，带动电子商务、现代物流、云计算、数据备份产业集聚发展。七是规划建设新城市中心，大力发展城市经济，发展金融、总部经济，大连万达广场、富港东汇城、新塘信盈城、东凌新东城等一批城市综合体项目落户发展，城市服务功能不断提升。八是推动北部生态产业区都市农业和生态旅游业融合发展，依托白水寨、小楼人家、湖心岛景区引进多家度假休闲酒店，初步形成以会议休闲、体育运动、生态体验为特色的产业集群。九是大力推动牛仔服装等传统产业转型升级，建设牛仔服装研发中心、检测中心、信息中心，促进企业创新发展、壮大规模、拓展市场；对新塘地区的旧厂房进行集中托管和连片改造，引导企业转变经营模式，由制造环节过渡到品牌展示和商品营销环节，实现规模化、标准化、品牌化、效益化发展。增城的牛仔服装产量和出口量占全国的 50% 以上，培育了创兴、增致、康威等知名牛仔服装品牌。十是加快淘汰落后产能，累计关停约 1000 家水泥厂、洗漂印染、电镀厂、黏土砖瓦陶等企业，为发展高端产业腾出发展空间和环境容量，提高了经济发展的可持续性。

三、以水城花城绿城为特色，打造宜居宜业的城市副中心

环境是城市的核心竞争力。增城合理开发利用生态资源，优化城乡发展环境，建设水城、花城、绿城，打造具有欧陆风情的适宜创业居住的广州城市副中心。一是建湖。高起点、高标准抓好以新城市中心挂绿湖为核心的大湖建设，完善湖区及周边路网等基础设施建设和文化、公园、休憩等配套设施，丰富文化内涵，将挂绿湖景区建成增城未来的新地标、新名片。二是治水。把水环境整治、水景观建设、水文化培育、水安全保障结合起来，高起点抓好水系规划，贯通江河湖泊间的联系，建设以增江—挂绿湖—增塘水库—西福河为主线的水系长廊，构筑发达的城市水系，重现城市沿河而建、人们逐水而居的景象。三是种花。依托挂绿湖和增江一河两岸优美的生态景观，规划建设千亩增城花园、百亩挂绿荔

枝园和荔枝博览园，吸引国内外游客一年四季都能到增城赏花、看花。四是添绿。全面推进绿色通道、绿色社区、绿色校园、绿色村庄、绿色景区建设，巩固全市森林覆盖率，提升城乡绿地率、绿化率，高标准建设好生态景观林带，打造一批绿道示范段和精品节点，让整个增城变成一个生态绿色大公园。五是修路。推进地铁、城际轨道等轨道交通以及高快速路建设，建设广州东部交通枢纽中心，构建起增城全面对接珠三角和广州中心城区"大交通"网络；投入84亿元加快城乡交通基础设施建设，全面升级改造城市主干道路和城区、镇区市政道路；规划建设过境高快速路与市域道路相衔接的出入口连接线，实现镇镇通高速公路；农村全面实现通水泥路。六是搞卫生。建立"户集、村收、镇运、市处理"的垃圾收运体系，健全"固定清扫、流动保洁"的长效机制和建设农村污水处理设施，综合整治养猪场和城乡"六乱"，营造干净舒适的城乡环境，提升城乡文明素质。

四、以美丽乡村建设为抓手，积极探索城乡一体发展新路

增城倾注更多精力、投入更多资源、采取更大力度推动农村加快发展，加快弥补和缩短城乡差距，主要思路是以美丽乡村建设为抓手，以泥砖房分类改造为突破口，通过政府引导、村民主体、社会参与，形成发展农村的合力。一是实施村庄分类规划，因地制宜确定乡村建设发展模式。按照村庄所处区域和不同特点，把全市行政村分三类进行规划和建设。对城市建成区的"城中村"，实施"三旧"改造，逐步推行农村社区化建设，把村民变成居民，建设新社区，培育新市民；对城市规划发展区的村庄，结合工业化、城市化的土地利用，整体规划产业发展区、集中居住区和生态区域，谋划新社区，培育准市民；对生态发展区域的广大农村，完善公共服务和基础设施，着力营造农村良好的生产生活环境，建设新农村，培育新农民。二是实行村庄功能分区，对每个村庄进行合理布局和建设。结合村庄的资源条件和生产生活特点，对每一个试点村庄科学划分农民居住区、现代农业区、产业发展区等功能区，合理布局村庄发展空间。在农民居住区，拆除乱搭滥建，综合配套公共设施，完善公共服务功能，形成干净整洁、错

落有致的美丽乡村风貌。在现代农业区，综合整治苗圃、果场、农作物生产基地，加强农田标准化改造，形成规模化、产业化现代种养业。在产业发展区，保护和修缮古建筑，利用拆除泥砖房节约的土地，吸引投资，发展生态旅游项目，带动山区脱贫致富。三是以泥砖房改造为突破口，改善村居环境。对农户唯一住房且农户无力自行改造的泥砖房，由政府、农户和帮扶单位共同承担改造成本，进行整体拆除迁建；对无人居住、基本处于闲置状态的泥砖房，实施奖励政策，在土地权属不变的前提下，引导农户拆除旧房，并按照规划建设新房；对留守老人居住的泥砖房，把这些老人纳入住房保障范围，统一建设老年公寓，实行集中居住。通过泥砖房分类改造，留下一栋栋整洁的房子，既改善农村生产生活环境，实现有新屋有新村；又促进土地节约集约利用，为建设城市副中心腾出空间。

五、着力增进民生福祉，构建共建共享的社会发展新格局

增城坚持把保障和改善民生作为经济发展的出发点和落脚点。一是扎实推进扶贫开发。按照"保障扶贫、开发脱贫、自立解困"的扶贫思路，自 2013 年以来共投入 8.4 亿元分类推进镇区、园区和典型村庄共 94 个名镇名村项目建设，为贫困户、贫困人口建立完善民政、养老、医疗、教育、就业、住房六大保障体系，帮助贫困村发展"一村一品"，促进农民长效脱贫，计划今年底前全市所有贫困村、贫困户和贫困人口将实现全面脱贫。二是实施富民惠民工程。推动公共财政投入向民生工程和社会事业倾斜，2011 年民生支出占地方财政一般预算支出的 76.2%，初步建立起覆盖城乡的社会保障体系。坚持每年为民办好十件实事，集中解决了一批关系群众切身利益的社保、医疗、住房、就业以及社会治安、安全生产等突出问题。新型农村社会养老保险应参保对象实现 100% 全覆盖；建立起城镇老年居民养老金和城镇居民、"三无"人员、农村居民的最低生活保障金增长机制；实施 70 岁以上老人长寿保健金发放制度；实施政府保障性住房制度，有效解决城市化过程中农民、外来工、拆迁安置户等群体住房问题；每年转移农民就业 1 万名以上，累计转移农村劳动力 16.7 万人；实施增城籍学生小学、初中、高中（职中）12 年免费教育；建立扶困助学机制。通过加强民生社

会建设，努力让人民群众安居乐业有保障。三是加强社会服务管理创新。推进社会服务管理重心下移，把镇街社会服务管理功能延伸到村一级，建设村级"一站三中心"；出台外来务工人员积分入户政策，创造条件让外来务工人员参与镇、村社会服务管理，让外来务工人员融入社区、融入企业、融入城市、共同发展。

珠三角山区县建立创新型城市的探讨

——以怀集县为例

谈锦钊①

一、珠三角山区县建立创新型城市的必要性

(一) 建立创新型城市从大城市开始

创新型城市或者叫"创新城市"(Creative City),它代表着城市战略规划思想的转变,将"创新"作为城市发展的灵魂,从而对城市实力、竞争力、发展潜力等指标需要作出新的诠释和评价;"创新城市"是指城市中的个人或机构在提出创新方案的同时,能够运用分析、评价、组织和融资能力,在城市有限的金融和组织框架内成功地落实城市创新的解决方案。② "创意产业"(Creative Industry) 又译"创意经济"、"创造性产业"。最初由英国人提出,并且通过"文化"的诠释,发展成为一种在全球化消费社会的背景下,推崇智力创新、强调文学艺术作品的创作与传播 (文化活动) 对经济的支持与推动作用的新兴理念、思潮和实践活动。在世界上,特别是在工业发达国家越来越受到政治界、经济界、文化界的重视。"创意产业"的提出背景是:1997 年,英国的布莱尔当选首相之后,

---

① 谈锦钊,广州市社会科学院高级研究员工作室经济学研究员,兼任广州市城市科学研究会副会长、广东省县域经济研究与发展促进会常务理事、广东省房地产协会专家委员、中国城市经济学会大城市专业委员会、学科建设委员会委员、广州市房地产专家委副主任委员。研究方向是城市与房地产发展研究,曾主持、执笔编制多个规划课题,长期参与有关政策调研,曾获省、市社会科学研究成果奖励多项。
② 上海证大研究所. 文化大都市: 上海市发展的战略选择 [M]. 上海: 上海人民出版社, 2008: 86.

为了适应后工业时代的经济形势，继续保持英国经济的增长，布莱尔宣布成立"创意产业特别工作组"，专门研究世界及英国后工业时代的经济发展形势，为英国制定在知识经济、信息时代的发展战略提供方向。这个工作组很快拿出自己的研究成果，先后于 1998 年和 2001 年发布了两份研究报告。在这两份研究报告中，英国的创意产业特别工作组给"创意产业"（Creative Industry）做出了如下定义："创意产业"就是源于个人创意、技巧和才华，通过知识产权的开发和运用，而形成具有创造财富和就业潜力的行业。按照英国政府和专家的意见，"创意产业"的范畴包括 13 个行业，即广告、建筑、艺术和文物交易、工艺品、设计、时装设计、电影、互动休闲软件、音乐、表演艺术、出版、软件、电视广播等。另有专家则认为，"创意产业"应当包括音乐、戏剧、卡通、唱片、无线电、电视、建筑、软件设计、玩具、书籍、旅游、广告、时装、工艺、摄影和电影。

工业革命时期的英国给我们留下污染严重、工人在极端恶劣的环境下劳作、生活艰苦，社会缺乏活力的印象。近十来年，英国实施创意产业战略后，重新焕发产业生命力，英国又开始领导世界时尚，以文化竞争力引领全社会中发展生产力，文化创意产业是现代产业崛起的重要推动力。去年，我们在北京召开的奥运会闭幕式上看到英国作为下一届奥运会主办国的展示，它所展示的是从古老双层巴士上演的现代音乐舞蹈，充满时尚元素，象征着现代英国的活力，让人以耳目一新。我国大都市发展要走出一条与传统产业不同的道路，其中主要的就是文化创意产业的道路，北京、上海、杭州、广州、佛山等城市都大力发展创意产业，着力提高文化软实力。一个地区经济越发展其文化影响力就会增加，但必须继续推进文化产业发展，反作用于经济振兴。改革开放初期，"珠江水、广东粮"对全国影响很大，现在各地也发展自己特色产业。广东经济要在文化产业上再上一层楼才有出路。文化形态竞争力是一国一地的影响力，广东改革初期的流行歌曲、电影电视都传播改革开放的新意识，推动全国市场经济改革发展。另外，发展我国地方特色文化产业是增强竞争力的重要方面。从政治层面来说，外国文化创意产品（电影、设计等）传播他们的价值观，其中有好的方面，也有负面因素。文化影响力关系到国家、地区的持续发展大计。2009 年 7 月 22 日，国务院常务会议讨论并原则通过了《文化产业振兴规划》。广东省积极发展文化创意产业，主动掌握文化话语权，广州、佛山等城市以实施文化创意产业作为创新型城市的主导。不仅大城市要起主导作用，山区县也要积极配合，建立适合自己条件的文化产业发展基地，迎头赶上新一轮文化经济大潮。

怀集地处粤桂湘交界处，可以成为影响三地的中心城市，选择有发展前景的产业，突破资源得不到良好利用、处于省界通道而没有成为广东经济与边缘两省合作的先锋的落后状况。布局怀集作为粤西北中心城市具有重要的战略意义。作为泛珠三角经济发展合作的领头，在产业上突出发展，成为产业转型、经济效益升级、带动粤西北部经济起飞的重要桥头堡。

（二）珠三角山区县建立创新型城市的必要性

（1）珠三角山区县建设创新型城市，当务之急是创新产业结构，在"双转移"中淘汰落后产能，创新产业结构。第一，以现代工业化改造传统农业和传统工业，以新型工业化带动经济社会进步。第二，以工业化助推城市化。工业集聚人口，推动城市发展，要以新型城市化实现区域经济社会转型。新型城市化是指城乡一体化发展，实现区域和谐、全面、可持续发展，对于县域经济来说，还要与中心城市发展战略协调，成为其中经济圈的重要组成部分。第三，创新型城市要实现"弯道超越"，不能简单重复别人走过的路，永远跟着人家后面，先污染后治理，摆脱不了困境。所谓"弯道超越"不是凭空捏造，而是钉住大城市先进产业发展目标，找准自己在产业链条中的最佳位置。当前，是以脑力劳动、以智力成果来牵引的，因而创意产业成为新型工业的"领头羊"。文化创意产业为传统经济社会注入新的生命力，以开放的思维提高竞争力，建设创新型城市离不开文化创意产业的引导。山区县级经济往往缺乏大城市对人才、信息、资金、市场等高度集中的优势，跟随大城市市场发展，确立自己在创新型产业发展中位置。以往地方发展加工制造业吸收了高污染、高耗损、低效益的行业和工艺，教训深刻。山区县在产业创新中要遵守几个原则：

①市场原则——所选择的产业必须有很大的市场需求，而且生产有持续稳定地增长的潜力。木制品、竹藤制品、绿色食品、工艺美术品等生产及设备的展销十分热门，2011年11月半个月内在广州琶洲会展中心就有四个大型展览会。

②区位原则——与销售市场有方便、廉价的运输距离，材料、技术、信息、资金等供给能够持续保持优势。

③效益原则——土地资源丰富、价格的竞争力，劳动力资源足够。投资效益较高，企业有较强的生命力。

④善治原则——地方管理规范化、廉政建设与服务意识好，税负合理，规费低廉，所选产业项目在国家鼓励发展的产业发展政策范围内。

（2）提高文化软实力，是新型城市发展的重要方向。在相对和平年代，可以说当今世界竞争力主要还是表现在文化方面，文化经济已经成为一个国家、地区重要的表现尺度。一方面，新意识新潮流通过文化创意表现、传播、影响人们的心灵，如世界绿色环保观念，要靠文化创意体现在人们日常衣食住行中。用天然材料做的东西要比用化学材料如塑料等要贵得多，一条竹子只值一元几角，但以创意来做新产品会增加很多倍的价值。实施"限塑令"后，超市不再免费派胶袋，设计新颖、方便的竹篮可以流行。利用竹、木、藤、草等天然材料的产品重新受到偏爱。人们宁可花更多钱用天然材料的产品而不用危害环境的用具。用天然材料制造的创意产品，将会成为时尚，成为人们文化素质和经济力的表现，是体面的举止。另一方面，以创新的供给创造需求。创意设计产生的价值最大，世界上最宝贵的是创意思想，是人的脑力劳动的成功创作。最便宜的是简单劳动，因为简单劳动供给最多，容易找到替代。出售原材料的、单纯进行加工生产的都不可能获得高额利润，这是商品经济规律。即使石油生产国采取托拉斯垄断组织控制石油价格，也在寻找替代能源上搞科研，他们利用大量资金寻找新能源。

（3）以地方资源综合发展，是山区县域经济选择的发展道路之一。云南靠山区特产如茶叶、风光等自然资源发展取得成功。云南每年产出普洱茶在400万担以上，他们提出普洱茶是"可以喝、可以收藏"的古董，全国兴起炒作之风，几年内产量增加很快，他们想出将茶作为礼品包装出售，从文化创意上增加其价值，将原先价格低廉的茶叶与旅游、礼品、食品、文化收藏等结合起来，开辟了一条以文化创意创造利润的生财之道。

以创新思维认识山区县的优势与劣势。充分发挥得天独厚的自然资源和劳动力资源，采取跨越式发展，迎头赶上创意产业浪潮。例如，怀集旅游业发展潜力大，但发展不均衡，出现诸多问题。①能否成为旅游目的地或停留时间长短，直接制约山区发展。单纯的旅游业难以解决景点老化、受季节性冷热的影响大、发展不平衡等困扰。综合发展多种项目可以补偿单纯温泉项目的不足，"可以泡、可以喝"的温泉在秋冬季客源饱满，而漂流则在夏天有很大吸引力，开发会议旅游增加客源。②山区的制造业欠发达，财政收入难以持续增收，城乡建设缺乏资金，干部职工难以提高收入，制约地方发展。③推出的招商项目之间缺乏有机的联系，否则难以形成主导产业集群。怀集公布了25个招商引资项目，设计良好，但从产业集群发展上来说过于分散，还要找出其中的规律。加大与广佛两市产业转移的配合，不失时机发展加工制造业。紧密配合产业转移，不仅是接受现有产业的转移，也要配合广佛发展文化创意产业目标，主动接轨，做好产业的研发、制造销售环节，以广佛等大城市为中心市场，以怀集为承接大市场创意产品的制造业基地，走上创新型城市的发展大道。

（4）山区县在珠三角区域经济中负有重要的使命。以怀集为例，迎头赶上新一轮经济、社会、政治、文化全面改革开放浪潮，紧跟中心城市产业结构调整，搭上文化创意产业崛起的时代列车是不可错失的良机。以文化创意产业作为怀集建设创新型城市的主导产业，有它的理由：

①珠三角整体发展需要。创新型城市是以科学发展观指导，创新发展思路，在各方面实施创新战略。创新首先是对体制与机制的创新，以全面协调可持续的基本要求发展城市经济。通过产业结构调整加速区域发展，从简单输出物质资源和劳动人口，到发展本地特色经济，增加特产与劳力的附加价值。贯彻全面协调可持续发展原则，要通过全面考察，加强对经济增长模式的转变，从自然经济走向商品经济，从计划经济转变为市场经济。协调人与自然关系、做好环境保护和生态建设。同时，要协调产供销之间利益均衡关系，发挥独特的地方优势，扩大就业，提升就业的技术水平和经济效益，实现可持续发展：一是生态环境的可持续，发展经济同时保持自然生态环境洁净，既要金山银山，又要绿水青山；二是保持劳动力资源升级，加强技能教育，提高经营管理水平，以创造性劳动增加本地劳动者素质，通过技术革新，提高市场经营水准，保障劳动力的收入逐步提高，使地方经济发展立足于科学技术的大力支持基础上。

实现跨越式发展是珠三角山区县发展的重要思路。广东省委、省政府提出以新型工业化和新型城市化为抓手，促进经济一体化发展。[①] 粤西北地区仍然是发

---

① 《南方都市报》A2版 2009年9月15日。

展的洼地，地处山区，自然资源丰富、劳动力多，但严重缺乏资本，缺乏与大城市市场的直接对接。因而，虽然经历改革开放多年，有一定的增长，但总体上发展步伐严重迟滞。粤西北缺乏带动周边地区发展的中心城市，难以加速区域城市化、工业化，也难以实现珠三角经济社会改革发展战略蓝图。如果不抓住机遇发展西北部城市化，那么好比广东整体发展缺了一翼，珠三角地区发展也会受阻。

②广佛肇都市圈建设的需要。国务院批准的《珠三角地区改革发展规划纲要(2008~2020)》指明了珠三角地区协调、加速发展的方向，在《纲要》指引下，广佛肇经济圈成为珠三角中心的城市圈，为区域一体化发展奠定核心空间。突破珠三角山区县与中心城市之间拉大差距的矛盾，要对内建立经济合作的立足点和发展对外合作的"触觉"。抓住主要矛盾，解决区域发展不平衡问题，要把"棋子"下到关键位置。广佛肇经济圈是建设现代化大都市的主要基础，2008年三市合起来有26104.99平方公里，人口1972.2万人，GDP产值13264.67亿元，在世界城市中超过新加坡（约1.24万亿元）、接近上海（约1.37万亿元）和香港（约1.48万亿元）。广佛肇经济圈将来可以媲美国际上许多大都市区规模，可以通过区域合作上将经济重心如分散的手指紧握一起。怀集虽然人口比重在广佛肇中所占比例不大，但其战略地位十分重要。在珠三角西北端临界与广西壮族自治区、连山县、湖南省相接，是一个与西部和北部交通枢纽地区。珠三角整体发展需要一个带动粤西北地区，辐射桂、湘的中心城市，找出能够牵动区域发展的部位是一个关键，如果怀集成为粤西北商贸、文化中心城市，将成为广佛肇经济圈与西北地区发展的集聚点和连接点作用。

表1 2008年怀集县与广佛肇三市经济社会状况分析

城市	常住人口（万人）	占比（%）	土地面积（平方公里）	占比（%）	GDP（亿元）	占比（%）
广州	1018.0	52	7434.4	29	8215.8	61
佛山	560.0	28	3848.4	15	4333.0	33
肇庆	394.0	20	14822.2	56	715.9	6
其中：怀集	100.0	5	3573	14	82.11	1
合计	1972.2	100	26105.0	100	13264.7	100

资料来源：广东省相关市公布的统计资料。

怀集县有条件争取新一轮发展的有利位置。首先,坚持贯彻科学发展观,经济建设取得可喜成就,2008年综合增长率在全省67个山区县中排名第26位,旅游业已经兴起,取得多项国家、省市荣誉称号,如"中国燕都"、"中国长寿王后故乡"、"六祖惠能顿悟成佛地"、"中国攀岩之乡"、"广东省林业生态县"、"全省最具发展潜力的山区县"。其次,怀集在广佛肇三市总和中所占比重,常住人口占5%、土地面积占14%、国民生产总值占1%。而其在肇庆市中的比重分别为26%、25%、12%。可见,怀集的特点是"人多、地大、经济落后",是"一多、两低":拥有土地面积大但山地多,人口多但人口技术素质低、经济发展潜力大但起步低。虽然目前处于产业中的低端,如果将来善于利用天时地利人和要素,今后一定会在广佛城市圈发展的争取产业创新的上佳表现。

(三)建立山区创新城市示范的需要

山区县对珠三角发展有特殊意义和重要性。地处珠三角最西北端的怀集是珠三角连接大西南的"桥头堡",是"海陆丝绸之路"的对接点,是广东省西北隅通桂达湘的重要交通枢纽,在广贺、二广、昆汕三条高速公路和贵广快速铁路通车后,怀集因其独特的区位优势将成为珠三角"东接西连、南延北拓"的重要门户。在"双转移"战略指导下,大中城市向边远地区转移工业,有机地疏散珠三角中心区过密的产业、人口分布,选择合适的区位建立经济增长点,这是山区发展的机遇。山区政府到处都讲自己生态优势,但生态环境脆弱,难以经历工业污染的危害,处于水源上游地区更不能轻率。人人都说自己有自然资源和劳动力丰富,但处于产业低端,地方财政单薄,本地就业岗位缺乏,农民长途跋涉到外地找活干,山区城镇难以兴旺。趋利避害,找准定位,是山区县科学发展的关键。因此,创新产业结构,做好承接珠三角产业转移、发掘当地经济增长点,建立新型产业布局形态,催促产业集群大量出现并发挥作用,是一步好棋。产业集群除了横向性(生产协作、相关产业)和竖向性(生产链)的集聚特点外,也为以原料、资源、消耗和废物产出等最小化(3R)为目标的循环经济模式创造有利条件。同时,产业集群的发展还有利于创造就业岗位,从而产生出远远大于众多企业简单加和的经济效益和社会效益。

山区县发展新型工业可以有几个阶段:第一阶段,加速"双转移"速度和加大力度,除了不要高污染、低效能、无发展前景的项目之外,优先接受利用本土资源的文化创意产品、加工制造的任务,利用大量的相对廉价的自然资源和劳动力。珠三角山区县农民收入大概只有珠三角中心区农民一半,低工资成本是当地发展初级阶段的竞争力所在。首先进入新型工业队伍,解决就业问题,增加地方收入,也学习工业管理经验和技术。第二阶段,培养本土技术队伍,逐步吸引大量产业高端人才来本地创业,增加创造高附加价值的生产环节,培养设计人员,将深化加工阶段任务接过来。第三阶段,建立本地的创意设计产业,培养拥有自主知识产权的技术和工艺。使廉价的材料成为有竞争力的商品,使知识劳动价值上升,成十倍、成百倍的增长,本地经济可以从创意取得较丰厚的经济效益,增加劳动者创造性劳动的收入,提高本地企业利润。第四阶段,做大特色产品和服务,逐步增大市场份额,成为创意产业的重镇。随着本土企业产销竞争力的提高,地方财政大幅度增加,更有力地加速城乡建设,构成在经济区域中重要的专业化的产业竞争力。经历以上四个阶段可以使山区县域经济得以翻身。

二、山区县怀集建立创新型城市的可行性

(一)独特的区位需要创新思路才能发挥优势

(1)重要的区位。怀集县是周边 150 平方公里中最大的城镇,经济活动活跃,周边乡镇来怀集消费人数众多,形成了区域的集聚点。怀集县处于肇庆市最西北端,是有 100 万人的大县,与广西贺州接壤,连接梧州、贺州等,与湖南相距很近,可以方便地利用桂湘和东南亚国家丰富的自然资源,发展特色工艺美术品和文化产品。怀集县城东南距广州 180 公里,南距肇庆 160 公里,西距广西贺州 150 公里,形成一个中等城市的低洼地。建立创新型城市是一条可选择的道路。

(2)迎合文化经济兴起潮流。在城乡居民中逐步养成了对文化商品的消费兴趣,特别对家居中天然的奇石、树根,及经过加工的木雕、竹雕、石雕、玉雕等工艺美术品的日益强烈的购买力和收藏欲,使工艺品成为一种时尚,成为消费潮流。怀集可以发展文化艺术制品产业,构成一个吸引广西贺州、梧州、连山、连南少数民族等地区物产的集散地,充分发挥"粤西商业区步行第一街"的作用。

(3)利用本土资源发展内源经济。历史上"怀集木、广宁竹"的名气很大,

如何从单纯供应原材料到对原材料经过加工出口，是创新资源产地产业的重要途径。旅游业发展多年，将来会从走马观花式的旅游方式走向选择有吸引力的休闲旅游方式。一方面，休闲旅游点的文化底蕴和古朴清雅的旧村落的文化与环境起关键作用；另一方面，离大都市区距离最好在100多公里左右，在一两小时的车程内，既适合周末或长假期，也能够方便利用大城市较好的基础设施，如医疗卫生、图书馆和购物中心的方便条件。我国将走向老年社会，老年人有社会保险和一定积蓄，可以选择在合适的区位养老或度假，形成资金来源巨大的银发市场。怀集有独特的养生休闲地的营造条件，打造文化旅游和度假、养老旅游重点区域，是有条件的。当然，目前旅游点分散，设施较落后，历史文化发掘不足，缺乏统筹规划，不能形成相对成熟的市场。

（4）扬长避短，建立创新机制，使丰富的资源成为源源不断的资产。怀集县是人口、面积、资源大县，有自然、人文、区位三大优势，地处"泛珠三角"核心区（粤桂湘+港澳）的中心，三省（区）交会。紧紧连接广佛、肇庆、中山等经济发达城市，怀集县可成为产业创新的增长点。日益完善的交通体系缩短了与省会城市的距离，为地方特产提供方便简捷廉价的运输，向大城市批发市场提供地方货源。怀集矿产和加工业是传统形成的主要行业，还很单调，不足以形成有很强竞争力的行业。

（5）创新农业生产制度才能走上现代化大道。农村建设已经取得初步成效。农村经济基础薄弱，农民生活水平仍落后，主要经济根源在于农村仍然是自然经济、自给自足思想根深蒂固。一个区域靠出口农业生产资料，往往得不到工业加工利润，结果农民难以富起来；分散经营规模受制约，成本降不下来，产销缺乏高强度组织，出现丰产不增收现象。"怀集木"素来闻名，县林业用地398亩，活立木蓄积量1020万立方米，居全省前列，但原木砍伐已经较之前要少，资源生产地如果不能及时地转变生产方式，创新产销形式，将会经常遇到难以解决的市场问题。以速生林种植可能破坏地力，是攫夺式的开发，取之无道的经济方式不能持久。以供给创造需求，以品牌扩大生产。当地许多特产有待开发，如玉米鸡、香菇、山货类等，还没有形成产业化。众多的怀集特产可以在满足当地旅游市场同时，推向大城市，扩大名声，增加销量，反向推动农村成规模的种养，提高农民收入。同时，要引种外地优良品种，改良本地品种，加强科研，密切与科研院所的合作，将地方特产进入大型超市和大酒楼，订立长期供货合约，有望今后建立期货市场制度。

创造工商业就业机会，加速农村人口向城镇集中。经过经济快速发展，农民进城从事工商业，有技术、有资本入城居住。通过农地集中经营，减少在第一线生产耕种的劳动力，增加产业链的前期和后期劳动力，即培训与引导农民和科技人员从事特色农副产品的研究开发、开发市场、科学营销，建立一整套产供销的连锁制度。将农业生产和农村建设立足于城市创新发展，吸引和容纳农民进城经营和居住，以专业化商品化改变农民生活方式，增加农民经济收入。引进资本和高新技术，集约经营，引进相关技术人才，实现城乡协调发展是关键。

（二）需要一个带动粤西北地区，辐射桂、湘的创新型城市

粤桂之间旅游业近年兴起，东西走向的经济动脉已经建成，现代化交通体系正在形成，怀集已经建成多个初具规模的旅游景区，成为牵动区域发展的导向，发挥了中心集聚地的作用。

（1）旅游业需要与文化创意产业结合起来，才能长盛不衰。怀集旅游有强大的优势，2008 年旅游人数达到 170 万人次，旅游总收入 5.9 亿元，分别增长4.2%和3.6%，占全县第三产业增加值17%。深入分析怀集的旅游业有几个问题：①由于产业结构较单一，受金融风暴影响大，旅游业增收不稳定，去年旅客人均贡献仅347元，低于全国400多元人均贡献水平。②旅游人口在当地停留时间短，很多景区的安排都是游人路过看看，然后就离去。③有些景点精彩景象参观受时间限制，往往受路过时间制约而不能领略；如果景点生态受破坏，景区特色不足，显出其脆弱性。④同质性竞争削弱了怀集风景名胜的独特性，"我有人也有"。如六祖文化景区周边也有类似景区；怀集厘竹闻名，广宁也有"竹海"；怀集有温泉景点，广东温泉旅游点很多，成为同类的竞争。⑤怀集拥有丰富的自然资源，但当地旅游纪念品市场十分缺乏本地特色的商品，摊子所卖的是外地生产的司空见惯的旅游纪念品，缺乏本地特色，没有创造出应有的经济效应。

（2）旅游业与文化创意产业结合是新型经济发展的特点。一些城市已经注意将文化创意产业做大做强做活。广佛两市大力发展文化创意产业，包括文艺创作、表演、绘画、雕塑、艺术品和古董市场、造型艺术、传媒、唱片、电影、广播、电视、出版、广告、网流动漫、展览、咨询、设计的信息软件业等行业。增城市大力发展文化产业，集中发展十大领域，包括文化旅游业，以之作为第三产业龙头，发展动漫游戏产业、文化会展业、广场演艺产业、歌剧产业、儿童文化产业、民间艺术产业、名人艺术产业、书画艺术产业、数字电视等现代传媒产业。怀集有多方面潜在优势，因地制宜发展与旅游业相关的文化创意产业，既能提供大量就业岗位，增加地方税收；又能为地方资源增值，宣传怀集历史文化特产的特色。通过发展文化创意产业带动地方经济壮大和人口、资本集聚，建设区域中心城市，这是最佳的选择。

（3）文化旅游开发关键在于研究发掘、整理和开发。让传统文化成为今日财富之源，怀集加快发展以旅游、房地产、商贸为主体的第三产业，要继续整合地方文化。现在提出几大旅游文化品牌，如金燕文化、长寿文化、六祖禅宗文化、温泉文化、生态文化。分开来看每个品牌都是亮点，但它们之间存在什么内在逻辑关系，如何进一步整合才有利打造最响亮的品牌，恐怕还要下功夫。金燕洞与世外桃源景区之间相隔不远，如果让游客更多地在世外桃源景区居住，就可以利用凌晨和傍晚时分到燕岩观看燕子盘旋飞翔景象。目前，世外桃源景区居住点太少，收费过贵，比市区要贵两三倍，且设施并不够档次，让旅客特别是家庭旅客失望。六祖文化发掘还不够，历史记载的并不多，可以触摸的文物也缺乏。当然民间传说也可以造成"卖点"，但一定要精心整理出来，精心包装和推销。近年来，各地大建佛教旅游景区，怀集已经计划建设，以提升岭南文化精华之一的六祖文化吸引力，但要防止雷同和封建迷信的倾向。从建设和谐文化着眼，通过有形的书籍、工艺品和讲经、礼拜等仪式开发吸引游客，引发新一轮文化寻踪旅游。

（4）从资源大县向资源综合开发大县过渡，是县域经济跨越发展的立足点。资源综合开发关键就在提升产品中的智力成分，以创意增加产品附加价值。后发地区有劳动力等优势，要更多地发掘当地资源与劳动力结合的形式。缩短劳动力就业距离是其中之一。怀集每年输出农村劳动力大约19.2万人，占全县农村劳动力总数的60%，劳动力资源丰富。农村劳动力输出中到县外的占59%，本县吸纳农村转移劳动力占41%。另外，本县新增劳动力也是经济发展的有利条件。由于劳动力和自然资源丰富，引进和发展技术、劳动力密集型企业是一条有利途径。因此，发展利用当地和周边资源进行加工的企业有很强的生命力。

三、山区县发展创新型城市的策略

（一）发展文化创意产业实现三个转变

怀集有条件在未来五年至十年规划中，以文化创意产业为创新型城市发展目标定位。文化创意产业是朝阳行业，以此作为创新型城市的"火车头"，可能出现三个转变：

（1）旅游业升级转变到文化引领的综合新产业。从旅游地产向文化地产发展。发展旅游业是前导，引入相关文化产业和文化人口，发展有针对性和重点服务对象的文化地产。

（2）从传统工业转变到发挥资源优势的文化创意工业。配合广佛产业向文化产业转移与升级，依托怀集条件发展文化创意产业，重点是其中文化用品设计与制作，形成怀集利用本地和外地资源的创意工业。在英文中产业和工业是同一个词（industry），创意工业是突出工业中文化创意中的设计和制作环节。

（3）从传统县城转变到国家中心城市圈中有文化特色的中等城市。从城市发展史看，城市竞争力并不以城市的大小决定，而是以在行业中引领潮流能力和特色产品、专项服务的市场占有额取胜。竞争以文化论输赢，城市以影响力排高低。

（二）发展文化创意产业的四个思路

（1）发展文化创意产业，是建设创新型城市的突破口。文化创意产业是现代城市发展的主攻点。在发达国家和地区中，文化创意产业的产值已经超过工业部产值，在经济社会建设中起到十分关键的作用。如工艺品、设计、艺术和文物交易、玩具、旅游、摄影和电影、文化会展业、广场演艺产业、儿童文化用品产业、民间艺术产业、名人艺术产业、书画艺术产业等。以文化为主题发展旅游地产。文化经济兴起与旅游业相得益彰，既充分利用本地资源，市场大，又无污染，集聚高素质人口相关机构。加速城市化、工业化，确定城市化人口目标，重要的是确立城市发展定位，重点集中哪一类人口进城，是怀集发展的关键点。政府有意识推动产业集聚，加速人口集聚，计划在 5 年内把县城拓展成为 30 万常住人口、35 平方公里面积的中等城市。集中力量建成有较强辐射力的城市，是战略重点。增加的一倍人口是由哪些阶层组成，它决定了城市发展类型和发展前景。新移居城市的人口中，第一部分应该是从农村到城市谋生的工商业者。加速农村城市化，做大县城主导产业是首要任务。有手艺、有能力进城定居的农民是人口中占大部分的。第二部分应该是来怀集从事工商业的技术人员、教师和营销人员，包括引进企业的管理者和员工。新引进企业有管理层和生产技术骨干，鼓励他们定居怀集是产业发展的主要人口来源。第三部分是创意产业的人才，这部分人的流动性最强，而且是许多地方争取的资源，应该以政策鼓励他们在怀集创业，以优惠待遇鼓励他们定居怀集，或者使怀集成为工作室、创作公司的主要地之一，在本地有工作场所和居住场所。集聚文化创意人才，要充分考虑他们工作范围大、与外界联系广的特点，建立文化创意产业专家集中园区，发展全国文化产业人际关系网，繁荣地方文化创作和扩大工艺美术品产销。从人口数量来说，可能处于最前沿的设计、创造性开拓产业发展的人口数量不超过 20%，但这部分力量足以提供给另外 80% 的人口有理想收入的工作岗位，能够推动经济社会日益繁荣，建立产业核心网络，提高城市的知名度，起到增加城市竞争力的核心作用。

（2）有选择地吸引工业转移和产业投资是发展的经济基础。重点的工业投资有选择地引进外来投资，抓住中山大涌（怀集）产业转移园区建立等机遇，发展文化创意工业。同时，切忌偏离城市发展目标的吸收转移企业，有目标、有选择地引进相关产业。

（3）建立粤西北物流业中心，为物资、人才、信息等交流提供优质服务。利用地方资源生产的文化产品，运输量大，季节性需求明显。因此，加快发展粤桂湘物流集散基地和信息服务枢纽是十分必要的。

（4）以绿色环保文化观念推动农业产业化。绿色食品一定是赋予文化内涵、新思想意识的产品，以文化创意为先导，选择性发展绿色食品、环保用品的设计和生产，以镇为单位发展特色产业，一村一品，一镇一业。农业特色生产要定点，与旅游、与超市和大中型采购商建立产销协议，发展订单农业。

（三）发展文化创意产业分三步走

2012 年珠三角地区特别是广州向怀集产业转移已经迈开步伐。广佛肇成为广东重要的经济圈发展目标。集中力量，利用当地优势资源，大力发展怀集文化创意产业要优先上马，要"怀天下文化市场，集世界创意精英"，实现以文化创意产业为主导建立创新型城市。因此，建议在发展战略上分三个步骤。

1. 以文化创意产业引导工业集聚与人口集聚

（1）有人才才有创意，有创意才有策划，有策划才能吸引投资，有投资才能做大产业。发展无污染的文化工业项目，要有一支经纪人队伍。招商引资是一门艺术，不是你有资源人家会主动来投资的，要有得力的策划人、游说人、组织者。可以采用灵活的办法吸引有专门技能和营销能力的文化创意产业人才居留本地；通过以其对本县有重要贡献给予奖励，授予荣誉市民、有特殊贡献者、专门文化艺术人才等称号，留住人才，发挥其特殊作用。

（2）发展特色文化旅游。①古村游与度假、创作相结合，整合旅游景点资源，营造度假村落。云南丽江发展度假式旅游，古屋物尽其用，成为最先仿照西方盛行的度假旅游的成功例子。既解决了农村不兴旺、农民增收无门的难题，也解决城市就业难的问题。②发展体育文化旅游，在攀岩运动基础上发展汽车越野、定向越野、探险旅游、生物野外考察等运动和活动项目。此外，发展林业旅游、休闲度假旅游、文化考察、佛学修炼等也在此列。

（3）重视地方文化特色的开发，建立粤西中心文化艺术制造业集散地。以旅游带动发展特产加工、推广和销售。选择文化创意产业链条中工艺品开发制造、加工销售环节，主要有：①竹制品文化用品开发制造。通过初加工为厘竹增值，将当地厘竹加工成钓鱼竿或高级钓竿的初级产品。竹子编织可以成为家庭环保的日用品和文化用品。怀集已经有了厘竹加工招商项目，重点要抓好科研才能为原材料增值。②工艺雕刻开发制造。发展木石矿雕刻艺术加工，遍地的石头、树木、竹子、矿石是制造旅游工艺品的上好材料。但关键要有人组织、创作，然后在市场造成热点，组织大量人力生产和销售，跟进研究和改进，进而成为行销国内外的叫得响的工艺美术品。③建立特色文化用品集散地。可以考虑将全国各地的文化用品有选择地引进，如引进宣纸生产工艺，发展本地销售，进而发展书画用的玉扣纸、土纸的生产；引进湖州毛笔生产；引进潮州木雕工艺，佛山陶瓷、泥塑、南海藤织等工艺，发展文化工艺美术品；引进徽州墨生产工艺，创造本地相应生产品种。引进知名体育用品生产研究，发展体育用具生产，如登山、攀岩、探险等用品。传统文化用品开发制造。肇庆地区文房用品最有名的是端砚，可以引进生产，同时，将砚石材料雕刻成工艺美术品。人们文化素质逐步提高，休闲时间增多，人们对琴棋书画、吹拉弹唱、礼乐文化用品等需求增加。其他如象棋、围棋、弹弓等文化用品生产可以利用优质木料的边角，加工成高质优价的产品。将传统文化用品集于一地生产，可以搞旺一个大市场。④开发茶文化及旅游特色商品制造。茶文化与和谐社会理论结合起来，形成日益兴旺的消费文化，成为都市人生活方式。怀集茶叶质量上乘，与禅宗文化相印证，与提倡健康自然的生活态度相吻合，因而有很大的潜在市场。竹筒茶或可成为创新产品的例子，地方资源利用与食疗相结合，与竹、草、木等材料混合包装。⑤打造怀集绿色食品与特色矿泉水开发生产。加强科研，引进新品种，发展绿色农副产品，打造怀集绿色产品品牌。怀集矿泉水已经批量生产，需进一步提升品牌与扩大销量，让优质本地产品走进大城市超市和千家万户。

2. 发展旅游休闲地产，向文化地产过渡

成为粤桂湘三地人们所向往的旅游休闲城市，控制房地产价格，稳定市场发展。当交通状况得以改善后，从三个小时到一个小时的车程，怀集地产可以吸引广佛、深圳等珠三角核心地区来此购房，开始主要作为度假，后来可以定居。

（1）促进地产多元化与稳步发展。①发展旅游休闲地产。地产与旅游、文化创意产业相结合，吸引人口、资金、技术等生产要素到本地发展，让游客从过路客到多停留几天的休闲旅游，进而成为度假式旅游，再进到落脚本地发展事业。②建设适宜创业、适宜居住的专家楼、文化村。政府通过掌握土地批租权力，建设吸引专家学者到怀集创业。开发供专家学者和艺术家居住和度假的商品房，租赁或购买都可行。一种方式是建设专家楼、文化艺术村，吸引有关文化人才在怀集创作，组织微利保成本的住房，让引进人才享受优惠待遇，同时限制其短期转让等行为。另一种方式是让设计师将优秀艺术作品委托加工，进行小批量生产，取得利润分成。政府可以按他们为当地创造利润予以购房优惠。国内外高品质的工艺美术与文化用品市场很大，关键在于发掘人才和优秀创作，利用当地资源做大市场，抓住人才引进和优质设计的"龙头"，带动全地区的经济发展。

（2）建立各种文化基地，发展创意产业地产。①国内文化活动已经成为推动经济的主要动力。如各地举办各种摄影活动，使旅游与摄影创作结合起来，成为打响地方品牌的手段。创立各种文化创作基地、探险与生态考察基地、文化艺术创作基地等是怀集文化地产可以考虑的，可以组织各种有关协会、学会来参与驻地房地产建设，建立文化会所，文化人才公寓等。以影视创作增强地方号召力，是当今地方促进经济文化发展屡试不爽的办法。②建设博物馆、纪念堂等设施作为文化地产。发展旅游文化地产宜与文化用品产销一起规划。江苏宜兴有紫砂壶博物馆，在博物馆前面设置了一间间紫砂壶工作室，让工匠边制作、边交流、边销售，形成文化商业环境。我们可以设想发展当地文化用品市场如何与政府兴建的文化设施相配合，增加旅游地产文化成分。③建设以文化旅游为主题的商业地产。义乌市场上文化用品成千上万，他们靠量多、价低、销售广取胜，最近广泛在全国多个二、三线城市寻找发展机遇，建设义乌城，还有温州城等商业地产。在珠三角山区县发展文化用品一定要依靠高新技术，开发新型产品，立足市场需求，打进世界市场。同时，组织建立文化创意产业网络，推动本地创意产品网上销售，也是促进建立文化商品集散地的做法之一。

3. 鼓励文化创意人才居留和产业集聚，建立创新型城市

发展广佛肇经济圈中有文化特色中等城市。以粤桂湘三地物流、人才、工艺加工制造等集中地，作为城市的发展模式。大力引进广州、佛山、深圳等地创意产业人才和企业。

（1）以产业发展既定目标建设高新技术工业园，吸引珠三角转移的工厂，扶持加工制造业。地方工业以特产为原材料，引入高新科技研究，鼓励农民种植文化用品生产用材、树种，推广新一代的特产种植技术和加工技术。与科研、高校合作，引进科研机构，创立山区县发展特色。

（2）集天下文化奇才，建立文化创意研究机构，集中创意产业人才于一地。文化创意主要靠人才，一个好的作品，可以创造很多价值，为许多人提供就业机会，利用当地资源便形成独特的产业，具有垄断性的竞争力。吸引书画家和文化爱好者到来创作、度假、购物和聚会，名家创作可以成为市场商品。

（3）发展国际文化交流，促进创意产业。引进、学习日本精心设计，将设计作为工业的生命力来发展，以人为本，以精致、环保、耐用作为节约和新潮观念的体现。借鉴德国工业设计教育和产业经验，树立时尚新颖、坚固耐用特点。设立文化创意产业园区，引进日本、韩国设计业发展经验，也引进西方现代设计人

才和机构。

（4）发展特色文化用品制造业，将原材料与文化意念、设计理念结合起来，发展适应当今社会潮流需求的文化产品。先是扩大引进肇庆本地的生产工艺和材料。例如，四会凭玉器产销已经做旺市场，市场"两头在外"，玉石从云南、缅甸进口，销售主要在广州等城市。随着土地、人工费用增高，将雕刻工艺美术厂引进来存在可能性。另外，以肇庆端砚生产的材质发展旅游纪念品和文化用品。还有可用广宁绿玉和本地石材制造旅游纪念品，也是地方特色的文化产业广告。设计和生产旅游纪念品、会议纪念品等形成手工艺品产销一条龙，围绕中国文化可以将文房四宝产销造成一个文化市场，形成完整的传统文化用品产业园区。

发展乐器生产是可以引进广佛产业转移的内容。进口外省、外国木材，加上利用本地材料可以发展多种乐器。广佛两市的民族狮鼓、民族乐器、钢琴吉他、提琴等生产厂都要向外扩展才有生命力。我们要盯住大城市产业改造和转移的历史机遇，逐个筛选，选择适合发展的项目，有重点地引进转移的对象，发展集中、连锁结构的产业集群。

（5）发展建筑用材和中高档家私生产。怀集已经有了木地板生产的基础，在家居和办公场所配套用具生产方面有强大优势。房地产市场兴旺，家私需求量持续增大，人们收入增加，文化品位提高，对高档家私需求增多，如高价值的红木家私需求持续增长。广州、南海、中山等地有不少红木家私厂，但存在良莠不齐、创意不高、市场开拓不足等问题，要从创意产业方向引导高档红木、硬木家私设计、制造、销售水平的提高，满足文化潮流所需的消费，形成高质、高价、高利润的文化创意产业品牌。

农业生态结构价值测算与能值评价

——以广东梅县为例

陈建国[①] 罗文 凌立文 余平祥 毛小娟 曹咏 罗晓燕

引　言

项目前期研究成果显示：1992 年以来中国农业的能值交换率（EER）持续小于 1，处于长期亏损状态；[1] 广东坚持农业产业化与现代化导向，以全国 1.60% 的耕地创造了 5.70% 的农业经济收入，1999~2008 年 EER 平均值为 1.21，远高于同期全国平均水平（0.70），但环境负载率（ELR）平均值高达 2.50，远高于全国平均水平（1.60），[2] 农业效益较好但环境代价巨大。近年来，生态高值农业由理念上升为国家农业发展战略，[3~4] 广东作为农业现代化先行地区，必须探索既降低环境负载率又实现高能值交换率的生态高值农业发展模式。

国内研究成果显示，农业系统引入生产增益环能够改进能量利用效率，促进物质循环，降低环境的压力，使农业系统转向生态化。[5~10] 一旦农业进入生态化逻辑，农产品结构必然随之改变，农业获得的收入货币能值和投入的经济能值也将发生变化，产生农业的生态结构价值。

农业生态化如何产生生态结构价值，提高能值交换率，降低环境负载率，是本文研究的目的所在。广东梅县农业代表广东农业平均水平，农业系统 2004~2008 年种植业和畜牧业经济产值占农业总产值的平均比例分别为 68.46% 和

---

① 陈建国（1963—），男，汉族，教授，主要从事多功能农业价值分析与评价研究。

25.00%。因此，本文以梅县农业系统为研究对象，以种植业与畜牧业之间的资源综合利用为生态约束，运用数学规划方法估测生态约束引发的农产品结构调整和生态结构价值，从能值视角评价该变化对农业生态高值的作用。

一、研究对象和研究方法

（一）研究对象

梅县位于广东省东北部，东经 115°47′~116°33′，北纬 23°55′~24°28′，全市面积 2755.36 平方千米。梅县地处亚热带，属亚热带季风气候区，气候温和，光照充足，雨量充沛，年平均气温 21.2℃，年平均日照 2000 小时，年平均降雨量 1472.90 毫米。梅县四季宜耕宜牧，具有发展农、林、牧、渔等各业生产的有利条件。

截至 2008 年，梅县常用耕地面积 23455.69 公顷，粮食复种面积 33382 公顷，蔬菜复种面积 13621 公顷；果园面积 26692 公顷；林地面积 16.26 万公顷；饲养生猪 40.10 万头；水产养殖面积 3725.89 公顷。粮食产量 19.12 万吨，蔬菜产量 38.65 万吨，肉类产量 4.36 万吨，鱼产量 2.44 万吨，农业总产值为 39.69 亿元。

（二）研究方法

1. 农业产业结构优化模型

本文以农业总产值为目标函数，从资源、市场需求和种植业与畜牧业的物质循环利用三个方面给出约束条件。综合我国学者的研究成果[11~15]给出农业产业结构优化数学规划模型如下：

$$\max T = \sum_{i=1}^{14} P_i c_i A_i \tag{1}$$

s.t.

$$A_1 + A_2 + A_3 + A_4 + A_5 + A_6 \leqslant A_{field} \tag{2}$$

$$A_7 + A_8 + A_9 \leqslant A_{orchard} \tag{3}$$

$$A_{14} \leqslant A_{fish} \tag{4}$$

$$c_1 A_1 \geqslant k_1 N_{People} A_{rice.o} \tag{5}$$

$$c_2 A_2 A_{coybean.oil} + c_4 A_4 A_{peanut.oil} \geqslant k_2 N_{people} A_{oil.o} \tag{6}$$

$$c_6 A_6 \geqslant k_3 N_{People} A_{vegetable.o} \tag{7}$$

$$c_7 A_7 \geqslant k_4 N_{People} A_{fruit.o} \tag{8}$$

$$c_{10} A_{10} + c_{11} A_{11} + c_{12} A_{12} + c_{13} A_{13} \geqslant k_5 N_{people} A_{meat.o} \tag{9}$$

$$c_{13.egg} A_{13} \geqslant k_6 N_{people} A_{egg.o} \tag{10}$$

$$c_{14} A_{14} \geqslant k_7 N_{people} A_{fish.o} \tag{11}$$

$$c_{10} A_{10} \geqslant 0.50 k_5 N_{people} A_{meat.o} \tag{12}$$

$$c_{13} A_{13} \geqslant 0.30 k_5 N_{people} A_{meat.o} \tag{13}$$

$$c_{11} A_{11} \geqslant 0.50 k_5 N_{people} A_{meat.o} \tag{14}$$

$$c_{12} A_{12} \geqslant 0.025 k_5 N_{people} A_{meat.o} \tag{15}$$

$$1 \leqslant \frac{\sum_{i=10}^{13} (\alpha_{i.manure} A_i b_{i.manure}) + \sum_{i=10}^{11} (\alpha_{i.urinue} A_i b_{i.urinue})}{\sum_{i=1}^{9} (\alpha_i A_i)} \leqslant 1.5 \tag{16}$$

其中，式（2）~式（4）为资源约束，式（5）~式（15）为消费需求约束，式（16）为农作物肥料需求对畜牧业规模的生态约束。

式中，T 为农业总产值，单位：元；P_i 为第 i 类农产品或畜禽、水产养殖单位价格，单位：万元/吨或万元/公顷；c_i 为第 i 类农产品或畜禽、水产养殖单位产量，单位：千克/头或吨/公顷。$A_i(i = 1，\cdots，9)$，为作物年种植面积（公顷），其中 i = 1 为水稻，i = 2 为大豆，i = 3 为甘蔗，i = 4 为花生，i = 5 为木薯，i = 6 为蔬菜瓜果，i = 7 为水果，i = 8 为桑，i = 9 为茶叶。$A_i(i = 10，\cdots，13)$ 为畜禽年养殖量，其中 i = 10 为猪，i = 11 为牛，i = 12 为羊，i = 13 为家禽；A_{14} 为该地区年养殖面积，单位：公顷；A_{field} 为该地区年耕地总量（包括复种），单位：公顷；$A_{orchard}$ 为该地区年园地总量（包括复种），单位：公顷；A_{fish} 为该地区年淡水养鱼总面积，单位：公顷；N_{People} 为该地区的总人口数，单位：万人；$A_{rice.o}$、$A_{oil.o}$、$A_{vegetable.o}$、$A_{fruit.o}$、$A_{meat.o}$、$A_{egg.o}$ 和 $A_{fish.o}$ 分别为人均粮食、食物油、蔬菜、水果、肉、蛋和鱼年需求量，单位：吨/（人/年）；$A_{coybean.oil}$ 和 $A_{peanut.oil}$ 分别为大豆、花生的单位出油率；$k_i(i = 1，\cdots，7)$ 分别为粮食、食物油、蔬菜、水果、肉、蛋和鱼需求量系数；$\alpha_i (i = 1, \cdots, 9)$ 分别为水稻、大豆、甘蔗、花生、木薯、蔬菜、水果、桑、茶的单位种植面积化肥需求量，单位：千克/公顷；$b_{i.manure} (i = 10, \cdots, 13)$ 分别为猪、牛、羊、家禽饲养周期内粪便总产量，单位：千克/头；$b_{10.urine}$ 和 $b_{11.urine}$ 分别为每头猪、牛饲养周期内尿产量，单位：千克/头；$\alpha_{i.manure} (i = 10, \cdots, 13)$ 分别为每头猪、牛、羊、家禽单位粪便中肥料含量比例；$\alpha_{10.urine}$ 和 $\alpha_{11.urine}$ 分别为猪尿、牛尿液中肥料含量比例。

2. 基于资源综合利用的购买能值节约估算模型

根据学者研究成果[16~18]和 10% 的能量转化率计算得出生态约束条件下饲料投入的减少量为：

$$F_{feed} = \frac{F_3}{Y_3} \times \left(0.1 \times \sum_{i=1}^{n} Y_{1.i} C_{1.i} \right) \tag{17}$$

根据畜牧业生产系统非目标产品的肥料能值转化率，化肥投入的减少量为：

$$F_{fetile} = \left[\sum_{k=1}^{n} (Y_{3.k} \cdot C_{maure.k} \cdot D_k) \cdot \beta_{maure} + \sum_{k=1}^{n} (Y_{3.k} \cdot C_{urine.k} D_k) \cdot \beta_{urine} \right] \eta_{fertile} \tag{18}$$

式中，F_{feed} 和 $F_{fertile}$ 分别为饲料投入减少的能值和化肥投入减少的能值，单位：sej；F_3 为畜牧业生产系统不可更新购买能值的投入量，单位：sej；Y_3 为畜牧业生产系统肉类总产量，单位：千克；$Y_{1.i}$ 为种植业生产系统第 i 类产品产量，单位：千克；$C_{1.i}$ 为种植业生产系统第 i 类非目标产品比例；$Y_{3.k}$ 为年内畜牧业生产系统第 k 种产品养殖量，单位：头或只；$C_{maure.k}$ 和 $C_{urine.k}$ 分别为畜牧业生产系统第 k 种产品每天粪便和尿液产量，单位：千克；D_k 为畜牧业生产系统第 k 种产品养殖周期，单位：天；β_{maure} 和 β_{urine} 分别为粪便和尿液营养物含量（折纯量）比例；$\eta_{fertile}$ 为肥料的能值转化率。

3. 生态结构价值估算模型

根据引言所述，本研究建立的农业生态结构价值估算模型表述如下：

$$Z_{ecology} = (F_{feed} + F_{fertile}) MER + (T - T_{common}) \tag{19}$$

式中，$Z_{ecology}$ 为农业生态结构价值，单位：元；T_{common} 为农业结构优化前的总产值，单位：元；MER 为能值货币比例。[1]

4. 农业系统能值评价方法

为科学评价农业生态高值的实现程度，本文分别选取环境负载率 ELR、能值产出率 EYR、能值交换率 EER 作为生态、生产、交换各维度的能值指标，相应地选择蓝盛芳等设立的可持续发展指数 EISD 评估农业生态高值的综合水平。[19]

$$EISD = (EYR \times EER)/ELR \tag{20}$$

（三）数据来源

环境资源总量、农作物种植面积、畜牧业养殖面积等原始数据来自《广东统计年鉴》和《广东农村统计年鉴》，以上来源缺失的少量数据从其他媒介引用或估算后补齐。

P_i 引自国泰安金融数据库和中国农产品价格网，少量缺失数据通过估算补齐；$c_i(i = 1，\cdots，9)$ 由梅县历年农作物单位产量平均值估算；$c_i(i = 10，\cdots，13)$ 参考文献 [11] 获得；c_{14} 由梅县历年农作物单位产量平均值估算；$A_{rice.o}$、$A_{oil.o}$ 和 $A_{fruit.o}$ 通过查阅食品安全网，分别由 0.5 千克/（天/人）、0.75 千克/（月/人）和 0.5 千克/（天/人）估算获得；$A_{vegetable.o}$、$A_{meat.o}$、$A_{egg.o}$ 和 $A_{fish.o}$ 参考文献 [13] 获得；$A_{coybean.oil}$ 和 $A_{peanut.oil}$ 通过实际调查获得，分别为 0.15 和 0.225;、$b_{i.manure}$（$i = 10，\cdots，13$）、$b_{10.urine}$、$b_{11.urine}$、$\alpha_{i.manure}$（$i = 10，\cdots，3$）、$\alpha_{10.urine}$、$\alpha_{11.urine}$ 等参考文献 [12] 获得；α_i（$i = 1，\cdots，9$）依据农作物资源网相应原始数据经相应计算后获得。

二、结果与分析

（一）梅县农业结构优化结果

生态约束后的农产品价格因为生态品质会大幅度提升，调查表明一般为现有农产品价格的 2~4 倍。从保守角度出发，本文选取年内最优价格为农业结构优化后农产品交易价格。其他数据和参数来源如上所述。依据式（1）~式（16）对 2004~2008 年梅县农业结构进行优化，结果如表 1 所示。

表 1　2004~2008 年梅县农业结构优化结果

单位：公顷、头

项目	2004 年		2005 年		2006 年		2007 年		2008 年	
	优化前	优化后	优化前	优化后	优化前	优化后	优化前	优化后	优化前	优化后
水稻	35083	16949	36327	16926	35796	16690	32304	16015	33382	16873
花生	3372	11179	3555	11164	3591	11009	3409	10563	3633	11129

项目	2004 年		2005 年		2006 年		2007 年		2008 年	
	优化前	优化后	优化前	优化后	优化前	优化后	优化前	优化后	优化前	优化后
木薯	3684	0	3684	0	3662	0	2797	0	2804	0
蔬菜	14342	29855	14342	29894	14223	30285	13054	31406	13621	29982
水果	28716	30000	28716	30000	28263	30000	26666	30000	26692	30000
茶叶	1115	0	1115	0	1072	0	1087	0	1070	0
猪	400602	216884	400602	216583	411385	213574	378893	204924	400993	215905
牛	5262	4691	5262	4685	5440	4620	3162	4433	3656	4670
羊	25280	42314	25348	42255	25069	41668	23514	39980	23260	42123
家禽	1008 万	6980 万	1007 万	6990 万	1019 万	7094 万	935 万	7391 万	842 万	7014 万
渔业	3724	3727	3727	3727	3726	3727	3727	3727	3726	3727

通过优化计算，5 年间平均梅县水稻种植面积为优化前的 48.27%；花生种植面积为优化前的 3.13 倍；蔬菜种植面积为优化前的 2.18 倍；猪养殖规模为优化前的 53.60%；羊养殖规模为优化前的 1.70 倍；家禽养殖规模为优化前的 7.37倍；水果种植面积和牛的养殖规模前后基本不变；木薯和茶叶优化后被取消；总体而言，加入生态约束条件显著地改变了农业的结构。

（二）梅县农业生态结构价值

根据农业结构优化结果和式（17~19），得到梅县农业系统生态结构价值结果如表 2 所示。

表 2　2004~2008 年梅县农业系统生态结构价值估算结果

单位：元

项目	2004 年	2005 年	2006 年	2007 年	2008 年	平均值
$T-T_{common}$	7.40E+09	7.65E+09	9.13E+09	9.37E+09	1.05E+10	8.80E+09
$F_{feed}*MER$	2.39E+08	2.35E+08	2.30E+08	3.06E+08	3.69E+08	2.76E+08
$F_{fertile}*MER$	2.38E+08	2.39E+08	2.51E+08	2.75E+08	2.99E+08	2.61E+08
$Z_{ecology}$	7.88E+09	8.13E+09	9.61E+09	9.95E+09	1.11E+10	9.34E+09

通过优化计算，5 年间平均梅县农业系统农业产出增加值为 8.80E+09 元，减少饲料投入 2.76E+08 元，减少 2.61E+08 元肥料的投入，生态结构价值为 9.34E+09元，为梅县农业生产总值均值的 3.05 倍。显然，加入生态约束后，将会产生显著的生态结构价值。

(三) 梅县农业系统能值分析

1. 梅县农业系统能值流量分析

假定劳动力和种子投入不变,根据Odum的能值分析方法[20]和农业结构优化结果,得到2004~2008年梅县农业系统优化前后能值流量表如表3、表4所示。

表3　2004~2008年结构优化前梅县农业系统能值流量

单位:太阳能焦耳

项目	2004年	2005年	2006年	2007年	2008年	平均值
太阳能	8.25E+19	8.25E+19	8.25E+19	8.26E+19	8.25E+19	8.25E+19
风能	2.31E+19	2.31E+19	2.32E+19	2.32E+19	2.32E+19	2.32E+19
雨水势能	7.25E+18	8.57E+18	1.32E+19	7.80E+18	1.12E+19	9.59E+18
雨水化学能	1.81E+20	2.15E+20	3.30E+20	1.95E+20	2.79E+20	2.40E+20
地球旋转能	7.97E+19	7.97E+19	7.98E+19	7.98E+19	7.98E+19	7.98E+19
合计 (R)	1.81E+20	2.15E+20	3.30E+20	1.95E+20	2.79E+20	2.40E+20
表土净损失	9.57E+19	9.58E+19	9.64E+19	9.67E+19	9.63E+19	9.62E+19
合计 (N)	9.57E+19	9.58E+19	9.64E+19	9.67E+19	9.63E+19	9.62E+19
氮肥	1.05E+20	3.78E+19	4.35E+19	4.93E+19	1.02E+20	6.76E+19
磷肥	1.65E+19	1.17E+19	1.16E+19	1.15E+19	1.16E+19	1.26E+19
钾肥	7.72E+18	7.83E+18	7.80E+18	7.77E+18	8.16E+18	7.85E+18
复合肥	3.28E+19	3.34E+19	3.40E+19	3.46E+19	3.48E+19	3.39E+19
农药	2.16E+18	2.09E+18	2.15E+18	2.21E+18	2.25E+18	2.17E+18
农膜	1.33E+17	1.40E+17	1.45E+17	1.50E+17	1.53E+17	1.44E+17
畜禽业饲料消耗	1.17E+20	1.19E+20	1.11E+20	1.53E+20	1.70E+20	1.34E+20
渔业中间消耗	2.65E+19	2.62E+19	2.37E+19	2.20E+19	2.40E+19	2.45E+19
小计 (F)	3.09E+20	2.38E+20	2.34E+20	2.81E+20	3.53E+20	2.83E+20
劳动力	4.68E+18	4.71E+18	4.71E+18	4.71E+18	4.72E+18	4.71E+18
种子	2.43E+19	2.63E+19	3.14E+19	3.00E+19	2.77E+19	2.80E+19
合计 (R1)	2.90E+19	3.10E+19	3.61E+19	3.47E+19	3.24E+19	3.27E+19
总计 (R+N+F+ R₁)	6.15E+20	5.79E+20	6.97E+20	6.07E+20	7.61E+20	6.52E+20
收入货币能值	9.18E+20	8.99E+20	9.04E+20	9.62E+20	1.05E+21	9.46E+20

表4　2004~2008年结构优化后梅县农业系统能值流量

单位:太阳能焦耳

项目	2004年	2005年	2006年	2007年	2008年	平均值
太阳能	8.25E+19	8.25E+19	8.25E+19	8.26E+19	8.25E+19	8.25E+19
风能	2.31E+19	2.31E+19	2.32E+19	2.32E+19	2.32E+19	2.32E+19
雨水势能	7.25E+18	8.57E+18	1.32E+19	7.80E+18	1.12E+19	9.59E+18

续表

项目	2004 年	2005 年	2006 年	2007 年	2008 年	平均值
雨水化学能	1.81E+20	2.15E+20	3.30E+20	1.95E+20	2.79E+20	2.40E+20
地球旋转能	7.97E+19	7.97E+19	7.98E+19	7.98E+19	7.98E+19	7.98E+19
合计（R）	1.81E+20	2.15E+20	3.30E+20	1.95E+20	2.79E+20	2.40E+20
表土净损失	9.57E+19	9.58E+19	9.64E+19	9.67E+19	9.63E+19	9.62E+19
合计（N）	9.57E+19	9.58E+19	9.64E+19	9.67E+19	9.63E+19	9.62E+19
氮肥	0.00	0.00	0.00	0.00	0.00	0.00
磷肥	0.00	0.00	0.00	0.00	0.00	0.00
钾肥	0.00	0.00	0.00	0.00	0.00	0.00
复合肥	0.00	0.00	0.00	0.00	0.00	0.00
农药	2.16E+18	2.09E+18	2.15E+18	2.21E+18	2.25E+18	2.17E+18
农膜	1.33E+17	1.40E+17	1.45E+17	1.50E+17	1.53E+17	1.44E+17
畜禽业饲料消耗	9.28E+19	9.40E+19	8.83E+19	1.23E+20	1.35E+20	1.07E+20
渔业中间消耗	2.65E+19	2.62E+19	2.37E+19	2.20E+19	2.40E+19	2.45E+19
小计（F）	1.22E+20	1.22E+20	1.14E+20	1.48E+20	1.61E+20	1.33E+20
劳动力	4.68E+18	4.71E+18	4.71E+18	4.71E+18	4.72E+18	4.71E+18
种子	2.43E+19	2.63E+19	3.14E+19	3.00E+19	2.77E+19	2.80E+19
合计（R1）	2.90E+19	3.10E+19	3.61E+19	3.47E+19	3.24E+19	3.27E+19
总计（R+N+F+ R1）	4.28E+20	4.64E+20	5.77E+20	4.74E+20	5.69E+20	5.02E+20
收入货币能值	3.58E+21	3.50E+21	3.87E+21	3.66E+21	3.81E+21	3.68E+21

通过优化计算，5 年间平均梅县农业系统不可更新经济能值（F）投入将由 2.83E+20sej 减少到 1.33E+20sej，减幅 52.83%，其中，畜牧业非目标产品充分利用后可完全满足种植业所需肥料，氮肥、磷肥、钾肥、复合肥投入量降为 0，种植业非目标产品充分利用后可节约 2.75 E+19sej 的饲料，占畜牧业饲料投入的 20.48%；农业系统获得的收入货币能值从 9.46E+20sej 增加至 3.68E+21sej，增幅 288.93%。

2. 梅县农业系统能值指标分析

根据表 3、表 4，计算梅县农业系统优化前后环境负载率 ELR、能值产出率 EYR、能值交换率 EER、可持续发展指数 EISD，结果如表 5~表 8 所示。

表 5 2004~2008 年结构优化前后梅县农业环境负载率 ELR 变化情况

项目	2004 年	2005 年	2006 年	2007 年	2008 年	平均值
优化前	1.92	1.36	0.90	1.64	1.44	1.45
优化后	1.03	0.89	0.58	1.06	0.83	0.88
变化情况	−0.89	−0.47	−0.32	−0.58	−0.61	−0.57

表 6　2004~2008 年结构优化前后梅县农业能值产出率 EYR 变化情况

项目	2004 年	2005 年	2006 年	2007 年	2008 年	平均值
优化前	1.82	2.15	2.58	1.93	1.98	2.09
优化后	2.84	3.02	3.83	2.60	2.94	3.05
变化情况	1.02	0.87	1.25	0.67	0.96	0.96

表 7　2004~2008 年结构优化前后梅县农业能值交换率 EER 变化情况

项目	2004 年	2005 年	2006 年	2007 年	2008 年	平均值
优化前	1.49	1.55	1.30	1.58	1.38	1.46
优化后	8.36	7.54	6.70	7.71	6.70	7.40
变化情况	6.87	5.99	5.40	6.13	5.32	5.94

表 8　2004~2008 年结构优化前后梅县农业可持续发展指数 EISD 变化情况

项目	2004 年	2005 年	2006 年	2007 年	2008 年	平均值
优化前	1.41	2.45	3.73	1.86	1.90	2.27
优化后	23.05	25.59	44.24	18.91	23.73	27.10
变化情况	21.64	23.14	40.51	17.05	21.83	24.83

通过优化计算，5 年间梅县农业系统的平均环境负载率 ELR 会由 1.45 减少到 0.88，能值产出率 EYR 将从 2.09 增加到 3.05，能值交换率 EER 由 1.46 增加到 7.40，农业系统可持续发展指数 EISD 由 2.27 增加到 27.10。给定生态约束，梅县农业能够显著提高 EER，降低 ELR，显著增强梅县农业的生态高值水平。

三、结论与讨论

（一）结论

本文以广东梅县农业系统为研究对象，给定种植业与畜牧业之间的资源综合利用为生态约束条件，运用数学规划方法研究了农业生态转型可能产生的农业生态结构价值，从能值视角评估了该生态约束对农业向生态高值方向转型的影响，获得如下成果：

（1）在生态与市场需求的双重引导下，梅县农业产品结构将显著改变，污染性强的生猪养殖和效益差的粮食种植规模大幅下降50%左右，效益好的蔬菜、花生等种植规模和羊、家禽等养殖规模显著增加。

（2）生态约束引发的结构调整能够产生显著的生态结构价值，梅县农业系统2004~2008年将年均获得9.34E+09元的生态结构价值，是梅县年均农业生产总值的3.05倍。估算结果表明农业系统采用生态路线具有显著的经济效益空间。

（3）如果2004~2008年梅县农业系统施以农业资源综合利用的生态约束，年均环境负载率ELR会由1.45减少到0.88，年均能值交换率EER从1.46增加到7.40，年均可持续发展指数EISD从2.27增长到27.10，展示了面向市场需求的农业资源综合利用系统对实现农业的生态高值具有显著的促进作用。

（二）讨论

本研究以县域农业系统为研究对象，依据现有技术条件参数，从理论上评估了农业系统引入农业资源综合利用的生态约束可能产生的生态结构价值空间和促进农业生态高值的改善潜力。虽然研究结论展示了良好的发展前景，但如何实现该发展前景还需要农业土地制度和农业经营模式的配套才有现实可行性。

价格机制是决定农业生态结构价值的关键因素，本文研究主要从宏观整体上考虑生态化约束对农业结构产生的结构与价值影响，没有考虑农业生态化后的价格机制，而是直接给定价格参数。为此，本项目将继续研究，以能值交换率作为农产品结构优化和市场交易的指针，从微观上分析既能满足生态约束又能满足高能值交换率的农产品结构优化机制。

参考文献：

[1]陈建国，罗文，凌立文等.基于能值的中国农业价值解析［J］.广东农业科学，2012，39（9）：187–189.

[2]罗文.农民增收的多功能农业结构优化研究——以广东省若干县为例[D].华南农业大学，2012.

[3]赵其国，黄季焜.农业科技发展态势与面向2020年的战略选择［J］.生态环境学报，2012，21（3）：397–403.

[4]赵其国，段增强.中国生态高值农业发展模式及其技术体系［J］.土壤学报，2010，47（6）：1249–1254.

[5] Zhang L.X., Ulgiati S., Yang Z.F., et al.. Emergy evaluation and economic analysis of three wetland fish farming systems in Nansi Lake area [J]. Journal of environmental management, 2010, 92 (3): 683-694.

[6] Li Yanchun, Huang Xiusheng, Pan Yong, et al.. Emergy analysis of circular agriculture mode of "dairy cattle-biogas-forage" [J]. Journal of Ecology and Rural Environment, 2010, 26 (2): 120-125.

[7] 董孝斌, 严茂超, 高旺盛, 等. 内蒙古赤峰市企业—人工草地—肉羊系统生产范式的能值分析 [J]. 农业工程学报, 2007, 23 (9): 195-200.

[8] De Barros I., Blazy J.M., Rodrigues GS, et al.. emergy evaluation and economic performance of banana cropping systems in Guadeloupe (French West Indies) [J]. Agriculture ecosystems & environment, 2009, 129 (4): 437-449.

[9] 杨海龙, 吕耀, 闵庆文, 等. 稻鱼共生系统与水稻单作系统的能值对比——以贵州省从江县小黄村为例 [J]. 资源科学, 2009, 31 (1): 48-55.

[10] 钟珍梅, 黄勤楼, 翁伯琦, 等. 以沼气为纽带的种养结合循环农业系统能值分析 [J]. 农业工程学报, 2012, 28 (14): 196-200.

[11] 彭里, 王定勇. 重庆市畜禽粪便年排放量的估算研究 [J]. 农业工程学报, 2004, 20 (1): 288-292.

[12] 李萍萍, 刘继展. 太湖流域农业结构多目标优化设计 [J]. 农业工程学报, 2009, 25 (10): 198-203.

[13] 陈玉香, 周道玮, 张玉芬. 东北农牧交错带农业生态系统结构优化生产模式 [J]. 农业工程学报, 2004, 20 (2): 250-254.

[14] 梁美社, 王正中. 基于虚拟水战略的农业种植结构优化模型 [J]. 农业工程学报, 2010, 26 (增刊1): 130-133.

[15] 张领先, 傅泽田, 张小栓. 基于农民增收的我国农业国内支持的结构优化 [J]. 系统工程理论与实践, 2007 (4): 9-18.

[16] 韩鲁佳, 闫巧娟, 刘向阳, 等. 中国农作物秸秆资源及其利用现状 [J]. 农业工程学报, 2002, 18 (3): 87-91.

[17] 钟华平, 岳燕珍, 樊江文. 中国作物秸秆资源及其利用 [J]. 资源科学, 2003, 25 (4): 62-67.

[18] 郭力, 赵云, 范艳. 驻马店市农村有机废弃物资源量概算及沼气潜力分析 [J]. 河南农业, 2009 (8): 18-19.

[19] Lu Hongfang, Kang Wenling, Campbell Daniel E, et al.. Emergy and economic evaluations of four fruit production systems on reclaimed wetlands surrounding the Pearl River Estuary [J]. Ecological Engineering, 2009, 35 (12): 1743-1757.

[20] Odum H T. Environmental Accounting: Emergy and Environmental Decision Making John [M]. Wiley & Sons, 1996: 1-14.

统筹城乡一体化的农业产业发展路径

——以广东省佛冈县为例

万俊毅　　敖嘉焯

一、城乡一体化的内涵

目前，学术界关于城乡一体化的内涵是众说纷纭，莫衷一是。袁方成和李增元（2010）论及武汉在两型社会改革试验中着力推进城乡规划布局、基础设施建设、公共服务、劳动就业、社会管理、人口素质提升6个方面的一体化。[1] 白永秀（2010）则认为，城乡经济社会一体化包括城乡建设规划、城乡市场体系、城乡产业发展、城乡经济主体、城乡公共服务、城乡基础设施、城乡社会管理、城乡生活方式8个一体化。[2] 尹成杰（2010）指出，当前要着力构建城乡一体化发展的农村产业、基础设施、公共服务、劳动就业、社会保障、社区建设、社会管理、政策扶持8大体系。[3] 尽管各自的认识不同，但在关于推进城乡一体化的重要意义和政策措施等方面共识较多。

城乡一体化发展是把城市和农村、工业与农业、城镇居民与农村居民当作一个有机整体对待，促进各类资源在城市与农村间的优化配置和转化利用，逐步消除城乡之间经济、社会、政治、文化、生态等各方面障碍，实现城乡在政策上的平等、产业发展上的互补、国民待遇上的一致，使城乡经济社会全面、协调、可持续发展。城乡一体化包括物质、精神和生态三个维度的一体化。物质维度的一体化相对容易实现，生态维度的一体化较难实现，精神维度的一体化最难实现。城乡一体化不等于城乡一样。推进城乡一体化发展事关全局、事关根本、事关未来，是破除城乡二元结构的根本出路、缩小城乡之间差距的根本举措、实现城乡共同繁荣的根本途径。推进城乡一体化的关键是抓发展，重点是抓农村，核心是抓统筹。因此，加快农业产业发展成为各地推进城乡一体化进程的重要抓手。

佛冈是广东清远市的一个县，其农业经济发展状况是中国县域农业经济的一个缩影。深入剖析佛冈城乡一体化的农业产业发展路径，对于中国的城乡统筹大业不无启迪。

二、佛冈农业产业发展的现状、问题与成因

随着工业化、信息化、城镇化、市场国际化进程深入发展，追求包容性增长、和谐发展与幸福生活成为社会各界共识，佛冈迎来推动城乡统筹发展的良好机遇。佛冈各界需要进一步深化认识，把握现状，查找问题，出台措施，促进城乡一体化发展目标的早日实现。

（一）发展现状

1. 农业产值总量增速加快，夯实农业基础

长期以来，佛冈县委县政府高度重视"三农"问题，积极采取有力的政策措施来推动农业的发展壮大，巩固农业的基础性地位。据统计，2009年佛冈农林牧渔业总产值为7.8亿元，比上年增长10.5%，[4] 第一产业生产总值的增速高于清远市的7.10%，也高于广东的平均值8.00%。[5] 农业总量的高速增长进一步夯实了农业基础。2009年佛冈的三次产业结构为5.8∶72.9∶21.3，县经济综合发展力排广东第11位，在广东山区五市30个县域中排第1位。该年农民年人均纯收入5838元，比上年增长12.1%；并累计投入3.8亿元推进新农村建设，农村基础设施进一步完善，村容村貌明显改观。[6] 农业基础建设稳固，保证农业经济持续健康发展。

2. 特色农业产业做大做强，形成主导格局

佛冈大力扶持特色农业产业，并以此为主导，不断推进农业产业结构的调整，增强佛冈农产品的综合竞争力。据统计，2009年佛冈砂糖橘总产量达到30万吨，其中出口2万多吨，首次实现出口创汇。另外，2010年佛冈竹山粉葛农

业标准化示范区完成建设，总产量获得了极大的提升，达到 3000 吨，总产值也增加到 1500 万元，产品竞争力明显提高。在产品注册认证方面，佛冈有 6000 亩砂糖橘产品通过国家绿色食品认证，1 万亩砂糖橘获得出境种植基地注册证；温氏公司高岗猪场获得供港澳活猪饲养场注册证，佛冈农产品质量得到了市场的认可和肯定。特色农业产业的不断发展壮大，有力地推动佛冈农业现代化的进程，增强了农业经济的活力。

3. 产业组织结构优化升级，带动农民增收

佛冈充分发挥产业组织在带动农户专业化生产、规模化经营方面的重要载体作用，积极引领农民参与市场竞争，实现增收致富。据统计，至 2010 年底，全县已培育农业产业化龙头企业 14 家，其中清远市重点龙头企业 5 家，而金鲜美粮油食品有限公司被评为广东省重点农业龙头企业，这些龙头企业每年能带动农户 2.9 万户，户均增收 1100 元，形成了巨大的示范效应。[7] 另外，全县共有农民专业合作经济组织达 29 个，坚持为农户提供产前、产中、产后服务，使入社农户在生产经营多环节中分到更多的利润。以佛冈县嘉华水果专业合作社为例，2009 年增加农民收入 480 万元，户均增收 1500 元。农业产业化得到重视，产业组织结构优化，为农民带来巨大的收益。

4. 营销流通体系逐步完善，提高市场销量

佛冈紧紧围绕着以市场为导向，以农产品协会为纽带，加快大型综合性农贸市场建设，加快品牌注册认证，积极拓宽产品销路。佛冈主推特色农产品砂糖橘，于 2009 年建成供销嘉鑫农贸市场，为产品销售提供了大型的交易场所。成功承办清远市首届砂糖橘暨旅游文化节，并举办了多届砂糖橘展销推介会，进一步做强和打响了佛冈砂糖橘的品牌与知名度，提高了佛冈砂糖橘的市场竞争力和占有率。此外，全县成立了多个农产品协会，这些协会致力于开拓农产品市场，陆续推出"独王山"牌砂糖橘、竹山粉葛、外水头芦笋、烟岭枇杷等一系列特色名牌农产品，销路遍及国内外市场，其中，"竹山粉葛"更是成功列入全省"一乡一品"项目。产品营销流通多管齐下，销量稳步上升，获得了显著效果。

5. 观光休闲农业异军突起，创新发展模式

佛冈创新思维，以建设"生态佛冈"为契机，利用丰富的农业资源，大力发

展"农家乐"和乡村旅游，将特色农业和观光休闲融为一体，促进农村经济的发展。据统计，目前全县已有以观光休闲为主题的农庄50多个，其中以我国台湾地区农村特色为主题的田野休闲度假农场被纳入2010年广东省重点建设项目，观光休闲农业发展态势喜人。此外，佛冈以当地特色农产品为元素推出了"十大养生菜"以及"五大手信"，这成为新模式发展的亮点，不仅带动了产品的销售，更是成为佛冈的一张名片，进一步增强了佛冈特色农业产品的知名度。创新的发展模式成为农村经济新的增长点，农村经济焕发出新的活力。

（二）存在问题

1. 农业人口占比较大

2009年佛冈总人口为326578人，其中农业人口为261739人，占总数的80.15%，农业人口占比高于清远市的70.87%的平均值，比2008年广东全省的农业人口比重47.79%高出32.36个百分点，也比2008年全国该指标的均值54.32%高出25.83个百分点。庞大的农业人口表明佛冈的城镇化水平低，推进城镇化的任务重，统筹城乡一体化发展的压力大；同时也显示农民增收难，极易导致农民收入不高。佛冈2009年的农村居民人均纯收入比广东全省农村居民人均纯收入6906.93元低1000多元。

2. 农业资源相对匮乏

佛冈虽然人不多，但人均耕地少，2009年全县耕地面积保有量26.04万亩，农业人口平均拥有的耕地面积不足1亩。农民整体受教育程度偏低，转移劳动力的技能培训亟待加强。贫困人口不少，如2009年迳头镇有贫困户1712户，贫困人口6508人；投入的扶贫资金少且难及时到位。

3. 农业资源利用不高

佛冈山地多，土层深厚，宜林、宜果，但山地资源还未得到有效开发和充分利用，2009年的林业产值仍只有0.56亿元，明显偏低；现有涉农机构较多，农业资源分散，缺乏整合，利用效率不高。

4. 优势农产品品牌较少

佛冈的名优特产较多，主要有砂糖橘、乌鬃鹅、竹山粉葛、潖江鸡、石硖龙眼、黄花柿子、四九话梅、四九荔枝、草菇、芦笋和冬菇等，但这些名优产品的品牌创建和推广工作力度不够，大多数是以产品为名，而不是以品牌闻名。迄今佛冈农产品没有著名商标，仅有的 2 件广东省著名商标属工业领域。

5. 农业产业化水平不高

目前佛冈大多数农户还是分散经营，游离于产业化组织之外，带动能力强、辐射能力广的农业龙头企业和专业合作组织偏少，农业产业化程度低，农业竞争力不强，农业产业的比较效益偏低。

6. 区域农业发展不平衡

由于历史、地理、经济和社会等诸多原因，佛冈各镇产业基础差异较大，带来各镇产业尤其是第一产业的发展水平相差悬殊，各镇农民收入相差较大，给统筹城乡一体化发展带来障碍。

(三) 成因分析

佛冈农业发展中存在的问题是商品经济规律、二元社会制度和重城轻乡意识共同作用于农业产业的结果。

1. 农业弱质竞争

首先，农业行业固有的自然风险在当前的科技水平下依然很大，农业的比较效益难以提高。其次，在商品经济规律的作用下，经济主体追求投入生产要素的高收益，极易导致要素向非农产业聚集，导致农业生产的要素投入不足。再次，伴随城镇化和农业的比较效益下降趋势，人口流动在加快，很多农民被迫外出打工，导致农村出现人空、地空、财空、服务空的"空心化"趋势，农业面临的人力资源制约日益凸显。最后，佛冈与周边县市的农产品存在同构现象，特色农产品发展缓慢，农业产业的核心竞争力不强。

2. 重城轻乡制度

佛冈生产要素从农业流向非农业、从乡村流向城市的单向流动化趋势明显，这是由于长期实行的城市和工业优先发展的政策和对地方政府的绩效考核过于偏重 GDP 指标所致。目前，制约农业发展的结构性和体制性矛盾依然存在，农村优质要素外流带来的农业经营者老龄化、兼业化、弱质化趋向未能得到遏制，制约了农业和农村经济的发展。

3. 重城轻乡意识

经济发展规律和重城轻乡的制度安排使得社会各界形成重城轻乡意识，而且通过代际传承，进一步强化这种意识，致使现实工作中出现大量有悖于城乡统筹发展的现象。而打破"重城轻乡"、"重工轻农"等观念上的障碍，是实现城乡一体化的思想基础。

三、佛冈农业产业发展的路径选择

当前，中央强农惠农力度不断加大，农业支持保护体系日益完善，新阶段扶贫开发成效显著，农业发展环境日益优化。顺应经济社会发展规律和时代特征，佛冈应借助实施"珠三角规划纲要"和"双转移"的机遇，充分利用作为清远市统筹城乡一体化科学发展试点县的机遇，探索现代农业产业发展的可行路径，积累构建新型城乡关系的先导性实践经验。

（一）构建现代农业产业体系

佛冈应从区域内的资源禀赋和区位特点出发，集中生产要素的投入，充分发挥本地农业资源的比较优势，把有地方特色和区域优势的主导产业做强做大，促进产业集聚，实现区域农业经济特色化、特色经济规模化、规模经济产业化发展目标。为此，佛冈需要谋划好现代农业产业体系，打破各镇区的产业重叠格局，优化特色农业产业带布局。具体说来，就是在做强现有砂糖橘产业的同时，下大力气推进观光农业、节约农业和设施农业的发展，尤其需要重视林相改造和林业产业的结构优化，大力发展农村的第二、三产业，构建起扎实的现代农业产业体系。

（二）做强现代农业产业主体

佛冈应采取提供政策、土地和资金等方式，创造条件推进现代农业产业主体的培育工作：一是培植和引进农业产业化龙头企业；二是大力发展农民合作经济组织；三是扶持大户、经纪人和公司化农场，使他们成为带动农户致富和农业发展的骨干力量。唯其如此，才能依靠市场主体推进农业产业化进程，提高农民的组织化程度，降低农产品交易成本，增强抗御市场风险的能力，提高农业生产的比较效益。

（三）大力发展农产品加工业

农产品加工业是农业发展的导向产业，是带动农民致富的"朝阳产业"。佛冈需要下大力气进行招商引资，推进农产品加工园区建设，鼓励农业企业采用新技术、新工艺，提高技术开发能力，促进农产品加工业发展，着力提升产品附加值和竞争力，抓好砂糖橘、蔬菜、林果、苗木和花卉等特色产品的精深加工。

（四）拓宽农产品营销网络

佛冈应充分利用组织推介、广告宣传、策划特色农产品采摘体验活动等方式，以及会展促销、农超对接、物流配送、连锁经营、电子商务、期货交易等现代营销手段，积极开拓国内和国际市场，不断提高农产品的知名度、美誉度和影响力。

（五）抓好农产品质量安全

农产品质量是农业产业发展的生命线，在抓好农产品品牌建设工作的同时，佛冈需要构筑"六网合一"的质量安全网；加强各级领导和注重培训，构建质量安全的主体意识网；优化农业生产的组织结构，构建质量安全的组织保障网；推进供应链上的技术进步，构建质量安全的技术保障网；强化社会各方的监督参与，构建质量安全的全民监管网；做好安全事故的预案管理，构建质量安全的危机管理网；开展不同区域的紧密协作，构建质量安全的合作保障网。

（六）营造农业产业发展的优良环境

佛冈各界需要改变城乡发展中长期存在的"重城市轻农村、重工业轻农业、重市民轻农民"的制度与观念，真正确立以工促农、以城带乡、相互促进、协调发展的全局理念，统筹城市资源向农村合理流动；以大农业的思路，有效整合农业领域资源；抓好农业劳动力的培训工作，切实减少农村贫困人口；推进农业生产的标准化和农产品流通的标识化，抓好林权改革和土地流转工作；大力推动社会公共资源向农村倾斜，城市公共设施向农村延伸，城市公共服务向农村覆盖，加大对农业和农村发展的扶持力度。

四、结 论

目前，无论是国外还是国内，也无论是理论上还是实践中，城乡一体化都还处在持续的探索当中，远没有形成被广泛接受的理论体系或实践模式。近几年来，佛冈正在致力于运用工业理念谋划农业和农村经济的发展，正在着力把传统农业改造成现代农业。佛冈的经验启示在于：加快城乡一体化发展，一定要根据当地的实际，因地制宜出台措施，找准缩小城乡差距、推进城乡一体化的突破口，而发展现代农业则是推进城乡一体化的关键工程。如同佛冈一样，中国的县域经济体需要进一步夯实农业基础地位，高度重视并切实加快现代农业发展，强化工业化、城镇化和农业现代化"三化统筹"，才能早日实现统筹城乡一体化的发展目标。

参考文献：

[1] 袁方成，李增元. 武汉市统筹城乡一体化发展研究 [J]. 城市观察，2010（5）：127–143.

[2] 白永秀. 后改革时代的关键：城乡经济社会一体化 [J]. 经济学家，2010（8）：84–89.

[3] 尹成杰. 加快推进中国特色城乡一体化发展 [J]. 农业经济问题，2010(10)：4–8.

[4] 佛冈县统计局. 佛冈县统计局关于 2009 年国民经济和社会发展的统计公报 [R]. 2010–04–06.

[5] 广东省统计局，国家统计局广东调查总队. 广东统计年鉴 2010 [M]. 北京：中国统计出版社，2010.

[6] 华旭初. 2010 年政府工作报告——在佛冈县第十三届人民代表大会第四次会议上 [R]. 2010–04–08.

[7] 佛冈县科技和农业局. 佛冈县科技和农业局 2010 年度工作总结及 2011年工作计划 [R]. 2011–01.

整合资源 集聚要素 全力打造县域经济跨越发展新优势

中共宁阳县委

宁阳县位于山东省中部，隶属泰安市，北依五岳之首泰山，南邻孔子故里曲阜，乃"泰山之阳、圣人故邻"，总面积1125平方公里，辖13个乡镇（街道）、1个省级经济开发区、563个行政村（社区），人口82.7万人。宁阳历史悠久，汉高祖七年置县，距今已2200多年的历史；闻名中外的大汶口文化最早发掘地就在境内的磁窑镇堡头村，亦称"堡头文化"。宁阳区位独特，交通便捷，104国道、京台高速、京沪高铁和正在建设的晋豫鲁铁路贯穿境内，省级干道蒙馆公路、济微公路在此交汇。宁阳资源丰富，物产丰饶，宁阳大枣被国家卫生部定为"保健用枣"；宁阳蟋蟀被誉为"江北第一虫"；蔬菜制种达50多个品种，被中科院确定为太空育种基地。

近年来，宁阳县坚持以科学发展观为指导，以转方式调结构为主线，以"励精图治跨越发展，干事创业富民强县"为总体要求，精心探索实践县域经济发展的全新思路，把"战略、平台、重点、目标、队伍、环境"作为推进跨越发展的"六要素"，聚集资源系统谋划，打破常规创新推进，走出了一条经济欠发达县跨越崛起的新路子，得到了各级领导及社会各界的充分肯定。山东省委县域经济发展专题调研组、省委政研室、省社科院专家组、中央媒体采访团，专门来宁阳县调研总结县域经济发展的经验。2011年7月，宁阳县在山东省县域经济发展年会上做了典型发言，今年又在全省推动县域科学发展整体提升综合实力工作会议上作了经验交流。宁阳县先后荣获全国科技进步先进县、山东省基层党建工作先进县、平安山东建设先进县、省级文明县等百余项国家和省级荣誉。教育均衡发展、农村卫生、土地流转、农民合作组织等"宁阳模式"在全国推广。总结推进县域经济跨越发展的历程，我有以下几点做法和体会：

一、推进县域经济跨越发展，必须要有一个科学的发展战略

县域经济是国民经济的基本单元和基层基础，其强弱直接影响国民经济的兴衰。近年来，各级对县域经济都高度重视，将加快县域经济发展提到了前所未有的高度。作为一个县，必须抓住机遇，发挥优势，精心谋划符合客观规律、人们的认识规律、市场经济规律的发展战略。我们按照科学发展观的要求，立足实际，遵循规律，系统谋划了以发展方向、奋斗目标、发展战略、发展格局、产业体系为重点的县域经济发展战略体系，完成了从宏观运筹到微观推进、从战略部署到重点确立的全方位、立体式的战略布局。

（1）明确发展方向，推动经济转型。现代经济的主体是工业经济和城市经济。宁阳过去是一个农业大县，工业化进程慢，城市化水平低。我们融入现代经济发展潮流，顺应全县人民期盼，坚持统筹三次产业竞相发展，统筹城乡协调发展，统筹经济社会全面发展，统筹人与自然和谐发展，明确提出"快速推进工业化、全力推进城市化、提升农业现代化、全面融入市场化"的"四化"发展方向，促使经济发展更具可持续性和竞争力，尽快实现跨入全省前50名的奋斗目标。

（2）确定发展战略，打造全新格局。立足宁阳东西长南北短的地域特点和产业、区位、交通等优势，把现代经济学增长极理论运用到实践中，通过深入调研，提出并大力实施以"凸显两极带动全局，抓好两头带动中间"为核心内容的"双带动"发展战略，强力打造东部以泰山之阳科技产业城为载体的工业经济增长极和西部以山东宁阳环城科技产业园为载体的城市经济增长极，在抓好"两极"带动周边乡镇（街道）的基础上，培植葛石镇和鹤山乡"山水相宜"特色旅游经济增长点，以"六进"致富工程为抓手抓好全民增收经济增长面，构建了"两极带动、点面结合"的全新发展格局。

（3）构筑产业体系，支撑跨越崛起。以实施"十二五"规划为契机，突出抓好转思维方式、调思想结构，转发展方式、调产业结构，转工作方式、调作风结

构，转领导方式、调干部结构的"四转四调"措施，立足特色，瞄准高端，进一步做优煤炭、化工、建材、机械加工、轻纺、农副产品加工六大传统产业，做强汽车零部件、矿用机械、输变电设备、新材料、新能源、新医药等新兴产业，做响大枣、十字绣、钢球、种子、蟋蟀五大特色产业，让三大产业支撑起宁阳跨越发展的一片蓝天。通过科学谋划发展战略体系，提升了思想境界，赢得了发展新优势。今年上半年，全县实现生产总值 145 亿元、固定资产投资 102.3 亿元、社会消费品零售额 54 亿元、地方财政收入 10.4 亿元，同比分别增长 11.4%、21.9%、15.2%、18.2%。在泰安市公布的 13 项主要经济指标中，宁阳县指标增幅全部进入前三名，其中 9 项第一，2 项第二。

二、推进县域经济跨越发展，必须要有一个坚实的发展平台

打仗要有战场，发展要有平台。我们把园区作为县域经济发展的"龙头"和"引擎"，大力实施园区带动战略，按照规划统一、载体共享、产业聚集、一体发展的思路，规划建设泰山之阳科技产业城和山东宁阳环城科技产业园，构筑了产业、项目、资本、人才等聚集的高位平台，探索出了"产城融合"发展的新模式。目前，"一城一园"规模工业企业达到 266 家，在建过亿元项目 53 个，聚集了全县 80%以上的投资额和工业总量，已成为拉动宁阳经济腾飞的"两驾马车"。

（1）站在园区发展的制高点上打造泰山之阳科技产业城。产业园区化、园区城市化是园区未来发展的趋势。我们借助泰山盛名，抓住 2009 年国家土地规划修编的机遇，以宁阳经济开发区为核心，整合周边四镇资源要素，高点规划建设了核心区 80 平方公里的泰山之阳科技产业城。突出"现代工业聚集区、宁阳城市副中心、泰安经济增长极、山东发展新亮点"的定位，大打"科技牌、产业牌、城市牌"，抓好工业项目引进、基础设施配套、新型社区建设"三大重点"，全面实施新兴产业聚集、传统产业提升、基础设施配套、新型社区安居、山水生态开发、城市景观展示、磁窑特色镇改观、居民素质转型教育"八大工程"，推动农民向市民、农村向城市、农村经济向城市经济转变，力争尽快将产业城建成

一座现代化的中等工业城市。目前，产业城路网框架基本建成，社区、商务区等配套设施同步跟进，城市发展框架日渐成型，一座现代化工业新城的景象初步显现。预计到"十二五"末，产业城规模工业企业主营业务收入达到 500 亿元，并逐步发展成为拥有 30 万人口规模的现代化中等新兴工业城市。

（2）站在城市经济发展的制高点上建设山东宁阳环城科技产业园。城市经济是现代经济、产业经济和惠民经济，产业是城市发展的支撑。在西部县城，我们改变以往就城建抓城建的做法，站在发展城市经济的制高点上抓好城市建设和产业发展。整合县城两个街道和周边五个乡镇资源要素，规划建设了山东宁阳环城科技产业园，重点培植"一高两现代"（高新技术产业、现代工业和现代服务业）产业，推动产业向园区聚集，资源向园区配置，就业向园区集中，进一步繁荣城市经济，加速城市发展。坚持以产兴城、建城兴业，按照"高起点规划、快速度建设、精细化管理、多方面受益"的原则，走好城市化与生态化并举的路子，加快城市建设，提升城市品位，着力把县城建设成"政治开明、经济繁荣、文化发达、生活和美、环境优美"的现代化中等宜居城市，目前已成功争创国家园林县城。在抓好"一城一园"、加快工业化和城市化进程的同时，站在破解"三农"问题的高度上，规划建设了"新三农"事业示范区，按照理念新、产业新、模式新、面貌新、体制新的"五新"要求，着力抓好产业发展、配套建设、新型社区、基层党建"四大重点"，体现"三农"本质，展示宁阳形象，引领百姓致富。目前，示范区"三纵五横"路网全面推进，现代农业展馆等 20 个项目动工兴建。

三、推进县域经济跨越发展，必须要有一个突出的工作重点

项目是推动经济转型的重要抓手，是加快县域经济发展的"引擎"。我们把项目建设作为全部工作的"重中之重"，坚持"抓项目就是抓经济、抓发展、抓转型"，以科学的理念、务实的态度，倾力抓好关系全局、事关长远的好项目、大项目。

（1）重规律求突破。遵循客观经济规律，把项目建设作为链条来抓，通过招

商引资、对上争取"招项目",跟踪督促、加快进度"建项目",加强引导、搞好服务"管项目",抓好项目运营、促进企业增效"富项目",围绕实现项目建设良性循环、壮大产业集群"扩项目"。特别是把今年确定为"项目集中建设年",采取"县委领导、政府主导、企业主体"的推进模式,重点在"一城一园"抓好项目填充,做到集中开工一批,集中投产一批,集中壮大一批,集中打造一批"城中园"和"园中园",集中服务一批,集中推树一批,增强了县域经济社会发展的实力和后劲。仅今年,我们分两批集中开工了总投资 235.2 亿元的 71 个项目,形成了项目建设的强大声势。对确定的重点建设项目实行县级领导包保制,包服务、包难题、包进度、包环境,保证了项目尽快投产见效。三年来,全县新上、续建过亿元项目 138 个,有效激活了县域经济发展的内生动力。

(2)抓高端促转型。围绕构筑县域经济产业体系,以做优传统产业、做强新兴产业、做响特色产业为重点,通过招商引资、横向联合、技术改造、对上争取等多种途径,狠抓项目建设,努力引增量、扩总量、提质量、促转型,推动了三大产业规模化、集群化、高端化发展。实施以"双十企业"计划(做大做强 21 家现有骨干企业和 9 家新兴骨干企业)为载体的"扶优"壮大工程、以优质中小企业为主体的"递进"培养工程,带动了传统产业不断升级。华兴集团成为纺织行业领军企业和中国航天事业合作伙伴,其海斯摩尔纤维产业化项目列入国家"十二五"规划。宁阳县被命名为"中国十字绣之乡"、"中国钢球之乡";蟋蟀、大枣通过国家地理标志产品评审;在 2010 年中国农产品区域公用品牌价值评估会上,宁阳大枣和宁阳种子品牌价值分别达到 2.32 亿元和 2.38 亿元。

(3)强管理提质量。加强对项目的管理,充分发挥县项目评审委员会的作用,抬高项目准入门槛,坚决把好项目的环评、安检、土地等关口。坚持项目带动与创新驱动融合并进,更多地引进支撑工业、带动农业、引领三产服务业、惠及民生的高新技术、高端项目。近年来,相继引进建设了总投资 30 亿元的宝胜电缆、投资 18 亿元的聚化燃料、投资 10 亿元的力博科技、山能机械等一大批战略性新兴产业项目,进一步提升了经济发展质量。目前,全县市级以上高新技术企业达到 76 家,其中国家级高新技术企业 6 家,省以上名牌产品 21 个。全县现有国家级博士后科研工作站 4 家,院士工作站 2 家,市级以上企业技术中心和工程技术研究中心 36 家,占泰安市总量的 2/3。

四、推进县域经济跨越发展，必须要有一个明确的 发展目标

富民强县是发展县域经济的根本目的，实现可持续增长的地方财政收入和城乡居民收入是具体目标。宁阳县始终坚持效益优先，正确处理速度与质量、效益之间的辩证关系，努力把科学发展的成效体现在财力持续增长、居民持续增收、企业持续增效上。

（1）推动财力持续增长。财政收入水平是全县经济规模、发展质量的集中体现。我们准确把握吃饭财政、发展财政、开放财政、惠民财政的定位，抓住省财政直管县的机遇，巩固基础财源，壮大新兴财源，并做好资源变现、开源节流的文章，推动财政收入持续快速增长。始终坚持发展为了人民、发展成果人民共享，按照"锦上添花高端创新，雪中送炭保底普惠"的原则，科学运用均衡论和统筹法，做好感情和资金"两大投入"，抓好"三保一提升"（即保就学、保就医、保就业，提升以困难弱势群体为保障对象的全社会的保障水平），仅今年上半年，用于教育、卫生、社会保障等民生事业的财政资金总额就达 9.5 亿元，占财政支出的比重达 76.2%，其中县级财政直接支出 8.8 亿元。投资约 1 亿元建设的县民生园，涵盖民生大厦、光荣院、儿童福利院等 8 个单体项目，是目前全省建设规模最大、标准最高、功能最全的县级社会福利中心之一。2012 年，我们将把全县的重点优抚对象、鳏寡孤独老人和孤残儿童集中到民生园供养和抚养。

（2）促进居民持续增收。大力推进全民创业和"六进"致富工程，引导农民进社、进棚、进厂、进城、进店、进校，尽快把农民从土地、农业和农村中"分离、分化、分解"出来，转变群众就业观念，优化农民收入结构。今年上半年，全县农民人均现金收入、城镇居民人均可支配收入同比分别增长 20.2%、16.7%。其中，农民人均现金收入增幅是泰安市唯一超过 20%的县市区。

（3）确保企业持续增效。企业是县域经济发展的主体。我们坚持尊重企业的选择，尊重企业家的性格，将每年的 8 月 18 日定为"企业家节"，成立了宁阳县企业家协会，让做企业成为宁阳最光荣的事业，把企业家打造成最优秀的群体，

让企业家群体在宁阳大地上闪闪发光。切实搞好战略管理服务、运营管理服务、政策管理服务、人才管理服务和危机管理服务五大服务，引导企业做大做强、做好做优、做长做远。目前，全县规模以上工业企业达到 325 家，占泰安市总量的 1/5；上半年实现主营业务收入 369.3 亿元、利税 52.3 亿元、税金 16.7 亿元，同比分别增长 37.1%、30%、14.9%。

五、推进县域经济跨越发展，必须要有一支干事创业的队伍

作为一个欠发达县，要实现跨越发展，必须要有一支豁得出、拼得上、特别能战斗的干部队伍。我们以深入实施"强基工程"（以班子建设强化在基层、党内民主扩大在基层、血肉联系体现在基层、干事创业奉献在基层、领导机关服务在基层、科学发展实现在基层为核心内容）为总抓手，突破惯性用人方式，不拘一格选贤任能，为跨越发展提供了强大的人才保障。

（1）树立开放公正的用人导向。大力倡树"德才兼备、以德为先"的用人标准和"事业至上、谁行谁上"的用人导向，积极营造"不怕本事大，不怕成绩大，不怕名气大，不怕敢创新"的工作环境，通过日常工作了解干部，通过经济建设一线检验干部，通过急难险重的任务考验干部，通过老百姓的口碑评价干部，使一批高素质、敢担当、能干事、善创新的优秀干部脱颖而出。

（2）倡树干事创业的四项标准。从推进思想解放入手，引导全县各级党员干部树立干事创业的"四项标准"，敢干一些前人没有干过的事情，多干一些符合老百姓意愿的事情，会干一些能够体现干部本领的事情，善干一些能够经得起历史检验的事情，以此体现科学的发展观、坚定的宗旨观、高标准的能力观和正确的政绩观。在以换优结构、换新思想、换强作风、换好景象、换出民心"五换"为工作目标，圆满完成县、乡和村"两委"换届工作后，立即在全县领导干部中组织开展了"固本立标"主题实践活动，要求各级干部把县乡当故乡，把群众当亲人，把干事创业作为最美好的追求，把造福一方作为最神圣的使命，始终对宁阳满怀感情、对百姓满怀深情、对工作充满激情。

（3）培育创先争优的人才队伍。着力建好"四支队伍"，即建设企业家队伍突出创大业，培养青年干部队伍突出敢超越，培育科技干部队伍突出能创新，造就农村党支部书记队伍突出带民富，努力让各类优秀人才人尽其才、才尽其用、用当其时。成立了农村党支部书记创业富民协会，设立了"农村党支部书记节"，经验做法在全国基层组织建设工作情况通报上予以刊发。大力实施人才强县战略，引进的三名海外高层次人才全部进入中组部"千人计划"；我县享受各级政府津贴的高技能人才数量居泰安市首位。

（4）弘扬为民务实的优良作风。要求全县各行各业树立"高标准、严要求、快节奏、求实效"的工作作风，确保达到经济效益好、工作效果好、社会效应好。开展了全方位、立体式"包村大行动"，全县 1300 多名县乡机关干部带着感情去包村，把心掏给老百姓，把老百姓当成亲人，把村里的事当成自己的事，共为村级争取资金 5470 万元，办实事 2508 件，启动"惠民工程"900 多项，赢得了群众的信赖和支持。近年来，全县各级干部和人才队伍精神面貌发生了巨大变化，人心思进，大干快上，成为推进跨越发展的"中流砥柱"。

六、推进县域经济跨越发展，必须要有一个持续优化的发展环境

市场经济条件下，环境就是品牌、资源和生产力。我们始终把环境建设作为一项先导性、基础性、战略性的工程来抓，牢固树立"硬环境靠打造，软环境靠营造，破坏环境靠打击"的理念，努力营造崇商重企、安定和谐、民风淳朴的发展环境。

（1）着力打造宜居宜业的城乡环境。把"两极"作为突破口，加快建设两个现代化中等城市，积极打造特色鲜明、功能互补的若干卫星城镇，构建了"一县双城"的现代化城镇体系。坚持统筹城乡基础设施建设，健全城乡社会化服务体系。全县村村通柏油路率、自来水普及率、电气化乡镇比率分别达到 99%、97%、100%，被确定为全国小农水重点县、全省村级公路网化示范县。深入持久地开展城镇容貌尤其是乡镇驻地和农村社区的容貌整治工作，加大生态建设力

度，全县拥有国家级生态乡镇 1 个、省级生态乡镇 7 个，森林覆盖率达到 36%，成为全省 20 个农村环境连片整治示范县之一。

（2）着力打造开明开放的政务环境。推动县域经济发展：一靠政府创造环境，二靠企业创造财富，三靠群众创造文化。以提高政府效能为重点，进一步强化开放的理念，制定更加开放的政策，采取更加开放的手段，精心打造"商务成本低、办事效率高、服务质量佳、社会信誉好、市场秩序优、创业回报快"的发展环境。制定出台了问效问责等规定，严厉纠正和处理服务差、标准低、慢作为甚至不作为的人和事。

（3）着力打造民安民和的社会环境。围绕增强群众的幸福感、安全感和认同感，认真抓好惠民生、保民安、促民和的事情。大力弘扬"明礼诚信、勤奋创业、励精图治、创新超越"的新时期宁阳精神，唱响主旋律，营造新风尚，最大限度地增强人民幸福感、社会包容度，逐步形成了独具宁阳地方特色的社会小气候。坚持以群众工作引领社会管理创新，探索实践"三六久"群众工作法（"三"就是满足群众要真情、要实惠、要希望的"三种需求"；"六"就是落实好树立群众观点、贯彻群众路线、维护群众利益、解决群众问题、提高群众素质、发挥群众作用"六项措施"；"久"就是通过扎实有效的工作，维护社会的长治久安），从而达到社会矛盾不断化解、实现社会可持续稳定，党群关系不断改善、实现党在群众中的形象可持续提升，群众生活不断富裕、实现城乡居民收入的可持续增长，社会管理不断创新、实现社会的可持续和谐，党的核心领导作用不断强化、实现党的执政地位可持续巩固"五个可持续"的目标。积极构建党建、政法、综治、信访、群团"五位一体"的新格局，促进社会管理创新向社会服务创新提升，有效化解了社会矛盾，全县呈现出政通人和的可喜局面。

中部篇

鄱阳湖生态经济区工业人才需求分析

黄新建[①]　李文龙

一、鄱阳湖生态经济区工业人才需求现状

在经济日益发展的大浪潮中，竞争日趋激烈，江西省要在中部崛起的大背景下把握机遇，实现自身崛起，雄厚的人才资本将是其重要的保障。尤其是鄱阳湖生态经济区上升为国家战略，其发展对于江西崛起的推动作用日益重大。因此，要把鄱阳湖生态经济区建设好，合理开发和利用人才资源才是关键。及时为鄱阳湖生态经济区的发展输送所需人才，是加快生态经济区建设，实现江西崛起的重要保障，与此同时也具有深远的战略意义和实际意义。

从目前江西省工业人才队伍总体状况来看，情况不容乐观，满足不了经济和社会发展的需求。鄱阳湖生态经济区工业发展的状况亦是如此，无论是从人才资源的规模和结构，还是从人才资源的质量和供需状况来看，都在一定程度上制约了鄱阳湖生态经济区工业的发展。主要存在工业人力资本总量少，人才结构不合理，高层次、高技能人才比例小，人才外流问题严重，实践型和劳动技能型人才供给严重不足等现象。具体而言，存在以下三个较为明显的问题：

（1）鄱阳湖生态经济区工业从业人员总量不足。为了加快实现中部崛起这一战略目标，整个江西的工业发展规模不断壮大、发展速度逐渐加快，同时也带动

---

① 黄新建（1953—），男，江西抚州人，教授，博士生导师，主要从事产业经济与区域经济研究；李文龙（1990—），男，安徽阜阳人，2011级硕士研究生，研究方向为产业经济。

了鄱阳湖生态经济区内 38 个县市区工业发展的脚步，随着生态经济区内工业的不断发展，工业人力资本的需求也在持续的增加。根据一组工业增加值和工业从业人员数的数据可以看出，在 2006~2010 年，鄱阳湖生态经济区的工业增加值分别为 1159.961 亿元、1333.0607 亿元、1760.5162 亿元、1926.2843 亿元、2485.6942 亿元，其增长率分别为 35.40%、14.92%、32.07%、9.42%、29.04%。与此同时，2006~2010 年鄱阳湖生态经济区工业从业人员数分别为 66.8768 万人、73.2652 万人、74.7524 万人、85.8810 万人、98.4915 万人，其增长率分别为 12.51%、9.55%、2.03%、14.89%、14.68%[①]。由此可见，鄱阳湖生态经济区工业增加值的增长速度基本都高于其工业就业人员数的增长速度，鄱阳湖生态经济区工业人力资本总量存在不足。

（2）鄱阳湖生态经济区工业人才结构不合理。主要表现为高层次、高技能的人才短缺，结构分布不合理，现有人才缺乏自主创新能力。由于高层次、高技能人才的相对短缺，将会导致人才的分布过于分散，难以形成具有创新能力的研究团队，因而具有创新理念的高技术科研成果也就相对较少。另外，经营管理型人才的缺少也是鄱阳湖生态经济区工业人才队伍建设中的薄弱环节，加强对高技术人才和经营管理型人才的培养，是鄱阳湖生态经济区向新型工业化迈进的重要保障。

（3）鄱阳湖生态经济区工业人才外流现象较为严重。江西省地处沿海地区附近，在经济、教育和生活环境方面与沿海地区相比存在较大的差距，与沿海地区在人才资源的争夺上处于不利地位，人才流失严重。江西本省高校培养的毕业生绝大部分都流向了经济比较发达的沿海地区，另外，还有部分在江西省工作的优秀人才，也都相继被沿海地区优越的工作待遇及生活环境吸引过去，这部分人才的外流，同时也成为鄱阳湖生态经济区工业人才发展的制约因素。

工业的发展方向是不断实现各产业、各部门的工业现代化，然而，随着江西省现代化的逐步推进，鄱阳湖生态经济区工业发展的人才需求也出现了新的特征。首先，在人才需求的层次方面，一段时期的产业结构和技术结构将决定着其

---

① 由于目前鄱阳湖生态经济区缺少统一的统计数据，故文中的工业增加值和工业从业人员年平均数为鄱阳湖生态经济区内 38 个县市区的加总。

需求层次的比例关系。而对于鄱阳湖生态经济区工业发展的现阶段，面临着专科层次和本科以上层次理工类人才的短缺，他们的娴熟技能和扎实的理论基础是生态经济区工业发展创新的原动力。其次，随着未来工业企业日益激烈的市场竞争，工业的发展必然对人才质量提出了更高的要求，不仅要求人才具备适应复杂任务的知识背景，更要具备相应的实践能力，这样才能够充分发挥其自身作用，在整个区域人力资本中起到带头作用。最后，人才的需求同样也要呈现出多样性，随着经济发展水平的不断提高，对职业多样化的要求也就越高。鄱阳湖生态经济区乃至整个江西省的工业正处于高速发展期，社会专业程度不断提高，工业中不断涌现出新的岗位，因此，人才的需求将会逐渐呈现多样化的特征。

二、鄱阳湖生态经济区工业人才需求的预测

新世纪以来，江西省坚持"工业强省"战略，加快了工业化的步伐，随着近两年江西省工业总量的不断扩大，工业结构的不断优化以及工业后劲的不断增强，鄱阳湖生态经济区无论是在区位和资源，还是在产业和生产要素方面都具有了一定的优势，为了进一步推进鄱阳湖生态经济区新型工业化的发展，要积极推进生态环境保护和经济社会发展相结合，在工业生产领域，广泛运用生态经济技术，改变传统生产方式，建立生态工业产业体系。以先进适用技术改造提升现有的工业体系，促进工业结构调整，实现节能减排和资源的综合利用，保护好鄱阳湖"一湖清水"，加快实现中部地区崛起战略目标，大力发展战略新兴产业和高技术产业，为区域可持续发展提供经济支撑。因此，本文以鄱阳湖生态经济区高技术产业从业人员年平均数为工业人才的代表，以 2006~2010 年为时间段，对"十二五"期间鄱阳湖生态经济区工业人才需求进行预测，以期对工业人才的建设提出进一步的指导意见。

（一）灰色预测模型

灰色系统理论是邓聚龙教授创立于 20 世纪 80 年代，其研究的对象是具有"小样本，贫信息，不确定"等特性的问题。GM（1，1）模型则是灰色预测模型 GM（1，N）中当 N=1 时的一个特例，是一个只含有单一变量的一阶微分方程预

测模型，是最常用的一种灰色模型，比较适用于时间序列的预测。其建模步骤如下：

设原始数列为：

$$X^{(0)} = \{x^{(0)}(1),\ x^{(0)}(2),\ \cdots,\ x^{(0)}(N)\}$$

第一步，对原始数列做一次累加，得到累加生成数列为 $X^{(1)} = \{x^{(1)}(1),\ x^{(1)}(2),\cdots,\ x^{(1)}(N)\}$，其中，$x^{(1)}(k) = \sum\limits_{i=1}^{k} x^{(0)}(i)$，$k = 1$，$2$，$\cdots$，对累加生成数列建立微分方程模型：$\dfrac{dx^{(1)}}{dt} + ax^{(1)} = b$，其中，$a$、$b$ 为待定系数。

第二步，利用 $\rho(k) = \dfrac{x^{(0)}(k)}{x^{(1)}(k-1)}$ 对原始数列 $X^{(0)}$ 作光滑性检验。

第三步，利用 $\sigma^{(1)}(k) = \dfrac{x^{(1)}(k)}{x^{(1)}(k-1)}$ 检验 $X^{(1)}$ 是否具有准指数规律。

第四步，对 $X^{(1)}$ 作紧邻均值生成，列出矩阵 B、Y。

$$B = \begin{bmatrix} -z^{(1)}(2) & 1 \\ -z^{(1)}(3) & 1 \\ \cdots & \cdots \\ -z^{(1)}(n) & 1 \end{bmatrix},\quad Y_N = \begin{bmatrix} -x^{(0)}(2) \\ -x^{(0)}(3) \\ \cdots \\ -x^{(0)}(n) \end{bmatrix}$$

第五步，对参数 $\hat{a} = [a,\ b]^T = (B^T B)^{-1} B^T Y_N$ 进行最小二乘估计。

第六步，建立预测模型。将求得的参数 a、b 代入微分方程 $\dfrac{dx^{(1)}}{dt} + ax^{(1)} = b$，得到 GM（1，1）预测模型为：$\hat{x}^{(1)}(k+1) = \left[x^{(0)}(1) - \dfrac{b}{a}\right]e^{-ak} + \dfrac{b}{a}$，$k = 1$，$2$，$\cdots$，$n$。

第七步，求出 $X^{(1)}$ 的模拟值。

第八步，还原求出 $X^{(0)}$ 的模拟值。由于 $x^{(1)}(1) = x^{(1)}(1)$，将 $\hat{x}^{(1)}(k+1)$ 计算值作累加还原，即可得到原始数据的估计值：$\hat{x}^{(0)}(k+1) = \hat{x}^{(1)}(k+1) - \hat{x}^{(1)}(k)$。

第九步，精度检验：分别计算。

残差：$E(k) = x^{(0)}(k) - \hat{x}^{(0)}(k)$，$k = 2，3，\cdots，N$；

相对误差：$e(k) = \left[x^{(0)}(k) - \hat{x}^{(0)}(k)\right]/x^{(0)}(k)$，$k = 2，3，\cdots，N$；

$x^{(0)}$ 的均值：$\overline{X} = \dfrac{1}{N}\sum\limits_{k=1}^{N} x^{(0)}(k)$；$x^{(0)}$ 的方差：$S_1 = \sqrt{\dfrac{1}{N}\sum\limits_{k=1}^{N}\left[x^{(0)}(k) - \overline{X}\right]^2}$；

残差的均值：$\overline{E} = \dfrac{1}{N-1}\sum\limits_{k=2}^{N} E(k)$；残差的方差：$S_2 = \sqrt{\dfrac{1}{N-1}\sum\limits_{k=2}^{N}\left[E(k) - \overline{E}\right]^2}$；

后验差比值：$C = \dfrac{S_2}{S_1}$；小误差概率：$P = P\left\{\left|E(k) - \overline{E}\right| < 0.6745 S_1\right\}$。

最后根据预测精度等级对照表见表1，判断模型的精度。

表1 等级对照表

预测精度等级	P	C
好	>0.95	<0.35
合格	>0.80	<0.45
勉强	>0.70	<0.50
不合格	≤0.70	≥0.65

（二）GM（1，1）预测模型的构建

本文中所用的数据全部来源于《中国高技术产业统计年鉴》，选取2006~2010年《中国高技术产业统计年鉴》中江西省高技术产业从业人员年平均数作为基准量，以鄱阳湖生态经济区工业从业人员占江西省的比例作为系数，得出鄱阳湖生态经济区高技术产业从业人员年平均数作为原始数据见表2，应用灰色系统理论，构建灰色GM（1，1）模型，对"十二五"期间鄱阳湖生态经济区工业人才需求进行预测。

表2 鄱阳湖生态经济区高技术产业从业人员年平均数

单位：万人

年份	2006	2007	2008	2009	2010
人数	6.7807	7.2091	8.7117	9.3908	10.8947

数据来源：《中国高技术产业统计年鉴》，2006~2010。

设定原始数据列：

$X^{(0)} = \{6.7807，7.2091，8.7117，9.3908，10.8947\}$

第一步，对原始数列进行累加，得：

$X^{(1)} = \{6.7807，13.9898，22.7015，32.0923，42.9870\}$

第二步，对原始数列 $X^{(0)}$ 作光滑性检验。由 $\rho(k) = \dfrac{x^{(0)}(k)}{x^{(1)}(k-1)}$ 得：

$\rho(2) = \dfrac{x^{(0)}(2)}{x^{(1)}(1)} \approx 1.0632$，$\rho(3) = \dfrac{x^{(0)}(3)}{x^{(1)}(2)} \approx 0.6227$，$\rho(4) = \dfrac{x^{(0)}(4)}{x^{(1)}(3)} \approx 0.4137 < 0.5$，

$\rho(5) = \dfrac{x^{(0)}(5)}{x^{(1)}(4)} \approx 0.3395 < 0.5$，故当 $k > 3$ 时，$\rho(k) < 0.5$，准光滑条件满足。

第三步，检验 $X^{(1)}$ 是否具有准指数规律。由 $\sigma^{(1)}(k) = \dfrac{x^{(1)}(k)}{x^{(1)}(k-1)}$ 得：

$\sigma^{(1)}(2) = \dfrac{x^{(1)}(2)}{x^{(1)}(1)} \approx 2.0632$，$\sigma^{(1)}(3) = \dfrac{x^{(1)}(3)}{x^{(1)}(2)} \approx 1.6227$，$\sigma^{(1)}(4) = \dfrac{x^{(1)}(4)}{x^{(1)}(3)} \approx$

1.4137，$\sigma^{(1)}(5) = \dfrac{x^{(1)}(5)}{x^{(1)}(4)} \approx 1.3395$，故当 $k>3$ 时，$\sigma^{(1)}(k) \in [1,1.5]$，满足准指数

规律，所以可以对 $X^{(1)}$ 建立 GM（1，1）预测模型。

第四步，对 $X^{(1)}$ 作紧邻均值生成。令 $z^{(1)}(k) = \dfrac{x^{(1)}(k) + x^{(1)}(k-1)}{2}$，则有

$X^{(1)}$ 作紧邻均值生成序列：

$Z = \{z^{(1)}(2)，z^{(1)}(3)，z^{(1)}(4)，z^{(1)}(5)\} = \{10.3853，18.3457，27.3969，$

$37.5397\}$ 于是可得：$B = \begin{bmatrix} -z^{(1)}(2) & 1 \\ -z^{(1)}(3) & 1 \\ -z^{(1)}(4) & 1 \\ -z^{(1)}(5) & 1 \end{bmatrix} = \begin{bmatrix} -10.3853 & 1 \\ -18.3457 & 1 \\ -27.3969 & 1 \\ -37.5397 & 1 \end{bmatrix}$ $Y = \begin{bmatrix} x^{(0)}(2) \\ x^{(0)}(3) \\ x^{(0)}(4) \\ x^{(0)}(5) \end{bmatrix}$ $Y_N =$

$\begin{bmatrix} 7.2091 \\ 8.7117 \\ 9.3908 \\ 10.8947 \end{bmatrix}$

第五步，对参数列 $\hat{a} = [a，b]^T$ 进行最小二乘估计。得：

$$\hat{a} = (B^T B)^{-1} B^T Y = \begin{bmatrix} -0.1293 \\ 6.0241 \end{bmatrix}，即 a = -0.1293，b = 6.0241，根据灰色预测方$$

法，a 为发展系数，反映预测的发展态势，b 为灰色作用量，反映数据变化的关系。当 $-a < 0.3$ 时，GM（1，1）模型可用于中长期预测；当 $0.3 < -a < 0.5$ 时，GM（1，1）模型可用于短期预测，中长期预测慎用；当 $0.5 < -a < 1$ 时，应采用 GM（1，1）改进模型，包括 GM（1，1）残差修正模型；当 $-a > 1$ 时，不宜采用 GM（1，1）模型，应当考虑其他预测方法。[4] 本模型 $-a = 0.1293 < 0.3$，因此其预测是稳定的。

第六步，建立预测模型 $\dfrac{dx^{(1)}}{dt} - 0.1293x^{(1)} = 6.0241$。

则时间相应函数式为：

$$\hat{x}(k+1) = \left[\hat{x}^{(0)}(1) - \frac{b}{a} \right] e^{-ak} + \frac{b}{a}，k = 1，2，\cdots，n$$

$$\hat{x}(k+1) = 53.3770 e^{0.1293k} - 46.5963$$

第七步，求出 $X^{(1)}$ 的模拟值。

$$\hat{X}^{(1)} = \left\{ \hat{x}^{(1)}(1)，\hat{x}^{(1)}(2)，\hat{x}^{(1)}(3)，\hat{x}^{(1)}(4)，\hat{x}^{(1)}(5) \right\} = \{6.7807，14.1474，22.5308，32.0713，42.9285\}$$

第八步，还原求出 $X^{(0)}$ 的模拟值。

$$\hat{X}^{(0)} = \left\{ \hat{x}^{(0)}(1)，\hat{x}^{(0)}(2)，\hat{x}^{(0)}(3)，\hat{x}^{(0)}(4)，\hat{x}^{(0)}(5) \right\} = \{6.7807，7.3667，8.3834，9.5405，10.8572\}$$

第九步，精度检验，分别计算出残差和相对误差如表3所示。

表3

序号	实际数据 $x^{(0)}(k)$	预测数据 $\hat{x}^{(0)}(k)$	残差 $\varepsilon(k) = x^{(0)}(k) - \hat{x}^{(0)}(k)$	相对误差 $\Delta_k = \left\| \dfrac{\varepsilon(k)}{x^{(0)}(k)} \right\|$
2	7.2091	7.3667	-0.1576	-0.0219
3	8.7117	8.3834	0.3283	0.0377
4	9.3908	9.5405	-0.1497	-0.0159
5	10.8947	10.8572	0.0375	0.0034

$x^{(0)}$ 的均值：$\overline{X} = \dfrac{1}{N} \sum\limits_{k=1}^{N} x^{(0)}(k) = 8.5974$

$x^{(0)}$ 的方差：$S_1 = \sqrt{\dfrac{1}{N} \sum\limits_{k=1}^{N} \left[x^{(0)}(k) - \overline{X} \right]^2} = 1.4932$

残差的均值：$\overline{E} = \dfrac{1}{N-1} \sum\limits_{k=2}^{N} E(k) = 0.0146$

残差的方差：$S_2 = \sqrt{\dfrac{1}{N-1} \sum\limits_{k=2}^{N} \left[E(k) - \overline{E} \right]^2} = 0.1972$

因此，后验差比值：$C = \dfrac{S_2}{S_1} = 0.1321$；$0.6745S_1 = 1.0072$，然而，所有的 $\left[E(k) - \overline{E} \right]$ 都小于 1.0072，故小误差概率：$P = P\{ \left| E(k) - \overline{E} \right| < 0.6745S_1 \} = 1$，根据表1，P=1>0.95，C=0.1321<0.35，表示预测等级好，模型通过检验。预测方程 $\hat{x}(k+1) = 53.3770e^{0.1293k} - 46.5963$ 可用，"十二五"期间鄱阳湖生态经济区高技术产业人才需求的预测结果如表4所示。

表4

单位：万人

年份	2011	2012	2013	2014	2015
预测值	12.3556	14.0608	16.0014	18.2098	20.7230

根据以上的预测分析，可以看出：在未来的几年之内，鄱阳湖生态经济区工业人才的需求规模仍旧相对较大，另外，随着江西工业的快速发展，对于生态经济区工业人才的需求也是在不断增加的。因此，面对鄱阳湖生态经济区工业人才的缺口，要不断树立人才是第一资源的观念，大力实施人才发展战略，从而实现鄱阳湖生态经济区工业人才供需平衡的和谐局面。

三、结论及政策建议

综合上述分析可以看出，在鄱阳湖生态经济区工业发展相当迅猛的当下，生态经济区的工业人才需求也在不断增加。鄱阳湖生态经济区对工业人才的需求层次应该是多种多样的，目前其对工业人才的建设还没有形成一定的体系。因此，鄱阳湖生态经济区工业人才的培养与建设必须根据其工业发展的现状和发展的趋势，并且结合工业发展的先进技术和先进的管理，加快对工业人才的培养和建设进程，形成多层次、多类型、多渠道的工业人才教育体系，着力培养具有创新能力、专业素养的高素质人才，要在现有的工业人才基础上，提高现代化经营管理水平，建设一支善创造、懂管理的现代化企业家队伍，以满足鄱阳湖生态经济区工业人才的需求。

（一）加大高等教育投入

加大教育投入将是支撑鄱阳湖生态经济区长远发展的基础性、战略性投资，教育的大力投入能够使社会、企业及投资者获得巨大的收益。近年来，江西省高等教育取得了辉煌的成绩，全省高等教育的国家性财政教育经费由2006年不足120亿元增长到2010年的300亿元，高等教育财政性投入保持了较快的增长速度。但是随着江西崛起步伐的加快，工业发展对高等教育事业提出了更高的要求，为了培养出更加符合鄱阳湖生态经济区工业发展的人才，加大对高等教育的投入势在必行。

与工业发展密切相关的是对理工科人才的培养，这就对高校的硬件条件提出了较高的要求。近年来，江西省高校理工科的招生规模并没有随着工业产值的增大而扩大，反而其招生的规模呈逐年下降的趋势，工业的发展与工业人才的培养不相适应将会影响到鄱阳湖生态经济区工业的快速发展，这其中主要的原因就是培养一名理工科人才所需要的成本要远高于文科类人才。所以要使得高校理工科人才满足鄱阳湖生态经济区工业发展的需要，应当加大对高等教育的投入，特别是对高校理工科人才培养的投入。

（二）完善人才需求类型

在市场经济条件下，竞争日益激烈，鄱阳湖生态经济区要实现国家战略目标，就要加快其生态经济区工业发展的速度，这同时也对鄱阳湖生态经济区工业人才需求方面提出了更高的要求，人才需求类型的多样化将会成为快速发展生态经济区工业的重要保障。概括而言，鄱阳湖生态经济区需要以下几类人才：①具有创新能力的科技型人才。《鄱阳湖生态经济区新型工业化发展规划》中曾指出要大力发展战略新兴产业和高技术产业，因此，大量的科技型人才，将会推动鄱阳湖生态经济区高技术产业化，促进产业结构的升级，进一步增强其核心竞争力。②经验丰富的管理型人才。鄱阳湖生态经济区工业的发展需要这类人才的参与，具有丰富经验的管理型人才是企业生存的重要保证，同时也会吸引大量的科技型人才汇聚鄱阳湖生态经济区，为了进一步实现国家战略目标而服务。③技术精湛的技能型人才。随着沿海地区第三产业的高速发展，江西省作为对接"长珠闽"，承接沿海地区产业转移的要地，迫切需要熟练掌握职业技能和技术精湛的工业人才，这类人才同时也是鄱阳湖生态经济区工业发展的必需人才。

（三）加强深化校企合作

校企合作是充分利用学校和企业的不同教育资源与教育环境，实现与市场接轨，提高育人质量，有针对性地为企业培养适合生产、建设、服务的实用型技术人才的重要举措，是高校人才培养最基本、最有效的途径。校企双方的互相支持、互相渗透、优势互补、资源互用、利益共享，是促进工业生产力发展及可持续发展的重要途径。积极加强江西省高校与鄱阳湖生态经济区工业企业的合作，不仅能够有效解决生态经济区工业人才的需求不足，还能促进高校教学教育的改革，推动教师队伍的壮大。双方采取产学研相结合的人才培养方案，企业一线专家定期来校开办讲座，不仅能够鼓励学生深入企业参加社会实践，而且能够提高学生的综合素质及能力。

（四）优化人才结构，培养内部工业人才

在鄱阳湖生态经济区工业人才队伍的建设中，要加强对内部工业人才的培养，改善人才结构。首先，要从行业、企业内部培养高科技、高层次、高素质人才，提高工业人才整体素质，加大"江西省主要学科跨世纪学术和技术带头人"的培养力度。其次，以培养紧缺人才为突破口，完善继续教育制度，不断为员工"充电"，提高自身素质，共创具有交叉学科背景的复合型人才。最后，积极引导企业内部年轻人参加国家知识创新体系建设，从而培养年轻人的创新能力，提高自身综合能力，力争培养出一批批技术创新型人才和高科技人才，从而满足鄱阳湖生态经济区工业人才的目标要求。

参考文献：

[1]彭波，李霏，陈瑛，等.鄱阳湖生态经济区人才队伍建设研究［J］.理论导报，2011

（11）：7-8.

[2] 江西发展和改革委员会. 鄱阳湖生态经济区新型工业化发展规划 [Z]. 2011.

[3] 马振华，刘春生. 我国"十一五"时期高技能人才需求预测与人才积累对策研究 [J]. 科技进步与对策，2007（5）：161-163.

[4] 刘思峰. 灰色系统理论及其应用 [M]. 北京：科学出版社，2010.

[5] 唐国华. 鄱阳湖生态经济区建设人才培养模式创新研究 [J]. 企业经济，2010（7）：77-79.

[6] 晏磊. 鄱阳湖区域生态经济发展探析 [J]. 求实，2009（2）：49-51.

基于 DEA 的江西工业经济效率分析

朱慧君[①]　郑享清[②]

自改革开放以来，特别是新世纪以来，江西工业经济得到了快速增长，工业化进程显著加快。自 2000 年至 2011 年，江西工业增加值从 543.88 亿元增加到 5611.9 亿元，年均增长 23.6%，工业增加值占 GDP 的比重由 27.2% 提高到 45.4%，提高了 18.2 个百分点。但是，我们不仅要注重工业经济的增长速度，更要重视工业经济增长的质量。这既是贯彻落实科学发展观的要求，也是保持经济持续快速增长、实现江西在中部地区崛起的重要条件。因此，本文拟利用数据包络分析法，对新世纪以来的江西工业经济效率进行考察和分析，以有利于我们从质量的角度，更加全面地认识江西工业经济发展的状况。

一、DEA 简介

DEA 是数据包络分析（Data Envelopment Analysis）的简称，它由 Charnes、Coopor 和 Rhodes 于 1978 年首次提出。该方法以相对效率概念为基础，使用数学规划模型评价具有多个输入和多个输出的部门或单位（称为决策单元，Decision Making Unit，DMU）间的相对有效性。其基本原理是通过保持决策单元的输入或者输出不变，借助于数学规划和统计数据确定相对有效的生产前沿面，将各个决策单元投影到 DEA 的生产前沿面上，并通过比较决策单元偏离 DEA 前沿面的程

---

① 朱慧君（1990—），女，江西共青城人，硕士研究生，研究方向：国民经济学。
② 郑享清（1965—），男，江西上饶人，教授，研究方向：区域经济学和发展经济学。

度来评价它们的相对有效性。Charnes、Coopor 和 Rhodes 等提出的模型被称为 CCR 模型，是 DEA 的基本模型，其数学形式如下：

$$\min \theta$$

$$\text{s.t.} \quad \sum_{j=1}^{n} \lambda_j X_j + s^- \leq \theta X_k$$

$$\sum_{j=1}^{n} \lambda_j Y_j - s^+ \geq Y_k$$

$$\lambda_j \geq 0, \ s^- \geq 0, \ s^+ \geq 0, \ j = 1, 2, \cdots, n$$

在模型中，假定有 n 个决策单元 DMU，每个决策单元有 m 种输入和 s 种输出，那么投入向量 $X = (X_1, X_2, \cdots, X_m)^T$，产出向量 $X = (X_1, X_2, \cdots, X_s)^T$，$(X_j, Y_j)$ 对应第 j 个决策单元的投入、产出向量，于是 $X_k = (X_{1k}, X_{2k}, \cdots, X_{mk})$，$Y_k = (Y_{1k}, Y_{2k}, \cdots, Y_{sk})$，$\theta$ 为 DMU 的效率值，满足 $0 \leq \theta \leq 1$，当某个 DMU 存在最优解 $\theta = 1$ 时，其为 DEA 有效；$\theta < 1$ 时，DMU 为 DEA 无效，$1 - \theta$ 就是可以减少投入的最大比例，因而 θ 越接近 1，说明 DMU 的效率越接近有效。λ_j 为相对于 DMU 重新构造一个有效 DMU 组合中第 j 个决策单元 DMU 的组合比例。

由于 CCR 模型以规模报酬不变为假设前提，如果某个决策单元是 DEA 有效的，则从生产函数角度讲，它既是技术有效的，也是规模有效的；否则或不为技术有效，或不为规模有效。实际上并非每一决策单元都在规模报酬不变下进行生产，若存在规模报酬变化，则导致在衡量技术效率时规模效率亦混杂其中。因此，为了衡量处于不同规模报酬状态下的相对效率值，测算决策单元的纯技术效率，Banker、Charnes 和 Cooper（1984）将 CCR 模型中的固定规模报酬的假设剔除，增加了约束条件 $\sum_{j=1}^{n} \lambda_j = 1$，提出了可变规模报酬模型，即 BCC 模型。BCC 模型把技术效率（TE）分解成纯技术效率（PTE）和规模效率（SE）。纯技术效率是决策单元在规模报酬可变假设下获得的效率；技术效率与纯技术效率之间的比值（TE/PTE）即为规模效率。若 $\frac{1}{\theta} \sum_{j=1}^{n} \lambda = 1$，则规模报酬不变；若 $\frac{1}{\theta} \sum_{j=1}^{n} \lambda = 1$，则规模报酬递减；若 $\frac{1}{\theta} \sum_{j=1}^{n} \lambda < 1$，则规模报酬递增。在 BCC 模型下的 DEA 有效

仅仅是技术有效，而不一定是规模有效。如果对于同一组决策单元，把两个模型配合使用，就可以进一步弄清楚每个决策单元的规模有效性和技术有效性问题。因此，本文将配合运用 CCR 模型和 BCC 模型，对江西工业经济运行的相对效率进行评价。

二、江西工业经济效率的 DEA 评价

（一）江西工业经济总体效率的测算

为了了解新世纪以来江西工业经济总体效率的变化情况，我们首先以年度为决策单元，考察 2000~2011 年江西工业经济各年度的相对效率。根据研究的需要和数据的可得性，本文选取规模以上工业企业的固定资产净值年平均余额、全部从业人员年平均人数、工业用电量作为投入指标，规模以上工业企业增加值、利润总额作为产出指标。全部数据来自《江西省统计年鉴》（2001~2012 年）。在实际计算时，对工业增加值、利润总额和固定资产净值年平均余额 3 项价值量指标进一步利用价格指数，按照基年（2000 年）不变价格统一折算处理。由于输入和输出指标的计量单位不同，直接代入计算会影响运算结果。因此，我们对原始数据进行了无量纲化处理。

利用 DEAP2.1 软件，将经过处理的指标数据代入 DEA 数据分析模型进行运算，得到 2000~2011 年江西工业经济总体效率的测算值，具体如表 1 所示。

表 1　2000~2011 年江西工业经济运行效率的测算结果

年份	总效率	纯技术效率	规模效率	规模报酬
2000	0.311	1.000	0.311	规模报酬递增
2001	0.337	1.000	0.337	规模报酬递增
2002	0.379	1.000	0.379	规模报酬递增
2003	0.426	1.000	0.426	规模报酬递增
2004	0.531	0.967	0.549	规模报酬递增
2005	0.635	0.922	0.688	规模报酬递增
2006	0.783	0.984	0.796	规模报酬递增
2007	0.898	0.995	0.902	规模报酬递增

年份	总效率	纯技术效率	规模效率	规模报酬
2008	1.000	1.000	1.000	规模报酬不变
2009	0.982	1.000	0.982	规模报酬递增
2010	0.951	0.997	0.954	规模报酬递增
2011	1.000	1.000	1.000	规模报酬不变
均值	0.686	0.989	0.694	

从表 1 我们可以看出：第一，自 2000 年至 2011 年，江西工业经济总效率均值为 0.638，处于非 DEA 有效的较低水平。但是，新世纪以来，江西工业经济效率总体上处于不断上升的状态，总效率值从 2000 年的 0.311 上升到 2008 年的 1，达到了 DEA 有效状态，构成了改革开放以来江西工业经济的最佳效率前沿。这说明新世纪以来江西工业经济效率得到了明显的改善和提高。第二，从总效率的分解来看，自 2000 年至 2011 年，江西工业经济纯技术效率的均值为 0.989，其中有 7 个年份的纯技术效率值等于 1，处于 DEA 有效状态，而且在 2003 年之后，江西工业经济的纯技术效率处于不断上升的状态；而同期江西工业经济的规模效率均值为 0.694，处于较低水平，但是，它也呈现出不断上升的趋势，并在 2008 年和 2011 年等于 1，达到 DEA 有效状态。这说明，新世纪以来，江西工业经济的纯技术效率较高，规模效率较低，虽然它们都得到了不断的改进和提高，但是，规模效率提高的幅度大于纯技术效率。同时，在 2000 年至 2011 年间，除了 2008 年和 2011 年处于规模报酬不变状态外，江西工业经济一直处于规模报酬递增状态。这说明，新世纪以来江西工业经济效率的提高，主要源于规模效率的提高。

(二) 江西工业各行业的效率测算和分析

为了进一步揭示新世纪以来江西工业经济的效率情况，我们再以江西工业各行业为决策单元，采用相同的指标和方法，对 2000~2011 年江西工业各行业每年的经济效率进行了测算。由于篇幅所限，本文只列出 2000~2011 年江西工业各行业经济效率的均值，如表 2 所示。

表 2   2000~2011 年江西工业各行业经济效率均值

行业	总效率	纯技术效率	规模技术效率
煤炭开采和洗选业	0.250	0.500	0.507
黑色金属矿采选业	0.438	0.709	0.665
有色金属矿采选业	0.440	0.606	0.738
非金属矿采选业	0.414	0.464	0.892
木材及竹材采运业	0.354	0.498	0.766
农副食品加工业	0.463	0.830	0.558
食品制造业	0.314	0.427	0.772
饮料制造业	0.304	0.444	0.679
烟草制品业	1.000	1.000	1.000
纺织业	0.361	0.713	0.495
纺织服装、鞋、帽制造业	0.615	0.731	0.837
皮革、毛皮，羽毛（绒）及其制品业	0.525	0.630	0.833
木材加工及木、竹、藤、棕、草制品业	0.264	0.364	0.779
家具制造业	0.447	0.923	0.480
造纸及纸制品业	0.190	0.303	0.651
印刷业及记录媒介的复制	0.328	0.374	0.880
文教体育用品制造业	0.387	0.714	0.604
石油加工、炼焦及核燃料加工业	0.243	0.533	0.471
化学原料及化学制品制造业	0.283	0.750	0.360
医药制造业	0.411	0.887	0.472
化学纤维制造业	0.105	0.143	0.692
橡胶制造业	0.255	0.277	0.925
塑料制造业	0.334	0.393	0.890
非金属矿物制品业	0.186	0.632	0.307
黑色金属冶炼及压延加工业	0.220	0.721	0.328
有色金属冶炼及压延加工业	0.302	0.876	0.323
金属制品业	0.367	0.467	0.837
通用设备制造业	0.322	0.511	0.626
专用设备制造业	0.232	0.355	0.693
交通运输设备制造业	0.220	0.930	0.242
电气机械及器材制造业	0.363	0.744	0.502
通信设备、计算机及其他电子设备制造业	0.334	0.530	0.713
仪器仪表及文化、办公用机械制造业	0.245	0.315	0.883
工艺品及其他制造业	0.314	0.352	0.909
废弃资源和废旧材料回收加工业	0.532	0.823	0.653
电力、热力的生产和供应业	0.128	0.802	0.191

续表

行业	总效率	纯技术效率	规模技术效率
燃气生产和供应业	0.117	0.793	0.219
水的生产和供应业	0.770	0.120	0.634
均值	0.328	0.580	0.629

从表 2 可以看出：第一，新世纪以来，江西工业各行业的经济效率总体较低。自 2000~2011 年，江西工业各行业的总效率均值只有 0.328，在 38 个工业行业中，只有烟草制品业的总效率均值为 1，达到了 DEA 相对有效水平，其他 37 个行业都处于非 DEA 有效状态，而且各行业的差异不大，有 33 个行业的总效率均值在 0.5 之下，其中有 20 个行业的总效率均值低于各行业总效率的均值，包括属于江西传统产业和支柱产业的煤炭开采和洗选业、食品制造业、黑色金属冶炼及压延加工业、有色金属冶炼及压延加工业、交通运输设备制造业等行业。第二，从纯技术效率的角度看，自 2000~2011 年，江西工业各行业的纯技术效率均值为 0.580，也处于较低水平，但是，各行业的差距较为明显。除烟草制品业纯技术效率均值为 1 以外，交通运输设备制造业的纯技术效率均值达到 0.930，家具制造业达到 0.923，还有农副食品加工业、医药制造业、有色金属冶炼及压延加工业、废弃资源和废旧材料回收加工业、电力、热力的生产和供应业等行业的纯技术效率均值在 0.8 以上，但还有 16 个行业的纯技术效率均值在各行业纯技术效率均值的水平之下。第三，从规模效率的角度看，自 2000~2011 年，江西工业各行业的规模效率均值为 0.629，比纯技术效率稍高，但仍然处于较低水平。与纯技术效率类似，江西工业各行业的规模效率差异也比较明显。除烟草制品业的规模效率均值为 1 以外，橡胶制造业的规模效率均值达到 0.925，工艺品及其他制造业的规模效率均值达到 0.909，还有非金属矿采选业、纺织服装、鞋、帽制造业、皮革、毛皮，羽毛（绒）及其制品业、印刷业及记录媒介的复制、塑料制造业、金属制品业、仪器仪表及文化、办公用机械制造业等行业的规模效率均值在 0.8 以上，但还有 15 个行业的规模效率均值在各行业规模效率均值的水平之下。第四，从规模报酬的角度看，自 2000~2011 年，江西工业各行业大都处于规模报酬递减状态。在 2011 年，除家具制造业、文教体育用品制造业和煤气生产和供应业 3 个行业属于规模报酬递增、烟草制品业处于规模报酬不变外，其他

行业都处于规模报酬递减的状态。其中有煤炭采选业，有色金属矿采选业，食品加工业，饮料制造业，纺织业，造纸及纸制品业，石油加工及炼焦业，化学原料及化学制品制造业，医药制造业，化学纤维制造业，非金属矿物制品业，黑色金属冶炼及压延加工业，有色金属冶炼及压延加工业，普通机械制造业，专用设备制造业，交通运输设备制造业，电气机械及器材制造业，电力、蒸汽、热水的生产和供应业，自来水的生产和供应业 19 个行业在 2000~2011 年都处于规模报酬递减的状态。

以上说明，江西工业各行业的经济效率处于较低的水平。其原因既与技术和管理水平落后相关，也与资源配置不合理的相关。大量行业处于规模报酬递减状态，既说明这些行业的规模超越了技术经济条件下的最适水平，也说明技术和管理水平低，技术和管理水平改进提高的速度慢，不能适应经济规模扩张的要求。而属于江西支柱产业的食品制造业、黑色金属冶炼及压延加工业、有色金属冶炼及压延加工业、交通运输设备制造业等行业的经济效率低，则说明江西在工业发展的过程中存在着资源配置和产业结构不合理的问题。

三、结　论

本文运用 DEA 分析方法，分别从整体和行业的角度，测算了 2000 年至 2011 年江西工业的经济效率。实证分析结果表明：第一，新世纪以来，江西工业经济效率处于非 DEA 有效的较低水平，但是呈现出不断上升的趋势，经济效率得到了不断的改进和提升。第二，推动江西工业经济效率不断提高的关键因素在于规模效率的不断提高，工业经济处于规模报酬递增的阶段。这说明江西工业经济的规模还有很大的提升空间，做大工业经济总量，提高工业化水平，仍然是江西经济发展的重要动力；同时，也说明江西工业技术进步缓慢，管理水平落后，工业经济增长方式粗放，需要大力提高技术和管理水平，转变增长方式，提高投入产出效率。第三，江西工业各行业的经济效率都较低，属于江西支柱产业的煤炭开采和洗选业、食品制造业、黑色金属冶炼及压延加工业、有色金属冶炼及压延加工业、交通运输设备制造业等行业也不例外。这说明江西工业产业结构和资源配置不合理，需要进一步调整产业结构，优化资源配置，做大做强支柱产业。总之，提高江西工业的技术和管理水平，调整产业结构，优化资源配置，转变增长方式，继续做大江西工业经济总量，提高工业化水平，是实现江西工业经济持续快速发展的重要任务。

参考文献：

[1] 魏权龄. 数据包络分析 [M]. 北京：科学出版社，2004.

[2] 宗刚，马宁. 工业企业竞争力的 DEA 评价研究 [J]. 数量经济技术经济研究，2002 (11).

[3] 吴海民. 中国工业经济运行效率研究：1980—2006 [D]. 西南财经大学，2008.

[4] 樊宏，林健. 中国 14 个省区经济运行效率评价 [J]. 统计与决策，2006(18).

[5] 李华伟，吴海民. 中国工业经济运行效率研究综述 [J]. 价格月刊，2009 (1).

南昌市旅游文化创意产业发展路径探析

徐慧茗① 余国华②

引 言

文化创意产业（Cultural and Creative Industry，CCI），最早是由英国学者约翰·霍金斯（John Howkins）提出来的一种经济文化创新产业模式（亦译成"文化产业"、"创意产业"等）。自20世纪90年代以来，文化创意产业在世界各地迅速兴起。其中，英国、美国、日本、韩国等国家较为典型。与文化旅游较为密切的创意产业有演艺娱乐、会议展览、文化节庆、民间工艺品生产销售等。文化旅游在资源、环境、市场、社会背景等诸多方面的创新创造均在创意产业范畴之内。离开了创意，文化旅游亦将会失去生命力。探讨文化旅游创意产业的发展路径，具有重要意义。

一、南昌旅游文化资源基础与产业发展现状

（一）南昌旅游文化资源基础概况

江西人文底蕴深厚，是中国革命的发祥地，传统商业文化、民俗文化、戏

---

① 徐慧茗（1974—），女，安徽宿松人，江西科技学院管理学院，硕士。研究方向：旅游经济学。
② 余国华（1975—），女，江西余干人，江西生物科技职业学院经贸系，硕士。研究方向：管理学。

曲文化、展示文化、宗教文化、饮食文化等多个系列均已形成。红色文化、生态文化、书院文化、宗教文化等非物质文化遗产资源也很丰富。多种文化资源促成了文化创意产业主体、载体、空间和氛围的形成。南昌市区旅游文化资源在全省更是首屈一指，近些年实施了八一起义纪念馆扩建、万寿宫老街的改造、方志敏广场、铁军广场建设；梅湖风景区、天香园生态文化建设；小平小道、小平纪念馆的建设；安义县的古村建设、李渡元代烧酒作坊遗址的改造保护工作等。

(二) 旅游文化创意市场发展状况

据南昌市旅游局统计，2011 年南昌市接待国内旅游人数 2093.67 万人次，同比增长 39.67%；接待入境旅游人数 14.36 万人次，同比增长 18.68%；合计接待旅游总人数 2108.03 万人次，同比增长 39.6%。国内旅游收入 142.52 亿元，同比增长 45.43%；外汇旅游收入 4650 万美元，同比增长 16.25%；合计旅游综合收入 145.54 亿元，同比增长 44.38%。旅游市场呈上升趋势，前景乐观。

截至 2011 年底，全市拥有星级宾馆、饭店 51 家，拥有旅行社 197 家，其中出境组团社 17 家。旅游业与文化产业的有机融合，成为近 10 年来我国文化领域和旅游领域的重大发展成果。旅游业与其他产业的融合层出不穷，形成各种旅游区的产品新概念、新业态，乡村旅游、工业旅游布满了城乡各地。

(三) 旅游基础设施条件

(1) 旅游交通设施：在"十一五"规划期，南昌市在民航、铁路、公路、航运方面都取得突破性进展。民航方面，南昌昌北国际机场的扩建工程已经完成，口岸设施建设也已完工，国际航空港和 4E 级机场全面落成；铁路方面，南昌—九江城际高速轨道已建成通车，正在加快建设北京—九江—南昌、上海—上饶—鹰潭—南昌等客运专线的建设；公路方面，形成了以南昌为中心，省内 4 小时、省际 8 小时的公路运输网，同时加快了旅游城市城郊公路的建设，满足自驾车旅游的需求；水路方面，长江江西段、赣江沿线、鄱阳湖沿岸港口正在建设，其中重点项目有新建县厚田、鄱阳县白沙洲、星子县沙湖山等旅游码头。交通设施建设逐步完善，形成了快捷畅通、四通八达的公路、铁路、水路和航空网。

(2) 旅游资源现状与结构：南昌红色旅游资源、都市生态旅游资源特色异常突出，历史文化底蕴厚重，潜力型资源比重较大，新型社会资源开发潜力巨大，战略性高端休闲旅游资源不断产生。

据魏小安《南昌市旅游发展总体规划（2008~2020）》，南昌市旅游资源可分为下列四个等级：①世界级旅游资源，如世界湿地旅游资源——鄱阳湖湿地公园，红色旅游资源中的小平小道、八一品牌、傩文化等。②国家级旅游资源，如滕王阁、八大山人纪念馆、安义古村群、厚田沙漠、西山万寿宫等。③省级旅游资源，包括以梅岭、军山湖、南矶山湿地观鸟区等为典型代表的生态旅游资源，黄马农业生态园、扬子洲农业生态区等都市农业观光资源，文港笔都、佑民寺等文化旅游资源，江铃汽车集团、李渡花园式烟花生产基地等工业旅游资源，以铭雅、翠林等高尔夫球场代表的时尚高端休闲旅游资源，万寿宫历史文化街区、宝葫芦农庄代表的都市休闲旅游资源。④地方级旅游资源有花果山农家园、仙游谷、溪霞水库、瑶湖、陈氏牌坊、艾溪陈家古村、冈上才子之乡、曹雪芹祖籍纪念地、三江后万古村等。

（3）旅游信息化传媒设施：为打造"数字化江西旅游"的总体要求，加快旅游信息化基础设施及信息化队伍建设，南昌市相关部门做了以下几个方面的工作：①大力开展政务信息化建设，积极推进电子政务。②建立健全各级旅游局及旅游管理部门的电子政务门户网站体系，实施网上办公、政务公开、为民服务。③建设覆盖旅游咨询、网络旅游营销等方面的全省旅游数字综合服务平台。④健全江西旅游公众网，建设省级旅游目的地营销系统。⑤利用先进的通信技术，建立全省旅游声讯服务平台。⑥积极发展区域性的第三方电子交易服务，推动全省旅游电子商务发展。⑦大力推进旅游企业信息化建设。⑧建立网上咨询体系和畅通的信息披露机制。

（四）旅游文化高新科技创新人才条件

（1）南昌高新产业园区发展：全市文化系统拟建文化产业项目有：红谷滩文化产业园、江西文化大市场、南昌世界军事文化博览园、江西印刷产业园、南昌国家动漫及网游产业基地、南昌文化创意产业园、墨香街、曹雪芹祖籍文化大观园。各类高新技术项目1300多个，其中列入国家级科技计划项目达135个，具有自主知识产权的项目达682个，这些项目45%处于国内外居于领先水平。

（2）南昌高校科研院所实力：江西师大文旅学院对历史文化的研究，南昌大学旅游学院对民族旅游、民俗旅游、旅游景观、旅游文化的研究，江西科技师范学院以及各高校旅游、文学艺术专业对文化产业的研究。近年来，全省文化、教育、科研、广播影视事业蓬勃发展，文化创意产业得到长足进步。江西省以打造"中部文化产业高地"为目标，形成了一批有较强实力和竞争力的领军文化企业，培育了一批具有自主知识产权和核心竞争力的知名文化品牌。

（3）旅游文化创意产业实体：樟树林文化生活公园、新华安 699 文化创意园、南昌华夏艺术谷文化产业园，"壹九二七"是大体量综合项目。南昌文化产业总体发展目标 2012 年力争使文化产业增加值达到 160 亿元，占本市 GDP 比重的 4%以上；中期到 2016 年达到 440 亿元，占本市 GDP 比重的 6%以上；远期到 2020 年达到 1000 亿元，占本市 GDP 比重的 12%以上，确立文化产业成为支柱性产业的地位。

二、南昌旅游文化产业发展现状存在的问题

（一）经济基础薄弱

世界发达国家的发展经验证明，当人均 GDP 在 1000~5000 美元时，拉动城市经济增长的主要动力是制造、加工和传统服务业，当人均 GDP 在 5000~10000 美元时，拉动城市经济增长的主要动力则是科技创新、创意产业、高技术产业和服务产业。江西省 2011 年人均 GDP 为 4024 美元，南昌市人均 GDP 为 8256 美元。与周边浙江、湖南等省相差较大，还未达到创意产业所依托的经济基础。

（二）相关产业基础落后

"十一五"时期，南昌市三大产业均保持较快的发展态势，2006~2010 年第一产业年均增长 4.5%，第二产业年均增长 12.1%；第三产业年均增长 11.9%。其中，第一产业所占的比重从 2005 年的 12.1%下降到 2010 年的 10.2%，下降了 1.9 个百分点；第二产业所占比重由 47.4%下降为 46.8%，下降了 0.6 个百分点；第三产业所占比重由 40.5 上升为 43.0%，上升 2.5 个百分点。总体上江西省第三产业在 GDP 中所占的比重还比较低，与全国同期平均水平相比相差甚大。

(三) 城市化水平滞后

城市是文化创意产业的主要基地，现代金融业、服务业、高新技术产业与文化创意产业存在前向或后向关联，文化创意产业通过与这些产业的渗透和融合，达到提升自主创新的能力。全国设市城市已经达到 655 个，其中，江西市区总人口达到 100 万以上的特大城市只有南昌市，50 万~100 万人口的大城市全国有 118 个，江西只有九江、赣州等 4 座城市。20 万~50 万人口的中等城市全国有 151 个，江西有 10 个。城镇化率达 45.7%，相对于发达省市还是滞后。

(四) 产业发展环境不理想

旅游文化创意的发展环境通常包括知识产权、人才资源、融资渠道等。①企业知识产权保护意识淡薄，相关知识产权法律制度不完善。由于对知识产权保护的作用认识不足，以至于许多非常好的创意和产品在诞生之初就夭折。②创意人才缺乏。人才资本是创意产业最核心的生产要素，创意经理人应该在设计、制作、营销多个阶段都能扮演不同的角色。③融资渠道不顺畅。大多数中小型文化创意企业想通过上市融资困难，获得政府的资助也非常有限。

三、南昌旅游文化创意产业发展对策

"十二五"期间，南昌旅游文化创意产业发展已经初现端倪，政府和民间都加大了力度，通过品牌战略和政策引导，提升其文化内涵，改善旅游创意人才培养模式，使创意产业发展在国内外提高知名度，促进江西经济实力的整体上升。

(一) 强化政府行政推动功能

继国务院正式批复《鄱阳湖生态经济区规划》，南昌市先后出台了《鄱阳湖生态旅游示范区建设南昌市实施方案》、《关于加快南昌旅游产业大市建设的若干意见》、《南昌市旅游产业大市建设考核奖励办法（试行）》、《南昌市旅游产业大市建设考核评分办法（试行）》、《南昌市旅游产业发展资金使用管理办法》等一系列政策性文件，战略先导，科学定位，集全市之力"大做旅游、做大旅游"，充分发挥文化及创意产业在旅游产业中的核心地位。

（二）加强旅游业与其他创意产业的融合

旅游业与其他创意产业的融合意味着区域合作、部门合作和产业联动。为促进第一、二、三产业与旅游业的融合，大力开发工业旅游、农业旅游等新型旅游业态，推进文旅结合、工旅结合、农旅结合、体旅结合，形成大旅游格局。

具体内容有：①充分利用创意园、动漫产业园、影视基地、设计平台等，促进产业集群形成。②积极推动文艺演出、娱乐休闲、文化旅游等传统文化产业的发展，通过产业链延伸，带动高端产业的规模化经营。③将江西历史文化内涵与现有旅游资源相结合，设计出具有吸引力的产品，加快文化与旅游的融合。南昌慧谷·红谷高新技术创意产业园和傩文化创意产业园建设，就是生产制造与服务设计的跨越融合。

（三）科技创新与文化创新相结合

科技与文化如同创意的双翼，文化是创意之魂，科技是创意之力，两者共融创意发展之路。

（1）文化思想与数字技术的跨界结合。在"建设红色旅游强省、生态旅游名省、旅游产业大省"的发展战略的指导思想下，全方位推出"江西风景独好"旅游品牌，以"四大名山"、"四大摇篮"等为主要内容，在中央电视台固定时段播出"江西风景独好"旅游广告片，《走遍中国·精彩江西》系列电视片等，通过中国国际广播电台用61种语言向200多个国家介绍江西旅游资源，迅速扩大江西在海内外的知名度和美誉度。

（2）地方文化与全球经济的跨界融合。全球经济化背景下，知识和社会文化传播构成产业发展形态、社会运作的新方式。创意产业的空间聚集特征表现为生活和工作的融合、知识文化产品生产与消费的融合、多样化的外部化境与独特地方文化特征的融合。通过旅游业与会展业、大型文化活动、文艺创作、民间演出、新闻出版业的跨界融合等，走品牌战略，走出去，引进来，提高南昌市在国内外的知名度。

（四）文化资源的持续开发与品牌策略

旅游文化资源是旅游文化创意产业发展的主要战略条件。丰富的文化资源条件直接影响一个国家和地区文化的竞争力。根据文化资源的构成，可以将南昌的文化旅游资源主要划分为：①遗存资源（如梅岭洪崖丹景）。②产品资源（如傩文化）。③观念资源（如书院、宗教文化）。④习俗资源（客家文化）。⑤语言资源（赣语系），此外还包括制度、组织资源等。文化资源的可持续开发将会提升文化的竞争力，及通常所说的"软实力"。经济竞争力往往需要文化竞争力的支撑。文化竞争力是在文化资源的基础上形成的，其核心层面为创新力层。打造旅游文化品牌，是提高旅游文化竞争力的有效战略。继续打造"八一英雄城"、"云水滕王阁"品牌等。

（五）加快旅游文化创意经营人员培育

任何文化产业的经营都需要高素质的人才作为依托。加大对文化创意产业专业人才的培养是创意产业发展的核心资源。各级旅游主管部门、高校人才培养模式今后应调整人才教育结构，加强对创意产业人才特别是高端人才、复合型人才、营销人才的培养。主要做到：①积极举办各种大型创意设计展览，激发创意人才创造原创文化产品的激情和动力。②加强本地创意人才培养。依托大学等院校资源优势，培养兼具创意产业设计、制作、营销及管理的复合型人才。在有条件的高校或中等职校增设相关专业，发展各个层次、各种类型的创意产业教育。③完善人才激励机制。推行人才、技术、成果等要素参与收益分配，设立奖励基金，对有突出贡献的文化创意产业经营、管理、创造和技术人才予以奖励。④启动创意人才梯队工程。在中小学生中开展各种类型的"创意设计"活动，使青少年从小奠定良好的创意基础。⑤通过举办各种创意设计大赛，让潜藏在民间的创意人才脱颖而出。

参考文献：

[1] 吴昌南. 江西省创意产业发展战略研究 [J]. 求实，2007（8）.

[2] 卢宇荣，黄小敏. 江西省文化创意产业发展对策研究 [J]. 江西金融职工大学校报，2010（12）.

[3] 曾光，林姗姗. 创意产业发展的空间布局研究——以江西省为例研究[J]. 井冈山大学学报，2010（3）.

[4] 张京城. 中国创意产业发展报告（2012）[M]. 北京：中国经济出版社，2012.

[5] 欧阳坚文. 化产业政策与文化产业发展研究 [M]. 北京：中国经济出版社，2011.

［6］胡惠林. 文化产业概论［M］. 昆明：云南大学出版社，2010.

［7］江西省人民政府关于印发江西省国民经济和社会发展第十二个五年规划纲要的通知.
http：//www.jiangxi.gov.cn/zfgz/wjfg/szfwj/201107/t20110712_318035.htm.

以文化为引领 推动转型发展 加速 "莲花之乡" 崛起进程

中共莲花县委书记 夏 兴

　　文化是物质财富与精神财富的总和，经济竞争的极致是文化的竞争。当今时代，文化越来越成为民族凝聚力和创造力的重要源泉，越来越成为综合国力竞争的重要因素，越来越成为经济社会发展的重要支撑。莲花县地处江西省西部，作为革命老区县和传统山区农业县，深入贯彻落实中央的决策部署，结合本地实际，推进文化强县，打造 "莲文化" 品牌，发挥文化引领作用，努力使文化产业化、经济文化化，推动转型发展，实现经济社会又好又快发展，加速 "莲花之乡" 崛起进程。

一、以莲为根，引领文化产业发展

　　优秀传统文化是发展社会主义先进文化的深厚基础。莲花有着悠久灿烂的历史文化，秦汉年间就设立了县治，古往今来，莲花物华天宝，人杰地灵，文风鼎盛，素有 "泸潇理学、碧云文章" 之誉，著名人物有元朝高僧、诗人释惟则，明朝文学家、理学家刘元卿，清代帝师朱益藩等，唐朝名相姚崇、英雄岳飞、文天祥、辛弃疾等都在莲花留下足迹。莲花是一个富有光荣革命传统的名县，有着红色的经典，是毛泽东引兵井冈的决策地，是井冈山革命根据地和湘赣苏区的重要组成部分，毛泽东、彭德怀、陈毅、方志敏、胡耀邦、王震等老一辈无产阶级革命家都在这里战斗工作过。传统文化和红色文化的交相辉映，孕育了莲花醇厚的文化底蕴。我们注重加强重点文物保护单位保护建设，抓好非物质文化遗产保护传承，加快文化产业发展。在深入调查研究的基础上，广泛征求意见，提出了建设中国莲花文化园，以花塘官厅（列宁学校）为基础，规划3000亩，将古色文化、红色文化等元素进行挖掘、整理、汇聚，突出毛泽东引兵井冈决策、胡耀邦革命生涯第一站，形成"古色环绕、红色绽放"新聚焦，既让县内外游客集中了解莲花独特的古色文化和红色文化，又有利于莲花本土历史文化的保护和传承，提高区域文化在国内外的影响力，促进文化旅游产业发展。4月中旬已举办了花塘官厅（列宁学校）修复竣工暨中国莲花文化园高端新闻发布会，凸显了文化旅游新亮点。

二、以莲为业，引领产业转型升级

文化是经济的灵魂，是经济发展的内在动力。经济的崛起，需要精神文化引领。文化不仅是一种精神力量，也是生产力。莲花是一个资源丰富的地区，但是多数是不可再生的，如果不注意降低资源消耗，将来也会遭遇资源枯竭的一天。现代文化就是利用新能源，由高耗能、高排放向发展低碳、绿色经济转变。"莲文化"的一个重要特质和精髓就是生态、绿色、可持续发展。我们坚持把项目建设作为经济社会发展的总抓手和转型发展的重要载体，牢固树立"抓项目就是抓发展"、"一切围绕项目转、一切为项目服务、一切为项目让路"理念，积极对接珠三角、长三角、长株潭等发达地区产业转移，实施项目带动战略，打造好省级生态工业园、文化园、荷花博览园、教育园、物流边贸园，把莲花建设成赣湘边界转型发展工矿区、特色农业产业区、宜居宜业风景区、城乡物流边贸区。牢固树立"金山银山建园区，绿水青山留家园"的理念，不主张工业企业村村冒烟，推动企业向园区集中，加快形成特色鲜明、优势突出的支柱产业和骨干企业。牢固树立环保生态理念，坚决不引进高污染、高耗能、高排放、低产出、低效益企业，提高企业入园门槛。切实抓好矿产资源整合，以优并劣、上大压小，实行示范化、标准化开采，提高矿产资源开发利用规模化、集约化程度，主动对接大型国企，推进产品精深加工，延长产业链，提升矿产资源的附加值，促进工矿业优化升级。以莲为载体，做大做强做好莲产业，围绕"种好莲、品好莲、赏好莲、颂好莲"，集中规划 10000 亩，建设一个集莲科研、莲生产、莲餐饮、莲文化展示、旅游观光、科普教育为一体的科技博览园，打造全国一流的荷花"观光地"，把莲产业做成农业特色产业，又做成生态、旅游、经济、文化产业。同时，以建设现代农业示范区为依托，建设好粮食油料、生猪蔬菜、花卉苗木、莲子瓜果、中草药材等一批农业特色产业基地，发展休闲观光农业，推进农产品精深加工，努力形成具有规模效益、品牌效应的特色农业产业群。

三、以莲为美，引领新型城镇建设

城市文化是城市的灵魂，是一个城市的历史文化传统、建筑设施外观风貌、社会文化活动以及文化产业、文化产品、文化氛围的鲜明特性。莲花是一个以花卉命名的行政县，有着绿色的灵动，文化底蕴深厚，是江西首届十佳绿色生态县、江西省园林县城、江西省卫生县城、江西省文明县城。境内丘陵起伏，河流、密林众多，呈天然之秀，构成了湖光山色的美丽生态图。优美的生态，悠久的历史，深厚的文化，赋予了莲花美的童话。在推进新型城镇化建设中，坚持把莲文化内涵赋予城市规划建设中，从物质文化、行为文化、制度文化、心理文化四个由浅入深的层面进行规划设计，突出城市主题文化，形成一系列主题突出的景观、建筑、规划系统，让城市形象给人留下难忘的第一印象。注重强化功能定位、空间布局，突出地域特色、文化品位和现代质感，用莲文化把历史与现代、古城与新城科学对接，巧妙融合，使之交相辉映、相得益彰。注重彰显建筑风格，通过对道路、桥梁、楼宇、景观、雕塑、城市色彩的精心设计，都设计为莲的图案和莲的色彩，形成"一花一世界"的审美效果。注重打造精品工程，着力推进莲江沿岸城市综合体建设，引进国内外先进理念，融入文化符号，规划 4 平方公里，在建筑风格、城市格调上体现城市个性，建设一个集防洪、休闲、旅游、会展、商居、办公、文娱等多功能的城市综合体，打造"晶彩莲花、山水新城"的标志性名片。同时，巩固全国文明县城创建成果，坚持"三分建、七分管"，创建更多的文明单位、文明窗口、文明家庭、文明社区，不断提升城市文明程度，把莲花建设成宜居宜业宜游的山水城、园林城、生态城、文明城。

四、以莲为媒，引领旅游产业发展

文化是旅游发展的灵魂，是旅游经济的发展基、增长源。旅游业本质上是一种文化创意产业，它满足的主要是游客的精神文化需求，依赖的是对各类文化资源的深度开发和巧妙利用，加快推动文化与旅游深度融合，打造旅游品牌。莲花拥有丰富的文化资源，集古色文化、红色文化、绿色文化于一体，有西汉古墓、路口古民居、复礼书院、花塘官厅等历史文化遗址和龙灯、打锡等民俗文化及莲花血鸭、莲子汤等餐饮文化；有莲花一支枪纪念馆、列宁学校旧址、秋收起义部队高滩军事会议旧址、棋盘山红军游击战根据地、垄上新四军组编旧址、将军农民甘祖昌纪念馆等红色文化资源；莲花县境内森林资源、水力资源异常丰富，生态环境堪称一流，有玉壶山省级风景名胜区、高天岩自然保护区，群山青翠、大地葱茏，蓝天、青山、绿水，空气清新，是一个绿色的生态王国；加上悠久的种莲历史，形成了特有的莲文化，为发展旅游产业提供了坚实的资源基础。我们注重深入挖掘丰富多样的文化内涵，促进旅游和文化产业融合发展，着力打造莲花旅游形象品牌。坚持以花为媒，以花节为平台，举办中国莲文化旅游节、油菜花文化旅游节等一系列活动，推进莲文化旅游产业发展，全力推介以荷花博览园、玉壶山省级风景名胜区、高天岩自然保护区为代表的生态文化旅游，以莲花一支枪纪念馆、列宁学校旧址为代表的红色文化旅游，以文化产业园、西汉古墓、路口古民居为代表的古色文化旅游，打造好"莲花福地"、"红色枪王"、生态休闲三大旅游品牌，对接武功山、井冈山两大旅游区，把莲花建设成生态文化旅游县、赣湘红色旅游点、安源—井冈山旅游中转站、全国著名赏莲旅游胜地。

五、以莲为铭，引领核心价值追求

文化是一个民族进步的灵魂，集中体现了人类的创造性本质，凝结着民族共同的价值追求。推进社会主义文化建设必须构筑社会主义核心价值体系，形成全体人民奋发向上、团结和睦的精神纽带，在全社会形成统一指导思想、共同理想信念、强大精神力量、基本道德规范。莲花历史悠久，崇尚礼仪，享有"泸潇理学，碧云文章"之美誉；莲花的名字与莲产业的发展，赋予了莲花人高尚、廉洁、正直的品格和内涵，特别是红色文化给莲花的文化注入了时代的主旋律。始终坚持把思想道德建设摆在突出位置，以社会主义核心价值体系为引领，以挖掘"莲文化"思想的丰富内涵为抓手，深入推进社会公德、职业道德、家庭美德、个人品德等公民思想道德建设，开展"创莲文化、塑莲品质、育莲新人"活动，广泛开展理想信念教育、国情教育和形势政策教育，开展爱国主义、集体主义、社会主义思想教育，开展公民道德教育，引导干部群众树立正确的世界观、人生观、价值观。尤其在党建工作中，把"莲文化"有机融合，实施"4113"党建工程，建立 4 个党员干部教育基地，在基层建好 100 个红色陈列室，每年打造 10 个基层党组织示范点，做红做亮 319 国道、吉莲公路、毛泽东挥师井冈之路三条党建"红色长廊"，打造"红色莲花"党建品牌。突出"莲·廉"主题，以莲喻廉，以莲说廉，以莲唱廉，以莲颂廉，打造"清水莲花"廉政文化品牌。

六、以莲为荣，引领力量汇聚

发展需要牢固的社会基础，需要强大的内在动力，需要一种文化引领和精神支撑。莲花特有的"莲文化"思想体系，赋予了莲花加快发展的软实力和竞争力。我们坚持社会主义先进文化的前进方向，坚持马克思主义在意识形态领域的指导地位，用以爱国主义为核心的民族精神和以改革创新为核心的时代精神鼓舞斗志，充分发挥莲文化的精髓引领作用，把莲花特色文化与时代精神结合起来，广泛开展时代精神教育，引导干部群众始终保持与时俱进、开拓创新的精神状态，永不自满、永不僵化、永不停滞，以思想不断解放推动事业持续发展。通过创作一首莲花的歌曲，拍摄一部莲花的电影，制作一个宣传莲花的 MTV，体现优秀历史文化，反映时代精神，用先进的文化鼓舞人、用优秀的作品陶冶人，进一步展示莲花风貌、地域形象，凝聚广大干部群众的智慧和力量，迸发活力、激发创造力，真正把蕴含在先进思想文化中的精神力量渗透、贯穿到经济社会发展的各个方面，实现莲花科学发展、转型发展、跨越发展、和谐发展，打造名副其实的"莲花之乡"。

芦溪县发展定位与战略转型的思考

江西省芦溪县委书记　欧阳清新

芦溪县位于江西省西部，1997 年撤区设县，为萍乡市的东大门，东与宜春市袁州区相交，南与安福县、莲花县接壤，西临萍乡市安源区、湘东区，北靠上栗县。面积 960 平方公里，辖芦溪、上埠、宣风、南坑、银河 5 镇及长丰、新泉、张佳坊、源南 4 乡，共有人口 30 万。芦溪区位优越，自古称 "枕吴头而压楚尾"，为横锁湘赣两省要道。县城距长沙黄花机场 120 公里、距南昌 250 公里，320 国道、浙赣电气化铁路、杭南长高铁、沪昆高速公路横穿全境，有火车站、高速公路出口各 1 个。2012 年，芦溪县实现地区生产总值 102.84 亿元，同比增长 12.1%；全社会固定资产投资 104.42 亿元，增长 30.14%；社会消费品零售总额 18.68 亿元，增长 14.2%；财政总收入 10.12 亿元，增长 14.7%；农民人均纯收入 1.02 万元，增长 17.24%。

一、战略转型的依托优势

县域经济转型发展，是资源枯竭型城市转型发展带来的一个必然结果。近年来，通过产业整合、产学研结合、重大项目带动，不断推动现代特色农业和旅游经济发展，为加快推进城乡一体化建设夯实基础创造条件。

(一) 电瓷工业基础扎实

芦溪县作为全国首批资源枯竭城市转型试点城市——萍乡市的下辖的一个县，近年来，比照享受东北老工业基地优惠政策和国家循环经济试点县城，在创新驱动转型升级发展的实践中，产业结构得到调整，电瓷工业、现代农业、旅游经济等得到了显著发展，取得了很好的效益。

芦溪县充分利用芦溪"百年电瓷"的底蕴优势，先后打造了江西省电瓷工程技术研究中心、萍乡市耐磨陶瓷工程技术研究中心等10余个研发平台，并与上海大学、西安电瓷研究所等建立战略合作关系。在全国电瓷产业分工体系中凸显竞争优势，先后获批国家电瓷产业化基地、全国电瓷产品知名品牌创建示范区，为芦溪电瓷工业发展奠定了坚实基础。

在电瓷产业链整合方面，芦溪县坚持走靠大联强、强强联合、集团化发展路子。先后引进了中材高新、金利华强联、大连电瓷、深宝安等央企、上市公司及国家级电瓷龙头企业，对原有的电瓷企业予以兼并、重组，将芦溪县近100个电瓷企业整合成7~9个电瓷集团，有力强化对电瓷产业的资金、人才、技术等支撑。并以中材高新为龙头，主攻直流80万伏、交流120万伏超特高压绝缘子等世界领先水平的电瓷产品，推动芦溪电瓷由中低端向高端发展，由"芦溪制造"向"芦溪创造"迈进，全力将芦溪打造成为世界领先的电瓷产业基地。

目前，芦溪电瓷进入了一个全新发展时期，销售网络遍布全国各省市，远销东南亚等40多个国家和地区，产品包括40多个系列、600余个品种，中低档电瓷产品占国内市场的份额达70%以上、国际市场的份额在20%以上。华东电瓷等4家企业获批国家高新技术企业，有120余产品入选国家电网采购名录，2个新产品达到欧洲市场准入条件，国际影响力持续扩大。到2015年，全县电瓷产业总产值有望达到100亿元，实现利税20亿元以上。

（二）产业多元化格局初步形成

芦溪县积极开展产业多元化布局战略，重点打造县工业园和宣风生物产业园两大工业平台，促使发展要素向产业平台集中、项目向产业平台集聚。

其中，县工业园区规划面积已拓展至17.5平方公里，被列为省第一批重点工业园区，重点建设华能特色产业园、特高压电瓷产业园、新材料产业园、先进装备制造产业园、环保陶瓷园等。2011年来，先后引进华能、中建材、中材、中再生、瑞泰科技、深宝安等央企和上市公司12家；引进中华煤气、菲律宾宏菲物流等大型外企9家；引进高鑫电瓷、家烨汽车、鑫辉科技等大型科企12家。目前，代表国际领先水平的中材高新电瓷电气公司、宝安新材料公司正式投产。萍乡史上投资最大的项目——总投资132亿元的华能安源电厂将于今年底实现第一台机组发电。

宣风生物产业园，规划总面积 25 平方公里，一期建设面积 7 平方公里，重点建设生物产业创新基地和产业基地，形成生物创新、生物医药、生物农业、生物制造四个专业园区，打造成集研发、孵化、生产、物流、行政、文化、居住为一体的赣西生物城。

目前，全县规模以上企业增至 125 家。形成了以华能安源电厂、华能特色产业园等为龙头的新能源产业；以南方水泥、武功建材等为龙头的建材产业；以江发发动机、家烨汽车等为龙头的先进装备制造产业；以深宝安、博鑫精陶等为龙头的环保陶瓷产业等为主的产业多元化格局，为县域经济赶超发展积蓄了强大的后劲。

（三）农业现代化成效显著

在农业优化布局方面，芦溪县以 320 国道为轴，重点规划了"三园两市场多基地"，优化配置生产要素，促进主导产业向优势区域集中，连片发展、聚集发展。"三园"分别是宣风生物产业园、宣风银河农业核心示范园、现代农业精品加工示范园；"两市场"即赣西花卉苗木交易大市场、赣西农产品交易市场；"多基地"主要是杜仲产业基地、特种稻米产业基地、"格林米特"生猪养殖基地、高山茶叶基地、无公害蔬菜基地、武功脆鲩鱼基地、花卉苗木基地等。现代农业核心示范区累计完成投资 3 亿余元；全面启动赣西花卉苗木交易市场、农产品精品加工示范园等重点工程；组建农民专业合作社 310 家；建成杜仲文化园、隆盛生态园等农业产业园；建设标准化特色农业基地 376 个，面积 45 万余亩。

在特色产品培育方面，芦溪县立足"人无我有、人有我优、人优我特、人特我强"的发展思路，大力发展特色农业。重点围绕农业产业"六个一"（一粒米，即特种稻米；一头猪，即杜仲生猪；一条鱼，即脆肉鲩；一株草，即紫株草；一片茶，即高山有机茶；一棵树，花卉苗木）做文章。按照区域化布局、集约化经营、系列化服务的要求，集中力量发展壮大以上"六大主导产业"，强力打造农产品"生产、加工车间"，延长产业链条，使之成为引领芦溪县农业产业化发展的支撑和主力。当前，宣风花卉苗木基地面积拓展至 5 万亩，武功紫红米种植面积 2 万亩，蔬菜瓜果种植面积 9 万余亩，中药材种植面积达万余亩，高山有机茶生产基地 2 万亩，脆肉鲩养殖基地 1 万亩。

在企业培育方面，芦溪县立足高起点、高标准、高水平，大力培育壮大龙头企业。深入探索、完善"龙头企业+基地+合作经济组织+农户"的农业发展模式，通过龙头带动、典型引路、以点带面，加快传统农业向现代农业转变。目前，全县培育农业产业化龙头企业 83 家。其中，国家级 1 家，省级 11 家，市级 20 家。通过重点扶持银河杜仲、大富乳业、福义实业等国家、省级龙头企业，促使我县农业产业由点状发展转向成片聚集，从量的增大转向质的提升，由初级加工转向精深研发。

在品牌打造方面，芦溪县坚持以市场为导向，着力打造一批特色鲜明、后劲强大，在市场上具有较强竞争力的大品牌。成功培育出格林米特杜仲猪、万龙松针、武功紫红米、武功山榨菜、一村食品、大富康园等在全国、全省有较大影响的农业品牌；培育出绿色食品 A 级产品 20 个、有机食品 4 个，有力推动了生物技术和现代农业规模化、特色化、品牌化，为打造国家级现代农业示范区奠定了坚实基础。

（四）旅游经济初具规模

重点围绕"一山两水二带一园"（一山：武功山；两水：武功湖、西海温泉；二带：芦—万—武观光养生休闲带，芦—新—武红色文化体验带；一园：武功山文化产业园），以项目建设为抓手，推动山上、山下旅游资源综合利用、整体开发。萍乡武功山成功创建国家 4A 景区，创 5A 工作取得重大进展。坚持旅游与文化相结合，以打造文化产业园为平台，着力发掘芦溪独特的红色文化、绿色文化、古色文化，促进文化与旅游业有机融合，不断提升旅游品位。规划面积为8000 亩的武功山文化产业园列入省重点文化项目，启动建设吴楚文化宫、茶文化园、兆丰杨梅文化园等重点项目；明月湖、锅底潭等绿色景区、景点基础设施进一步完善；秋收起义烈士陵园、易简烈士陵园等红色文化景区相继建成；武功山千年道教文化等古色文化发掘工作有力推进。

结合地方特色，精心组织策划具有影响力的重大节庆活动，积极筹办武功山帐篷节、乡村旅游节、灯彩艺术节等活动，将传统文化与乡村旅游、农业产业与旅游发展相结合，充分展示芦溪丰富的旅游资源和民俗文化，不断拓展芦溪旅游知名度。不断完善旅游网站，编辑制作宣传资料，对乡村旅游景点进行整合包装，设计出精品旅游线路推向市场。不断加强对外宣传营销，组织人员参加旅游交易会、中博会、深圳文博会、赣西旅游推介会等旅游盛会，对芦溪整体旅游资源进行宣传推介，提升整体形象。

（五）公共服务保障水平不断提升

加快城乡一体化建设步伐，努力促进城乡公共服务均等化，是近几年县委县政府的工作重点。

（1）全面推进总投资近 60 亿元的新型城镇化重点项目 88 项。先后完成老319 国道等 700 多公里主干道、乡村公路改造升级工程，完成日江路等 11 条城区道路改造，全面实现"乡乡通油路、村村通水泥路"目标。完成狮山公园等重大市政工程建设。建成 220 千伏变电站 1 座，启动 2 座 110 千伏变电站前期工作。日供 5 万吨水厂、民用燃气管网等重大民生项目全面推进。高质量建设了一批新农村示范点，重点打造了宣风、上埠、新泉等田园生态式的小城镇。整合农口资金，高标准推进富裕和谐秀美乡村示范带建设，全力将 320 国道芦溪段、芦万武旅游公路、大富路打造成为生态文明示范区、民生改善示范区和产业发展示范区。

（2）在高标准完成省市下达的各项民生指标的同时，重点解决好群众收入低及住房难、上学难、看病难、出行难等"一低四难"问题。先后建设保障性住房1207 套，改造危旧房 2700 余套。建成可容纳 7000 人就学的县教育园区，新建、改建中小学校舍 5 万平方米，被列为全省义务教育均衡发展示范县，县进修学校获评"全国示范性教师培训机构"。县文化馆被评为"国家一级文化馆"，县图书馆获评"国家二级图书馆"。三大县级医院新建工程全面推进，其中县医院、县中医院均已完成主体工程建设，在县、乡、村三级全面实施基本药物制度，成功创建"全国卫生应急综合示范县"，被列为"全国县级公立医院改革和基层医院综合改革试点县"。全力做好就业、社保等工作，获全省就业工作先进单位、全国新型农村和城镇居民养老保险先进单位。

（3）大力推进净化、美化、硬化、绿化、亮化等工程，全县公共市政设施日臻完善、城市品位有效提升、市民素质显著提高，整座县城呈现出"绿色环保、健康向上、和谐优雅"的浓厚气息。获"全省创建文明城市工作先进县第一名"，成功创建省级卫生县城、省级园林县城、省级森林县城。

二、转型发展的主要战略思路

城市定位是城市发展和竞争战略的核心，一个好的城市定位对一个城市的发展不仅至关重要，而且在引导城市发展和优化资源配置方面将会发挥关键性作用。

根据城市定位的基本内涵，从城市定位的核心价值特征出发，我们可以从城市品牌定位和城市属性定位两个维度给出城市定位的体系框架。城市品牌定位是城市定位的灵魂和核心价值的提炼；城市属性定位则是城市品牌定位在城市各个方面和不同领域的具体体现。其中，城市属性定位又可以进行分解，主要包括：城市空间定位、城市功能定位、城市产业定位、城市文化定位和城市居住理念定位等，如图1所示。

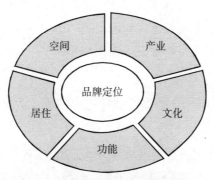

图1　城市定位体系结构示意图

根据县情，从芦溪县近、中远期发展要求考虑，从城市品牌定位、属性定位两个维度和四个空间范围尺度构建未来发展的战略定位体系。芦溪县的品牌与属性定位表述为："世界领先的电瓷产业基地、国家现代农业示范区、全国著名的现代旅游胜地、全国和谐发展示范县。"

我国已经进入全面深化改革的关键时期，同时这段时间也是芦溪县实现赶超跨越的攻坚时期。芦溪县未来将深入贯彻落实党的十八大、十八届三中全会精神，以中华民族伟大复兴中国梦为引领，瞄准"世界领先的电瓷产业基地、国家

现代农业示范区、全国著名的现代旅游胜地、全国和谐发展示范县"四大目标，继续坚持主抓项目、强攻工业、决战三区、推进"四化"，以改革创新的精神，全力开创建设生态、文明、幸福芦溪的崭新局面。

三、转型发展的实施路径

要实现转型发展，就必须加快转变经济发展方式，改造提升传统产业，培育壮大现代农业和旅游产业，通过大项目牵引、大产业推动、大平台的建设，促进产业转型升级，推动经济社会事业稳步健康发展。

（一）致力打造世界领先的电瓷产业基地，推动工业新型化再上新台阶

坚持招大选强与扶优助强并举。深入实施"四个对接"战略，继续加强与央企、外企、科企、民企的对接，围绕世界500强、国内500强及上市公司，着力引进更多投资强度大、社会效益好、发展后劲足、收益回报高的项目。大力实施扶优助强战略，下大力气服务好现有的项目，为其发展壮大提供要素保障，推动企业扩大产能，提高市场竞争力，确保引进一个、建成一个，建成一个、达产一个。

坚持提升传统产业与培育新型产业并举。传统产业是县域经济的重要支柱，新型产业是加快发展的动力和潜力。一方面，要通过科技创新和靠大联强，推动电瓷、水泥、煤炭等传统优势产业继续走高新化、集团化、规模化发展壮大之路。另一方面，要全力培育壮大新型产业。积极引进战略投资者，着力培育新能源、新材料、先进装备制造、环保陶瓷等战略性新型产业，努力抢占发展的制高点，为优化产业结构，实现赶超跨越注入新的动力与活力。

坚持平台建设与环境建设并举。按照把园区建成项目集聚区和城市发展新区的理念，加快推进县工业园区调规扩容，提升园区的承载力和吸引力；注重市场运作，整合项目资源，发展总部经济；坚持"环保先行、集约节约"，严把入园项目环评关和用地关。多举措优化发展环境。环境是"永不竣工的工程"，要用硬的措施、铁的手腕，营造公正透明的法制环境、高效廉洁的政务环境、公平公开的市场环境和安商亲商富商的社会环境，打造芦溪环境建设的硬品牌。

（二）致力打造国家现代农业示范区，推动生物技术及农业现代化再上新台阶

用更新的理念引领农业发展。突出高端化，推动农业产业从传统种植业、养殖业向精深加工发展，走科技化、高端化道路，促进现代农业与第二产业、第三产业融合发展。突出规模化，重点围绕农业产业"六个一"，完善"龙头企业+基地+合作经济组织+农户"发展模式，促使农业产业由点状发展转向成片聚集，不断壮大企业规模和基地规模。突出品牌化，努力将已有农业品牌打造成全国、全省名优品牌。同时，注重培育新产品、新品牌，努力走出一条生产技术优、经营规模大、市场竞争力强、生态环境可持续的农业现代化道路。

以更高的标准培植特色农业。注重抓龙头。在农产品生产、精深加工、农业休闲观光等领域，有计划、有重点地培育龙头企业，增强龙头企业辐射力和带动力。注重铸链条。树立全县一盘棋思想，进一步梳理、整合全县农业产业资源，把农业种养、加工以及销售等环节有机串联起来，促进农产品生产上下游相关企业互动联合，逐步打造具有芦溪特色的农业产业链。注重建集群。目前，全县各地建了不少农业产业化基地，但是布局比较分散、规模不大。下一步，要在重点园区和重点基地集中打造一批具有芦溪特色的农业产业化集群，逐步形成芦溪农业产业集群优势。

以更强的举措推进农业项目。紧跟上级政策，加强项目策划和包装，积极向上争取项目资金，继续完善农业基础设施；以农村综合改革为突破口，想方设法激活、引导民间资本投入农业产业化项目。集中精力抓好"三园两市场多基地"建设。继续打造好现代农业示范区宣风银河核心区；全力建设萍乡市农产品精深加工产业园、赣西农产品交易市场和赣西花卉苗木交易市场等重点项目，真正将我县打造成集农业种养、加工、研发、创新、孵化为一体的现代农业产业示范区。

（三）致力打造全国著名的现代旅游胜地，推动旅游规模化和城乡一体化再上新台阶

按照将芦溪打造成"武功山旅游接待中心、赣西生态休闲后花园和全国著名的现代旅游胜地"的总体定位，以推进西部生态新城建设和加快旅游项目开发为抓手，加快旅游规模化和城乡一体化进程。

加快推进城西生态新城建设。2014 年,新城区范围内的路网工程、排水工程等基础设施建设要有新的突破,务必拉通金子桥—山口岩公路、周敦颐大道,完成袁河东大道、名豪国际酒店、天星四星级酒店等重点项目建设,启动山地体育公园等项目。

加快推进旅游项目建设。积极策应武功山景区创 5A 工作,大力推进旅游开发,构建芦溪大旅游圈。加快建设县民俗文化展示中心、县工业文化展示中心、乡镇特色旅游点等旅游项目。同时,加速发展现代服务业,提升商贸物流、金融保险、文化休闲等水平,不断做旺芦溪的人气。

加快推进村镇联动建设。有机整合富裕和谐秀美乡村建设、新农村建设等项目,加快打造全省百强中心镇、重点镇,着力推动村镇联动和村落连片发展。坚持规划先行,有序引导农民规范建房,严格打击违法用地、违法建设行为,严肃查处非法买卖土地行为;坚持做靓生态,融入生态元素,体现乡土人情,彰显和谐之美,实现"村在林中、房在绿中、人在画中"。坚持融合资金,从"撒胡椒面"转向"握指成拳",坚持产业、基础设施与公共服务"三位一体",促进城乡各种资源要素合理流动和优化配置,进一步完善"一主三次"新型城镇化体系。

(四)致力打造全国和谐发展示范县,深入推进各项民生工程和社会事业再上新台阶

始终把工作的出发点和落脚点放在改善民生、增进人民福祉上,深入推进各项民生工程和社会事业建设,从更高水平上提升人民满意度。

进一步提升民生幸福满意度。继续围绕收入低及出行难、住房难、上学难、看病难等"一低四难"问题,扎实推进民生事业发展。把扩大就业作为头等大事,积极搭建创业就业服务平台,鼓励以创业促进就业。着力完善覆盖城乡居民的社会保障体系,健全城乡社会救助体系,特别是全力做好失地农民的生活保障。加大保障性住房建设力度,不断改善群众居住条件。深入实施教育均衡发展工程,完善县教育园区,继续推进教师周转房等工程建设,启动芦外搬迁工程。深入推进公立医院改革试点,做好三大县级医院新建搬迁工作,不断完善县、乡、村三级卫生服务网络,强化公共卫生服务。坚持计划生育基本国策,进一步完善计生利益导向机制,综合治理出生人口性别比偏高问题,稳定低生育水平。

进一步提升生活质量满意度。盯紧路、电、水、气等民生工程,继续完善一批基础设施项目。加快推进县乡道路改造提升和农村客运网络建设，加速推进袁河东大道、源南至宣风战备公路等工程；加快农网改造步伐，着力建设好两座110千伏变电站、日供5万吨自来水厂、污水处理厂续建工程、城区居民用气管网、芦洲公园等重大民生项目。高度重视生态环境保护与建设工作，不断改善人居环境。

进一步提升公众安全满意度。深入推进平安芦溪建设，集中整治社会治安突出问题，遏制各类刑事犯罪案件，切实维护国家安全和社会稳定。高度重视食品药品安全，切实加强监督检查，做到关口前移、防患未然。严格落实安全生产"党政同责、一岗双责、齐抓共管"要求，全力以赴抓好安全生产监督管理，严厉打击非法生产，持续保持安全发展、和谐发展良好态势。

进一步提升文明素养满意度。深化文明创建活动，继续实施好"美化、亮化、绿化、净化"工程，进一步完善基础设施、改善城乡环境、提升城市形象，不断提高文明素养。

2011 年井冈山市旅游生态足迹研究[①]

吴春平　周金堂[②]

生态足迹（Ecological Footprint）研究最早是由加拿大学者提出来的。本文运用生态足迹研究方法，结合旅游生态足迹计算步骤，对 2011 年井冈山市旅游生态足迹、本底生态足迹和生态承载力进行了计算，研究结果告诉我们：发展生态旅游，必须立足自然资源的实际，关注和重视旅游生态足迹、本底生态足迹和生态承载力之间的关联，努力推进生态旅游经济的可持续发展。

一、生态足迹研究概述

生态足迹的概念是由加拿大生态经济学家 William Rees[1] 在 20 世纪 90 年代初提出来的，并由他的博士研究生 Wackernagel[2] 进行完善的一种从生态学角度来衡量某一区域可持续发展程度的方法，它通过测定人类为了维持自身生存、生活及生产而使用的自然资源的量及产生的废弃物来评估人类对生态系统的影响。其定义是：任何已知人口（某个人、一个城市、某地区和一个国家或整个地球）的生态足迹是生产这些人口所消费的所有资源和吸纳这些人口所产生的所有废弃物所需要的生物生产面积（Biologically Productive Area，包括陆地和水域）。

2002 年，Colin Hunter[3] 首次对旅游生态足迹的定义、分类及旅游业可持续

————————

① 基金项目：江西省科技厅软科学课题"建设绿色生态江西模式和路径研究——以井冈山发展绿色生态、红色旅游经济为例"（编号：20112BAA10026）阶段性成果。

② 吴春平，男，生于 1987 年，就职于会昌县文武坝镇政府，生态经济学研究生；周金堂，教授、研究员、博士生导师。

发展中的应用做了说明。Cossling 等[4] 在 2002 年通过构建旅游目的地旅游生态足迹计算模式体系，对非洲的塞舌尔群岛 2000 年旅游生态足迹进行了计算，并且发现了交通生态足迹对旅游生态足迹影响较大的现象，在生态足迹计算中需要考虑交通因素。国内旅游生态足迹研究起步较晚，2004 年席建超等人[5] 第一次将生态足迹模型在旅游领域做了尝试，分析了旅游消费在生态足迹的基本构成，同时提出了旅游消费占用的计量模型。2004 年，章锦河等[6] 根据旅游要素构建了餐饮、交通、住宿、购物、娱乐、游览六个子模型。2005 年，王辉等[8]、刘年丰等[8] 对旅游生态足迹及环境承载力进行了研究分析。蒋依依等[9] 在 2006 年以云南省丽江纳西族自治县为例，研究了当地旅游生态足迹和本底生态足迹以评价旅游业的可持续发展情况。

二、2011 年井冈山市旅游生态足迹

（一）旅游餐饮生态足迹

$$\text{TEF}_{\text{食}} = \sum S_i + \sum A \times d(B_i/b_i + C_i/r) \qquad \text{[10]} \qquad （1）$$

其中，$\text{TEF}_{\text{食}}$ 表示旅游饮食生态足迹；S_i 表示第 i 类社会饮食设施的建成地面积；A 为旅游者的人次数；d 为旅游者平均旅游天数；B_i 为游客人均日消费第 i 种食物的消费量；b_i 为第 i 种食物对应的生物生产性土地的年平均生产力；C_i 为第 i 种食物的能源密度；r 为世界上单位化石燃料生产土地面积的平均发热量。

根据公式（1），井冈山市旅游餐饮生态足迹主要有三部分组成：第一部分是餐馆的建成面积生态足迹，第二部分是游客消耗的食物资源生态足迹，第三部分是餐饮消耗能源生态足迹。

1. 井冈山市餐饮建成面积计算

有些酒店里面也提供餐饮，由于不与住宿建成面积重复计算，酒店餐饮建成面积则不算入其中，井冈山市总共有餐馆 200 个左右，每个餐馆平均面积在 500m² 左右，建成总面积为 10.0hm²，其餐馆设施建筑用地均衡因子为 2.8，所以建成设施生态足迹为 28.0hm²。

2. 游客在井冈山市消耗食物生态足迹计算

根据井冈山市 2012 年统计年鉴，2011 年井冈山游客总数是 671 万人，游客在井冈山市呆的平均时间为 1.3 天，由于每位游客在井冈山市消费的食物量极其难统计，很多餐馆老板也不愿提供数据，下面将根据井冈山市人均食物消费情况来计算，计算结果如表 1 所示。

表 1　各类食物相对应的生物生产性土地类型及年平均生产力及 2011 年生态足迹计算

分类	人均消耗量（kg/d）	全球平均产量（kg/hm²）[7]	均衡因子	游客消费总量（kg）	土地类型	食物生态足迹总量（hm²）
粮食	0.1688	2744	2.8	1472442.4	耕地	1502.5
鲜菜瓜类	0.2194	18000	2.8	1913826.2	耕地	297.7
油料	0.0233	1856	2.8	203245.9	耕地	306.6
猪肉	0.0564	74	0.5	491977.2	草地	3324.8
牛羊肉	0.0140	33	0.5	122122.0	牧草地	1850.3
家禽及制品	0.0378	457	0.5	329729.4	草地	360.8
鲜蛋及制品	0.0158	400	0.5	137823.4	草地	172.3
鱼虾	0.0299	29	0.2	260817.7	水域	1798.7
白酒	0.0015	1870.6	2.8	13084.5	耕地	19.6
啤酒	0.0117	50595	2.8	102059.1	耕地	5.7
其他酒及饮品	0.0213	50595	2.8	185799.9	耕地	10.3
茶叶	0.00003	566	2.8	261.7	耕地	1.3
糕点及奶制品	0.0869	2744	0.5	758028.7	草地	1381.3
干果	0.0055	3500	0.91	47976.5	林地	12.5
鲜果	0.1489	3500	0.91	1298854.7	林地	337.7
合计						11381.3

数据来源：井冈山市统计局。

3. 餐饮能源消耗生态足迹计算

井冈山市餐饮主要使用的能源是液化气和原煤两种，其中人均使用量可通过 2012 年井冈山统计年鉴查到，液化气燃料对应的土地类型及折算系数是50.2[11]，计算结果如表 2 所示。

表 2　2011 年井冈山市旅游餐饮能源生态足迹

能源类型	人均消耗（10⁻⁴）	全球平均产量（GJ/hm²）	折算系数（GJ/t）	均衡因子	土地类型	游客消耗量（t）	能源消耗生态足迹（hm²）
液化气	0.08767	71	50.200	1.1	化石能源	76.5	59.5
总计							59.5

数据来源：井冈山市统计局。

通过上述计算，井冈山市旅游餐饮建设用地生态足迹是 28.0hm²，游客消耗食物生态足迹是 11381.3hm²，能源消耗生态足迹是 59.5hm²，游客食物消耗生态足迹比重最大，井冈山市旅游餐饮生态足迹总量是 11468.8hm²。

（二）旅游住宿生态足迹

$$TEF_{住} = \sum (N_i \times S_i) + \sum (365 \times N_i / K / \times C_i / r)^{[10]} \qquad (2)$$

式中，$TEF_{住}$ 为井冈山市旅游住宿生态足迹；N_i 为第 i 种住宿设施拥有的床位数；S_i 为第 i 种住宿设施每张床的建成地面积；K_i 为第 i 种住宿设施的年平均客房出租率；C_i 为第 i 种住宿设施每张床的能源消耗量；r 为世界上单位化石燃料生产土地面积的平均发热量。

该项需要了解每张床位的面积和能耗情况，由于不同档次的住宿条件，每张床位的面积和能耗情况相差很大，所以按酒店的星级（一、二、三、四、五星酒店、公共旅馆、私人旅馆共七种）分开统计。各类型旅游住宿设施建成面积和能源消耗可以根据当地调查获得，由于井冈山整体酒店宾馆数量庞大、分布复杂，这里将根据王辉和林建国统计的一般酒店住宿标准来进行计算。按每张床位来计算，一、二星酒店建成面积为 100m²，三、四星酒店为 300m²，五星酒店为 1000m²，公共旅馆为 100m²，私人旅馆为 50m²，每张床的能耗一、二星的是 40MJ，三、四星的为 70MJ，五星的为 110MJ，公共旅馆为 40MJ，私人旅馆为 30MJ[12~13]，根据井冈山市 2012 年统计年鉴，井冈山市酒店旅馆数量及出租率等指标如表 3 所示。

表 3　2011 年井冈山市各类酒店情况

酒店星级数	酒店数量（个）	客房数（间）	床位数	出租率（%）
三、四星	18	2376	3410	89
一、二星	2	201	399	89
社会旅馆	123	6076	13401	89
总计	143	8653	17210	89

数据来源：井冈山市旅游管理局。

根据上述计算方法和公式，井冈山市 2011 年生态足迹有两部分组成：旅游住宿、建成面积生态足迹和旅游住宿能源消耗生态足迹。

1. 井冈山市旅游住宿建成面积生态足迹计算

如表 4 所示：井冈山市三、四星级酒店建成地生态足迹是 286.4 hm²，一、二星级酒店建成地生态足迹是 11.2 hm²，社会旅馆建成地生态足迹是 375.2 hm²，井冈山市旅游住宿总的建成地生态足迹总量是 672.8 hm²。

表 4　2011 年井冈山市旅游住宿设施生态足迹

住宿设施类型	床位数（张）	床位建成面积（m²）	均衡因子	建成地生态足迹总量（hm²）
三、四星	3410	300	2.8	286.4
一、二星	399	100	2.8	11.2
社会旅馆	13401	100	2.8	375.2
总计	17210			672.8

数据来源：井冈山市旅游管理局。

2. 井冈山市旅游住宿能源消耗生态足迹计算

如表 5 所示：井冈山市旅游住宿能源生态足迹总量是 3038.11hm²。

表 5　2011 年井冈山市旅游住宿能源生态足迹

住宿设施类型	床位数（张）	能源消耗量（GJ/床）	能源消耗总量（GJ）	均衡因子	能源消耗化石地生态足迹量（hm²）
三、四星	3410	0.07	77541.7	1.1	917.2
一、二星	399	0.04	5184.6	1.1	61.3
社会旅馆	13401	0.04	174132.6	1.1	2059.6
总计	17210				3038.1

注：旅游住宿能源消耗以煤气为主，煤气的全球平均足迹为 93GJ/hm²。

可以算出 2011 年井冈山市旅游中住宿建成面积生态足迹是 672.8hm²，住宿能源消耗生态足迹是 3038.1hm²，旅游住宿总生态足迹是 3711.0hm²。

（三）旅游交通生态足迹

$$\text{TEF}_{\text{住}} = \sum (S_i \times R_i) + \sum (N_j \times D_j \times C_j / r)^{[10]} \tag{3}$$

其中，$\text{TEF}_{\text{交}}$ 为井冈山市旅游生态足迹；S_i 为第 i 种交通设施的面积；R_i 为第 i 种交通设施的游客使用率；N_j 为选择第 j 种交通工具的游客数；D_j 为选择第 j 种交通工具游客的平均旅行距离；C_j 为第 j 种交通工具人均单位距离能源消耗量；r 为世界上单位化石燃料生产土地面积的平均发热量。

井冈山市旅游交通主要有三种方式：第一种各地乘飞机到井冈山机场，第二种为各地坐火车到井冈山火车站，第三种是乘大巴或者自己开小汽车上井冈山。根据上述公式，井冈山市旅游交通生态足迹主要有以下两部分组成：

1. 交通基础设施的建成面积

由于井冈山机场、井冈山市火车站以及从京九线到井冈山这段火车基本都是由游客使用，所以这部分的建成面积的生态足迹是有必要计算的，通过井冈山交通部门的了解访谈，井冈山机场的候机楼建筑面积是3240.0m²，机场跑道建设面积是159.1hm²，火车站候车楼面积是1.0hm²，火车站广场面积是3.5hm²，井冈山火车站与京九线交界处的火车铁路长是80.6km，铁路路基宽3.0m，这些面积将全面为游客使用，即这部分建设面积生态足迹如表6所示。

表6　2011年井冈山市旅游交通设施生态足迹

项目	建设面积（hm²）	均衡因子	建成面积生态足迹（hm²）
机场	159.1	2.8	445.4
火车站	4.5	2.8	12.6
铁路	24.0	2.8	68.0
总计			526.0

数据来源：井冈山市统计局。

2. 井冈山市旅游交通能源消耗生态足迹计算

通过对交通部门的访问和旅游接待数据的调查，来井冈山旅游的游客55%乘火车，5%的人乘飞机，20%的游客乘坐大巴，20%的游客乘坐小汽车，同时井冈山开通的火车有井冈山到北京、井冈山到上海、井冈山到南昌、井冈山到深圳这几趟，同时根据中国火车票网站公布的里程数分别是1492km、1078km、317km、788km，这里将根据这些车程的平均距离来确定游客由火车去井冈山的路程长度，计算出乘火车去井冈山旅游的路程为918.75km；井冈山机场主要开通的飞机有井冈山到北京1500km、井冈山到上海860km、井冈山到成都1150km、井冈山到深圳520km、井冈山到厦门515km，这里也采取平均值确定由飞机上井冈山旅游的交通路程是909km；乘汽车去井冈山的出发地主要是中短途旅客，他们主要是从南昌、赣州、长沙及吉安市四个地方去井冈山，路程分别是352km、181km、352km、140km，取平均值确定由汽车去井冈山旅游的路程为256.25km。计算出不同交通消耗生态足迹如表7所示。

表7 2011年井冈山市旅游交通能源生态足迹

交通类型	游客数（万人）	平均旅行距离（km）	单位生态足迹（×10−4hm²/km）	均衡因子	能源消费生态足迹（hm²）
飞机	33.6	909	1.0092	1.1	33855.3
火车	369.1	918.8	0.174	1.1	64897.0
大巴	134	256.3	0.170	1.1	6430.7
小汽车	134	256.3	0.455	1.1	17211.6
总计					122394.5

数据来源：井冈山市旅游管理局。

通过上述计算可知，井冈山市旅游交通建成面积生态足迹是 526.0hm²，交通能源消耗生态足迹是 122394.5hm²，总共井冈山市旅游交通生态足迹是 122920.6hm²。

（四）旅游观光生态足迹

$$TEF_{游} = \sum S_i \qquad (4)$$

式中，$TEF_{游}$ 为井冈山市旅游观光生态足迹；S_i 为第 i 个景区的实际占地面积。

井冈山市旅游观光生态足迹主要包含各景点的建成面积以及旅游景点的交通占用面积，通过对井冈山市旅游局以及实际调研和统计年鉴数据可得出公路及景点建设面积如表8所示。

表8 2011年井冈山市旅游观光生态足迹

景点名称	占地面积（m²）	景点道路	景点路宽（m）	长度（km）
烈士陵园景区	10000	茨坪至新城区段	12	32
博物馆	20030	茨坪至龙市段	7	50
笔架山景区	100000	茨坪至神州段	7	12
毛主席旧居	1000	茨坪至荆竹山段	7	27
其他景点	100000	茨坪至厦坪段	7	30

数据来源：井冈山市旅游管理局。

根据上述公式计算井冈山市旅游景点生态足迹是 64.7hm²，旅游景点道路生态足迹是 121.7hm²，井冈山市旅游观光生态足迹是 186.4hm²。

（五）旅游购物生态足迹

$$TEF_{购} = \sum S_i + \sum (Q_i/a_i)^{[10]} \qquad (5)$$

其中，TEF$_购$为旅游购物生态足迹；S$_i$为第 i 种旅游商品生产与销售设施的建成地面积；Q$_i$为游客购买第 i 种商品的数量；a$_i$为第 i 种旅游商品相对应的当地生物生产性的土地年平均生产力。

通过公式（5）可以看出，旅游购物生态足迹包括购物的场所及商品两方面的生态足迹。

1. 购物场所生态足迹

笔者通过走访了解到游客在井冈山市主要购物场所是茨坪天街及周边商店，天街的宽度大概 150m，长度从中国井冈山干部学院门口到景园大酒店大概是300m，所以天街及周边商店总共占地面积是 4.5hm²，这里的生态足迹是 12.6hm²。

2. 主要购物生态足迹计算

根据井冈山市 2012 年统计年鉴可知，井冈山市 2011 年营业收入总共是 49.4亿元，其中旅游商品收入占到 17%，总接待游客量是 671 万人次，计算得每人购物开支是 125.1 元。井冈山市的土特产主要有井冈山绿茶、笋干、香菇、竹纤维、豆腐乳、根雕等商品，其中井冈山绿茶知名度最高，这里将把所有游客购物开支按井冈山绿茶的占比最大的中档茶叶为计算标准，通过了解井冈山中档绿茶的价格是 500 元/kg，通过计算井冈山市旅游购物生态足迹如表 9 所示。

表 9 2011 年井冈山市旅游购物生态足迹

旅游商品	人均购买量（kg）	游客购买总量（kg）	平均产量（kg/hm²）	土地类型	均衡因子	产品生态足迹（hm²）
井冈山绿茶（中档）	0.25	1678305.2	681.82	耕地	2.8	6892.2

通过上述计算，井冈山市旅游购物生态足迹是 6904.82hm²。

（六）旅游娱乐生态足迹

$$TEF_娱 = \sum S_i^{[10]} \tag{6}$$

式中，TEF$_娱$为旅游娱乐生态足迹；S$_i$为第 i 类井冈山市游客休闲娱乐建成地面积。通过对井冈山市现场调查并计算出井冈山旅游娱乐生态足迹如表 10 所示。

表 10　2011 年井冈山市旅游娱乐生态足迹

娱乐名称	占地面积（hm²）	均衡因子	土地类型	娱乐生态足迹（hm²）
井冈山运动场	2	2.8	建成地	5.6
侣翠湖	4	2.8	建成面积	11.2
人民广场	0.5	2.8	建成地	1.4
其他	1	2.8	建成地	2.8
总计				21.0

数据来源：现场测量。

通过上述计算，井冈山市旅游娱乐生态足迹为 21hm²。

（七）本底生态足迹

井冈山市本底生态足迹是指井冈山市本底居民生活产生的生态足迹，由于交通道路已经算入旅游交通里面，居民在生活中没有例外增加交通设施，这部分将不再计算，从而井冈山市本底生态足迹主要包括居民消耗的食物生态足迹、居民房屋住宿生态足迹和生活能源消耗生态足迹。通过井冈山市 2012 年统计年鉴查询数据了解到，2011 年井冈山市有居民 16.302 万人，每人住房面积是 40.62m²，根据公式可以分别计算出食物生态足迹、居民住房生态足迹和生活能源生态足迹。

1. 居民住宿生态足迹

井冈山市居民所有住房面积是 662.2hm²，计算的居民住宿生态足迹如表 11 所示。

表 11　2011 年井冈山市居民住房生态足迹

住宿面积（hm²）	均衡因子	土地类型	居民住宿生态足迹（hm²）
662.2	2.8	建成地	1854.1

数据来源：井冈山市统计年鉴 2012。

2. 居民食物消耗生态足迹

根据公式（5）和统计年鉴及世界公用标准可以计算井冈山市居民餐饮生态足迹如表 12 所示。

表 12　2011 年井冈山市居民食物生态足迹

分类	人均消耗量（kg/d）	全球平均产量（kg/hm²）	均衡因子	居民消费总量（kg）	土地类型	食物生态足迹总量（hm²）
粮食	0.1688	2744	2.8	10043988.0	耕地	10249.0

续表

分类	人均消耗量 （kg/d）	全球平均产量 （kg/hm²）	均衡因子	居民消费总量（kg）	土地类型	食物生态足迹总量（hm²）
鲜菜瓜类	0.2194	18000	2.8	13054804.0	耕地	2030.8
油料	0.0233	1856	2.8	1386403.5	耕地	2091.6
猪肉	0.0564	74	0.5	3355929.7	草地	22675.2
牛羊肉	0.0140	33	0.5	833032.2	牧草地	12621.7
家禽及制品	0.0378	457	0.5	1149186.9	草地	2460.8
鲜蛋及制品	0.0158	400	0.5	940136.3	草地	1175.2
鱼虾	0.0299	29	0.2	1779118.7	水域	12269.8
白酒	0.0015	1870.6	2.8	89253.5	耕地	133.6
啤酒	0.0117	50595	2.8	696176.9	耕地	38.5
其他酒及饮品	0.0213	50595	2.8	1267398.9	耕地	70.1
茶叶	0.00003	566	2.8	1785.1	耕地	8.8
糕点及奶制品	0.0869	2744	0.5	5170749.8	草地	942.2
干果	0.0055	3500	0.91	327262.7	林地	90.7
鲜果	0.1489	3500	0.91	8859892.4	林地	2303.6
合计						69161.5

数据来源：井冈山市统计年鉴 2012。

通过上述计算得出本底居民食物消耗生态足迹是 69161.5hm²。

3. 井冈山市居民生活能源消耗账户

通过对井冈山市统计年鉴的查阅，并通过生态足迹计算，得出井冈山市居民生活能源生态足迹如表 13 所示。

表 13　2011 年井冈山市居民生活能源生态足迹

能源类型	人均消耗 （10⁻⁴t）	全球平均产量（GJ/hm²）	折算系数（GJ/t）	均衡因子	土地类型	居民消耗量（t）	能源消耗生态足迹（hm²）
液化气	0.08767	71	50.200	1.1	化石能源	521.7	405.7
总计							405.7

数据来源：井冈山市统计年鉴 2012。

由此得出，井冈山市居民生活全年能源消耗生态足迹是 405.7hm²。综上计算结果可以得出 2011 年井冈山市居民本底生态足迹是 71421.4hm²。

（八）生态承载力

根据生态承载力的计算方法如公式（7）所示。

$$EC = \sum A_k \times EF_k \times YF_k^{[10]} \qquad\qquad (7)$$

式中，EC 表示区域总的生态承载力；k 为土地类型；A_k 表示区域拥有 k 类土地面积；EF_k 表示均衡因子，表示 k 类土地与世界所有土地综合平均生产力之比；YF_k 为产量因子，表示研究区域 k 类土地与世界 k 类土地平均生产力之比。

通过查询 2012 年井冈山市统计年鉴，得出 2011 年井冈山市各类土地的面积，同时对各类土地的生态承载能力进行计算，结果如表 14 所示。

表 14　2011 年井冈山市生态承载力

土地类型	面积（hm^2）	均衡因子	产量因子	均衡面积（hm^2）
CO2 吸收	0.0	0.00	0.00	0.0
林地	109577.0	1.1	0.91	109686.6
草地	693.5	0.5	0.19	65.9
耕地	9649.1	2.8	1.66	44849.2
建设用地	945.7	2.8	1.66	4395.6
水域	1000.0	0.2	1.00	13.3
其他	7684.7	2.8	1.66	35718.5
合计	—	—	—	194729.1
预留 12%	—	—	—	23367.5
承载力合计	—	—	—	171361.6

数据来源：由《天津市 1998 年生态足迹分析》一文整理而来。

通过上述计算可以得出井冈山市整体生态承载力是 171361.6hm^2。

三、小结与讨论

通过 2011 年井冈山市旅游生态足迹、井冈山市居民本底生态足迹和生态承载力计算，上述指标的大小如图 1 所示：其中 "1" 代表了旅游餐饮生态足迹是 11468.8 hm^2，"2" 代表了旅游住宿生态足迹是 3711.0 hm^2，"3" 代表了旅游交通生态足迹是 122920.6 hm^2，"4" 代表了旅游游览生态足迹是 186.4 hm^2，"5" 代表了旅游购物生态足迹是 6904.8hm^2，"6" 代表了旅游娱乐生态足迹是 21.0hm^2，"7" 代表了本底生态足迹是 71421.4hm^2，"8" 代表了生态承载力是 171361.6

hm²，"9"代表了生态赤字是45365.8 hm²。

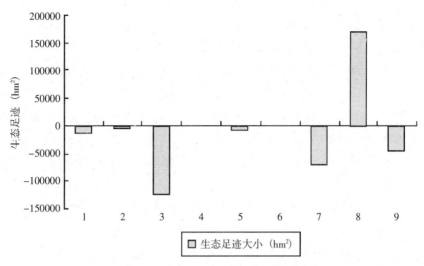

图1 2011年井冈山市旅游生态足迹及生态承载力

通过上述计算得出，2011年井冈山市的旅游生态足迹是145212.5hm²，井冈山市的本底生态足迹是71421.4hm²，生态承载力是171361.6hm²，生态赤字是45272.3hm²，超过生态承载力的26.4%。

随着人们旅游活动的不断增加，井冈山市的旅游业得到快速的发展，特别是2011年（中国共产党建党90周年）井冈山市的游客接待量出现大幅度的增加，井冈山市的生态承载力接近上限。从2011年井冈山市旅游生态足迹的计算可以看出，2011年井冈山市已经出现了生态赤字，若不加以很好地调节，生态资源的保护和旅游资源的开发将会产生一些冲突，进而引发不协调发展。

参考文献

［1］REE W E. Ecological Footprint and Appropriatde Carrying Capacity：What Urban Economics Leaves Out?［J］. Environment and Urbanization，1992，4（2）：196-210.

［2］Wackernagel M.Rees W. Our Ecological Footprint：Reducing Human Inpact on the Earth ［M］. Gabriola Island：New Society Publishers，1996.

［3］Colin Hunter. Sustainable Tourism and the Touristic Ecological Footprint［J］. Environment，Decelopment and Sustainability，2002，4（1）：7-20.

［4］Gossling S.Hansson C B，Horstmeier O，et al. Ecological Footprint Analysis as a Tool to Assess Tourism Sustainability［J］. Eclolgial Economics，2002，43（7）：199-211.

［5］席建超，葛全盛，等.旅游消费生态占用初探——以北京市海外入境旅游者为例［J］.自然资源学报，2004，19（2）：224-229.

［6］章锦河，张捷.旅游生态足迹模型及黄山市实证分析［J］.地理学报，2004，59（5）：763-771.

［7］王辉，林建国.旅游者生态足迹模型对旅游环境承载力的计算［J］.大连海事大学学报，2005，31（3）：57-61.

［8］杨年丰，姚瑞珍，刘锐，等.基于 EFA 的旅游生态承载力及可持续发展［J］.环境科学与技术，2005，28（5）：95-97.

［9］蒋依依，王仰麟，彭建，等.基于旅游生态足迹模型的景区可持续发展度量［J］.地理研究，2006，25（6）：1134-1142.

［10］罗佳.九江市旅游生态足迹分析与研究［D］.华中师范大学，2008.

［11］Ray Green. Community Perceptions of Environmental and Social Change and Tourism Development on the Island of Koh Samui，Thailand［J］. Journal of Environmental Psychology，2005（25）：37-56.

［12］王昕，高彦淳.区域旅游可持续发展力水平测度研究［J］.经济问题探索，2008（1）：137-140.

［13］徐中民，程国栋，张志强，等.生态足迹方法的理论解析［J］.中国人口·资源与环境，2006，16（6）：70-78.

欠发达地区县域经济特点及其路径探析

江西省遂川县委书记　　张平亮

县域经济是以县为行政区划的区域经济，是我国社会经济功能比较完整的基本单元，是国民经济的重要支撑点和承上启下的关键区域，在整个国民经济发展格局中有着举足轻重的地位。区域经济是特定地区国民经济整体的总称，从宏观上看，不论是国家层面实施的西部大开发、东北振兴、中部崛起、东部新跨越等区域发展战略，还是各省区市一系列上升为国家战略的发展规划，都属于区域发展的大范畴。随着经济全球化的不断加快和区域经济一体化的深入推进，加快发展区域经济、壮大区域经济实力、增强区域经济竞争力，已成为一个地方乃至国家发展的一项战略任务。

作为区域经济中的一种重要形式，县域经济特别是欠发达地区县域经济具有三个鲜明特点：

（1）具有"特色经济"的特点。区域竞争的实践和发展态势证明，特色就是潜力、就是竞争力、就是生命力。区域经济、县域经济本质上就是特色经济，因为"特色"使得经济发展的区域性类聚成为可能，发展特色经济也是经济发达地区发展的成功之道。我国幅员辽阔，全国 3000 多个县市区，无论是全国经济百强县还是经济欠发达县，不同的县域，情况千差万别，发展模式各异，县域经济的发展不尽相同，形成了各具特色的产业结构和经济体系。

（2）具有"块状经济"的特点。县域经济也是块状经济、集群经济，在一定区域具有比较优势，同时具有一定的能动性和相对独立性，是功能较完备的综合性经济体系。县域独立完整的行政区划体制，使得县域经济具有天然的经济块状特征；县域行政体制推力与市场经济体制作用的有效对接，使得县域经济极易抱团形成板块，直至突破行政区划，走向更大范围、更深层面的经济融合，甚至

"一荣俱荣，一损俱损"。

（3）具有"资源经济"的特点。这一特点在县域经济特别是欠发达地区县域经济的发展中尤为突出。从经济学角度看，一切有利发展的因素都是资源，不仅是本地资源还包括域外资源，不仅是自然资源还包括人力、人文等社会资源，不仅是有形资源还包括品牌、声誉、知名度等无形资源。一些地方尽管资源匮乏，但利用政策、区位、机制等因素，大做"无中生有"、"小题大做"文章，创造、吸引和生成资源，最终发展起来了，形成"零资源经济"现象，归根结底也是"资源经济"在起作用。欠发达地区尽管暂时落后，但往往自然禀赋好，资源富集，同时可参照发达地区发展的经验教训，避免"走弯路"，这也是欠发达地区加快发展的潜力所在。

遂川县位于江西省西南边境、吉安市中南部，西连湖南，南接赣州，毗邻井冈山，地处两省八县交界之处。全县现辖 23 个乡镇、2 个国有林场，国土面积 3144.17 平方公里，总人口 56 万，是吉安市国土面积最大、人口最多的县，也是国家新一轮扶贫开发工作重点县，并纳入了罗霄山脉集中连片扶贫开发区。近年来，在上级党政组织的正确领导和关心帮助下，遂川经济社会取得了长足发展，县域经济实力显著增强。2011 年，全县实现生产总值 66 亿元，同比分别增长 13.2%，增速超过省、市平均水平；财政总收入 6.88 亿元，同比增长 32.8%，实现三年翻番。同时，遂川也是一个人口多、底子薄、总量小的贫困县，受历史、区位和自然条件等多因素制约，欠发达的基本县情没有根本改变，加快县域经济发展的任务十分艰巨。

作为经济欠发达地区，遂川县域经济既有作为区域经济发展的一般特征，同时具有特定区域经济发展的个性特征。比如，遂川境内金橘、板鸭、茶叶、木竹等农林特产资源丰富，但没有一样资源适合在全县 23 个乡镇全面发展和推广，以致产业难以形成大板块效应；遂川境内虽有大广高速、105 国道通过，但这两条交通大动脉只在县域边境"一笔带过"，未能深入遂川这个山区县的发展纵深，以致区位交通优势并不明显；再比如，遂川境内特别是北部林区生态优越，但仍默默为全球大区域的生态安全做贡献，生态利县的经济效益让位于生态屏障的社会效益。因此，在加快转变经济发展方式，促进产业升级转型的宏观经济大背景下，发展县域经济要立足资源、扬长避短、扬长补短，以大格局、宽视野，坚持走特色发展之路，立起县域经济支点，构建区域经济发展新格局，实现区域经济板块的联动、协调发展。

一、坚持扬优势与可持续并重，加快发展新兴产业，把县域小特色上升为区域大特色

产业强则县域强，产业兴则县域兴。县域经济是实证性很强的经济，发展县域经济说到底要有产业支撑和区域竞争力，为此在路径选择上要遵循"县情特点、地方特色、强县富民"的原则，选准、培植和壮大具有比较优势的地方特色产业，以此作为加快发展县域经济的主攻方向。

对欠发达地区而言，县域经济是一种资源型经济，具有依赖县域资源条件且需要充分发挥比较优势的特点。在加快县域经济发展进程中，要扬优成势并放大优势，合理安排产业发展的空间布局，实现优势互补，形成资源联合开发、产业联动发展的格局。要跳出行政区的束缚，按照区域经济的分工，从经济区域的高度来审视和制定县域产业发展战略，像云南普洱茶、赣州脐橙等产业一样，努力把县域特色产业上升为区域特色产业，以融入更大范围、更高层次的经济区域。同时，发展县域经济要处理好速度与效益、环境与发展、保护与开发、当前与长远的关系，以实现资源利用与发展的可持续。

遂川农特产众多，自然环境优越，地表地下资源富集，特色产业得天独厚，境内不但有莽莽林海、温泉飞瀑、千年鸟道、高山草甸等优质生态资源，还有钨、硅、金、花岗岩、钾长石、高岭土等丰富地下矿藏，更有金橘、板鸭、茶叶、油茶等众多绿色农产品，享有"红色经典、特产之乡、神茶故里、温泉胜境、生态大县、湘赣屋脊"之美誉，是生态江西、红色江西、物产江西的写照，是"江西是个好地方"的缩影。具体来说，要重点打造"四新"产业：

（1）打造"新旅游"产业。旅游业是现代服务业的重要组成部分，是低碳产业、无烟工业，能够以最小的环境成本促进县域经济发展。遂川境内天地造化，山川形胜，有温泉、有林海、有飞瀑、有千年鸟道、有高山草甸、有森林氧吧、有红色故迹、有古色传奇、有客家民俗、有茶道文化、有三宝特产……拥有众多

优质旅游资源，具有发展现代旅游业、打造都市后花园的先天禀赋。我们积极策应旅游产业大发展的黄金期，大力发展温泉旅游、红色旅游、文化旅游产业，加强与周边井冈山、红都瑞金、湖南韶山等区域旅游合作，打响大井冈温泉休闲旅游品牌，打造集休闲养生、生态观光、科考探秘、客家风情、农家乐、特色小吃为一体的现代旅游精品，使绿色、红色、蓝色、古色旅游融为一体，带动宾招、餐饮、娱乐、商购、物流等系列产业发展。

（2）打造"新农林"产业。遂川是全国杉木产区和省重点林业县，农林资源丰富，特色农林产品众多，除了传统的木材、毛竹等用材林外，还有如茶叶、金橘、油茶、花卉苗木、中药材等经济林，这些产业在我县都有一定基础和发展前景，都是具有比较优势的强县富民产业。我们在注重生态保护、呵护绿水青山的同时，从遂川林产发展的战略考量，重点引进和培植一批全国林产深加工企业，推进林产工业整合，促进县内林产企业转型升级，由高耗材、低效益的粗放加工向集约资源、精深加工转变，致力把林产做成集品牌家具、细木工板、环保建材、竹系列产品等为一体的产业链。

我们提出毛竹产业学安吉（"一根毛竹全身是宝"）、茶叶产业学安溪（"一片茶叶撑起一方经济"），努力把传统特色产业做大做强、做优做精。特别是茶叶，是我县西部山区十多个乡镇集经济、生态效益为一体的优势产业，"狗牯脑"茶是遂川的"金字"招牌。近年来，我们通过回购"狗牯脑"品牌并注册为证明商标，实现品牌共享；引进吉贡茶业、德昌茶业等茶叶深加工龙头企业，形成全县茶业竞相发展的"鲶鱼效应"；建设茶博园平台，打造集种茶、茶市、茶器、茶械、茶艺、茶食、茶文化、茶包装等为一体的完整产业链；举办高规格的茶文化节、茶王赛，面向全国推广"狗牯脑"品牌，带动金橘、板鸭、油茶等特色产业抱团发展、同步升级。今后，我们不仅要做春茶，还要做夏茶、秋茶、红茶等，实行全年不间断地加工茶叶，推进遂川茶业跨越式发展。

金橘是医食两用果品，在发展金橘产业方面，我们加大品牌推介、超市经营、药用价值研发的力度，正在与华南医学院研发金橘口服液，同时积极开发金橘系列产品，包括保鲜金橘系列产品，以中高档金橘白兰地酒为代表的金橘果酒系列产品，具有旅游、休闲、营养健康、预防疾病等功能的金橘果糕、果脯、蜜饯系列食品，金橘类保健品、化妆品系列等精细化工产品，金橘饮片系列产品等，延伸金橘产业链。

茶油是健康油、生态油，是油中之王，很有发展潜力。我们在禾源、巾石、南江等乡镇大力发展油茶产业，推进高产油茶的新造和低改，扶助新大地生物科技等油茶加工企业做大做强。同时，我县北部林区乡镇除了林木资源开发外，还引导林农发展花卉苗木产业、林下经济等高效农林业。

（3）打造"新能源"产业。遂川是小水电大县，水电、风电及生物质能源丰富，风能可开发量达到 50 万千瓦，水利资源可开发量达到 23.5 万千瓦。我们发掘潜力，扬优成势，做足"风水"文章，大力开发风能、水电等绿色能源产业，抓好遂川江北支水电、中汉业风电、清秀村风电、生物质能源等清洁能源开发利用。通过发展生态经济、低碳经济、循环经济，促进产业经济生态化、生态经济产业化，加速把生态优势转化为经济优势，实现县域经济持续发展。到"十二五"末要实现发电量翻番，达到 26.3 万千瓦。

（4）打造"新材料"产业。遂川富有硅、金、钨、稀土、花岗岩、萤石等矿产资源，我们把"进工业园区、做精深加工、做终端产品、形成产业链"作为开发矿产的前置门槛，通过建设矿产精深加工产业园，引进有实力、深加工、做产业链的矿业龙头企业，加快矿产资源整合与开发，实行资源集成开发、高效利用，推进矿产资源由粗放开采向精深加工转变。重点抓好大汾华云硅矿、大坑和碧洲钨矿的深度开发，扶助草林中部黄金上市，推进禾源花岗岩矿整合，形成矿业开采、园区深加工、终端矿产品、知名品牌基地的一条龙产业，努力把矿业做大做强，打造县域经济增长亮点。

二、坚持巧错位与补"短板"并重，大力破除瓶颈制约，变要素制约所掣为要素资源所用

经济全球化时代，县域经济不是各自为政的"诸侯经济"，而是以市场为导向的开放经济。因此，欠发达地区发展县域经济，要主动策应和对接大区域经济联动发展，甚至甘当配角，实行错位发展、配套发展，辩证放弃"大而全、小而全"的发展模式，注重发展"配角经济"，实行"小商品大市场、小配件大配

套"，形成独特的、竞争力强的配角产业群。近年来，我们立足资源禀赋和产业基础，化地域边缘化的劣势为产业配套化的优势，积极融入省鄱阳湖生态经济区和吉泰走廊区域发展战略。比如，我们的电子信息产品初步与吉泰基地内的电子信息产品形成配套。同时，主动对接"长珠闽"等城市经济，在无公害供港蔬菜、"三宝"农特色等农副产品方面，我们与之建立了较为稳定的协作配套关系。

欠发达地区发展县域经济既有比较优势，也存在诸多"短板"，突出表现在三个方面：一是思想观念落后的瓶颈；二是交通等基础设施制约的瓶颈；三是"引人难、留人难"的人才匮乏瓶颈，这是三个制约欠发达地区县域经济发展的根本因素，补"短板"也主要是这三个方面：

（1）解放思想，补观念"短板"。思想是行动的先导，解放思想是欠发达地区实现赶超发展的最根本途径。欠发达地区更需要进一步打开思想这个阀门，破除思想束缚和体制机制障碍，坚持不懈解放思想、更新观念，把解放思想作为一种精神状态、工作常态和前进姿态，在解放思想的同时大胆解放行动，以思想观念大解放实现经济发展大提速。经济发展不仅仅依赖于资源丰富，投资创业环境有时更为重要；经济发展奇迹不仅仅是企业和市场的自发行为，更是社会自发与政府推动相结合，"无形的手"与"有形的手"联合作用的结果。因此，发展县域经济要重视投资环境建设，作为一级政府要按照"经济调节、市场监管、社会管理、公共服务"的职能定位，发挥市场配置资源的基础性作用，坚持做优硬环境与做优软环境并重，正确处理好"有为"与"不为"的关系，"管"与"不管"的关系。凡是市场能办的，政府绝不代办；在市场失灵、企业危难之时，政府则要敢于并善于"出手"。对待各类投资者要多扶持、多服务、多帮忙、多协调，做到企业起步时"多帮手"，企业红火时"不伸手"，企业困难时"不撒手"，为壮大县域经济打造最佳创业环境。

（2）提升要道，补交通"短板"。欠发达地区信息闭塞，交通等基础设施滞后，成为制约县域经济发展的重要因素。遂川是山区贫困县，在推进县域经济发展中也面临公路交通的掣肘，必须加快推进全县公路改造提升，加紧实施高速连接线、105国道、遂井三条交通主动脉"二改一"工程和桂道高速东延、遂桂、零新厦三条交通次动脉"三改二"工程，构建有利于缩短时空、整合景区、覆盖全县的交通大动脉，以大交通纵深推进全县旅游开发纵深和山区发展纵深。

（3）用好用活，补人才"短板"。人才是第一战略资源，但欠发达地区县域经济发展既亟须又奇缺人才。要建立健全引才、聚才、用才、留才的有效机制，积极引进发展亟须人才，用好用活现有人才，做到用其人、用其力、更用其心，做到用当其事、用当其时、用当其人，把引资与引智结合起来，破解欠发达地区人才紧缺、人才难留的困惑。

三、坚持借外力与活内力并重，激发县域经济活力，以超常举措实现县域经济超常发展

县域经济既是区域经济也是开放经济，县域内的资源是有限的，发展县域经济要突破区域界限，积极"外引、内联"，把招商引资作为县域经济的外动力，把民营经济作为县域经济增长的内动力，促使县域经济从"单极突进"向"多轮驱动"转变，实现超常规、跨越式发展。

（一）突出招大引强是加速县域经济崛起的发展主渠道

当今经济全球化时代，发达国家部分产业加速向发展中国家转移，沿海地区产业加速向内地转移，央企正在向地方拓展发展空间。欠发达地区要通过招商引资、招大引强，在更大范围内对生产要素进行合理配置，使自身资源优势与发达地区的资本、技术、人才、市场优势对接，把潜在的资源优势转化为经济优势，在借力发展中促进区域协调发展，实现跨越式发展。要把握当前产业转移的机遇期，顺应经济全球化和区域经济一体化的趋势，主动承接经济圈、发达地区、中心城市的经济辐射，抓住发达地区资本扩张、产业转移的机遇，充分发挥自身自然资源丰富、劳动力成本低、生态环境好的优势，以发展劳动密集型、资源配置型、梯度转移产业为重点，承接吸纳辐射，实现优势互补和双赢。工业化是现代化不可逾越的发展阶段，作为集"老区、苏区、山区、林区、国家重点贫困区"于一身的遂川县，既要利用国家振兴原中央苏区、推进罗霄山地区集中连片扶贫开发等政策支持，用足、用好、用活政策，做好争资跑项文章，也要发挥自身资源等比较优势，主动承接国内外产业转移，做好招商引资文章。要密切关注国内外资本和产业流动的规律和特点，抢抓沿海发达地区产业和资本梯度转移的历史

机遇，采取"集群引进"、"嫁接引资"等招商方式，突出"以存量引增量"、"以产业链招商"，实行大产业招商、产业大招商，并在引进项目、资金的同时，注重引进先进技术、优秀人才、知名品牌和现代管理经验，努力实现招商引资从质量、规模到领域的新突破，加速特色产业振兴、县域经济崛起。

（二）激活民营经济是加速县域经济崛起的重要增长极

民营经济是市场的主体、发展的主体和富民的主体，在繁荣城乡市场、促进三产发展、转移劳动力就业、增加城乡居民收入等方面起着重要作用。全国先进地区的实践证明，县域经济强的地方往往民营经济发达。民营经济不但支撑整个经济的快速发展，而且极大富裕一方百姓。发展县域经济要注重走民营化道路，坚持富民优先，放水养鱼，藏富于民，"多予、少取、放活"，通过政策引导和措施激励，全面激活全民创业。民本经济是经济生活中最具活力、最具潜力的增长点，与市场经济有着天然的亲和力，具有很强的竞争力和旺盛的生命力。助推全民创业要以发展民本经济为主抓手，培育创业精神，加强创业宣传，引导群众转变"怕投资、怕风险"的陈旧观念，降低民资创业门槛，同时加大扶持力度，让民企享受外资企业同等政策待遇，做到放胆、放手、放开，促进民营企业生成，形成政府鼓励创业、社会支持创业、民众自主创业的格局。近年来，我们高度重视发展民营经济，从"一乡一业、一村一品"突破，制定产业规划，建立鼓励民营经济投资产业发展的奖补机制。县委、县政府制定了十大产业振兴五年规划，出台产业扶持政策，建立"一个产业、一套班子、一支队伍、一个方案"的产业推进机制。比如，为做大特色产业，打造"双百茶叶长廊"和"百里金橘长廊"，县财政连续五年每年安排 1800 万元奖补产业基地建设，仅 2012 年就安排 2000万元用于奖补，去冬今春全县新种茶叶 3 万亩、金橘 1 万亩、油茶 1.23 万亩、高产油茶近 5 万亩。

四、坚持强县域与惠民生并重，统筹城乡协调发展，让县域经济在加快发展中惠及民生

富民是发展县域经济的重要任务，县域经济是强县与惠民的统一。我国绝大

部分贫困人口集中在县域，县域经济与三农联系紧密，县域经济某种程度上就是"老百姓经济"。加快发展县域经济，既要经济的增长速度，又要人民群众收入的增加、生活质量的提升和幸福感的增强。

新型城镇化一头连着新型工业化，一头连着农业农村现代化，我们要按照宜居、宜业、宜商、宜游、宜玩的要求，围绕改善城乡人居环境和投资发展环境，统筹县城核心区与城郊乡镇示范圈、重点集镇示范带、美丽乡村示范点建设，大力实施城乡"一区三示范"战略，不断提升城区、城镇、乡村建设水平，统筹推进"三化"同步发展，加快强县富民进程。

按照统筹城乡发展的思路，我们大力实施城乡"一区三示范"提升战略，统筹城区、城镇、城乡协调发展。"一区"，就是以县城"一江两岸城东区"为重点，打造统筹城乡核心区。"三示范"，就是以泉江、雩田、珠田、枚江4个卫星乡镇为重点，打造城乡一体示范圈；以草林、大汾、左安等8个中心集镇为重点，打造镇村联动示范带；以"三环五线"（环县城和园区东、西区；遂井、国道、遂桂、雩新、九营沿线）60个村庄为重点，打造村落连片示范点。在县城建设上，我们以县城"一江两岸城东"为重点，按照"一江两岸，四大片区"的格局，突出"大、精、细"，着力抓好城区"南拓、北改、东进、西延"战略，重点向城东新区挺进，把城东新区打造为继城南新区后又一个城市主功能区和次行政中心区，打造"山、水、城、绿、文"相融的山水生态文化县城。在集镇建设上，我们以城郊4个卫星乡镇为重点，以城郊"园区圈、公路干线、乡镇驻地"为主战场，抓好县城发展与卫星乡镇的融合对接，推进城乡一体化。同时，以城际7个中心集镇为镇村联动的重点，统筹抓好集镇及周边村庄规划、环卫、功能区及管理机制建设，要求每个乡镇做到"七个一"，即一份科学规划、一条集镇主街道、一条绿化景观带、一个商贸集聚区、一套管理新机制、一个富民特色产业、一个环卫中转站，做活、做靓、做旺、做优集镇，推进集镇滚动式发展。

新农村建设涵盖了农村经济社会发展的方方面面，惠及诸多民生领域，是统筹城乡协调发展的重要抓手。我们以新一轮社会主义新农村建设为抓手，以城乡经济社会一体化为取向，坚持规划为先、因地制宜、保护生态，突出产业、生态、人文、地域特色，实行整体规划、一体建设，按照"生态美、村容美、庭院美、乡风美"的标准，打造小桥流水、青砖黛瓦、风格协调、特色鲜明，独具客家文化特色的美丽乡村长廊，建设以特色产业、自然生态、文化底蕴、旅游景观于一体的城乡主干道经济圈。我们把新农村建设与整治乡村"两违"、与发展特色产业、与推进扶贫开发、与彰显文化底蕴、与开发旅游资源、与创新社会管理紧密结合，尤其把产业发展摆在新农村建设的突出位置，发挥农村优质原材料车间的优势，大力发展现代农业，以工业的理念抓农业，推进农业产业化经营、标准化生产，推动传统农业向现代农业转变。同时，大力发展各项民生社会事业，特别是加强城乡各项基础设施建设，加快形成城乡一体化的基础设施网络，不断改善城乡群众生产生活条件和县域经济发展条件。

突出五大支撑 推进县域经济科学发展跨越发展

中共黄梅县委书记 余建堂

县域经济是国民经济的重要组成部分，是国民经济赖以持续发展的基础。近年来，黄梅县认真贯彻落实科学发展观，突出科学发展这个主题、转变经济发展方式这条主线，以全面实施"高昂城区龙头，起飞小池、五祖两翼，加快'沿江、沿湖、沿路'开放开发，努力把黄梅建设成为'中国优秀旅游城市、国家历史文化名城、国家园林城市和中部最具活力的商贸物流城'"的发展战略为重点，以建设经济强县为目标，凝心聚力，务实重干，推动县域经济走上一条特色鲜明的科学发展、跨越发展之路。2011年，全县实现地区生产总值108.5亿元，同比增长14.9%；城镇居民人均可支配收入14268元，同比增长15.8%；农民人均纯收入6221.9元，同比增长18.1%。规模以上工业增加值26.6亿元，增长26.1%；财政总收入10.56亿元，地方一般预算收入5.22亿元，分别增长30%和6.5%；全社会固定资产投资77亿元，增长36.2%；社会消费品零售总额60.1亿元，同比增长18.9%。

一、坚持把产业支撑作为跨越发展的动力

县域经济发展，动力在产业，潜力在产业，希望也在产业。我们充分发挥资源优势，依托资源、放大资源、用好资源，以资源换产业，以产业促发展。

(一) 坚持工业强县不动摇

始终突出工业主导地位，把工业作为经济发展的"牛鼻子"。着力打造"百

亿园区、十亿产业、千万元税收企业"，加快推进产业转型升级，大力实施工业企业培育工程，着力构建以纺织服装、新型建材、农副产品加工、医药化工和机械电子五大产业为主导的产业体系。2011 年，全县新口径规模以上企业达到 115家，年产值过亿元企业 20 家，规模工业增加值占 GDP 比重由 11.9%提高到29.2%。一是工业园区化。工业如何发展？是"漫山放羊"，还是"抓羊进圈"？"村村点火、户户冒烟"的工业发展模式，导致生产力布局分散，要素集中度过低，无法实现效益的最大化。工业发展必须彻底改变这种落后模式，规定全县所有的工业项目一律进园区。为此，我们投入财政性建设资金近 6 亿元，修订完善园区发展规划，加快园区水电路气、标准厂房等基础设施建设，形成了县经济开发区、大胜关山工业园、小池临港产业园的"一区两园"格局。大胜关山工业园规划面积由 13.6 平方公里拓展到 20 平方公里，已建成区面积达到 5.2 平方公里，初步形成"三纵五横"路网布局，基本实现了大胜与关山、园区与城区对接。全面落实各项优惠政策，创造更加优越的条件，形成更加明显的优势，不断提升园区的承载力和吸纳力，促使企业向园区集中、产业向园区集聚、能量向园区集合。目前入大胜关山工业园项目 67 个，建成投产 47 个，规模企业达 39 家；小池临港产业园循环路网基本建成，已有 21 家规模企业入驻或投产。同时，科学规划，有序发展乡镇集中区，独山页岩制品集中区、杉木陶瓷工业集中区、孔垅纺织集中区从无到有，聚集规模企业 11 家，成为我县新的产业基地。二是园区产业化。推进单个企业、单个项目向产业集群转变，实现资源优化配置，做大龙头企业，拉长产业链条，使园区增容增效。突出抓好工业企业日常运行监测分析和要素服务，不断壮大产业规模和骨干企业，推动骨干企业做大做强、传统企业提档升级、亏损企业"起死回生"。大力推行县领导和部门包保重点工业企业制度，研究解决工业发展中的实际困难，使五瑞生物、千年缘酒业等企业成为税收过千万的骨干税源企业，康宏粮油成为行业标杆和农业产业化国家级龙头示范企业。三是产业集群化。按照"布局集中、土地集约、产业集聚"的原则，进一步明确"一区两园"和乡镇集中区的产业定位和功能布局。着力转变发展方式、优化产业结构，推进大企业、大项目、大品牌建设，不断发展壮大纺织服装、新型建材、农副产品加工、医药化工、机械电子等支柱产业。以百鑫纺织、宏晟纺织为核心，积极策划和建设黄梅纺织服装产业园。五大产业聚集规模企业 98 家，完成产值占全县工业总量的 85%。

（二）坚持农业稳县不动摇

始终把农业作为安天下、稳民心的战略产业抓紧、抓好，实现由农业大县向农业强县跨越。一是在特色上显优势。发挥我县水产优势，突出做好水产业这篇大文章。重点推进环源感湖沿线 12 万亩和环太白湖沿线 8 万亩两大水产连片基地建设，着力抓好独山、下新、小池、濯港等特色水产基地建设。二是在规模上见效益。坚持以点连线，以线带面，向基地要规模，向规模要效益。沿江地区，如在刘佐、小池、分路、蔡山、新开等乡镇，我们利用独特的区位优势和地理条件，在巩固粮棉油基地的基础上，大力发展蔬菜种植业，建设万亩蔬菜基地，致力打造九江的"菜篮子"。在山区柳林、停前、苦竹等乡镇，我们利用好山水资源，大力发展万亩蓝莓基地、油茶基地、楠竹基地、桂花基地。沿路地区，如在杉木、大河、独山等乡镇，我们大力发展花卉苗木、红薯等特色基地。同时，我们建成了 1 个 3000 头奶牛牧场、6 个万头猪场、188 个畜禽养殖小区。大力实施农业产业化经营，农民专业合作社发展到 237 家，省、市级农业产业化龙头企业分别达到 6 家、21 家。三是在精品上抢市场。围绕"抓龙头企业、创特色品牌"，建立争创品牌激励机制，积极引导龙头企业树立和增强品牌意识，大力宣传、包装、打造农产品品牌，加快农产品商标注册和绿色产品申报，发展品牌农业、精品农业。以品牌抢市场，不断发展壮大绿色产业集群，培植绿色食品加工、畜禽产品加工、水产品加工、特色蔬菜加工、林特产品加工等特色农业产业，我县黄梅青虾、黄梅挑花被认定为国家地理标志产品，赢得了市场的青睐。

（三）坚持三产活县不动摇

始终把"三产"作为县域经济发展的朝阳产业来打造。一是坚持错位发展。立足资源禀赋，走特色发展、差异化发展之路。整合特色资源，以建设黄梅禅文化旅游区为载体，大力发展禅文化旅游业；以龙感湖自然保护区为载体，大力发展观光休闲业；以中部商贸物流园为载体，大力发展商贸物流业。同时，大力发展酒店、金融等服务业，形成了人无我有、人有我特的服务业发展新格局。二是坚持专业打造。请专家、高手，高起点、高标准地编制我县第三产业总体发展规划和各分项规划，以规划引领服务业发展。加强专业人才队伍建设，重点引进和培养熟悉资源开发、资本运营、市场营销、行业管理、专业导游等紧缺人才。加快推进县城老城区商业中心和城区几大专业市场建设，大力推进中部商贸物流产业园专业市场建设，培育和发展第三方物流，逐步形成了"辐射三省，货通天下"的格局。精心实施黄梅禅文化、黄梅戏、黄梅挑花等重大文化产业项目带动战略，推动文化资源转变为文化资本。组建了文化产业集团，促进文化产业规模化、集约化、专业化，使文化产业逐步成为了黄梅新兴支柱产业。三是坚持品牌引进。实施招商引资、品牌带动战略，招大商、引强商、谈名商，促使国际、国内知名品牌落户我县。

二、坚持把项目支撑作为跨越发展的关键

推动产业形成，项目是关键、是基础、是根本。我们按照"突出突破、做大做强"的要求，持之以恒、常抓不懈地推进项目建设，真正做到用项目提升优势、用项目落实服务、用项目检验成效、用项目推动发展。

（一）全力争项目

抢抓国家、省市一系列政策叠加机遇，尤其是抓好小池开放开发、大别山试验区建设和省委、省政府黄冈现场办公会的政策对接落实工作，将省市一系列政策中的白纸黑字变成真金白银。近年来，全县共争取到位项目 340 个，其中 500 万元以上项目 43 个，千万元以上项目 25 个，亿元以上项目 3 个，全口径到位项目资金 12.85 亿元。目前，正在抓紧长江一二桥连接线工程、小池湖北大道改造工程、5000 吨级码头建设、西隔堤整险加固、红色旅游路配套设施、原油储备库等项目，确保投资 1 亿元的基本农田土地整理、100 公里通村公路建设、2000 万元的现代林业项目、1000 万元担保资金、1000 万元的省级农业综合开发等大别山试验区建设项目落实到位。

（二）全力引项目

持续开展"大招商、招大商"活动，大力引进战略投资者，吸引更多的国内外知名企业来我县投资兴业。创新招商引资方式，变招商引资为选商引资，变引凤筑巢为筑巢引凤，充分发扬"想千策万计、走千山万水、说千言万语、吃千辛万苦、访千家万企"的"五千万"精神，强化产业招商、园区招商、以商招商、

品牌招商，突出团队招商、专班招商，重点瞄准国内 500 强、民营 100 强企业。围绕五大产业招商，培育龙头企业，做强主导产业，引进配套产业，形成产业集群。近年来，新引进项目 33 个，其中亿元项目 9 个，协议固定投资总额 31.79 亿元，到位资金 13.8 亿元。在建项目 279 个，其中 3000 万元以上项目 27 个，亿元以上项目 16 个，总投资 106 亿元。中部商贸物流产业园、中国禅文化旅游区、百鑫纺织服装产业园等一批重大项目相继开工建设，美誉服饰、泰格塑胶、利宇电讯、阿玛宁工贸等一批重点企业相继建成投产，为全县经济社会发展注入了强劲动力。

（三）全力促项目

加快项目的落地、开工和建设速度。紧盯立项、环评、供地、融资四大关键环节，采取有效措施，加强协调服务，破解瓶颈制约，着力解决项目开工难、工程推进难的问题，努力提高招商项目履约率、开工率和投产率。健全完善重大项目联席会议制度，继续坚持领导包联制度，强化专人负责、定期交账的项目管理制度，全面创新各层面各环节的联动工作机制，确保项目落地。大力推进中部商贸物流产业园、滨河新区河道整治和"三中心""一广场"、杨柳湖现代渔业示范园、五祖景区、五瑞生物医药产业园、经济开发区纺织服装产业园六个"点中点"建设，对这些重点项目实行季度现场点评制，始终保持满负荷、高效率运转。按照"在谈项目逼签约、签约项目逼开工、开工项目逼投产、投产项目逼效益"的要求，加快宏晟、恒晨、哈福生物、捷玛、睿力恒一等项目建设进度，确保宇星水钻、利宇电信等基本建成项目尽快投产。大力推进全民创业和民营经济快速发展，全县个体工商户、私营企业数年均递增 10.6%、24%，分别达到 1.42 万户和 1450 家。

三、坚持把基础支撑作为跨越发展的前提

牢固树立强基固本的理念，多做打基础、利长远的工作，促进经济社会全面、协调、可持续发展。

（一）致力统筹城乡发展

加强基础设施建设。按照统筹规划、合理布局、优化配套、适度超前的原则，提前谋划、抓紧建成一批事关经济社会发展全局的重大基础设施项目。加大路网建设力度，积极启动沿江一级公路建设、北部山区循环路网建设、环湖路网建设等一批重点基础设施项目，全县行政村通村公路黑化、硬化率达到100%。加大水网建设，投入水利建设资金8.77亿元，建成重点水利工程项目22个，解决了29.8万人的安全饮水。加大电网建设力度，电网建设累计投入2.55亿元，新建蔡城220kV输变电站、大胜关山工业园110kV变电站和苦竹35kV变电站，扩建35kV变电站10座，大力实施农村电网二、三批改造工程，电力保障水平显著提升。加大农村环境整治力度，广泛开展以"三治"（脏、乱、差）、"三化"（净化、亮化、美化）为重点的村庄整治行动，乡镇面貌不断改观。加大对农村、对基层的扶持力度，乡村集体经济实力日益壮大。

（二）致力加强民生事业

坚持以人为本，切实改善民生、保障民生。每年认真办好十件惠民实事，努力解决重点民生问题。新建了县三小，迁建了晋梅中学，加大城区、农村中小学布局调整力度，完成中小学改扩建工程37个，建成了中小学功能室351个，加强了教师队伍建设，促进了教育均衡发展。公共卫生和医疗服务体系不断完善，人民医院综合大楼、中医院门诊大楼建成使用，完成12家乡镇卫生院改造工程，建成规范化村卫生室326个。生态环境大幅改善，龙感湖湿地成为国家级保护区。各项强农惠农政策全面落实，近年来，发放各类强农惠农补贴资金4.4亿元。计生、扶贫、老龄、防震等各项事业全面进步，人民群众幸福指数不断提升。

（三）致力创新社会管理

着力打造"平安黄梅"，积极推进社会管理创新，按照责权统一、重心下移的原则，强化乡镇、社区（村）在社会管理中的基础作用，推行网格化管理、项目化推进、组团式服务。不断完善群防群治的治安防控体系，社会治安综合治理不断深化，安全生产管理得到加强。大力加强社会管理信息化建设，做到统一规划、统一布网、分步实施，扎实开展综治维稳"三项行动"，着力抓好源头管理，强力整治突出治安问题，深入开展领导干部大接访活动，以化解信访积案、做好驻京信访工作、预防和妥善处置群体性事件为重点，全力做好信访稳定工作。

四、坚持把区域支撑作为跨越发展的重点

实现县域经济跨越发展，需要我们在重点区域、重点工作上强势突破、整体推进。近年来，我们举全县之力，集中力量打好"三大战役"。

（一）打好城区建设攻坚战

按照"改造老城区、拓展新城区、建设开发区"三轮驱动的总体思路，坚持"东扩、西跨、南拓、北延、中优"的发展方向，将城区作为城市规模扩张的承载区、功能完善的示范区、品位提升的展示区，加快建设开发步伐，力争通过3~5年努力，把黄梅城区建设成为区域面积50平方公里的新型宜居宜业中等规模城市。一是大力改造老城区。加快老城区改造步伐，不断完善公共配套设施，重点推进五祖大道延伸段和D6路硬化、配套工程和安置区建设，启动了县城一级客运站及东禅公园建设。深入推进迎宾大道、黄梅大道两条示范街和五祖大道、人民大道西段两条标准街建设，大力推进环城东路、人民大道二巷6条小街小巷整治，着力推进黄梅镇新镇区建设。二是大力拓展开发区。按照"南推西扩、沿路推进、配套项目、对接城区"的总体思路，坚持提档升级、合理利用、规模发展的原则，加强基础设施建设，增强项目配套功能。大力推进C6路西延、B7路西延、B5路土路基建设，完成了园区南北向主干道B22路、B3路硬化。同时，加大闲置工业用地清理力度，提高工业项目准入条件，促进土地集约利用，提高园区土地的利用率、容积率、产出率。三是强力推进滨河新区暨"十大重点工程"建设。以行政办公区建设为重点，以新县河综合治理、马尾山森林公园建设为依托，全力打造一个集休闲、居住、宜商于一体，区域面积15平方公里的"滨河新区"。大力推进十大重点工程建设，采取一项工程，一名县级领导挂帅，一批人马，一抓到底。牢固树立经营城市理念，加快土地资源向土地资本转变，实现"以地建城、以城养城"。积极采用BT、BOT等模式，吸引县外资金和民营资本参与滨河新区暨"十大重点"工程建设，形成了"政府引导、社会参与、市场运作"的融资新格局，构建了"投资主体多元化、融资方式多样化、运作方式市场化"的城建新机制。

（二）打好五祖开发攻坚战

围绕建设中国优秀旅游城市的目标，全面推进五祖寺风景区"4A"开发，打造"中华禅宗之源、国际禅修之都"。一是坚持规划引领。投入资金 100 余万元，高标准、高质量地编制了《五祖镇区发展总体规划》、《菩提古镇第一、第二、第三安置区建设总体规划及修建性详规》、《五祖镇老镇区改造及配套工程建设修建性规划》等 10 多个规划。二是坚持建设为重。大力改造老镇区，投入资金 1300万元，实施亮化、绿化和配套设施建设。大力建设新景区，以"禅宗祖庭，福地黄梅"为特色，大力推进禅源广场和东环道建设，启动了东山古道恢复、寺庙核心朝拜区、白莲峰栈道观光区、菩提古道游览区、凤凰谷休闲度假区等一批重点工程建设。按照"新区、新街、新景"的标准，突出抓好第一、第二安置区建设。三是坚持配套为基。围绕大旅游的格局，启动了老祖寺至五祖寺旅游公路建设，完善北部山区旅游循环路网。加强旅游宣传促销，加大旅游人才培养和旅游产品开发力度，主动承接庐山、黄山等旅游热线，推动我县旅游业由佛教朝拜型向复合产业型转变，由门票收入型向综合消费型转变，由旅游过境地向旅游目的地转变。

（三）打好小池开发攻坚战

近年来，我们不等不靠、干中求助，稳步推进小池开放开发。一是明思路。积极争取省政府在小池召开现场办公会，使小池开放开发上升为"省级战略"，明确了"一镇四区"的发展定位：把小池打造成为独具特色的滨江明星城镇，建设成为湖北长江经济带滨江城镇开放开发的示范区，九江小池江北新型功能区、中部现代商贸物流区和滨江生态文明建设展示区，成为推进长江中游城市集群建设的"桥头堡"。二是做规划。积极争取省住房和城乡建设厅的关心支持，编制了滨江新区概念性规划，修订完善了小池发展的总体规划、城镇建设控制性详规、妙乐景区旅游发展规划、水系规划、道路规划、绿化规划等各项规划。三是强基础。投资 4 亿元，完成了清江大道延伸段、新港路、沿江路、五环路、妙乐景观大道等 8 条路网建设。启动了小池二水厂和污水处理厂建设工程。启动建设集行政、商业办公，高档宾馆、酒店等于一体的滨江新区 10 平方公里核心区建设。投入 1000 余万元，完成了的关湖港水系整治工程。加快推进农业综合开发，启动了长列莲籽湖生态农业园和以板桥畈为核心示范区的万亩蔬菜基地建设。积极探索和建立政府主导、企业主体、社会参与的多元化投入机制，组建成立了湖北小池滨江新区城市投资发展有限公司。加大清江大道、湖北大道整治力度，彻底改变脏乱差面貌，展示鄂东门户形象。

五、坚持把环境支撑作为跨越发展的保障

切实加强对县域经济发展的组织领导，团结一心，众志成城，真正在全县形成群策群力谋发展、同心同德促跨越的强大合力。

（一）整治环境优服务

坚持把整治发展环境作为工作重点，作为保持政令畅通的一件大事来抓。一是兑现政策不走样。县委、县政府出台有关企业的优惠政策，各级各部门都坚决兑现，认真贯彻执行，不搞上有政策，下有对策。积极学习借鉴先进地区好的经验，在不违背国家大政策和法律法规的前提下，凡是外地成功的做法，都大胆引用；凡是政策法规没有明令禁止的，都大胆试行；凡是上级政策和规定有一定弹性幅度的，都从有利于黄梅发展出发，把涉及企业发展、投资条件、投资者的经济和政治待遇等有关政策放到相对宽松的程度，放到企业和纳税人最满意的程度。二是优化服务不设卡。牢固树立"服务是第一投资环境"的理念，把服务贯穿于企业发展的全过程，对待企业真正做到多扶持、少卡压，多讲怎么办、不讲不能办，切实把服务窗口前移，触角延伸，满腔热情地为企业和群众办实事、解难题。三是重典治乱不手软。大力整顿和规范市场秩序，加大对各类市场的监管力度，切实解决行业垄断等突出问题，严厉打击制售假冒伪劣商品、偷税、骗税等商业欺诈、不正当竞争等违法行为；始终保持严打整治的高压态势，严厉打击街霸、路霸、装卸霸等恶霸势力，净化市场环境。大力规范招投标领域的管理，强化监督，杜绝"暗箱操作"，努力营造诚实守信、公平有序、充满活力的市场环境。县纪委监察局、政法机关，对有意设置障碍、破坏发展环境的人和事，依法从严、从重、从快查处，始终保持重典治乱、重拳出击的高压态势。

（二）整合资源促发展

近年来，我们重点抓好四个方面的整合。一是抓好资金整合。集中财力办大

事，坚决杜绝涉农资金撒"胡椒面"的现象。引导各部门切实转变观念，使大家充分认识到，钱不是部门日常开支的钱，是要拿去做事的钱；不是部门自己的钱，是全县人民的钱。县委、县政府明确规定，除了中央和省直接下达的惠农补贴资金外，必须打破行业界限、部门分割，按照"渠道不乱、用途不变、规划先行、统筹使用、各记其功、形成合力"的要求，加强对农发、国土、农业、水利、扶贫等涉农资金的整合，真正使资金"抱团发力、聚指成拳"，充分发挥涉农资金"共摆一桌菜"的聚合效应。二是抓好项目整合。注重加强项目的统筹和整合，实际工作中，做到一个项目多个部门争取、多途径申报，将大别山试验区建设项目、小池开放开发政策支持项目和策划包装项目有机统筹、整合和结合起来，使各项政策资金集中到了实施重大项目建设上。三是抓好阵地整合。本着节约资金、节约资源的原则，我们对各自单位的党建阵地、办公阵地、活动阵地统筹使用，充分发挥阵地资源的最大效用，做到了资源共享、阵地共建、场所共用。四是抓好力量整合。在全县上下牢固树立"大局意识、团队意识和协作意识"，引导广大党员干部，心往一处想，劲往一处使，合力推进工作落实，避免了工作中"各唱各的调，各吹各的号"等各行其是的现象。

（三）整顿作风抓落实

树立"作风决定发展，落实就是发展"的理念，在全县上下深入开展"三查三治"治庸问责活动，推动各级党员干部纪律作风实现根本性的好转。一是勇于担当。号召全县每位党员干部当"主人"不当"客人"，当"干将"不当"看客"，不等、不靠、不绕、不推，看准的事不松手，认准的事不放手。在干部队伍中弘扬"敢于负责就是能力、战胜困难就是业绩、发现问题就是水平、回避矛盾就是失职"的真抓敢管、勇于担当的精神，形成了发展的强大气场。二是务求实效。工作中，牢牢把握"真"、"实"这个基本底线，要求全县党员干部政策要真落实，数字要真对真，情况要真摸清，工作要真有底，措施要真得力，作风要真改进，问题要真解决。不搞花架子，不做表面文章，不搞形式主义，真干不假干，大干不小干，实干不虚干，干就干好，干就干一流，真正做到"四比四不比"：比发展不比数字，比实绩不比形式，比长远可持续不比一时之功，比实干不比套路，用实实在在的业绩，实实在在的成效，推进跨越发展。三是强化责任。转作风、抓落实、促跨越，关键在建机制、硬考核、严奖惩。为此，我们致力做到"四严"：严格目标责任，年初把各项重点工作、重点任务都分解、落实到联系县领导和责任单位，使责任真正落实到人、落实到位；严格考评制度，横向比较看位次，纵向比较看变化，注重工作实绩；严格奖惩制度，对工作积极、成绩显著、贡献突出的同志大力表彰奖励，对严重失职、给工作造成重大损失的坚决追究责任；严格督查制度，对重点工作、重点项目、重点工程实行跟踪督查，动态监控，随时掌握进度和质量，及时调度，确保既定目标任务圆满完成。

西部篇

"两化"互动 三产共融 加快推进统筹城乡经济社会发展

——关于四川省旺苍县统筹城乡发展的思考

中共旺苍县委 旺苍县人民政府

统筹城乡发展，是解决"三农"问题的根本路径，是促进城乡协调、平等、和谐发展和实现城乡经济良性循环的必然选择，也是全面建设小康社会的必然要求。作为贫困山区县——旺苍县正处于新型工业化的加速期、新型城镇化的扩张期、农业现代化的提升期，必须坚持"两化"互动，促进"三产"共融，才能有效实现统筹城乡发展。

一、以新型工业化为支柱，着力增强统筹城乡发展的实力

加快推进新型工业化，提升工业经济规模和总量，才能增强工业反哺农业的能力，实现以工促农、统筹城乡发展。旺苍要始终咬定"工业强县"不动摇，坚持不懈推进工业"552"发展方略，着力加快新型工业化进程。

（1）做优循环产业，增强新型工业化的生命力。要立足旺苍良好的资源禀赋，实行高碳产业低碳选择，整合资源关小建大、扶优限劣，围绕能源、建材、冶炼、化工、农副产品加工五大支柱产业，转方式、调结构、上水平，不断延伸"煤焦化"、"冶建造"等产业链条，促进资源循环高效利用，引领产业集群、集约、互补式发展，努力减小工业对资源和投资的依赖程度，促进工业从资源粗放型向综合利用型转变，将资源优势转化为产业优势，切实增强旺苍工业的竞争力和生命力。

（2）做强工业园区，增强新型城镇化的扩张力。要积极争取、整合相关资金，集中力量抓好煤化工、机械制造、农副产品加工小区建设，加快推进能源综合利用、低碳经济示范小区建设，力争"十二五"期间完成园区基础设施投入 6 亿元以上，新增园区面积 6 平方公里以上。积极引导项目向园区分类聚集、产业沿链条循环延伸，力争两年内打造出首个"百亿园区"。将园区作为城市新区，以新型城镇化标准统筹规划建设职工生活区、配套服务区、拆迁户安置区，以园区扩张拉大县城框架，实现两化互动、以园兴城，四年再建一个"城市旺苍"。

（3）做大工业总量，增强县域经济的引领力。旺苍拥有 20 余万劳动力，要充分利用这个人力资源优势，抓住全球性产业结构大调整机遇，扩大跨区域合作，主动承接产业转移。要打破本位观念，拓宽战略视野，大力引进"飞地"项目，建设"飞地"企业和园区，实现经济跨空间互利共赢。要充分发挥省级经济开发区、省级循环经济高新技术产业化基地和省级新型工业化产业示范基地的投资洼地效应，"四个一批"引进更多项目、高端产业，努力做大工业经济总量。到 2015 年底，旺苍工业总产值要力争突破 300 亿元，实现增加值 100 亿元，四年再造三个"产业旺苍"，通过工业大提升，引领县域经济跨越发展。

二、以新型城镇化为载体，着力增强统筹城乡发展的魅力

城镇是统筹城乡发展的载体，要以城镇化带动新型工业化、农村现代化，加快城乡一体、产城一体发展。

（1）科学定位城乡规划。要坚持"全域旺苍"理念，高起点、高标准、高品位统筹编制完善县城、乡镇、中心村、聚居点的四级规划体系，实现规划编制区域、编制层级、管理体系、信息系统"四个城乡全覆盖"。要配套完善土地利用、产业发展、基础建设等各项专业规划，形成以城乡建设规划为主体、产业布局规划为支撑、基础设施规划为纽带、公共服务规划为配套的科学规划体系。要立足旺苍实际，着力构建全域"人"字形特色乡镇空间布局，实行多轴向拓展、组团式建设。

（2）着力打造特色城镇。县城是大中城市之尾、乡村之首，是城乡经济的集

聚点和引领点，对于旺苍县城建设，要紧扣"绿谷红城"这个主线，扎实推进"一河、两岸、三片、四区、五点"建设，着力提升城市品位和文化底蕴，不断增强县城的经济集聚效应和发展引领作用。小集镇是"两化"互动、产城一体的发展核心，对于旺苍小城镇建设，要立足"三区"地理、资源特性，突出抓好北部山区特色旅游集镇、中部工贸集镇、南部边贸集镇三大集镇群建设，促进产城互动发展。

（3）深入推进新村建设。新村建设是新型城镇化的重要内容和有效延伸。要坚持群众自愿原则，积极引导农村居民向城镇、中心村和聚居点集中，积极打造规模大、功能多、效率高、现代性、开放性的农村新型社区。要坚持"宜聚则聚、宜散则散，错落有致、相对集中"的原则，突出"三打破、三提高"（打破"夹皮沟、军营式、火柴盒"，提高村庄布局水平、居民设计水平、自然和谐水平），因地制宜，突出特色，扎实推进新村建设，努力建设富有川北民居特色、彰显民俗风格、功能设施配套的现代新村。

三、以农业现代化为主线，着力增强统筹城乡发展的内力

推进农业产业化、现代化，是促进农民增收、缩小城乡差距的主要途径，是统筹城乡发展的必由之路。旺苍要按照农业"551"发展方略，着力破解农业底子薄、条件差等瓶颈，加快推进农业产业上档升级和提质增效。

（1）壮大特色产业，促进农民长效增收。要科学把握旺苍的地理生态特性，找准区域优势，加强科技指导，进一步发展和壮大茶叶、畜牧、林果、蚕桑、中药材五大特色支柱产业，因地制宜发展烤烟、森林蔬菜、薯类、魔芋等特色种植业和大鲵、野猪、土鸡等特色养殖业，实现"一镇一品、一村一业"，彻底破除农民打工致富的"独木桥"困境。要更新思路，变山区劣势为生态优势，大力发展生态农业、体验农业、民俗农业等新兴业态，激活乡村旅游、生态旅游和红色旅游，促进"一三产业"融合互促，培育农村经济新增长点。

（2）提升示范基地，引领农业高效发展。要抢抓秦巴山区连片扶贫开发、灾区发展振兴规划等重大机遇，按照"一轴两带两心五片"总体规划，整合涉农项

目、资金、科技等资源，高标准建设西河现代高新农业示范区、高阳现代农业园区，不断提升木门、新榆、清水等现代农业示范园区的建设水平。在北部山区分片推进优质核桃、中药材等基地建设，在南部丘陵地带分类实施家禽养殖、优质果园等园区建设，努力形成园连园、片连片的农业规模化发展格局，引领和带动全县农业提质增效、农民致富增收。

（3）打造优势品牌，助推工业多元扩张。要树立农业工业化经营理念，广泛推行"公司+农户"农业发展模式，积极引进农产品深加工企业，加大对米仓山茶业、亿明生物科技等已有龙头企业的扶持力度，不断延伸和扩大农产品精深加工链条和规模。要充分发挥米仓山茶叶、杜仲雄花等优势品牌的辐射带动作用，采取政府扶持、企业主导、市场经营的多元化手段，大力推进大鲵保健食品、汉王山酒等农产品的"三品一标"认证工作，以优势品牌带动农业产业强势发展，促进工业多领域延伸、多元化扩张。

四、以旅游精品化为重点，着力增强统筹城乡活力

旅游产业的发展既能加快统筹城乡发展的进程，又能增强统筹城乡发展的活力和后劲。旺苍要充分发挥"红绿"旅游资源优势，深入推进旅游"445"发展方略，全面提升旺苍旅游业发展综合品质，带动全县三次产业加快发展。

（1）坚持多元投资，加快旅游基础设施建设。要加大对国家项目投入的争取力度，争取各级项目资金注入，加快基础设施建设。特别要尽快建好万家至陕西宁强段公路的扩建工程，打通北至陕西的交通瓶颈，把陕甘宁的客源吸引到旺苍；要建成檬子两河口——南江桃园的旅游公路，形成旅游线路环状网络，实现区域内景点对接，提升景区的吸引力。要采用农民以土地入股、加入公司务工等方式，引导农民参与旅游基础设施建设和项目开发，变农民为旅游从业人员。要加大招商引资力度，精心策划，积极推出檬子峡、汉王山等一批重大旅游项目，优化投资环境，出台优惠政策，构建融资平台，吸引外地业主到旺苍加快旅游项目建设。

（2）打造精品景区，做强城乡旅游产业。要巩固和提升鼓城山——七里峡国家

AAAA 级景区创建成果，加快汉王山—鹿亭温泉景区开发进程，积极做好檬子大峡谷等旅游资源开发前期工作，着力打造生态旅游休闲度假区。要积极做好规划和申报工作，尽快将苍王峡景区创建为国家级地质公园，将嘉川恐龙化石群建成省级科考基地，同时做好米仓古道开发建设前期工作，着力打造地质科考旅游区。继续高规格举办"中国·旺苍红色旅游文化节"，深入推进红军城、木门寺军事会议会址的建设开发，着力打造历史文化旅游区。要着力打造乡村旅游区，在旺鼓、旺宁旅游路沿线乡镇和西河高新农业示范区、高阳现代农业园区、木门万亩有机茶园区内打造一批具有川北民俗风情的星级农家乐。

（3）强化景区功能，提升旅游产业效益。要紧扣"六要素"，突出生态、度假、休闲的特色，进一步加大景区基础设施和服务功能建设，特别是要围绕景区建设积极发展餐饮、娱乐、物流、商贸等配套性服务产业，把景区秀美的山川、奇幽的地质、深厚的历史文化和纯朴的川北民风展示给广大游客，实现可进入、可停留、可观赏、可享受、可联动、可回味的精品旅游景区。通过吸引省内外高端客源，增强旅游产业辐射力，提高农民来自旅游业的收入，提升其在城乡统筹发展中的经济实力。

四川山区县推进"两化"互动、统筹城乡总体战略的思考
——以四川雅安芦山县实践为例

　　四川省山区县是全省四大经济类区（平原、丘陵、山区和少数民族地区）中县区数量较少、人口分布较散的类区，总数量为 33 个，占全部行政县（181 个）的 18%，主要分布在盆周山区。2010 年四川山区县总人口约为 1262 万人，占全省的 14%；总面积 7.55 万平方公里，占全省的 15.4%；经济总量（GDP）约为 1729 亿元，占全省的 10.2%；工业化率约为 45.8%，略高于 2010 年全省平均水平（43.3%）；城镇化率约为 37.3%，低于 2010 年全省城镇化率平均水平（40.2%）。四川山区县区位偏僻，与发达城市或中心城市距离远，通达性差，常常被主流社会遗忘和边缘化，因此这些县的经济发展水平远远滞后于平原地区，呈现出经济总量偏小、结构不优、实力不强；城镇规模偏小、功能不全、土地承载力不强；工业化、城镇化协调发展较为脱节，城镇化滞后于工业化等显著特征。

　　但是四川山区县是河流的源泉、资源的宝库、平原的屏障，它的发展是全省经济社会发展的重要内容，也是实现全省区域协调与可持续发展的关键一环。因此，创造条件，积极把四川山区县县域经济社会推向主流社会，利用其资源的多样性，搞好特色产业，培育经济增长点，实现山区县的可持续发展，从而改变其闭塞、关联性差的空间结构与落后的经济结构，成为亟待深入思考的问题。

　　2012 年 7 月，四川省鲜明提出把"两化"互动、统筹城乡上升为推进全省经济社会发展的总体战略，也就是要推进新型工业化、新型城镇化、统筹城乡三者的协调发展。这三者的协调发展，找准了四川省经济社会发展的主路径和主引擎。新型城镇化可以为新型工业化和统筹城乡提供需求、空间和环境，是三者协

调发展的巨大引擎；新型工业化为新型城镇化和统筹城乡提供产业支撑、就业岗位，是三者协调发展的主导力量；统筹城乡为城镇化和工业化提供要素保障，是三者协调发展的重要基础。三者相互协调、互促共进、科学发展，共同为四川山区县的发展指明了方向，拓展了空间，找准了道路。

一、四川山区县推动"两化"互动、统筹城乡优劣势分析

（一）劣势

（1）地形地势复杂。四川山区县所处的地理位置错综复杂，往往存在地形的天然阻隔，地理区位条件差；地势条件复杂，多以山地为主，土地利用空间狭小，难以为工业发展和城镇拓展提供必要的空间，城市规模效应难以充分发挥。

（2）基础设施建设落后。还未构建起纵横交错的运输网络、快捷交换信息的通信及通信网络，信息、物流通达性差。

（3）公共服务产品供给不足。农村教育、医疗、公共文化服务等配套性差，城乡二元分割现象严重。

（4）城镇带动力不强。大部分山区群众居住分散、地处偏远，远离政治经济中心；也缺少中心城镇的辐射带动，山区县的不同等级城镇之间纵向联系往往仅属于行政隶属关系，同等级的城镇之间横向联系十分薄弱，各自封闭，自成一体。

（5）人口相对较少。"人气不足"严重制约山区县工业化和城镇化发展。

由于上述人流、物流、信息流的阻塞，使得山区县难以融入主流社会分工体系中。

（二）优势

（1）生态优良。山区县生态资源相对优良，森林覆盖率普遍较高，空气质量好，水资源充沛且良好，具有一定的生态优势。

（2）资源丰富。全省水电资源蕴藏量达 1.5 亿千瓦，可开发量近 1 亿千瓦，绝大部分位于山区县；矿产资源异常丰富，且因交通限制，开采利用还处于初步阶段；旅游资源富集，全省旅游景区景点大多位于山区县，景观奇特，奇峰古

刹，异彩纷呈；动植物资源也多不胜数，具有很高的经济和文化价值，为山区县发展经济提供了后发崛起的条件。

（3）文化底蕴深厚。山区县多处民族融合地带，民间民俗文化源远流长，沉淀丰厚。

（4）产业转移机遇。平原地区的产业转移为山区工业发展带来机遇。我国平原地区开始遭遇发展的瓶颈，正日益受到来自内部的土地与劳动力成本上升、资源环境约束和外部国际环境变化的双重挑战，一些传统的资源型以及劳动密集型产业开始向外围地区转移。四川山区县可有选择地引进适合于山区特点的工业门类，建立以产业转移为依托的绿色工业体系。

（5）需求模式转变。随着生活水平的不断提高，人们对绿色食品、生态产品、休闲旅游产品以及优美居住环境产生巨大需求。需求模式的转变将为促进山区生态资源产业化带来契机，从而成为四川山区绿色产业发展的巨大拉动力量。

（6）政策新机遇。随着全国新一轮西部大开发政策的实施，地震灾区振兴规划的启动，老少边扶持政策力度加大，以及省委省政府关于四川发展的一些战略定位、政策和项目的倾斜，欠发达的山区县迎来了难得的发展机遇。

二、四川山区县推进"两化"互动、统筹城乡的思考

从目前四川山区县"两化"互动，统筹城乡发展实际看，三者协调发展已有一定的基础，也积累了一些好的经验做法。归结起来，摸清情况、准确定位、服从区域规划布局安排，实现差异化发展是必由之路。所谓差异化发展就是指根据不同区域、不同需求、不同生产条件，采取的与众不同的发展思路，实施不同的发展策略，避免同质化竞争，最终实现脱颖而出。

（一）明晰的发展思路是前提

山区县推进两化互动、统筹城乡的发展思路应明确为：以保护生态为己任，科学开发山区优势资源，大力发展生态循环工业；以交通建设规划先行，以集约使用土地为原则，健全中心县城——重点城镇——特色村落城镇体系，走一条适合四川山区县实际的差异化"两化"互动、统筹城乡发展之路。

（二）尊重自然、以人为本的规划是先导

规划是核心、是龙头，具有先导引领作用。必须尊重自然，以人为本、规划引领，要抛弃急功近利的政绩观和畸形的发展观，坚持高标准规划，强化规划意识，增强规划的战略性、长远性，通过重视地下规划，彻底扭转"先地上，后地下"的城市开发模式。要一以贯之地执行规划，一张蓝图绘到底，增强规划的权威性、强制性。要不断完善工业发展和城镇建设规划，注重"多规衔接"，增强规划的科学性、指导性。

（三）有效的对策举措是关键

1. 构建以生态循环为主要特征的新型工业化发展模式

一般来说，山区县与平原县、丘区县相比有特有的自然资源和要素禀赋，这是能够支撑工业经济跨越式发展的基本要素，也是发展的潜在优势和后发优势。山区县新型工业要发展应找准比较优势、培育特色产业，走符合当地实际，宜轻则轻、宜重则重的新型工业化之路，不固守传统农业—轻工业—重工业—服务业的产业结构转化之路。一些特殊地区可以越过轻工业阶段，直接发展重工业，如一些国有大型水电站投资区。一些特殊地区还可以越过第二产业充分发展阶段，直接发展属于第三产业的旅游业。

山区县发展新兴工业化之路，科学选择支柱产业至关重要，必须树立实事求是、一切从实际出发的原则，什么有利就发展什么。从山区县现有的经济环境、教育水平、工人的技术熟练程度来看，难以吸引技术密集型产业，而适宜发展一些劳动密集型产业。这些劳动密集型产业在发展过程中，需要随时关注并适时切入高新技术、信息技术加以提升、改造，不断拉长产业链条，提高发展档次。

2. 构建以中心县城—重点城镇—特色村落为特征的新型城镇化体系

由于历史基础、人口规模、地理位置、政策扶持等方面的原因，导致山区县在城镇化发展水平和发展阶段与平原地区存在很大的差异，不可能采取照搬照抬平原地区整体推进、大开大建的推进城镇化方式，一味追求城镇化率。而应围绕自我发展能力主线，按照统一规划、适度集中、分散布局的原则，优化城镇体系规模结构，加强中心县城、重点城镇、特色村落构建，引导人口适度聚集。

（1）推进中心县城建设。中心县城大多是政治和行政管理中心，在经济、社会、文化等方面发挥主导作用，对周围区域能产生较强的经济辐射作用和人口聚

集效应，因此山区县应坚持中心县城超前发展，吸引县域内人口流、资金流、物质流，重点聚集人口和非农产业，起到新型城镇化发展"领头羊"作用。

（2）构建重点城镇体系。由于山区地势狭窄、地广人稀、发展滞后，中心县城规模效应和带动力不够强，难以覆盖大部分区域，所以，山区县可以以交通骨架为轴线，重点发展一批区位条件好、经济基础好的小城镇，不断促进生产要素聚集，带动当地经济发展，使城镇化效应得到扩散，带动城镇化进程。

（3）构建特色村落。山区县农村人口比重较大，城乡二元结构较为突出，推进新型城镇化应体现以人为本、统筹城乡，大力推进特色村落建设，建设一批特色鲜明、情景交融、形态多样的特色村落。同时推进城市公共服务体系和综合服务功能延伸到农村，聚集农村人口和生产要素，让农民逐步享有与居民、市民相当的公共服务。

3. 坚持"围绕产业建城镇，围绕城镇布产业"推进"两化"互动发展，实现产城一体

从山区县城镇化发展现状来看，发展较好的城镇，多是依托产业得以较快发展，而一部分没有较强产业支撑的小城镇，往往成为"空心城"。因此山区县推进新型城镇化，应突出"围绕产业建城镇"来开展，对于新建的产业园区应完善园区商务配套和生活配套，在工业聚集区域合理布局职工公寓和公共服务设施，建设绿道、休闲运动广场、景观带等绿地景观系统，解决产业工人生活休闲居住需求；对老产业园区通过改造提升，完善配套服务，提升园区形象，推进园区功能城镇化，把产业园区打造成宜工、宜商、宜居、产城一体的产业新城。另外，山区县受财力和特殊地形限制，难以再大规模建新城，也难以配套相应的公共服务设施，因此在现有城镇边缘，采用"围绕城镇布产业"也是一种必要思路，既可以减少项目配套设施建设，也可使集中区企业共享城镇功能，促进工业化和城镇化互动发展。

4. 正确处理好四大关系是内在要求

（1）处理好发展与环境的关系。山区县的优势在生态、出路在生态、责任也在生态，在推进"两化"互动进程中要始终把保护生态环境放在首位，不能以牺牲环境为代价，再走先发展后治理的道路，而应实现促发展与保护生态环境齐头并进。

（2）处理好规模与适度的关系。山区县承载力较弱，在推进两化互动发展中，应走集约节约发展之路，不搞大而全，处理好规模与适度的关系，充分利用土地等稀缺资源，实现规模适度、特色发展。

（3）处理好政府与市场的关系。现阶段，政府部门在推动地方经济发展进程中起到不可替代的作用，在山区县发展中，政府作用尤为突出，起着主导作用，在推动两化互动进程中，应充分发挥政府在规划引领、土地、户籍制度创新，项目统筹、基础设施完善、优惠措施配套等方面的主导作用，地方政府重点要在四个方面有所认识与创新：一是积极探索农地制度新模式，努力赋予农民完整的土地财产权，为土地流转及土地资源的合理配置提供保障；加大土地整理力度，积极争取土地政策，解决土地瓶颈制约问题。二是深化户籍及公共服务体制的改革，努力消除依附于城乡分割户籍制度之上的对农民社会福利的制度性歧视。三是努力创造公平的社会政策，为农民工提供教育培训，保障农民工合法权益，引导农民有序从农民转化为农民工，再转化为城市居民。四是政府要建立健全完善的招商引资"筑巢引凤"配套政策，创新和优化发展环境，提高服务水平，营造良好投资环境、政务服务环境和社会治安环境。

（4）处理好"两化"互动和三化联动的关系。山区县基本都是农业县，在推进两化互动中，要加强农业基础地位，加大三农投入力度，通过坚持工业反哺农业、城市支持农村，提高农业综合生产能力和产业化水平，使农村为工业、城市提供更多的原料、劳动、资本剩余，从而促进农业产业化与新型工业化协调发展，最终实现三产联动，相互促进。

三、四川雅安芦山县推进"两化"互动、统筹城乡之实践

芦山县，位于四川盆地西缘，雅安市东北部，青衣江上游。幅员面积 1166 平方公里，人口 12 万，辖 5 镇 4 乡。芦山县是典型的传统山区农业小县、工业弱县，经济总量小，基础设施差，城乡分割严重；是名副其实的财政收入贫困县，县域经济综合实力长期在省、市排名靠后。

近年来，县委、县政府立足山区实际，牢牢把握"加快发展，科学发展，又

好又快发展"的总体取向,成功谱写了止滑—发展—转型的经济发展"三步曲"。芦山,历经 20 世纪 90 年代后期在全国有影响力的石材工业的骤然萎缩,历经 21 世纪初以水电、高载能、普通工业为支撑的经济拐点回升,形成了目前以新型工业为主导,特色农业为基础,生态旅游为零碳增长极的多极支撑的县域经济发展格局。

今天的芦山县,开始呈现出科学发展的喜人态势:2011 年,全县 GDP 达到 21 亿元,是 2000 年 4.85 亿元的 4.3 倍;地方财政一般预算收入 6019 万元,是 2000 年 908 万元的 6.6 倍,今年预计将达到 1 亿元;工业占 GDP 的比重上升为 53.8%,比 2000 年增长了 25.8 个百分点。连续 3 年在全市县域经济考核、地方财政一般预算收入增速、固定资产投资增速、招商引资到位资金增速考核中名列全市前茅。

今天的芦山县,通过依托高端轻纺和新兴产业实现了工业结构转型;依托山水生态和城市文化实现了城市功能升级;依托村产相融和体制创新实现了城乡一体统筹。

今天的芦山县,穿越了资源枯竭的阵痛,走出了高载能发展的迷局,收获着转型的硕果,创造了县域经济增长的奇迹。

(一) 依托高端轻纺和新兴产业实现了工业结构转型

没有工业的跨越发展就没有县域经济的跨越发展,工业是芦山的"一号工程"。县委、县政府围绕"3+2"产业发展格局,大力推进"工业强县"战略,在巩固发展水电、高载能、普通加工业三根支柱基础上,着力壮大以差别化纤维为重点的现代轻纺产业和以电极箔、电容器为重点的新材料产业,实现了产业发展"无中生有"、"有中做大",初步形成了集棉纺、化纤、织布于一体的纺织产业集群和有一定影响力的新材料产业基地,走出了一条工业经济跨越发展之路。

2011 年全县水电、高载能、普通工业三大产业产值比重由 2006 年 11∶80∶9 调整到 21∶21∶58,现代轻纺和新材料两个重点产业占规模以上普通工业比重达到 51%。目前,正致力于建设国内具有影响力的新材料产业基地,争创全省现代轻纺产业基地。

(二) 依托山水生态和城市文化实现了城市功能升级

一直以来,芦山县的城镇化水平滞后于经济发展;城市规划不尽合理,城市建设步伐迟缓，城市管理相对粗放，县城缺乏聚集和辐射力。因此，县委、县政府提出通过建设山水芦山、文化芦山来升级城市功能，提升城市质量，展示城市综合竞争力，体现社会文明整体进步，努力将芦山建成古风现韵、形韵兼备的美丽山水画卷。通过县城的升级，为产业发展提供空间和资源，为人才聚集创造良好环境，为创新社会管理开辟道路，推动芦山全面发展。

1. 山水芦山提升城市品质

生态优先，以绿养城。通过实施绿化工程、环境综合整治工程，加快街区的绿化、美化、亮化；通过广泛开展绿色消费宣传，促进形成节约环保的生活方式，以适应居民生活追求从物质型到精神型的新变化，打造人与自然和谐发展的生态型城区。

规划引领，以水美城。坚持"现代与古典结合，经济与文化结合，宜居与宜业结合"的建设思路，围绕"三山两河四桥"建设框架，重新审视发展定位，高端规划、分步推进，初步形成了亮山亮水、因势利导的山水城市雏形。

2. 文化芦山彰显城市个性

芦山的城市建设并没有简单地走大都市化道路，而是彰显着浓浓的城市文化特色。这里的文化特色来源于芦山的根雕文化资源和汉文化历史底蕴，来源于城市的"三山两河"地理环境和人文环境，来源于芦山市民的精神风貌和道德风尚。

芦山正规划建设以木文化为主的集创意、展示、制作、交易、拍卖于一体的500亩文化创意产业园区。正致力于还原一个汉姜城，呈现"姜城"曾有的繁荣景象。

未来的芦山将是一个整合不同时期、不同风格文化要素，呈现出极具自身特色的芦山，将是一座承载穿越、浸润柔美、体现山水形神，精致入微诠释文化精髓的县城。

塑造城市精神是提高城市发展水平的关键。芦山实现成功转型、继续领跑，是高度重视塑造城市精神，提升文化软实力的结果。芦山开展了人文精神研究，努力形成有价值的成果；促进文化普惠、文化保护、文化融合和文化交流，推动文化事业和文化产业繁荣发展，增强了市民对自己县城的亲切感、自豪感，激发了市民对自己县城更大发展目标的追求。

（三）依托村产相融和体制创新实现城乡一体统筹

芦山通过积极稳妥地推进土地规范流转，促进土地向农业产业化龙头企业集中；坚持根据每个村的实际发展特色产业，形成了"一乡一业、一村一品"的农民收入产业支撑，促进了产村共融。通过思考探索农地制度新模式，推进户籍制度改革，努力创造公平社会政策，有序引导农民从农民转化为农民工，再转化为城市居民。通过抢抓灾后重建机遇、"五十百千示范工程"建设机遇和新村建设机遇，大力推进村容村貌、基础设施建设，使农村基础设施得到极大改善，带动了全县农业农村经济快速发展，整体带动了全县城镇化进程和城乡统筹深入推进。在全县初步构建起了以县城为核心，以南北大动脉为主轴，以南中北三个重点场镇为支撑点，以 40 个特色村落为单元格的"一核、一轴、三支点、四十个特色村落"于一体的新型城镇化体系。近年来，全县城镇化率每年提高 1.5 个百分点以上。未来，将坚持以城带乡、以工哺农，力争通过 5 年到 10 年努力，统筹推进农民集中安置点建设，把全县 40 个村都按照现代都市化村庄要求进行打造，实现新村建设全域覆盖，并健全城乡教育、医疗服务、社会保障、为农服务"四大体系"，全面开启城乡统筹新阶段。

实施"三三"战略 加快发展丘区县域经济

中共射洪县委

　　射洪县地处四川盆地中部、成渝经济区腹地，面积1496平方公里，下辖30个乡镇，人口101.5万人，是初唐大诗人陈子昂的故乡、中国名酒沱牌舍得的产地、第八届国际侏罗纪大会举办地，是四川省唯一丘陵地区经济发展示范县和首批扩权强县试点县。

　　随着国内外情况的深刻变化，党的十七大、十七届三中全会以后，中央对县域经济的发展更加重视，对统筹城乡、推进城乡一体化提出了新的要求。射洪作为四川省唯一丘陵地区经济发展示范县，既肩负着做大总量与转型升级的双重任务，又肩负着加快经济建设与促进社会和谐的双重使命；既面临新型工业化和新型城镇化互动发展的时代浪潮，又面临新兴产业发展和承接产业转移的激烈竞争。作为中国西部后发地区，在交通条件相对滞后、自然资源相对匮乏、基础设施相对薄弱的现实条件下，加快转变经济发展方式、推进三次产业协调发展、统筹推进城乡一体化进程、不断提高可持续发展能力刻不容缓。只有遵循经济规律，选准正确路径，把解放思想、科学发展作为最鲜明的发展导向，把深化改革、扩大开放作为最根本的发展动力，把工业主导、三化联动作为最有效的发展战略，把民生优先、造福人民作为最重要的发展目标，把加强和改善党的领导、提高执政能力作为最坚实的发展保障，坚决破除一切妨碍科学发展的思想禁锢、行动制约和体制束缚，才能成为科学发展的排头兵、全面小康的先行军。综合分析，无论是资源的承载能力，还是环境的支撑水平；无论是经济发展的阶段特征，还是人民群众的普遍要求，都决定了射洪必须走以人为本，全面、协调、可持续的科学发展之路，把转变发展方式、破解二元壁垒、实现城乡一体化作为首要任务。

一、射洪发展县域经济的主要做法

我们坚持以建设四川经济强县为目标定位，以"工业主导、三化联动"为发展战略，以"三转型、三带动、三覆盖"（工业向循环集约转型、农业向生态高效转型、城镇向现代特色转型；工业带动农业发展、城镇带动农村繁荣、产业带动农民增收；公共基础设施向农业覆盖、社会服务体系向农村覆盖、公共保障体系向农民覆盖）为工作路径，着力打造"一城一区六基地一目的地"（建设现代生态宜居宜业城市，建成省级经济开发区，打造中国生态酿酒基地、中国锂电能源基地、精细天然气化工生产基地、西部家纺服装生产基地、节能电子产品制造基地和生态高效农业基地，建成著名旅游目的地），积极打造科学发展新高地、宜居宜业新射洪、和谐幸福新家园，力争率先走出丘区发展现代产业的新路子，率先建立统筹城乡发展的新机制，率先形成城乡经济社会发展一体化的新格局。

（一）推进"三转型"，夯实县域经济发展产业基础

1. 推动工业向循环集约转型

坚持以新型工业化为主导，着力在丘陵地区率先走出一条科技含量高、经济效益好、资源消耗低、环境污染少、产业链条长的工业集群发展路子。把产业园区作为产城融合的重要结合点和有效突破口，加快产业聚集和产业新城步伐。加强园区基础设施建设，不断提升园区服务功能和辐射能力，按照"一区多园"的思路，以省级经济开发区为标准，整合工业园区资源，加快射洪经济开发区建设，加快建设千亿、百亿园区，把锂电产业园建成"世界锂都"；把洪城新区建成"两化"互动发展示范区；把沱牌工业园建成诗酒名企名镇和全国一流的生态酿酒示范区；把美丰工业园、银华工业园建成产业转型升级的示范区，推动园区成为县域经济发展的强大引擎。把改造提升传统产业和引进培育新兴产业作为发展现代产业的抓手，依托园区聚集同类、配套企业，按照"集中、集群、集约"的思路，积极促进产业结构调整优化、转型升级和融合发展，推动传统产业提升

产品科技含量、增强市场竞争能力和盈利能力，不断提升绿色食品、精细化工、纺织家纺三大支柱产业，发展壮大锂电新能源新材料、机械电子、生物制品三大新兴产业，加快建设国际知名、国内一流的产业基地。把培育现代企业集团作为发展现代产业的重点，大力实施千户企业成长计划，努力推进企业集团化、高端化、国际化发展，加快壮大企业群。大力支持沱牌融入"中国白酒金三角"，美丰打造"中国农肥专家"，银华建设西部高档家纺纺织基地。加快天马玻璃、隆鑫科技、洪达家鑫等中小企业上市培育步伐。大力提升自主创新能力，深化国家科技进步示范县和国家知识产权强县工程试点，推动重点用能企业实施节能改造，鼓励企业加快建设国家级企业技术中心和产学研联盟，支持低碳技术、清洁制造的研发，大力推广节能技术和环保技术，以节能减排、技改升级、新品研发等为重点，增强企业创新能力。

2. 推动农业向生态高效转型

按照特色、优质、生态、高效的要求，大力发展生态高效农业，培育壮大优质粮油、优质果蔬、生态畜禽、林业综合开发等优势产业，提升农业产业化水平。坚持把土地规模经营作为推进现代农业的重要抓手，引导农民按照市场机制进行土地使用权流转，促进土地流转由村内进行扩展到乡镇间进行，经营内容由种粮为主转向发展优质高效农业为主，推进农业生产园区化、标准化、专业化、组织化，提升农业生产规模和效益。把培育壮大龙头企业作为推进现代农业的重要依托，支持农业龙头企业向优势农产品精深加工聚集，积极开展农业产业化龙头企业集群发展省级试点工作。大力推广新型农业技术，实施县域农业标准化体系和农产品质量安全监测，深入推进与大专院校、科研院所紧密合作，积极发展"农业科技专家大院"和博士工作站，鼓励支持各级各类专业技术人才带头创业，带领农民增收致富，推动农业可持续发展。坚持把品牌创建作为发展现代农业的重要手段，大力发展特色农产品精深加工，推进中华水果野香猪、麦加牛肉、太宗榨菜等创建名牌产品，争取无公害农产品、绿色食品、有机食品、农产品地理标志，积极培育区域特色农产品品牌。

3. 推动城镇向现代特色转型

坚持把城镇化作为扩大内需、促进资源高效配置的重要平台，作为加快经济发展方式转变的重要内容，作为推动经济社会科学发展的重要举措，加快推进新型城镇化。完善提升城镇发展规划，坚持经济社会发展规划、产业发展规划、城镇总体规划、土地利用规划和交通建设规划等"多规合一"，不断提高规划的全局性、协调性和可操作性。优化县域城乡空间结构，提升"一核两副、一带两翼"城镇发展布局和城镇工业、商贸、行政等功能布局。以新型城镇化为载体承载新型工业化，完善提升城镇体系，突出道路交通、休闲公园、生态绿化等重点，同步推进旧城改造和新区建设，把县城建成现代化、生态型、田园式中等城市，积极打造现代特色城市群，加快发展沱牌、金华、明星等特色小城镇。强化城市管理，探索市场化城市建管机制，积极推行精细化、人性化城市执法管理，提升城镇管理水平。深入推进城乡环境综合治理，大力实施净化、亮化、绿化、美化和畅通工程，着力构建全域环境治理体系。实施"绿色生活行动计划"，积极发展绿色人居、绿色交通，促进绿色消费。大力发展现代服务业，增强城镇吸纳力，以建设区域性物流节点为目标，完善现代物流发展规划和商贸网点规划，推进商贸流通企业专业化、规模化、品牌化发展，完善批发、零售、仓储等多种商业形态，着力构建大市场、大流通、大商贸体系。大力发展旅游产业，着力建设以四川射洪硅化木国家地质公园为核心的中华侏罗纪探秘旅游景区，加快沱牌诗酒文化名镇、子昂故里文化旅游区等重点景区建设和旅游线路培育。

（二）实施"三带动"，提升统筹城乡制度建设水平

1. 健全工业带动农业发展机制

县域经济的实力增强，对"三农"的带动能力也会逐步增强，但这种带动并不完全是自觉的，在很大程度上需要从制度上进行规范和引导。鼓励社会资本投入"三农"，探索农村基础设施和农业产业化市场化运作机制。加大对农民补贴力度，完善对农民收入直接补贴政策和农机具等间接补助制度。完善农村金融体系，建设惠农信贷帮扶中心，发展农村村镇银行、农村资金互助组织，为农民提供产业发展资金。注重发挥担保公司、投资公司的融资作用和财政资金引导作用，形成财政资金引导、社会资金主体、项目资金补助、金融资金支持、民间资金捐助的农村发展投入机制。注重农业科技创新，完善农技服务体系建设，建设农村科技信息服务体系，促进农产品品种改良和品质提升。调整和优化财政支出投向和结构，增加对农村公共基础设施、农业产业化、社会事业、社会保障和生态环境投入，完善部门、渠道支农资金整合机制。大力开展大宗农产品政策性农业保险试点,探索建立农民个人承担为主,财政适当补助为辅的农业政策性保险制度。

2. 健全城镇带动农村繁荣机制

城镇化的快速推进,也是社会主义新农村建设的重大机遇,可以给予农村更多的资金支持、信息支持和智力支持,带动农村繁荣。坚持把城乡居民社区、基础设施和生态环境进行整体规划,形成县城、中心镇、中心村、居民社区、基础设施、生态环境相配套的规划体系。积极优化农村商业布局,以发展农村消费市场、建设农产品流通体系为重点,深入实施"新网工程"、"万村千乡市场工程"、"家电下乡"等农村商贸项目,完善以城镇为中心、村社为节点的农村市场信息服务网络。在城镇化进程中同步推进农村现代化,以新农村建设成片推进为主要抓手,以集中居住为主要居住方式,促进产业和新村互动相融,让农民享受现代生活,建设现代农村。建立健全社区建设机制,完善农村社区服务功能,依托农民集中居住区建设和新村建设,推动农村社区化发展。健全完善城乡帮扶机制,按照"自愿参与,互利共赢,注重实效,持续发展"的原则,组织企业以结对共建、基地带动、公益捐助、互利协作等方式,对口帮扶新农村示范点。

3. 健全产业带动农民增收机制

坚持以产业带动为主,提高农民素质、实施多元经营、拓展就业渠道,确保农民增收落到实处。探索完善"政府搭台、业主唱戏、农民受益"的农业生产经营模式,启动总投资80亿元的现代农业十大重点工程,加快推进瞿河百亿农产品生产加工园区规划建设。实施特色产业进村、项目扶持入户工程,依托产业化龙头企业,重点实施"养殖大户百千万工程",发展"一村一品"特色产业基地,培育生产、加工、储藏、运销大户和专业特色村,完善"龙头企业+专合组织+农户"的利益联结机制,大力发展农村专合组织,使每个示范村有1~2个特色优势产业,每一农户有1~2个增收项目。完善以政府投入为主导的多元化新型农民科技培训投入机制,大力实施"就业促进行动、技能培训行动、农民工维权服务行动",探索"农业企业化、农民职业化、报酬工资化"的现代新型农业运作机制,提高和保障农民工资性收入。

（三）推进"三覆盖"，构建城乡一体化发展格局

1. 推进公共基础设施向农业覆盖

积极优化发展布局，坚持空间规划、产业规划、城乡规划"三规合一"，实现经济社会发展规划通过公共基础设施向农业覆盖，为农业提供必要的道路交通、电力能源、水利设施和公共通信，改善农村生产发展条件，为发展以设施农业为主要特征的高效农业提供基础和保障。对县道进行全面改造升级，大力推进通村、通社、入户路建设，扩展农村公交线路，构建以县城为中心、镇村为节点、公共汽车为主体的公交网络系统，全县公路实现畅通化。以解决农民安全卫生饮用水为重点，加快红层找水步伐，积极建设集中供水站，改造乡镇自来水设备。广泛开展农田水利基本建设，推广农业节水技术，推进水源工程建设，实施小型水库除险加固工程，增强农村防涝防旱能力。加大电力设施建设力度，积极实施农网改造，实现城乡电力同网同价、稳定供应。加大农村公共通信建设力度，稳步推进"三网融合"，完善广播电视公共服务体系。

2. 推进社会服务体系向农村覆盖

农村公共服务少，城市文明难以惠及农村，要改变这种局面，就要延伸服务机构，扩展服务范围，完善工作机制，健全文教卫等公共服务体系，提高农村服务能力，从而不断改善农民的精神面貌，不断提高群众素质，为农业现代化、新型城镇化和新型工业化提供高素质劳动力保障。积极建立城乡衔接的服务机制，按照"一条龙服务、一站式办结、一次性收费"的思路，将政务服务中心、警务室等服务机构延伸到乡镇、社区、村社。积极建设村级阵地，整合村活动室、图书室、卫生室等为服务群众提供场所。建立健全社会预警体系，完善信访代理制度和社会矛盾调处机制、社会治安综合治理机制、突发事件应急处理机制。全面落实教育发展规划纲要，优化资源配置，促进教育公平，办好更加规范的学前教育、更加均衡的基础教育、更具特色的职业教育和更优质量的高中教育。完善助学制度，切实解决进城务工人员随迁子女、农村留守儿童等特殊群体就学问题。发展农村文化体育事业，加大农民健身工程和农家书屋建设力度。加大文明村镇创建力度，大力开展社会主义荣辱观教育和公民道德教育，广泛开展精神文明建设活动。加强农村药品安全、食品卫生、职业卫生、环境卫生等公共卫生监督执法。创新社会管理机制，调整乡镇（街道）工作重心，加强城乡社区管理服务，

强化社会管理和公共服务。

3. 推进公共保障制度向农民覆盖

从多方面增强对农民的保障能力，积极构建惠及农民的公共保障体系，加大对农民合法权益、困难救助等方面的保障，有效防止农民因欠薪返贫、因病返贫、因困返贫等问题，不断提高农民生活水平，增强消费信心，提升购买力，促进城乡共同繁荣。完善社会保障体系，扩大社会保障范围，不断提高保障水平。深化医疗卫生体制改革，优化医疗资源布局，加快建立覆盖城乡的公共卫生、医疗服务、医疗保障和基本药品供应体系，不断满足城乡居民多样化、高质量的医疗卫生服务需求。加强卫生基础设施、卫生信息化及突发公共卫生事件应急指挥平台建设，健全城乡医疗卫生机构，推动基本公共卫生服务逐步均等化。坚持以低保、养老保险、医疗保险为主体构建农民"保障线"，健全农村低保制度，提高农村低保标准，扩大养老保险覆盖面，积极推进新型农村养老保险试点，不断提高农村五保户集中供养率，完善新型农村合作医疗制度，提高住院有效费用报销比例。加强对农民工合法权益保护，严格执行最低工资制度和工资支付保障制度，全面推行工伤保险制度。大力推进经济适用房、廉租房和农村安居房建设，解决农村特困户和城市低收入家庭住房问题。

（四）强化发展保障，全面提高党的建设科学化水平

1. 加强思想政治建设，锤炼引领发展的坚强党性

坚持理论武装与加强学习型党组织建设相结合，扎实推进党员干部理论学习工程，自觉运用马克思主义中国化最新成果武装头脑、指导实践，做到学以立德、学以增智、学以创业，不断增强为党和人民事业不懈奋斗的自觉性和坚定性。坚持理论武装与解放思想相结合，引导广大党员干部不断更新观念，做到理论上与时俱进，行动上锐意进取，工作上创新发展。坚持理论武装与大规模培训干部相结合，认真实施干部教育培训改革纲要，努力培养造就一支高素质干部队伍。

2. 加强班子队伍建设，打造驾驭发展的中坚力量

优化领导班子结构，增强班子整体功能和合力。深化干部人事制度改革，加大竞争性选拔领导干部力度，不断提高选人用人公信度。注重在基层锻炼发现干部，在一线培养使用干部，在推动发展的主战场选拔干部，在急难险重任务中考

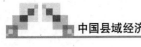

验干部。深化"六个一批"干部培养选用制度（每年选派一批 30 岁以下的干部到乡镇锻炼，选派一批 35 岁以下的干部到信访维稳一线锻炼，选派一批 35 岁以下的干部从事招商引资工作，选派一批 35 岁以下的干部到企业学习，选拔培养一批 35 岁以下的女干部和党外干部），充分发挥离退休干部的重要作用。围绕提升"四种能力"切实加强人才队伍建设，不断完善管理评价机制，构筑人才荟萃、人尽其才、才尽其用的区域性人才高地。

3. 加强基层组织建设，夯实推动发展的执政根基

整合城乡人才、教育、信息等资源，推进基层党建工作协调发展。深入开展学习杨善洲、文建明、王家元活动，大力推进基层组织建设，把基层组织建设成为联系群众、组织群众、团结群众、带领群众的坚强堡垒。建立健全基层干部选拔任用、教育培训、考核管理、激励保障机制，强化大学生村干部培养，充分激发基层干部干事创业的热情和动力。认真做好新形势下党员发展、教育、管理和服务工作，永葆党员队伍的先进本色和生机活力。

4. 加强干部作风建设，树立服务发展的先锋形象

认真践行"四个特别"，不断提高党性修养。大兴"四种风气"，真诚倾听群众呼声，真实反映群众意愿，真情关心群众疾苦，不断密切党同人民群众的血肉联系。创新群众工作方式方法，扎实开展"挂包帮"活动，增强群众工作亲和力、感召力和影响力。坚持以党风带政风促行风，深入推进机关效能建设和党员干部作风建设，不断提高各级干部的执行能力和服务水平，以求真务实的作风、扎扎实实的业绩取信于民。

5. 加强党风廉政建设，营造保障发展的优良环境

全面落实党风廉政建设责任制，扎实推进惩治和预防腐败体系建设。狠抓反腐倡廉教育，加强廉政文化建设，健全和落实预防机制，真心爱护干部，有效保护干部，筑牢党员干部拒腐防变的思想防线。创新反腐倡廉工作体制机制，努力形成用制度管权、按制度办事、靠制度管人的工作格局。加大执纪执法力度，坚决纠正损害群众利益的不正之风，坚决查办违法违纪案件，以反腐倡廉的实效造福于民。

二、射洪发展县域经济的主要成效

近年来，射洪县通过大力实施"三三"战略，经济社会取得了长足进步。特别是"十一五"期间，坚持以科学发展观统揽全局，围绕丘区示范和扩权试点任务，牢牢把握各种重大机遇，积极应对各种挑战，干成了一批大事，积累了一些经验，为未来的发展奠定了基础。

（一）县域实力不断壮大

2011年全县实现地区生产总值197.9亿元，比"十五"末翻一番；县级财政收入11.2亿元，是"十五"末的4.8倍，年递增36.68%。三次产业比优化为17.6:61.3:21.1，民营经济占GDP比重达到55%。传统产业加快转型升级，锂电新能源新材料产业开始崛起，现代电子产业从无到有，上市公司达到4家，规模以上工业企业突破100家，销售收入亿元以上企业达67户。县域经济综合评价排位位列四川丘陵地区第1位（除市、区）。

（二）发展环境不断改善

建成"一环三纵七横"城市交通骨架，城区建成面积达30平方公里，城镇化水平提高到43.5%。城市人均公园绿化达8.4平方米。积极改善交通环境，建设过境高速公路2条、涪江大桥6座，通村通社水泥路2500公里。加强与省电力公司、中石油、中石化、壳牌公司、川投集团等企业战略合作，建成电站4座、220kV变电站2座、110kV变电站7座，天然气、电力等资源得到较好保障。强化城乡商贸功能，建成10个批发中心、10条特色街区、10个现代商城和2个物流园区。

（三）项目支撑更加有力

"十一五"期间，抢抓丘区示范、扩权试点、灾后重建和扩大内需等重大机遇，累计争取上级资金46.58亿元，是"十五"期间的4.45倍。完成全社会固定资产投资350亿元，是"十五"期间的4.3倍。遂绵高速公路、打鼓滩电站、涪江五桥等一批重大基础项目的相继建成，有效增强了县域经济发展的后劲。

（四）生活水平不断提高

2011 年，全县城镇居民人均可支配收入达到 15608 元，农民人均纯收入达到 7128 元，"十一五"期间年均分别增长 16.7% 和 14.9%。城乡居民储蓄余额达到 114.2 亿元，比"十五"末净增 68.22 亿元、增长 148.4%。实现社会消费品零售总额 51.6 亿元，较"十五"末增长 86.1%，消费对经济增长的促进作用不断增强。

（五）社会民生持续改善

"十一五"期间累财政民生投入累计达到 25.3 亿元。基础教育质量巩固提升，高中阶段教育和职业教育快速发展。城乡文化体系更加完善，有线电视和农村广播覆盖率、农村电影普及率均达 100%。城镇登记失业率低于 4.26%，成为全国劳动力转移就业示范县。强化社会保障，"五保"集中供养率达 53%，新农合参保率达 97.7%。完善社会稳定风险评估机制，创新协调联动机制，社会矛盾纠纷有效化解，社会治安重点领域整治率达 100%。

三、射洪发展县域经济的主要启示

（一）"三转型"是"三化联动"的内在要求，是产业发展的关键支撑点

产业、劳动力和土地是发展的重要元素，射洪的这三大发展要素通过"三化联动"互相作用、相互促进，在互动中实现了优化配置。推动工业向循环集约转型，通过园区对产业实体的聚集，推动产业集群、集中、集约发展，既有利于产业实体获得优质的技术设施、高效的公共服务，促进加快发展，也有利于企业间充分竞争与合作，增强产业的整体市场适应能力；同时随着聚合产业实体的增多，园区的进一步拓展，也为城镇拓展奠定了坚实的产业基础，产业实体对劳动力的需求则为城镇化提供了人的要素。推动农业向生态高效转型，鼓励土地适度规模经营，大面积种植优势、特色作物，形成规模效应，便于耕作和采用先进技术，提高农业比较效益，为推动农业现代化提供必要的基础，为龙头企业提供原料和资源，有利于推动新型工业化；发展生态高效农业能有效提高农民收入，改变农民生活方式，改善农村面貌，有利于推进新型城镇化。推动城镇向现代特色

转型，能够有效将农村剩余劳动力吸引到城镇中，一方面为工业发展和城镇壮大提供必要的劳动力资源，促进城镇自身的成长；另一方面也可以减少农村人口，提高农民消费能力，促进工业发展和城镇发展。

（二）"三带动"是"三化联动"的根本目标，是城乡统筹发展的制度保障

"三带动"的核心是用"三化联动"的成果带动"农村、农业、农民"的发展，最终促进"三农"问题的根本解决，从体制机制上建立城乡共同发展提供必要的保障。通过"三化联动"发展使县域经济实力显著增强，对农村、农业、农民的带动能力也更强。但县域经济发展对"三农"的带动并不完全是自觉的，要实现"以工带农、以城带乡、以业带民"，在很大程度上需要政府从制度层面上进行安排和引导。坚持工业带动农业发展，通过建立完善引导企业投入三农政策、财政补助（贴）政策、科技兴农政策、对口帮扶政策、产业联结政策等一系列政策措施，用制度体系确保农业发展、农村繁荣、农民增收统筹城乡的实现。坚持城镇带动农村繁荣，充分发挥县域城镇连接城市和农村的桥梁作用，有利于加快农业产业化进程，有效增加农民收入；有利于破除城乡二元结构，推进城乡基本公共服务均等化，缩小城乡差距；有利于提高土地集约效益，促进人口就地就近转化，减轻大中城市人口过度膨胀的压力。坚持产业带动农民增收对于从根本上解决"三农"问题，实现城乡经济社会一体化发展具有全局性的战略意义。以国内外市场需求为导向，大力推进农业产业化经营，抓龙头带农，抓科技兴农，抓基地扶农，抓市场活农，促进传统农业有效优化升级，提高农业的整体效益。打破城乡经济二元结构，统筹发展城乡产业，科学布局，调优农村第一产业结构，为二、三产业的发展奠定良好的基础；发展农产品加工和食品工业，提高农产品附加值，以此能够拉动一产，推动"三产"；以拓展农产品市场、扩大农产品营销为主发展第三产业，使其更好地服务和拉动农村一、二产业的发展。

（三）"三覆盖"是"三化联动"的核心支撑，是构建城乡一体化的落脚点

农业弱、农村苦、农民穷是当前"三农"问题的突出特征，因此要实现城乡一体化，从根本上解决"三农"问题就必须从这些问题入手，逐一有效地进行解决。农业弱主要弱在基础差，要改变这种局面就必须在基础建设上努力实现城乡一体化，通过基础设施向农业覆盖，为农业发展提供必要的道路交通、电力能源、水利设施和公共通信，缩小城乡基础设施差距，使农业发展拥有工业发展的外部环境和基础，为用工业的理念抓农业，规模化经营土地，发展以设施农业为主要特征的特色高效现代农业提供基础和保障。农村苦主要苦在服务少，城市文明的阳光难以普照到农村，要改变这种局面，就必须拓展服务范围，提高服务水平，通过服务机构延伸、增加服务场所、完善民主机制、落实文化教育、卫生安全等公共服务体系，提高对农村的服务能力，使农民群众的精神面貌大幅改善，群众素质不断提高，为农业现代化和进城创业提供坚强的智力基础和精神支撑。农民穷主要穷在保障低，需要从多方面增加对农民的保障，以低保、养老保险、医疗保险等为农民构建保障体系，通过加大对农民工合法权益、困难群众住房等方面进行保障，有效防止农民因病返贫、因困返贫等突出问题，提高农民的消费信心，农民购买力不断增强，促进城乡繁荣。

推进"三转型、三带动、三覆盖"，可以构成以"三化联动"推进产业发展为核心，以统筹城乡推进一体化为目的的内在逻辑结构和外在表现相一致的发展举措集合，为射洪实现率先走出丘区发展现代产业的新路子、率先建立统筹城乡发展的新机制、率先形成城乡经济社会发展一体化的新格局，提供较为完善的发展路径，对推进县域经济社会又好又快发展，建设全面小康社会具有重要的现实意义。

东北篇

加快转型升级步伐　推动建平提速跨越

肖　森[①]

建平县位于辽宁省西部，下辖 31 个乡镇场街，总人口 60 万人，全县总面积 4865 平方公里，有林面积 320 万亩，森林覆被率 40%。建平县先后被评为国家级生态建设示范区、全国粮食生产先进县、省林业建设先进县、省农村基层党组织建设先进县、省农村精神文明建设先进县、省级平安县、省级双拥模范县等多项荣誉称号。

建平县的文化底蕴深厚，是红山文化的发祥地、红山女神的故乡。建平矿产资源丰富，已探明的矿藏有 55 种，年产铁精粉 850 万吨以上。膨润土储量 1.5 亿吨，是亚洲最大的膨润土生产基地。建平区位优势明显，京丹、沈赤、锦承等多条铁路从境内穿过；京四、朝赤两条高速公路横贯建平，提供了快捷的进京出海通道。

当前，建平县正处在夯实基础、积蓄能量，加快发展方式转变的关键节点；处在统筹城乡发展，推动工业化、城镇化、农业产业化、服务业现代化相互支撑、互动发展的关键节点；处在激发创新发展活力，加快形成经济内生增长机制的关键节点。这个阶段既是经济加快发展的黄金期，也是实现转型升级的机遇期。我们既要坚持"快"字为先，不断扩充经济总量、夯实发展基础；更要坚持"好"字当头，加大结构调整力度，促进"四化"在深度融合中实现整体跃升。

---

① 作者为辽宁省建平县县委书记。

一、坚持以产业转型为核心，优化调整经济结构

（1）实施产业链延伸和产业集群工程，大力提升改造传统产业。以扶强壮大规模企业群体为主攻方向，通过招商引资、嫁接改造、扩能升级等有效途径，加快推进企业战略重组，促进传统产业提档升级。围绕金属新材料、非金属精深加工、新型建材和轻工及农产品加工四大产业集群产业链条的前伸后延，按照资源向链条上配置、项目在链条上挖掘、增长点主要从链条上生成的要求，加快推进矿产资源和农产品资源的深度开发，提高产业丰厚度。

（2）以新城区开发、发展现代服务业、做大金属新材料和非金属精深加工为重点，加快培育接续产业。把新城区建设作为加快经济转型、促进结构升级的重要引擎，摆布政策资源，凝聚社会力量，举全县之力加以推进，着力打造生态宜居的红山新城。加快提升商贸、旅游等传统服务业，大力发展金融、房地产、服务外包等新兴服务业，加快构建布局合理、特色鲜明、支持有力的现代服务业发展新格局。以财富领域和人防工程商网为牵动，着力打造销售收入超 50 亿元的服务业聚集区。进一步放大铁粉产能，在确保总量实现 1000 万吨的基础上，围绕铁精粉精深加工，重点发展金属新材料产业，努力在粉末冶金、铸锻造、粒铁、还原铁开发上实现重大突破。加快推进凌钢集团、富贵鸟集团、东兆长泰、青花集团等大型企业集团的项目建设进度，使其更好地发挥引领带动作用。整合膨润土资源，大力发展一批出口创汇型、高新技术型和环保加工型企业，促进产品升级换代。

（3）科学有序开发资源，提高资源综合利用效率。大力发展循环经济，在资源开采、生产消耗、废物产生、最终消费等环节实现资源利用良性循环。鼓励年产 10 万吨以上的铁选企业推广使用尾矿干排节水技术。大力推进清洁生产，搞好资源综合开发，强化土地集约高效利用。通过科学有效利用资源，逐步走出一条科技含量高、经济效益好、资源消耗低、环境污染少、人力资源得到充分发挥和利用的新型工业化道路。

二、坚持以重点项目为支撑，增强经济发展后劲

（1）内引外联，实施一批基础建设项目。积极推进"建三线"改善和中心城市路网改造工程，加快推进新城区"三纵七横"路网及地下管网、跨山口河桥、跨铁路桥、集中供热等基础设施项目。完善县城区污水处理、垃圾处理等基础设施，不断强化城市的配套保障功能。加大房地产开发力度，着力实施一批城市建设精品工程。优化小城镇建设布局，积极打造3万~5万人口的中心镇。

（2）调整结构，实施一批产业升级项目。注重筛选、储备和推出一批最大限度延伸产业及产品链条的项目、一批有现实基础且适合我县资源型产业集群发展的项目、一批有效填补我县产业链条断档环节的项目，依靠增量带动促进结构优化，依靠结构优化促进固定资产投资持续攀升。

（3）统筹城乡，实施一批农业龙头项目。加快意成集团、丽佳有机食品公司等投资10亿元以上的农业产业化项目建设。做大做强颈复康药业、八家木材、红旭杂粮、兴诺米业、鑫枫牧业等农事龙头企业，形成规模发展优势。

（4）保护生态，实施一批节能减排项目。加强以流域治理、造林绿化和水土保持为重点的生态建设，着力打造山川秀美的绿色家园。加大城乡环境综合整治力度，加强污染防治，切实改善人居环境。建立节能减排长效机制，鼓励开发利用清洁能源，加快构建生态节约型和环境友好型社会。

（5）改善民生，实施一批社会事业项目。围绕老城区改造，重点抓好廉租房、经济适用房等保障性住房建设项目。加快县城应急疏散场所建设，为广大市民提供良好的休闲娱乐环境。高标准完成县城区全天候安全供水工程，有效解决居民用水难题。加快新城区两所中学建设进程，早日实现初中城市化。启动新城区小学、职教中心分校、医院、客运站、老年公寓以及文体场馆等公共基础设施建设，切实提高城区的服务保障功能。以凌钢集团支持我县乡镇中心幼儿园建设为契机，实现乡镇中心幼儿园全覆盖。健全卫生服务和医疗保障体系，完成县医院病房楼建设工程。加强区域性中心敬老院和老年活动场所建设，促进老龄事业健康发展。

三、坚持以园区建设为载体，构筑经济转型平台

按照高起点规划、高标准建设、高速度发展、多要素保障的要求，强化基础建设，不断完善工业园区、现代农业园区和大板沟产业园区的配套服务功能，努力把各类园区打造成为产业发展的集聚区、高新技术的先导区和发展前景的展示区。

在工业园区上，一方面是提高企业入园门槛，重点引进一批科技含量高、带动能力强、贡献份额大的实力型企业；另一方面着力抓好现有企业的提档升级。支持红山玉做大做强，打造高端品牌；积极开发生活用陶瓷器具等新型建材，提高产品的附加值。

在大板沟产业园区上，在逐步完善基础设施建设的同时，注重通过招商引资，出台优惠政策，吸引一批铁精粉深加工企业入驻园区，延伸铁粉加工产业链条，打造县域经济新的增长极。重点抓好中国钢研科技集团年产 100 万吨粒铁、旗盛公司年产 20 万吨直接还原铁项目。

在现代农业园区上，依托农产品资源及物流项目，重点发展农产品精深加工、高端食品等相关产业，打造现代农业发展平台，使其成为集休闲、观光、旅游、加工于一体的现代农业示范园，力争早日跨入全省 10 个大型现代农业园区行列。

四、坚持以体制创新为动力，推动经济转型升级

坚持用科学发展理念指导改革发展实践，着力消除影响经济发展的体制障碍和技术约束，进一步增强跨越发展的内生动力。突出抓好土地资源利用，充分利用增减挂钩、土地置换、挖潜增效等途径，扩大土地利用空间，为项目落地提供条件。加强银政、银企之间的密切合作，拓宽投融资渠道，为重点项目的实施争取更多的信贷支持。以企业改制为契机，成立全省第一家农村信用联社股份有限

公司。深化行政管理体制改革，规范行政审批，推进网上审批和电子监察系统建设，提高服务效能，切实优化经济发展软环境。大力推进科技创新，按照资源加工度深、产业链条长、产业集中度高、创新领域广、带动能力强的总体要求，以推广先进适用技术为主要方式，以增强科技创新能力为战略基点，进一步加大科技创新和高新技术产业培育力度，确保科技创新贡献率在国民经济中的比重逐年递增。加强社会管理创新，不断完善社会矛盾纠纷化解"联调联动"、社区"网格化管理、组团式服务"等工作机制，全面做好新形势下的信访稳定工作，努力从源头上预防和减少社会矛盾，为构建和谐建平营造良好的社会环境。

五、坚持以作风建设为保障，确保转型升级取得实效

围绕县域经济跨越式发展，选干部、配班子、聚人才、建队伍，从干部和人才上为深入贯彻落实科学发展观、加快经济发展方式转变提供有力保障。坚持理论培训和实践锻炼相结合，不断提高各级领导干部调结构、转方式、促升级的工作能力，切实承担起县域经济转型升级的重任。组织和动员广大党员干部牢固树立加快发展、科学发展的理念，坚定不移调结构，脚踏实地促转变。坚持一切从实际出发，不断提高对发展阶段和发展规律的认识，在尊重发展规律的基础上谋求科学发展，在科学发展的实践中探求发展规律，有针对性地解决影响和制约科学发展、加快经济发展方式转变的突出问题。以高层次人才和高技能人才为重点抓好各类人才队伍建设，切实用事业凝聚人才，用实践锻炼人才，用机制激励人才，用法制保障人才，大力培养造就一批创新型人才和领军人才，为加快经济转型、促进结构升级提供强有力的人才保证。

努力建设富裕和谐生态文明的新盘山

杨建军[1]

盘山县地处辽宁省西南部，辽河下游，渤海之滨。面积2145平方公里，现辖14个乡镇、155个行政村，总人口30万人。盘山资源丰富，生态良好，区位优越，鱼米丰饶，良好的自然条件和产业基础为盘山县域经济的发展提供了其他地区不可比拟的优势。

近几年，盘山县以科学发展观为统领，大力实施"生态立县、开放兴县、工业强县、城镇带县"发展战略，产业结构调整取得了重大突破，经济发展逐步驶入了快车道，成为全国县域经济基本竞争力提升速度最快、最具成长性百县（市）之一，标志着盘山县经济社会发展进入了一个加速崛起的新阶段。

一、班子团结，政通人和，以超强的执行力激活盘山快发展、大发展

实现盘山的快速发展关键在班子，重点在干部。班子团结，政通人和，这是抓好各项工作的前提。

四大班子精诚团结。县委总揽全局、协调各方，建立了四大班子联席会、四大班子主要领导工作联系单、党政重要工作情况通报等工作制度，确保政令畅通。政府冲在一线，勇挑重担，推进工作不遗余力。在支持人大、政协完成好本职工作基础上，赋予人大、政协对全县重点项目建设情况和软环境建设情况的考

---

① 杨建军，辽宁省盘山县县委书记。

评监督职能，使其融入全县经济建设主战场。

选好配强二级班子。坚持把有朝气、更具干事创业胆识和魄力的干部选拔到乡镇和部委办局领导班子上来。近几年提拔重用的科级干部中，40岁以下的占60%多，全部都是大学本科以上或研究生学历。全县科级干部平均年龄44.7岁，80%以上达到大学本科以上学历。经过调整充实，班子的凝聚力和战斗力进一步增强，形成了各级上下联动，心往一处想，劲往一处使，政通人和，政令畅通的独特政治文化。

在抓班子建设上，盘山县委首先是突出思想解放，用思想的大解放，推进工作的大进步。近几年，盘山县委先后两次大规模、全覆盖组织全县180多名中层以上干部到开原、到营口学习考察，现场观摩，大家受到了震撼，开阔了视野，增强了干事创业的信心和能力，同时也培养、历练了一支思想解放、思维开阔、攻坚克难、雷厉风行、敢打硬仗的干部队伍。其次是集中抓作风建设，用好的作风引领盘山大发展。近几年，盘山县委还在全县党员干部中开展了以"从我做起，向我看齐"为主要内容的作风建设年活动，通过"六对照、六带头、六比六看"，进一步增强领导干部党性修养，增强干事创业的信心和能力；在乡镇深入开展争创一流的班子建设业绩、争创一流的队伍建设业绩、争创一流的招商引资业绩、争创一流的项目建设业绩、争创一流经济增幅业绩、争创一流新农村建设业绩、争创一流和谐稳定业绩、争创一流作风建设业绩"八个一流"创建活动，转变思维和工作方式，提高了领导班子决策力和执行力。在县直部门提出发挥职能作用站排头、工作业绩站排头、争资金争项目站排头、转变服务观念站排头、自主创新站排头、机关作风建设站排头"六站排头"，全面改进工作作风，切实提高部门的服务水平和服务质量。

二、因地制宜，科学谋划，以正确的发展思路引领盘山快发展、大发展

思路决定出路，这是做好经济社会发展工作的关键。

盘山面积2145平方公里，耕地面积85万亩，下辖14个乡镇，人口30万

人，其中 80%以上是农业人口，是一个典型的农业县。拥有芦苇、水产、水稻、石油、井盐等独具特色的自然资源和优越的地理区位优势，以及近年来打拼形成的新型材料、新型建材、生态造纸、农副产品深加工等产业优势。审视县情，立足发挥比较优势，盘山县委走出了一条具有盘山特色的发展之路，即坚持以科学发展观为统领，以加快实施城乡统筹为主线，以改革开放和科技创新为动力，以园区建设、产业培育为重点，以招商引资、项目建设为引擎，以增量调结构、在调整中扩增量，继续实施 3 年翻番工程，全面实现盘山工业化、农业现代化、城镇化和城乡基本公共服务均等化，力争 2013 年跨入全国县域经济强县行列。

在工作中，盘山县委不断深化对县情认识，秉承历届县委、县政府班子良好的工作基础和发展思路，抢抓国家、省、市出台的金融、人才等支持加快县域经济发展的政策契机和辽宁沿海经济带开发上升为国家战略的历史机遇，确定了"生态立县、开放兴县、工业强县、城镇带县"四大发展战略；提出要走以解放思想为先导的开放创新之路、以工业强县为支撑的新型工业化之路、以增加农民收入为核心的现代农业之路、以现代服务业为重点的新型城镇化之路、以改善民生为基础的和谐稳定之路"五条路"。如今，四大发展战略、五条发展路径已经成为全县广大干部群众的共识，各项工作正有条不紊推进。

三、突出重点，加大投入，以园区建设的集群化承载盘山快发展、大发展

建设项目承载平台，招商引资上项目，是盘山县委抓好各项工作的重要节点。

不断加大园区投入。在园区建设上，我们本着"重点建设、梯次推进"的原则，提出集中精力和财力，重点建设新材料产业园区、高升经济区和新型防水材料产业园、航空产业园、精细化工产业园、装备制造产业园以及生物质能产业园等"两区五园"。今年，在重新调整完成各园区规划的基础上，仅新材料产业园区和高升经济区基础设施建设就完成投资 4.1 亿元。园区功能得到大幅度提升，具备承接大项目、大产业的条件和能力。

强力推进项目建设。从 2007 年开始，盘山县委提出为期 3 年的"项目建设

年"活动，全民动员，全力以赴开展招商引资工作，人人有指标，同时出台了《盘山县招商引资优惠政策》《盘山县促进经济增长奖惩办法》等相关的优惠和鼓励政策。由于我们的不懈努力，使一大批项目成果落户盘山各工业园区。2012年，全县开工建设单体超千万元项目预计将达到155项（包括农业项目16项、工业63项、三产服务业59项、基础设施17项），预计完成投资165亿元，同比增长18.7%。其中：超亿元项目预计完工38项。

切实调优产业结构。几年来，在产业发展上更是呈现出喜人的变化。由过去盘山工业老"三样"（盘锦白酒、兴达石化、盘山沥青），形成今天的向多元化方向发展，培育形成了以全国业内前十名的上海杰事杰、四川康泰为龙头的更具比较优势的新材料产业；以EOEG和全市民营企业最大纳税户北燃公司为代表的石化产业；以全国第三大防水企业大禹防水卷材为龙头的新型建材产业；以国际知名的台湾大成、新加坡益海嘉里为龙头的农产品深加工产业四大主导产业，产业集聚效应初步显现。产业结构由2008年的28.1：50.5：21.3调整到2011年的25.2：53：21.8。经济结构进一步优化，经济活力显著增强。

四、培育龙头，扶强产业，以农业的基础地位巩固盘山的大发展、快发展

多年来，为了推进盘山农业发展，县委、县政府坚持实施农业产业化，产业龙头化，农村城镇化建设，大力发展农产品加工龙头企业，有力地推进了全县农业产业化进程。

调整和优化产业布局，打造龙头企业发展平台。几年来，县委、县政府立足产业基础，充分整合资源优势，集中打造四大农业板块，促进生产要素向最适宜区域的优势产业集中。在四大板块内，采用统一的生产技术，把种养、加工大户联合起来，实行连片种养、规模生产，形成区域明显、特色突出的农业产业集群发展格局。目前，这一举措收到了很好的效果，全县70%以上的生产基地，65%以上的龙头企业都集中到了"四大区块"，大大提高了全县农业区域化、规模化、专业化经营水平。

不断加大扶持力度，推动龙头企业稳步发展。我们充分发挥政府的引导作用和企业的主体地位，对龙头企业特别是加工型龙头企业，从土地、资金、配套设施等方面给予大力扶持。几年来出台了一系列优惠政策措施，规范了 10 多个涉农、涉企部门行为，同时积极探索更便捷的筹融资渠道，促进企业与基地建设。2009 年与信用联社合作，在全省 44 个县（市）率先制定了《农业设施抵押贷款暂行管理办法》并顺利实施。仅 2011 年，县农信社共发放支农贷款 15.5 亿元，极大地解决了企业发展、基地建设和农民创业的资金困扰。

有效聚集民间资本，增强龙头企业发展活力。依托现有资源与产业基础，采取以资源换资本、以存量引增量、以产品引资金等多种方式，开展上门招商、以商招商和网上招商等多种途径，成功引进了新加坡丰益集团、台湾大成集团等大型农业产业化项目。同时，我们积极引导、鼓励、推进龙头企业加快外向型进程，金龙鱼大米、柏氏大米成为盘锦大米的靓丽名片成功打入全国市场，并确定了较好的市场地位。胡家牌河蟹品牌已在全省叫响，陈家泥鳅鱼已成功打入韩国和日本市场，实现出口创汇。

同时，我们通过引导企业间通过股份制、合作制等多种形式，积极鼓励生产加工中小企业实现"结盟"，促进种养殖散户实现"联合"，有效地壮大了中小企业的力量，增强了养殖散户的行业话语权。目前，全县形成以大米、河蟹、蔬菜和畜禽养殖加工产业为重点的各类农民专业组织 383 个，注册会员 2000 余人。我们还积极探索"公司+基地+协会+农户""市场+经纪人+农户"等产业化组织模式，带动农户 3 万户。

五、强化招商，狠抓项目，以新兴产业的壮大支撑盘山快发展、大发展

几年来，我们强势推进招商，集聚外来资本，整合招商资源，根据各园区定位、各项产业定位，在全社会聘能人、选强人，成立 14 个专业招商分局，分园区、分产业、分地点、分任务进行定向、定位、定点常态招商。各园区、各镇也分别成立了招商部门，并从县直各单位抽调 300 人，充实到招商队伍中；建立招

商工作监督、管理、考评机制，在形成招商引资新格局、新环境、新理念、新机制上实现了新突破，推进招商成效提升。扭住项目建设不放松，以引进辐射带动能力强、产业链关键环节项目为突破，形成够规模的项目集群和独具特色的产业发展体系。以新兴产业发展壮大为拉动，加速推进发展方式的转变，蓄积形成盘山跨越发展的强大内力。力争在"十二五"期间打造形成塑料新材料、新型防水材料、精细化工、农产品精深加工四个产值超 500 亿元的特色产业集群，构筑助推县域经济跨越发展的增长极。

六、不惜重金、舍得投入，以以人为本的理念护航盘山快发展、大发展

想方设法解决好涉及群众切身利益的民生问题和社会稳定问题是我们义不容辞的责任，更是抓住了经济社会发展的根本目的。

民生问题得到改善，以人为本的理念得到全面落实。多年来，我们始终坚持每年为群众办 10 件实事，极大改善了群众的生活条件。抓社保，加大了社保扩面，实现了应保尽保；抓扶贫，持续开展 3 年扶贫帮困，确保困难群体得到妥善救助。深入开展"联心助户"活动，建立形成"党员干部走进千家万户"活动长效机制，使困难群众和弱势群体得到有效救助。抓教育，不断加大对教育基础设施投入，切实改善办学条件。抓医疗，逐步建立起医疗保障体系。抓路网，2008年至今累计投入 10 亿元，铺设公路 1987.8 公里，连续 5 年被评为省公路建设文明县。率先在全省实现村村通。几年来，我们累计共投入 4 亿多元，提高公务员、教师和事业单位职工的规范性补贴，启动了住房公积金，实现了机关事业单位职工就医购药刷卡，落实了离退休老干部的各种待遇，可以说，干部职工福利待遇达到了盘山历史上最好的时期。

历史问题得到有效解决，和谐盘山建设初见成效。由于历史原因，盘山信访历史积案较多、解决难度较大、矛盾隐患较为突出。在实际工作中我们坚持一手抓稳控、一手抓矛盾化解，建立了九大信访工作体系，建立了"三联三包"工作机制，确定了县级领导"信访接待日"和领导包案等制度。在财政比较困难的情

况下，想方设法筹措资金，解决信访遗留问题。几年来，在解决企业改制遗留问题和化解历史信访积案上投入资金达 5000 多万元，企业改制遗留和近 70 起信访积案问题基本得到有效解决。诸多困难的克服和历史问题的解决，群众满意，社会认可，使盘山轻装以全新姿态面对新的发展。

现在，盘山正处于发展的关键时期。几年来，盘山县先后被确定为全省首批科技进步示范县、全国科技富民强县试点县、首批列入全省科技特派行动试点县和全国渔业科技入户示范工程试点县；连续 5 年被评为省信访工作先进县，连续 5 年获得省"平安县"称号；连续六届被评为省文明村镇建设先进县；被评为省农村基层组织建设先进县；获得全国绿色名县的殊荣。

辽宁省政府在 2011 年进行县域经济综合排名，盘山首次进入全省前 10 行列。盘山县委有决心、有信心，在辽宁省盘锦市政府的坚强领导下，认真贯彻落实中央和省市委的工作安排部署，坚定信心不动摇，咬住目标不放松，抢抓机遇不懈怠，以饱满的热情，高昂的精神状态，扎实工作，集中一切力量和资源，利用 3~5 年的努力，把盘山建设成为一个产业强、百姓富、生态好、城乡美、社会稳的富裕新盘山、生态新盘山、文明新盘山、和谐新盘山。

深入实施农业产业化经营战略
促进县域经济健康快速发展

刘长春①

农业产业化经营是社会生产力发展到一定阶段的产物，是继家庭承包经营后农村经营体制的又一重大创举。其基本内涵是以市场为导向，以家庭承包经营为基础，以资源开发为依托，依靠各类龙头组织的带动，将生产、加工、销售紧密结合起来，实行一体化经营。在实现形式上表现为生产的专业化、布局的区域化、经营的一体化、服务的社会化、管理的企业化。深入实施农业产业化经营战略，是农业大市（县）加快发展的必由之路，也是实现农业现代化的有效途径，对于提高农畜产品附加值、促进农村劳动力转移就业、优化三次产业结构、加快富民强市步伐都具有十分重要的作用。

近年来，德惠市在国家、吉林省和长春市的正确领导下，坚持以科学发展观为统领，用工业化思维谋划农业，发挥农区优势，创新发展模式，紧紧围绕"建设国家重要商品粮生产基地、全国畜禽养殖及加工基地、世界玉米及秸秆生物化工基地，打造中国食品名城"这个总体定位，本着"扩总量、调结构、增效益、抗风险"的原则，按照"立足资源、面向市场、加工带动、系列开发、梯次推进"的思路，深入实施农业产业化经营战略，大力推广产加销一条龙、贸工农一体化模式，通过产业化推进工业化和城镇化，初步实现了农业大市向农业强市的转变，有力地促进了县域经济的健康快速发展，成为吉林省农业产业化的一面旗帜。2011年，全市地区生产总值实现305亿元，同比增长15.9%；一般预算全口径财政收入实现13.4亿元，同比增长41.4%；地方级财政收入实现8.74亿元，

---

① 作者为吉林省德惠市市长。

同比增长 39.5%；全社会固定资产投资实现 142.5 亿元，同比增长 31.9%；城镇居民人均可支配收入实现 15100 元，同比增长 17.6%；农民人均纯收入实现 8109 元，同比增长 17.6%。在全省县域经济综合考评中我市跃居第四位，取得了历史性突破。全市农产品加工业年销售收入实现 322.4 亿元，同比增长 25.9%。农产品加工业年加工转化粮食、畜禽产品能力分别达到 300 万吨、2 亿头（只），吸纳就业人员 20 万人，辐射全市农户的 40%、农业经济总量的 75% 和农民收入的 35%，已成为领跑县域经济发展的重要力量。

一、以开发项目为支撑，构筑产业化经营的主体框架

实施农业产业化经营，关键是强化招商引资，大上项目。我们按照"工业主导、项目领跑、投资拉动"的思路，充分发挥自身农畜产品资源丰富的比较优势，全力打造大规模、长链条、高科技、市场竞争力强的农产品加工业体系，开创了群龙竞舞、百花齐放的可喜局面。

（一）强力推进项目建设

把招商引资作为经济工作的生命线，把项目建设作为加快发展的灵魂，进一步健全招商体系，落实招商责任，紧盯重点区域和战略投资者，积极引进建设各类优质农产品加工项目。世界最大的赖氨酸生产企业长春大成集团、亚洲最大的肉鸡加工企业吉林德大有限公司、全国食品行业排名前列的休闲食品企业福建达利集团投资建设的吉林达利食品有限公司、全国最大的清真肉类食品加工企业皓月集团投资建设的吉林皓德有限公司、河南黄河集团投资建设的长春斯美特食品有限公司、年饲养 4000 万只肉鸡的吉星实业有限公司、年屠宰加工 5000 万只禽类的吉林宝源丰禽业有限公司、年育肥 5.7 万头生猪的吉林阔源牧业有限公司、年屠宰加工 30 万头生猪的长春市佳龙实业有限公司等一批重点农业产业化项目通过扩能改造不断发展壮大，总投资 85 亿元的吉林泉德秸秆综合利用有限公司等一批重大项目也相继落户我市，农产品加工业发展优势逐步凸显。

（二）打造龙头企业集群

按照"扶优、扶大、扶强"的原则，围绕肉鸡、肉牛、生猪、玉米深加工、稻米精加工、休闲食品、生物化工、酒业、油脂、蔬菜等重点产业，通过引进、培育和整合组建打造一批龙头企业，形成了龙型经济产业集群，初步形成了加工多元化、产品系列化、企业集团化的发展格局。全市经济已经步入了粮食产品—饲料产品—畜禽产品—精深加工—健康美味食品—网络营销成龙配套的农牧工商良性循环发展轨道，促进了现代农业的快速发展。目前，全市规模以上农业产业化企业发展到 127 户，其中农业产业化重点龙头企业发展到 37 户，包括国家级7 户，省级 16 户，市级 14 户。2011 年 9 月，我市被农业部确定为第一批国家农业产业化示范基地，吉林省仅有德惠市、吉林市、梅河口市 3 个，德惠市全省排在第一位。

（三）建立产业化集中区

实施筑巢引凤工程，多渠道筹措资金，统筹推进德惠经济开发区、米沙子工业集中区、大成（德惠）生化工业区和朱城子食品加工产业园、松花江绿色稻米加工产业园、夏家店禽类产品加工产业园这"三区三园"的硬件建设，逐步优化"三区三园"的基础设施布局，重点加强了园区内道路、供（排）水、供电、供气、供热、通信、环保等基础设施建设，"三区三园"硬件建设水平明显提高，项目承载能力进一步增强，确保了优势资源向优势产业集中，优势产业向优势区域集聚。"三区三园"自建立以来，累计投资 41.26 亿元，完成了 11.4 平方公里基础设施建设，完成了 32 万平方米标准化厂房建设。同时，我市与长春高新区在米沙子镇创新设立了长德新区，这将对加快我市农业产业化步伐起到新的助推作用。

二、以培育基地为基础，建好产业化经营的第一车间

农产品生产基地是加工企业发展的基础和源泉，没有优质充足的加工原料作保证，产业化经营就难以健康发展。我市根据农产品加工业原料需求和市场化需要，按照专业化、标准化、规模化要求，坚持"绿色、有机、无公害"的发展方向，高标准建设了专用、优质、稳定的农产品生产基地，全力建好产业化经营的

"第一生产车间"。

(一) 搞好区域化布局

本着"围绕龙头建基地，发展基地建新龙"的指导原则，在全市范围内规划建设了专用玉米、优质水稻、高油大豆、特种油料、瓜菜、林果六大种植基地和肉鸡、肉牛、生猪、肉鹅、肉羊、奶牛六大养殖基地建设，形成农产品集中产区。2011年，全市粮食产量达到44.2亿斤，创历史最高水平，单产位居全国前列；全市园艺特产品种植面积发展到35万亩，新增温室大棚450亩，园艺特产业产值实现18.5亿元，同比增长9.5%；全市共建各类牧业小区和规模化养殖场560个，其中近两年新建扩建156个，规模养殖比重达到85%，畜牧业产值实现64亿元，同比增长12.4%。肉鸡年出栏达到2.35亿只，年出栏量占全省的近60%，居全国县（市）之首。猪发展到280万头，猪存栏数排在全省第5位。蛋鸡存栏达到400万只，牛发展到117万头。

(二) 强化标准化生产

全市健全和完善了农产品质量监督检测、质量标准认证和信息网络服务体系，完善动植物重大疫情和产品质量安全应急机制，积极打造一批在国际国内市场有竞争力的无公害农产品、绿色和有机食品品牌。全市共建立农业标准化生产基地130万亩，有9大类79种产品获得国家绿色食品认证。建成投资规模大、科技含量高、经营机制新、经济效益好的农业科技示范园区170个，成为全市精准农业的展示区、现代农业的观光园、农业项目的示范场，带动了全市现代农业的快速发展。

(三) 提高组织化程度

围绕推进农村基层组织建设，采取基层党组织、党员干部领办、创办、参办和组织推动的办法，积极发展各类专业合作社。截至目前，全市共组建专业合作组织862个，其中12家农民专业合作社被评为省级示范社，总投资4亿多元，产值近2亿元，辐射带动其他农户7万多户，已经成为推进农村经济发展的活跃力量。坚持按照市场经济规律办事，大力推进"龙头企业加合作组织、带基地、连农户"的经营模式，引导农产品加工企业与农民、龙头企业与其他配套服务组织不断完善利益关系，实现风险共担、利益均沾，推进农业产业化经营机制创新。目前，全市有10万以上农户与龙头企业建立订单关系，862个农民专业合作社、9200多名经纪人与农户实行产业组合、服务组合发展。2011年，种植业订单达到190万亩，畜禽订单1.4亿头（只）。

三、以开拓市场为先导，激发产业化经营的竞争活力

开拓市场是实施农业产业化经营战略的核心，决定着一个产业的兴衰成败。因此，我们主动适应市场需求，综合施策开拓市场，不断激发产业化经营的竞争活力。

（一）加快推进科技创新

积极组织农业技术推广部门引进农业新技术、新品种，进行试验、示范，并有选择地加以推广。两年来，先后组织申报、实施各级各类科技项目40项，其中国家级项目4个，省级项目4个，市级项目13个，引进资金1000万元，累计实现新增产值3000万元，新增利税300万元。始终坚持"科技先行"的项目引进建设标准，用先进技术整合农畜资源，以自主创新促进企业实力增强。我们引进的所有企业从生产设备到工艺流程、环评标准，都达到了国际国内先进水平，提高了农产品加工业的整体水平。积极鼓励和引导重点龙头企业加强关键技术研发，开发具有自主知识产权的产品，全面提升企业核心竞争力。比如：大成公司通过设备更新和技术改造，不断攀登新的科技制高点，所生产的赖氨酸系列产品科技含量高，产量占世界总产量的2/3，拥有产品定价权。

（二）实施名牌产品战略

坚持以质量创名牌，靠名牌抢市场的原则，依托大成、德大、佳龙、皓德、达利等龙头企业在技术、工艺、管理上的领先优势，通过打造品牌、推介名牌，不断提高农产品加工业发展水平。目前，全市拥有中国驰名商标4个，中国名牌产品6个；吉林省著名商标4个，吉林省名牌产品10个。大成玉米生化产品、德大系列熟食、达利休闲食品、万宝镇的震撼牌绿色蔬菜、郭家镇的吉惠牌葡萄、菜园子镇的德菜新牌西红柿、布海镇的德升牌瓜菜等已经成为远近闻名的特色品牌。

目前，我市正在采取调研论证、引资重组、购买商标权等综合举措，重振松

花江大米和德惠大曲酒业两大名牌产品。

(三) 搭建产品销售平台

逐步健全营销网络,建设和完善农产品专业批发市场 14 个,"农家店"、"农资店"分别发展到 149 户和 91 户,年交易额 15 亿元。鼓励企业利用驻外办事处,不断拓宽农副产品销售渠道。支持产业化经营组织组建专销、分销、代理商销售队伍,多渠道推销德惠本地产品。1998 年,德惠市首开全国县(市)先河,举办了首届中国·吉林德惠绿色食品节,现已成功举办七届,先后有 20 多个国家、40 个地区的官员、商界代表参会,4000 多户中外企业参加了经贸洽谈和产品交易活动。同时,充分发挥"中国食品名城"的名片效应,有选择地参加长三角、珠三角、闽东南、山东半岛、环渤海湾等地区举行的会展,重点加强我市农畜产品及各种食品饮料的推介销售力度,加快了我市农产品进军国内外市场的步伐。目前,德惠全市已有 40 多种农产品打入国际市场,年出口创汇实现 1.08 亿美元。

四、以创新机制为保障,营造产业化经营的良好环境

通过完善机制调动人的积极性,是农业产业化取得实效的关键。因此,我们积极改进领导方式,加大综合服务和政策支持力度,为农业产业化健康发展创造良好环境。

(一) 强化组织领导

在领导体系建设上,我市完善了以主要领导负总责、分管领导具体抓、其他副职领导分工协作、各部门齐抓共管的组织保障体系。在目标体系建设上,将农业产业化经营战略的各项任务目标进行了量化分解,层层落实了奖惩责任制。在考核体系建设上,加大了农业产业化经营在全市目标责任制绩效考评中的权重,重点完善了监督考核和奖惩机制,对下达的任务目标定期进行调度,年终进行严格的考核奖惩。通过这些措施,极大地调动了各级干部深入实施农业产业化经营战略的积极性。

（二）提供优质服务

完善了重大项目"绿色通道"、市级领导包保重大项目、项目服务组全程服务和纪检监察机关监督服务重大项目建设的有效机制，确保了企业在征地、办照、审批等事项中一路畅通，为引进建设农产品加工项目提供了制度保障。深化了行政审批权相对集中改革，进一步完善了政务大厅功能，全市所有行政审批事项全部纳入政务大厅公开办理，办理时限压缩了，积极推行跟踪服务和限时办结等项制度，真正实现了"一站式办公、一条龙服务"的目标，大大提高了工作效率。成立了软环境举报中心和行政效能投诉举报中心，深入开展了民主评议软环境和政行风活动。加大了对涉软案件特别是干扰破坏农业产业化经营案件的查处力度，软环境建设工作跨入全省前 10 行列。

（三）实行政策扶持

对种养基地中规模较大的农户在资金、技术、物资等方面实行优惠政策，每年都从农贷资金和农业发展基金中拿出较大比例扶持种养大户生产。对新办的农产品加工龙头企业，市里能免的费用一律免收，并采取财政返还办法，给予一定的减免税优惠。对落户在"三区三园"固定资产投资在 5000 万元以上符合条件的企业，在取得土地使用权后，3 年内征收土地使用税的 50% 支持企业扩大再生产。对各乡镇（街）"飞地招商"引进的项目，引进者与落户乡镇（街）的指标和税收按七三分成。

今后，我们将继续坚持以富民强市为目标，以科学发展为主题，深入实施好农业产业化经营战略，全面推进种养加、产加销、贸工农一体化经营，切实提升市场品牌化、基地规模化、生产标准化、服务社会化、经营集约化水平，不断加快农业大市向农业强市转变的步伐。力争到 2015 年，全市农产品加工业销售收入实现 650 亿元，"十二五"期间年均增长 19.2%。

抢抓机遇加快发展　实现县域经济新跨越

高　航[①]

近几年，辽宁省新民市坚持以科学发展观为统领，抢抓重大历史发展机遇，推动全市经济快速发展，仅用短短几年，就实现了县域经济的大幅度跨越。我们锁定"进入全国百强、建设幸福新民"这一奋斗目标，只争朝夕，真抓实干，全力打造"沈西药谷、辽宁'寿光'、东北纸都、温泉之乡"这四张名片，加速推进"工业化、农业现代化、城镇化和生态化"进程，使人民群众幸福指数持续攀升，全市经济社会始终保持了又好又快的发展势头。

一、综合经济实力跃上新台阶

近年来，在沈阳市委、市政府的领导下，新民市上下形成了聚精会神求发展、一心一意搞建设、政通人和的良好发展局面。2011 年，全市地区生产总值实现 361.2 亿元，是 2006 年的 5 倍；公共财政预算收入实现 21.8 亿元，是 2006 年的 11 倍；全社会固定资产投资完成 269.8 亿元，5 年累计完成 850 亿元，是上一个 5 年的 8 倍。规模以上工业总产值达到 862 亿元，是 2006 年的 10.4 倍。三次产业结构比例由 2006 年的 40:36:24 调整为 2011 年的 18:56:26。今年上半年，全市地区生产总值实现 188.4 亿元，同比增长 17.2%，总量列全省 44 个县（市）第十位；公共财政预算收入实现 15.2 亿元，增长 31.7%，总量相当于 2008 年、

---

① 作者为辽宁新民市委书记。

346

2009 年两年之和，首次挺进全省前 8；税收收入实现 10.8 亿元，增长 36.4%，占公共财政预算收入比重达到 71.1%，比上年同期提高 2.7 个百分点；固定资产投资实现 158.1 亿元，增长 43.6%，总量列全省第六位；社会消费品零售总额实现 44 亿元，增长 15.9%，总量列全省第七位。上述主要经济指标增速均高于辽宁全省县域平均水平。

与此同时，新民市先后获得"国家农业标准化示范区"、"全国粮食生产先进县标兵"和"中国优质蔬菜基地重点县（市）"、"中国绿色名县（市）"、"中国西瓜第一县（市）"等多项荣誉称号。2012 年 8 月 2 日，又顺利通过了国家生态县（市）验收。

二、实现经济社会新跨越的主要做法

（一）加强领导，科学研判，牢牢把握推动科学发展的主动权

成立由四个班子主要领导牵头的"全面幸福新民建设"、"加强和创新社会管理"、"工业化"、"农业现代化"、"现代服务业"和"环境建设"六个重点工作推进组，根据经济社会发展需要，适时调整对策，有效推动了各项重点工作扎实开展。深入实施市领导包保亿元以上重大项目制度，截至今年 6 月末，全市开（复）工项目达到 142 个，其中亿元以上达到 72 个，促进了调整结构，确保了稳定增长。创造性地开展了"三联五帮五送"活动，36 名市级领导、188 名市直部门班子成员、111 名乡镇街等党政主要干部，到全市 335 个行政村、28 个社区任第一书记，基本实现了党员领导干部全覆盖本地行政村和社区，机关党员干部全覆盖所有困难群众。大力倡导勤政廉政意识，不断深化"勤政跟我干，廉政向我看"主题教育活动。正因如此，既加强了对经济工作的领导，也化解了各类社会矛盾纠纷，达到了"解决一批问题，转变干部作风，夯实基层基础，密切干群关系"之目的，并成为全面建设幸福新民的重要支撑。

（二）抓转变，促发展，稳步提高经济发展速度与质量

深入实施"沿边沿线"战略，构筑了"两城两镇"四大发展空间，以及以沿边沿线重点乡镇为核心的多个主导产业集聚区，基本形成了全方位、多领域对外

开放的大格局。5 年来累计引进项目 658 个，实际利用外资达到 2.7 亿美元，是上一个 5 年的 2.5 倍。世界 500 强、国内 500 强企业金光集团、玖龙纸业、华润医药、修正集团等企业相继落户新民。综合实力，在全国 2001 个县（市）排名，由 2006 年的第 361 位跃升至 2010 年的第 129 位，近 4 年始终保持在全省 44 个县（市）前十名地位。今年上半年，包装印刷和医药食品两大产业集群发展成效显著。其中：包装印刷产业集群实现工业总产值 107.7 亿元，同比增长 28.5%；医药食品产业集群实现工业总产值 50.1 亿元，同比增长 32.2%；设施农业总面积达到 45 万亩；西瓜产业继续壮大，2012 年将成为辽宁省"一县一业"示范县。

（三）抓创新，促和谐，全面巩固社会和谐稳定局面

坚持把加强和创新社会管理作为进一步夯实社会基础、全面推进幸福新民建设的全局性重要工作，积极探索并不断完善具有新民特色的社会管理民生化模式。结合《建设幸福新民 3 年规划纲要》，制定并启动实施了《新民市加强和创新社会管理工作实施方案》，明确提出了"构建六大体系，实现六个提升"的工作目标。培育和推广了周坨子镇典型经验，成功承办了沈阳市农村加强和创新社会管理现场经验交流会，形成了沈阳市加强和创新社会管理"市区学沈河、县区学新民"的良好局面。

（四）抓文明，促提升，城乡社会面貌发生显著变化

制定了《新民市创建全国文明城市 3 年规划》，形成了创城活动与幸福建设相互促进、互为支撑的工作格局。全面启动了胡台新城、新民新城、兴隆温泉城和大民屯新市镇建设。5 年来，累计开发房地产建筑面积 643 万平方米。共投入城建资金 19 亿元，实施了大规模的道路改造、绿化亮化、水系建设、垃圾和污水处理工程，城市建成区面积由 2006 年的 14.5 平方公里，增加到 18 平方公里。新民大剧院、湖滨公园、新开河带状公园等一批重大公用设施相继建成并投入使用。辽河保护治理取得阶段性成果，毓宝台段被确定为省级生态示范区。蒲河生态廊道新民段建设工程取得决定性胜利，以生态为支撑要素的新的发展空间进一步拓展。

（五）抓民生，促幸福，人民生活水平普遍提高

教育强市创建活动深入开展，重点抓实了校车运营等平安校园建设工作。九年一贯制学校实现全覆盖。新建、改建 11 所普惠制幼儿园全面开工建设。通过卫生"三级网络"建设，人民群众就医条件明显改善。2011 年，农民人均纯收入达到 10953 元，是 2006 年的 2.1 倍；城镇职工年平均工资收入达到 31801 元，是 2006 年的 3.2 倍；城乡居民储蓄存款余额达到 115 亿元，是 2006 年的 2.7 倍；城镇居民基本养老保险覆盖率达到 98.5%，新型农村合作医疗覆盖率达到 100%。今年上半年，全市共组织各级党员干部深入基层 1.14 万余次，帮扶群众 6 万多人次，投入资金 500 多万元。促进就业和扶持创业工作力度继续加大，城镇实名制就业 669 人，农村实名制转移输出就业 6274 人，城镇登记失业率控制在 2.71%。

三、总体构想和主要举措

认真贯彻落实辽宁省委十一届四次全会精神，按照沈阳市提出的建设国家中心城市"现有四个郊区城市化，新民、辽中郊区化"的总体要求，新民市发展的总体构想是：以新型城镇化建设为载体，以蒲河廊道为新的发展空间，积极承接大沈阳建设的强大辐射和大规模产业转移，加速新型生态环保产业集聚，到"十二五"末期，把蒲河以东地区建设成为新民郊区化发展的先导示范区，建设新型田园城市。在此基础上，再利用 5 年左右的时间，让辽河以东地区全部郊区化，实现与沈阳市各类资源和要素最大限度地共享。

（一）加强科学规划，完善县域功能分区

以辽河为界，将新民全域划分为河东河西两大片区，基本建成六大功能区。河东片区作为工业化和城镇化重点推进区域。建设新民新城、胡台新城、兴隆温泉城、前当堡双湖水城和大民屯新市镇五大功能区，重点发展新型工业、生态旅游业和现代服务业。河西片区作为现代农业重点发展区域。加速"一县一业"建设和设施农业发展，建设现代农业经济区。

（二）狠抓产业发展，夯实经济基础

重点以新民新城医药食品、胡台新城包装印刷、西蒲河温泉养生旅游产业以及大民屯农产品深加工四大产业集群为核心，围绕"沈西药谷、辽宁'寿光'、东北纸都、温泉之乡"这四张名片谋篇布局，提高产业丰厚度，做大做强产业集群。巩固提升蒲河廊道生态化、景观化水平，加速推进产业化、城镇化进程，打造以生态要素为支撑的新的经济增长带。

（三）加大改革力度，优化发展环境

按照郊区化发展战略需求，深化体制机制创新，大胆探索行政区划科学整合，实现资源要素的合理配置和优化发展。探索选人用人新机制，促进人才流动；建立健全城乡统一的住房、医疗、社保等保障体系和教育、卫生、文化体育等公共服务体系，加大城乡基础设施建设力度，促进城乡基础设施建设和公共服务均等化。

（四）加强基础设施和生态环境建设，确保城市功能、城市文明持续提升

牢固树立抓环境就是抓发展的理念，强力提升软硬环境建设水平。积极推进沈阳至新民轻轨建设。加快其他交通基础设施和市政公用设施建设步伐。继续巩固辽河生态治理工程，特别是在进一步加强蒲河生态廊道后期管理工作的基础上，引进一批与生态相适应的大项目、好项目，快速完成开发建设到产业集聚的转轨。把全国文明城市创建工作作为全面幸福新民建设的重要载体，扎实做好城市文明程度和市民文明素质提升等重点工作。

（五）全面加强和创新社会管理，努力营造更加和谐稳定的发展环境

在全市全面推开周坨子镇和安坨子村模式，加速推进新民全域社会管理创新工作。进一步完善落实信访工作的领导责任制和工作运行机制，开展化解积案攻坚战，化解诉求合理的全部积案。广泛开展社会矛盾大排查活动，妥善化解各类社会矛盾。

（六）着力解决重大民生问题，让发展成果惠及最广大人民群众

坚持把关注民生、改善民生作为一切工作的着眼点，集中力量解决一批关系群众切身利益的热点难点问题。深入开展"三联五帮五送"活动，形成长效工作机制，继续扩大党员干部受教育、贫困群体得实惠的成果。

站在新起点　抢抓新机遇

李永杰^①

　　未来，国情、省情、县情将发生广泛而深刻的变化，大变革、大调整、大发展的特征更加明显，通化县也将迎来新一轮的发展机遇，进入经济社会发展的崭新阶段和重要节点。在新的历史起点上，吉林省委、通化市委对通化县发展寄予厚望、要求更高，25万人民群众对通化县未来无限憧憬、充满期待，时代赋予我们的使命光荣艰巨、责任重大。

　　今后，我们将牢牢把握好发展的主动权，坚持以邓小平理论和"三个代表"重要思想为指导，深入贯彻落实科学发展观，以富民强县为目标，以加快转变经济发展方式为主线，统筹推进工业化、城镇化和农业现代化，全力实施投资拉动、项目带动和创新驱动战略，倾力打造"四个基地、两个特色县"，进一步提升"一强两大两优"产业格局，加强和创新社会管理，突出民生改善，促进社会和谐，争做全国模范县，努力让全县人民过上好日子。

　　到2015年全县生产总值力争突破210亿元，年均增长20%以上；人均生产总值达到8.2万元，年均增长18%以上；全口径财政收入达到21亿元，年均增长22%以上；地方级财政收入达到11.7亿元，年均增长20%以上；全社会消费品零售总额达到43亿元，年均增长18%；人均收入实现大幅增长，城镇居民人均可支配收入达到2.65万元，年均增长12%，力争达到2.8万元；农民人均纯收入达到9000元，年均增长10%，力争达到1万元；城镇登记失业率控制在4%以内。努力实现通化县经济社会发展新跨越。

---

① 作者为吉林省通化县县委书记。

一、推动转型发展，全力构建现代产业新体系

以构建"一强两大两优"产业格局为核心，倾力打造"四个基地、两个特色县"，努力把通化县建设成为基础实、产业优、后劲足的经济强县。到 2015 年，三次产业比例调整到 5：50：45。规模以上工业实现总产值 180 亿元，年均增长 25%以上，力争达到 250 亿元，工业增加值实现 70 亿元，年均增长 22%以上。

1. 打造医药高科技产业基地

制定医药产业总体规划，积极推进医药科研开发、种植、加工制造、物流、旅游"五位一体"协调发展。依托国家火炬计划特色产业基地"长白山药谷中药新药开发及种植产业集群"、国家火炬计划"通化县中药产业基地"以及"国家新型工业化产业示范基地"三个国家级科技创新平台，着力提高医药产业自主创新能力。举全县之力支持东宝集团加速发展，鼓励支持振国、华夏等骨干企业向生物工程和中药现代化等高科技领域迈进，加快引进一批具有较强竞争力的医药规模企业和专业协作企业，培育创新能力强、产业集约度高的医药产业集群。到 2015 年，医药业产值力争实现 120 亿元；销售收入力争达到 100 亿元。

2. 打造冶金原料基地

坚持走精细化、多元化、有序化发展之路，加快结构调整和产业升级，鼓励发展具有核心技术的后续产业，延长产业链条。加大资源整合力度，全力支持四方山铁矿、吉恩镍业、汇源洗煤、威龙矿业、双岭铁矿等企业做大做强，培育大企业集团。加快矿产勘查和资源转化步伐。重点做好铁、镍、铜、黄金、石灰石、石墨等矿藏的开发利用，打造冶金原料基地。到 2015 年，矿产业产值力争实现 100 亿元；销售收入力争达到 70 亿元。

3. 打造现代物流集聚基地

充分发挥区位和交通网络优势，举全县之力支持长白山医药物流项目，全方位推进医药、木材、粮食、石材等物流园区建设，并积极引进国内外知名物流企业，培育一批服务水平高、竞争力强的大型现代物流企业。加快出海通道建设，把通丹陆港打造成具有仓储、运输、报关、保税等功能于一体的内陆口岸。到

2015年，物流业力争实现营业收入100亿元。

4. 打造生态产业基地

充分发挥通化县作为辽吉生态长廊重要节点功能，努力打造国家生态文明先导县、绿色总部经济示范县、国家生态农业特色县、南长白山生态旅游休闲新区以及长白山生态文明创意特区。抓住国家发展战略性新兴产业的机遇，围绕全省产业发展规划，引导培育电子信息、节能环保、高性能材料等新兴产业。加快发展现代服务业，优化发展环境，创新体制机制，强化政策措施，推动生产性、生活性服务业向集群、特色、现代化方向发展，进一步提升旅游业发展层次，培育发展高端服务业。

5. 打造绿色食品特色县

依托丰富的长白山资源优势，大力发展粮食精深加工、酒类酿造、保健食品、绿色饮品等产业，建设具有品牌优势的特色产业加工基地。进一步完善检测监控体系，推进绿色食品产业化，培育龙头企业和名牌产品，形成比较完整的产业链条。到2015年，全县农产品无公害率力争达到100%，其中绿色食品力争达到2/3，有机食品达到1/3。食品业实现产值20亿元、销售收入15亿元。

6. 打造林业产业特色县

积极探索科学开发、有序利用、持续发展的林业产业发展之路，建设东北林产品及土特产品交易中心和集散地。实施立体综合开发，大力发展林下、林间、附林经济和下游产品，规划建设一批有规模、有特色的林业产业基地。依托基地加快引进一批木材深加工、特色林产品加工、经营流通企业，重点做好二密木材工业园区的规范提升工作。

二、推进集聚发展，全力谋求开发开放新突破

抢抓战略机遇，放大投资拉动、项目带动作用，加快开发开放，促进各类资源要素向我县集聚，努力实现跨越式发展。

1. 坚定不移实施投资拉动战略

谋划一批投资10亿元以上的大项目。重点推进东宝人胰岛素三期工程、人

参产业园、长白山医药物流、英额布康乐谷、通天葡萄酒科技产业园、振国生物科技研发中心、四方山铁矿、宏信研磨材、大泉源酒业扩建,鹤大、通长、通集高速公路,四平至松江河高铁建设等120个超亿元项目。

2. 继续加大招商引资工作力度

紧紧抓住长吉图开发开放、辽宁沿海经济带建设的重要机遇,充分发挥节点优势,制定更具吸引力的优惠政策,采取更为灵活的招商方式,进一步加大工作力度,围绕优势产业,突出主导产业,积极引进产业配套项目,争取国内500强企业和央企落户通化县。到2015年,要累计引进域外资金400亿元,进出口贸易总额达到5.36亿美元。

3. 推动开发区奋力赶超、跨越发展

坚持"理念兴区",瞄准全国最先进的开发区,吸收借鉴先进理念,以更宽广的视野、战略眼光定位开发区发展,高起点编制总体规划、产业规划,把开发区打造成最具发展活力、最具发展魅力的创意新区;坚持"项目立区",把项目建设摆在突出位置,时刻做到心中想着大项目,眼睛盯着大项目,手中抓着大项目,突出大项目落户,把开发区打造成促进企业集聚、产业集群的重要平台;坚持"创新活区",进一步理顺开发区管理体制,完善目标考核、奖惩激励机制,创新干部管理、人才引进方式,把开发区打造成体制最优、效率最高的开放前沿。到2015年,开发区生产总值力争达到60亿元。

4. 进一步提升软环境建设水平

牢固树立"软环境至上"的理念,深入开展软环境建设"三满意"和"万人评"活动,主动接受企业与群众的监督。充分发挥行政电子监察系统的作用,逐步推行村、乡镇、县三级网上审批。加强对重点项目、重点企业的跟踪服务,着力整治"门难进、脸难看、事难办""推诿扯皮、不作为、乱作为、慢作为"等突出问题,努力打造全省最优的经济发展软环境。

三、突出城乡协调发展,全力打造宜居兴业新环境

以构筑城镇核心产业、推进城乡融合发展为重点,加快城镇化和城乡一体化

进程，着力打造特色鲜明、功能完善、适宜人居的城乡发展新环境。

1. 提升县城建设品位

以生态文明、山水园林、宜居宜游、休闲度假的新型节点城市为定位，建设长白山生态宜居城和中国生态养生城。进一步强化"城市建设、规划龙头"的理念，高起点、高标准、高品位地修编县城总体规划、近期建设规划、控制性、修建性详细规划，严格按照规划实施项目建设，坚持做到"规划一张图、审批一支笔、建设一盘棋、一张蓝图绘到底"，全力提升城市建设管理的品位和档次。进一步拉大县城框架，依托英额布康乐谷建设，把城区沿蛄河向上游拓展。坚持把文化元素、历史积淀融入城市规划设计和开发建设，加快建设一批标志性建筑，统筹推进城市基础设施、公用设施和环境建设，实现城市规模扩张与功能完善同步推进。到 2015 年，县城规划控制面积达到 30 平方公里，人口达到 12 万人。创新城市管理体制机制，实施数字化管理，整合综合执法、安监、消防、卫生、气象、环保等部门资源，建立集监控、调度、指挥为一体的管理服务和应急指挥平台，实现全方位覆盖、全时段监控、网格化管理、人性化服务。

2. 提升特色乡镇建设水平

坚持有步骤、分层次、有重点地推进小城镇建设，形成以快大茂镇为中心，以大安、二密、果松、光华、大泉源、英额布等乡镇为主要支撑的"一心六点"小城镇发展格局，带动其他乡镇联动共进。加快乡镇所在地村建设，提升城镇化水平，增强服务功能，把乡镇所在地村建设成区域经济发展的产业基地、人口梯次转移的承载平台、公共服务向农村延伸的区域中心。到 2015 年，市级经济强镇（乡）达到 6 个以上；城镇化率达到 52%。

3. 提升新农村建设层次

继续巩固新农村环境建设成果，普及"六化、七个一"，对山、水、林、田、路进行综合治理，打造一批生态村、民俗村、旅游村和具有示范带动作用的样板村，稳妥推进以改善农民居住条件为主的新村建设。大力发展农村公共事业，促进基础设施投入向农村倾斜，公共服务和保障体系建设向农村延伸。

4. 提升乡镇经济实力

积极探索乡镇财政管理体制改革，充分调动乡镇培植财源积极性，鼓励新上工业项目，逐步提高财政支撑能力，实现乡镇自立发展。鼓励支持通过资源开发、资产经营、为农服务等多种形式，发展壮大村集体经济。依托物流集散地优势，加快推进农产品市场体系建设，建设全省中药材生产流通加工基地和通化蔬菜商品供应基地。重点发展棚膜经济、中药材、食用菌、人参、林蛙等新兴战略产业。支持产业园区建设，引导农民参与产业发展，推进农村产业向规模化、标准化方向发展，努力实现产业富乡（镇）、项目富民的目标。

四、大力加强精神文明建设，展现文化繁荣发展新气象

切实加强精神文明建设，夯实全县人民共同奋斗的精神基础。要以高度的文化自觉和文化自信推进全县文化改革发展，不断提高通化县文化的感召力和影响力，让人民群众生活得更快乐、更幸福。

1. 实施全民素质提升工程

深入推进社会主义核心价值体系建设，抓好社会公德、职业道德、家庭美德、个人品德和未成年人思想道德建设，弘扬正气，进一步巩固全体公民的道德基础。要建立终身教育体系，提升全民科学文化素质。不断丰富通化县精神内涵，增强人民群众的认同感和归属感。

2. 实施文化事业惠民工程

加大文化基础设施建设力度，加快文化产业园区和教育园区建设，建设高标准的博物馆、图书馆、科技馆、综合体育馆等文体设施。完善城乡文化设施网络，进一步加强乡镇（街道）文化站和村（社区）文化活动室等基层文化阵地建设。积极培育广场、社区、校园、企业、乡村等特色文化，大力发展公共文化。坚持以党的生日、通化县感恩节、企业家节等节假日和纪念日为依托，深入开展创业模范、优秀党员、见义勇为、感恩人物集中表彰活动和群众性文化体育活动。加快农村数字电视建设，实现数字电视村村通。实施全民健身计划，创建国家健康城市。

3. 实施文化品牌培育工程

充分发掘创城成果及各种资源，着力打造一批城市文化、历史文化、名人文化、旅游文化、演艺文化品牌，提高城市知名度、美誉度和影响力。加快开发剪

纸、撕纸等民间民俗文化，加强文物古迹、非物质文化遗产和自然遗产保护，彰显文化风采。繁荣文学艺术创作，不断推出继承文化传统、体现时代要求、群众喜闻乐见、市场效益良好、独具地方特色的精品力作。着力培养一支适应时代要求、富有开拓精神、善于创新创造的文化人才队伍，努力造就一批有影响的文化名家、文化大师和领军人物。

五、加快发展社会事业，全力开创人民幸福新境界

坚持以改善民生提升幸福感，以创新社会管理增强安全感，不断增进人民福祉，促进社会和谐。

1. 大力推进民生幸福工程

着力实施"居民收入增长计划"，重点关注农村居民、企业职工、中低收入者和困难家庭"四个群体"，让老百姓腰包鼓起来；加大棚户区改造、廉租房建设力度，让城乡低收入无房户安居乐业；优先发展教育事业，让所有孩子都能上得起学、上得好学；积极推进医疗卫生体制改革，认真执行基本药物制度，率先在全国探索建立新型城乡居民社会养老、医疗保险制度，缩小差距、体现公平，真正让城乡群众老有所养、病有所医；建立更高水平的社会保障体系，进一步完善社会救助机制，不断提高特殊困难群体、弱势群体的幸福指数；真心实意关注老年人、妇女、儿童，让他们获得更多的温暖和关爱；实施农村水泥路修复工程，解决人民群众的出行困难；实施"菜篮子"工程，让群众吃上放心食品。

2. 大力推进社会管理创新工程

进一步加强社会治安综合治理，深入开展"平安通化"创建活动，切实增强人民群众的安全感，争创全国平安县。扎实推进"六五"普法工作，加快依法治县进程，创建全国法治县。进一步加强社会稳定工作，抓好社会矛盾源头治理，切实维护群众合法权益。进一步畅通信访渠道，妥善化解各类矛盾，最大限度地减少不和谐因素。统筹处理好经济建设与社会建设、服务与管理、源头预防与末端处置、政府管理与社会化组织自我管理等重大关系，更好地推进科学发展，确保社会既充满活力又和谐有序。进一步落实"安全发展"理念，全面加强责任体

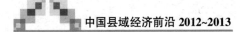

系、制度机制建设，不断提高生产安全、公共安全的保障能力。进一步加强社区工作，充分发挥社区在社会管理创新中的特殊作用。

新征程充满机遇和挑战，新使命光荣而艰巨。我们要坚持以科学发展观为指导，团结和带领全县人民，进一步解放思想、求真务实，拼搏奋进、勇争一流，不断开创通化县经济社会又好又快发展的新局面，为争做全国模范县、让全县人民过上好日子而努力奋斗！

绿色崛起　转型发展

李　平[①]

抚松县位于吉林省东南部，地处长白山脉腹心地带，下辖 11 个镇、3 个乡，1 个工业集中区，1 个省级经济开发区，面积 6530 平方公里，总人口 32 万人，是极具长白山区域特色的资源大县，旅游资源、林业资源、水电资源、人参资源、矿泉水等资源极其丰富。

近年来，抚松始终坚持以科学发展观统领经济社会发展全局，团结和带领全县广大干部群众，齐心协力谋发展，千方百计促增长，全县经济社会呈现出前所未有的良好局面，县域综合实力进入吉林省前列。抚松县先后荣获了"全国平安县"、"全国文明县城"、"国家园林城市"、"全国科普示范县"、"国家级文化先进县"等几十项国家级、省级荣誉称号。

2011 年完成地区生产总值 120 亿元，同比增长 26%。全社会固定资产投资完成 102 亿元，增长 44.1%。全口径财政收入和地方级财政收入分别实现 10.6 亿元和 8 亿元，增长 49.7% 和 45.6%。财政支出完成 25.5 亿元，增长 43.2%。城镇人均可支配收入和农村人均纯收入分别实现 15074 元和 9050 元，分别增长 25.6% 和 28.4%。

"十二五"时期，抚松面对即将实施的国家主体功能区政策，重新审视县情，结合自身实际，确立了"以科学发展观为指导，以绿色崛起、转型发展为主题，以加快产业结构调整推进经济发展方式转变为主线，以改善民生为根本，大力实施生态立县、工业强县、旅游兴县战略，加速新型工业化、生态城镇化和农业现代化进程，推动党的建设、精神文明建设和民主法制建设协调发展，全面开启建设长白山区域重要发展中心新篇章"的发展思路。

---

① 李平，吉林省白山市政协副主席、抚松县县委书记。

明确了未来五年的奋斗目标是：建设一个中心、把握两个关键、实现三个突破、做到四个提升。

（1）建设一个中心：就是把抚松全面建设成为长白山区域重要发展中心。

（2）把握两个关键：一是牢牢把握发展这一关键，争取到 2016 年末，地区生产总值实现 353 亿元，全社会固定资产投资突破 300 亿元，财政收入实现 30 亿元，社会消费品零售总额实现 81 亿元，县域综合实力继续保持在全省前列。二是牢牢把握民生这一关键，争取到 2016 年末，城镇居民人均可支配收入和农民人均纯收入分别实现 24955 元和 15525 元。加大民生投入力度，人民群众生活水平实现全面小康。

（3）实现三个突破：一是在生态城镇化建设上实现突破。全面建设抚松新城，城镇化率达到 82%，形成生态旅游产业综合体，使其成为长白山旅游支点城市。二是在新型工业化建设上实现突破。大力推进产业结构调整，三次产业结构调整到 11.5∶39.5∶49，构建新型产业体系，着力转变工业发展方式。三是在农业现代化建设上实现突破。积极发展生态特色农业，发挥长白山资源优势，实施退粮进特，加快农业产业集群建设进程。

（4）做到四个提升：一是强化招商引资力度，寻求优质合作伙伴，树立互利共赢理念，在对外开放程度上实现新的提升。二是创建社会管理新格局，健全基层管理和服务体系，发挥群众组织和社会组织作用，在社会管理创新上实现新的提升。三是全面加强民主法制和精神文明建设，公共秩序、人居环境、社会风气进一步好转，在城乡文明程度上实现新的提升。四是加强和改进党的建设，干部作风更加务实，行政效能更加高效，廉洁自律意识进一步增强，在人民群众对党和政府的满意度上实现新的提升。

一、依托长白山资源优势，积极推进经济生态化转型

抚松拥有长白山国家级自然保护区的近 1/2 面积，是极具长白山区域特色的资源大县。原有的发展方式主要是以资源消耗换取经济增长，发展空间十分有限。在国家主体功能区规划中，抚松县被划为限制开发区和部分禁止开发区，这

就决定了抚松要实现又好又快发展必须走转型发展之路。为此，抚松立足于长白山生态功能区这一客观实际，遵循可持续发展的理念，以加快产业结构调整推进经济发展方式转变，努力构建生态产业体系，积极推进经济生态化转型。

（一）用活特色资源，继续做大做强旅游、人参、矿泉水三大生态型支柱产业

（1）旅游产业方面，以长白山国际旅游度假区为龙头，加大温泉、仙人洞、白龙湾、仁义砬子风景区、泉阳湖等旅游资源的整合开发力度，打造集生态观光、运动休闲、养生度假、会议论坛、文化体验等为一体的国际休闲平台。鼓励中小企业和个人发展旅游纪念品开发、家庭旅店等产业，延伸生态旅游产业链条。积极配合万达投资团队，如期完成长白山国际旅游度假区项目建设，创建中国民营企业家发展论坛，全面提升长白山旅游服务档次，开创全新的长白山旅游西坡时代。力争到 2015 年，全县旅游产业增加值占 GDP 的比重达到 20%以上。

（2）人参产业方面，积极推广标准化种植，提升人参品质。依托南京同仁堂、大自然等龙头企业加强科研攻关，推进精深加工，大力开发人参等保健品、食品、药品和化妆品。积极推动"药食同源"，加强市场监管，从严从重打击制假贩假行为，打造国际人参物流中心、检验检测中心和高水平中国人参文化中心，全面提升长白山人参品牌竞争力。力争到 2015 年，人参产业增加值占 GDP 的比重达到 18%以上。

（3）矿泉水产业方面，依托长白山生态环境优势，着力打造长白山"绿谷"，以泉阳镇、漫江镇、露水河镇等矿泉水水源集中区为基地，发展优质矿泉水产业，形成以泉阳泉饮品、未来趋势、农夫山泉为龙头的全省特大矿泉水产业加工区。集约发展野生鲜果原汁、果乳饮料、葡萄酒、参宝酒等特色资源产业，提高资源产出率，实现效益最大化。力争到 2015 年，矿泉水及饮品生产能力达到400 万吨，增加值占 GDP 的比重达到 18%以上。

同时要深入推进矿产业开发进程，加快万良铁矿、钾长石等矿产资源的开发整合，积极推进露水河金矿、银矿、锑矿、铜矿以及沿江大理石、玉石等资源探、采、选进程，尽快让矿产资源优势转化为经济优势，成为全县财政收入的支柱产业。

（二）用好存量资源，改造升级水电、医药、木制品加工三大优势产业

（1）水电产业方面，充分发挥抚松水利资源优势，打造全国特大型小水电基地县。加快松江河梯级电站、枫林和头道砬子河二级电站等水利枢纽工程建设。力争到 2015 年，水电站总装机容量达到 110 万千瓦，水电产业增加值占 GDP 的比重达到 7%以上。

（2）医药产业方面，依托长白山中药材资源，着力打造长白山药谷。建立抚松现代中药科技产业中心，以修正等知名企业为龙头，全面推行中药种植 GAP 标准、中药工业 GMP 标准、中医药流通 GSP 标准，力争建成国内知名中药产业基地，到 2015 年医药产业增加值占 GDP 的比重达到 8%以上。

（3）木制品加工产业方面，进一步壮大林木循环加工园区，支持松江河、泉阳、露水河三大省属林业局和金隆、华枫、云龙等民营企业开发生产名牌、高技术、高附加值的木制品。引进杭州荣氏基业集团，打造全国重要的实木复合地板、高档家具、办公用具、新型装饰装潢材料加工基地。力争到 2015 年，木制品产业增加值占 GDP 的比重达到 8%以上。

（三）用足潜在资源，积极培育高新技术等战略性新兴产业

引进国内外高科技成果及重点企业，建设高新技术产业园区，发展生物工程、信息产业、新能源、新材料等高新技术产业。积极开发以生物医药、生物质能源为重点的长白山生物产业。发展太阳能、生物质能、地热能等新能源产业。力争到 2015 年，高新技术产业增加值占 GDP 比重达到 3%以上。

二、倾力打造"抚松新城"，全面提升生态城镇化水平

过去的发展实践充分证明，抚松最大的优势是得天独厚的长白山生态旅游资源。抚松人也深刻地认识到，要想加快县域经济发展，必须打生态牌，走特色路，在以生态旅游产业为支撑的特色城镇化上寻求大的突破。吉林省在实施东北老工业基地振兴过程中，提出加快发展旅游产业的决策部署，实施旅游业壮大计划，为长白山旅游大开发带来了历史性机遇。随着长白山机场通航及营松高速、宇松铁路的开工建设，拉近了抚松与世界的距离。长白山作为中华十大名山之

一，其巨大的旅游品牌和产业集聚效应有力地促进了长白山区域生态经济的快速发展。

开发长白山旅游不能盲目无序开发，要做到保护与开发并重，就必然要有能够左右全局的大项目作支撑。为此，抚松大胆解放思想，借助"外脑"，围绕长白山旅游谋划大型项目。通过积极对外推介，经过与投资方的多轮谈判和反复磋商，最终成功引进了万达、泛海、一方、亿利、联想、用友六家著名民营企业，联合投资422亿元建设"长白山国际旅游度假区"这一目前国内最大的旅游单体项目，整个项目计划在2013年底前基本完工。项目建成后将成为具有国际竞争力的名山旅游目的地，可新增就业岗位5万个，每年拉动消费200亿元，新增税源10亿元以上，将极大地拉动县域经济快速发展。

登高望远，抚松人又看到长白山旅游的长远发展，既需要大项目作支撑，更需要支点城市作承载。在吉林省"三化"统筹战略指引下，抚松又凭借长白山国际旅游度假区的项目基础和松江河等四个乡镇的区位、交通优势，按照"组团式"城市建设新理念，沿着交通廊道建设带状旅游城市，提出了打造"抚松新城"的战略构想，高标准建设长白山旅游支点城市和区域性中心城市。抚松新城总规划面积545平方公里，城市规划用地54平方公里，2030年人口将达到45万人。

今后一个时期，抚松将全力建设抚松新城，发展特色卫星城镇，配套推进各项基础设施建设，全面提升生态城镇化水平。

（1）突出抓好抚松新城建设。以"三年攻坚战"为牵导，实现三年成势，五年成城的奋斗目标。加快新征建设用地的报批进程，为新城建设提供充足的用地保障。加强与金融部门的合作，扩大融资规模，为新城建设提供坚实的资金保障。加快推进果松村、松山村新村迁址建设进程。推动经济开发区、工业集中区的项目积聚，支持松江河林业局"森工城"项目建设。积极对外宣传推介抚松新城，为新城发展拓宽广阔的市场平台。

（2）谋划和带动好新城周边"特色卫星城镇"共同发展。通过抚松新城建设，有力地辐射带动周边卫星城镇的快速发展，逐步构建以新城为核心、特色卫星城镇环绕的生态城镇布局。仙人桥镇借助温泉地热优势，发展温泉养生文化产业，建设成"长白山温泉小镇"。泉阳镇立足矿泉水资源优势，重点发展矿泉饮品业、绿色食品深加工业，建设成"矿泉小镇"。万良镇依托人参市场优势，积极发展人参精深加工、人参产业游，建设人参科研和文化平台，构筑产加销研相互促进的人参产业链条，建设成"世界人参第一镇"。露水河镇发挥森林生态优势，着力发展森林休闲度假产业，建设成"世界森林狩猎旅游名镇"。

（3）配套推进基础设施建设。实施松江河镇黄泥河改造工程，进一步提升城市承载能力。加强城镇间公路路灯建设，完成抚松至松江河、抚松至温泉的公路路灯建设，提高亮化水平。在抚松镇、松江河镇规划建设广场公园，为新城人民提供休闲娱乐场所。加快推进供水、燃气工程建设，努力提高管网覆盖面。通过城市基础设施项目的实施，加快推进我县城镇化建设进程，为县域经济大发展构筑平台。

（4）加快构建立体交通网络体系。积极协调推进营松、鹤大高速公路、宇松铁路建设，加快推进四平至松江河快速铁路、松江河至长白铁路、高速公路等重大工程建设进程。积极争取将抚松新城对外交通主干线公路规划纳入全省交通"十二五"规划当中，快速改善新城的外部交通环境。强化农村公路建设，优先发展城镇间公交，加快推进城乡交通一体化进程。

三、着力发展特色农业，加快推进农业现代化进程

抚松是典型的山区县份，有"九山半水半分田"之称，发展大规模的常规农业没有优势，只有在"特"字上做文章。

近年来，抚松县依托长白山资源优势，发展特色农业，推进了农业发展和农民致富。2011 年农村经济总收入实现 8.8 亿元，农村经济持续健康发展。通过大力实施"退粮进特"战略，围绕"特色"、"绿色"做文章，先后建立 10 万亩大豆和 20 万亩玉米的全国绿色食品原料基地，形成了玉米、人参、蓝莓、五味子、食用菌、山野菜、蔬菜、生猪、蛋禽和鹿业 10 大类优质产业基地，加快了农民增收致富的步伐，农民人均纯收入位列吉林省前列。

今后，抚松将认真落实国家强农惠农富农政策，推动农业增效、农民增收、农村发展。

大力振兴人参产业，加快"抚松野山参"及"抚松林下山参"地理标志证明

商标申报进程，推进人参、熟地栽参、林下山参标准化生产示范基地建设。扶持、培育、壮大一批农特产品加工龙头企业，努力实现基地化、规模化经营。加快农村实用新技术、新知识推广力度，进一步提高农民素质和致富能力。

继续巩固林权制度改革成果，大胆探索农村土地集约化经营方式，合理规范农村土地的有序流转。积极推进新农村建设，每年集中力量至少建设 4 个示范村，力争通过 5 年的时间基本建成一批经济富裕、环境优美、和谐稳定、富有特色的示范村。

进一步壮大中心村屯，全面推进农村道路、安全饮水、清洁能源、农村危房改造和环境整治工作。积极探索户籍改革新途径，适时推进生态移民、扶贫移民、安全移民工程，将边远村屯的农民和农村剩余劳动力重点向抚松新城转移，助推全县生态城镇化建设进程。

四、推动现代服务业率先崛起，着力培育新的经济增长点

服务业是扩大内需最大的产业支撑、就业容纳器和创新驱动器。由于过去经济发展的滞后，导致服务业一直是抚松发展的一块短板。今后，抚松将把发展现代服务业放在更加突出的位置，调整优化服务业结构，加快现代服务业发展，扩大服务业在长白山区域的影响力。力争到 2015 年，现代服务业增加值占 GDP 的比重达到 10%以上。

（1）做大做强长白山旅游产业。积极整合旅游资源，打造高端品牌，提高服务档次。加大旅游资源开发推介力度，打造旅游目的地城市和精品线路。繁荣发展旅游要素市场，在吃、住、行、游、娱、购等方面下功夫，着力提高旅游业整体服务水平和功能。要大力加强环境保护和生态建设，打造优良生态旅游环境。

（2）积极发展商贸物流产业。依托日益显现的交通区位优势，统筹市场及物流园区建设，发展物联网、服务外包等软件产业，建设好松江河粮食物流批发市场，培育商贸物流聚集区，形成"大交通、大市场、大物流、大商贸"发展格局，打造长白山临港物流园区和商品集散中心。

（3）优先发展金融服务业。以建设长白山地区重要金融服务功能区为目标，

以强化县域融资平台体系建设为重点，积极完善金融市场体系。积极发展科技、信息、咨询等专业和中介服务业。

（4）大力发展长白山文化创意会展业。以打造长白山文化中心为目标，充分挖掘长白山人参、历史、红色等文化资源，建设抚松新城文化艺术中心、长白山生物博物馆、果松动漫产业园、松山高端会议区。办好长白山人参节等文化活动，努力建设文化抚松，促进文化产业大发展大繁荣。

五、全面优化招商引资环境，形成新一轮"抚松投资现象"

招商引资始终是后发展地区经济工作的重中之重。近年来，抚松县委、县政府牢牢把招商引资工作抓在手上，突出地缘、资源及政策优势，强化招商引资，搭建合作平台，营造了大招商、招大商的浓厚氛围。

近5年来，全县共启动包括长白山国际旅游度假区在内的亿元以上项目75个，总投资595.5亿元。先后有修正药业、农夫山泉、美国未来趋势、马来西亚参龙、北方水泥、南京同仁堂等大型企业集团项目纷纷落户抚松，形成了备受关注的"抚松投资现象"，县域经济综合实力稳步进入全省前列。

今后一个时期，抚松将继续树立大招商、招大商理念，全面优化招商引资环境，以更大的声势营造开明开放的社会氛围，用更优的服务吸纳国内外的资源要素，汇聚起加快发展的强大力量。

在改革创新中优化发展环境，加快转变政府职能，切实提高行政效能，努力形成公正透明、廉洁高效、文明诚信的发展环境。创新服务发展的方式方法，不断完善行风评议、"一站式"服务等行之有效的制度，进一步畅通项目建设的"绿色通道"。

紧盯全国500强企业、行业龙头企业，有针对性地进行宣传推介，最大限度地谋求合作。借助长白山国际旅游度假区和抚松新城的影响力、号召力，继续引进一批投资额度大、产业关联度强、科技含量高的好项目、大项目。引导企业发挥主体作用，通过产业招商、以商招商、网络招商等多种方法，广泛吸纳客商到抚松投资兴业。

六、加大民生投入和社会管理创新，倾力提升人民群众幸福指数

保障和改善民生，是经济发展的根本目的和动力，也是社会稳定的重要基础。民生投入就是民心的投入、稳定的投入，发展的投入。近年来，抚松不断加大民生投入力度，公共财政民生支出创历史新高。仅 2011 年累计投入 8 亿多元用于廉租房建设、城乡低保、劳动就业、医疗保险、义务教育等各项民生事业，接近全部财政支出的 1/3。在全国公安系统清网行动中，撤网率位列吉林省第一。县政府每年都向社会公开承诺十件以上的民生实事并一一兑现，民生工作以前所未有的力度向前推进。

未来几年，抚松将迎来发展的重要战略机遇期，同时也是社会矛盾凸显期，我们要妥善处理好"发展"与"稳定"的关系。

（1）加强和创新社会管理。积极争取在抚松新城建立全省社会管理创新综合实验区。配合省市开展相关工作，建立抚松新城区域行政统筹管理新模式，尝试建立新城公共事务服务中心。加强基层党政组织、政法综治组织和群众自治组织建设。深入开展"千名机关干部下基层大走访活动"，主动解决人民群众关心的生产生活、民生保障等问题，密切党群干群关系。积极开展城镇社区"五有一创"活动，全面提升社区服务人员的工作能力和服务质量，帮助解决基层群众生产生活中遇到的问题。引导开展好各种文体活动，进一步提高人民群众生活质量。采取社会化运作模式，成立社会服务组织，开展各类救助活动，协助政府参与社会管理。不断完善社会保障和慈善救助体系，让弱势群体得到更多的社会关爱。

（2）高度关注和重视民生。优先发展教育，合理配置教育资源，促进城乡义务教育均衡发展。加快卫生基础设施建设，推进医疗体制改革，为群众提供更加安全、方便、廉价的公共医疗卫生服务和保障。千方百计扩大就业和再就业，拓宽城乡居民增收渠道，支持居民增加财产性收入。以多种方式壮大财力，提高机关事业单位人员收入水平和企业退休人员基本养老收入水平。加大保障性住房建

设力度，满足城乡低收入者及住房困难家庭住房需求，完成暖房子工程改造。

（3）纵深推进"平安创建"活动。深化社会治安综合治理，从严打击黄赌毒、恶性刑事案件和非法邪教组织，进一步增强人民群众的安全感。高度重视信访稳定工作，认真解决人民群众反映的热点、难点问题。努力健全应急处理机制，加强全民风险防范和应急处置能力建设。加强食品安全、交通安全、消防安全、生产安全的监督管理，坚决杜绝各类重特大事故发生，打造安全祥和的社会环境，让抚松人民生活得更加美好。

转变县域经济发展方式 促进区域经济科学发展

——第二届中国县域经济高峰论坛闭幕词

周金堂①

各位代表、各位专家学者、同志们:

大家下午好!

根据会议的安排,我非常荣幸地在这里作第二届中国县域经济高峰论坛的闭幕词。首先,我要衷心地感谢中国社会科学院李捷副院长在百忙之中抽空出席会议并发表热情洋溢、富有理性的开幕致辞。感谢惠州市委陈训廷副书记代表惠州市委、市政府所作的市情介绍和对会议成功举办的良好祝愿。感谢会议主办单位中共惠州市委、惠州市人民政府、中国区域经济学会、中国社会科学院工业经济研究所。感谢会议承办单位惠州市社会科学联合会、惠州市发展和改革局、中国区域经济学会县域经济专业委员会。感谢为会务支持和会务保障做了大量组织协调工作的惠州市委办公室、市政府办公室以及惠州市有关单位的领导和同志们。感谢与会的和为开好本次会议而所付出辛勤劳动、智慧的各位领导、专家、学者及有关市县的代表。

在这五彩缤纷的初秋,在举国上下喜迎党的十八大召开的日子里,我们因缘际会在风景如画、最具幸福感和"中国十佳宜居城市"的惠州,围绕"转变县域经济发展方式,促进区域经济科学发展"这个主题,对"转变发展方式,促进工业化、城镇化、农业现代化协调发展"、"转型升级、新型城市化与城乡一体化发

---

①作者为中国井冈山干部学院副院长,教授、研究员,中国区域经济学会副理事长,县域经济专业委员会主任委员。

展"等问题进行专题研讨和交流。会上，25 位领导、专家、学者和来自市、县代表所作的精彩又而实在的发言，给了我们留下了深刻的印象和启示。

会议进行得会议非常顺利，达到了预期的目的。会议总的特点，我个人认为是：主题鲜明、内容丰富，领导重视、保障有力，时间紧凑、话题集中，与会专家层次高，市、县（市、区）与会者很有代表性。会议研讨的问题，既具有很强的现实针对性，又有很强的理论前瞻性；既有问题、矛盾、困难和挑战的探讨，更有机遇、思路、对策的分析和研判。会议规模比较大，来自全国各地和惠州市的参会人员达 220 多人。为做好会议保障工作，惠州市还抽调了 60 多名工作人员为会议服务。为了开好会议，中共惠州市委黄业斌书记，惠州市人民政府陈奕威市长和市委、市人大、市政府、市政协等多位领导关注会议的筹备情况，支持会议的召开，有的还直接参加了会议的活动，对惠州市领导、同志们对会议的关心、关注和支持，让我们以热烈的掌声表示深深的谢意。

会议盛况空前。国家发展和改革委员会、中国社会科学院、中国井冈山干部学院、广东省社会科学院、中国人民大学、中山大学、福建师范大学、江西财经大学、广东外语外贸大学、广东省委党校、黑龙江省委党校等单位从事县域经济研究的专家学者，以及有关省（市、自治区）部分县（市）委书记、县（市）长出席了会议。

中国社会科学院副院长李捷研究员出席会议并发表热情洋溢的致辞。他认为：郡县治则天下安，县域强则国家富。党中央、国务院历来高度重视县域经济发展。党的十一届三中全会以来，我国县域经济随着改革开放的不断深入而得到长足发展，涌现了惠州等一批具有鲜明特色县域经济的城市。各地实践充分表明，只有措施得当、思路明确、符合规律、持之以恒，中国特色县域经济科学发展之路就是一条康庄大道。

会上，惠州市市委常委、常务副市长张瑛女士以"坚持五个注重，发展县域经济"为题，就惠州市县域经济社会科学发展的突出成就进行了介绍，并从推进主体功能区建设、注重深化体制机制改革、发挥中心镇作用、注重公共服务均等化、注重"双转移"战略的实施五个方面，对发展县域经济主要思路和成功经验进行了概括，提出要力求在基础设施建设、发展工业经济、壮大民营经济、发展特色经济、体制机制创新上实现"五个突破"。从会议分享的经验中可以看出，惠州发展县域经济的实践是成功的、有效的，寻求未来发展的突破口也是符合惠州实际的。

国家发展和改革委员会规划司周南副司长，中国社会科学院学部委员、工业经济研究所所长、研究员、中国区域经济学会金碚理事长，数量经济与技术研究所所长李平研究员，国家发展和改革委员会国土开发与地区经济研究所所长、中国区域经济学会肖金成副理事长，中国社会科学院城市发展与环境研究所副所长、中国区域经济学会魏后凯副理事长，广东省委党校原副校长、广东省政府参事、中国区域经济学会县域经济专业委员会陈鸿宇副主任委员，山东县域经济研究院院长、中国区域经济学会县域经济专业委员会高焕喜副主任委员，福建省新闻出版（版权）局党组书记李闽榕教授、中国社会科学院农村发展研究所副所长杜志雄研究员、中国人民大学经济学院区域与城市经济研究所所长孙久文教授、中国区域经济学会秘书长陈耀教授等特邀嘉宾和展宝卫、韩维斌、邓毛颖、朱丽萌、范继跃、曾永祥、李健、雷雨、王媛、曾庆征等与会县（市）代表作了发言。这些发言的议题主要集中在：社会转型、经济转轨时期，特别是在建设环境友好型、资源节约型"两型社会"的大背景下，如何坚持稳中求进，牢牢把握扩大内需这一战略基点，发展实体经济这一坚实基础，加快改革创新这一强大动力，保障和改善民生这一根本目的，更加自觉主动地转变县域经济发展方式、促进区域经济科学发展；县域经济转型发展基本思路、战略选择及主要路径、对策；县域如何抢抓战略机遇、顺应发展趋势、整合资源、集聚要素，大力推进新型工业化、城镇化、农业现代化，提升县域经济发展的质量和效益等几个方面。通过较为充分的交流研讨，大家对转变县域经济发展方式，促进区域经济科学发展、城乡一体化发展有了更加深刻的认识。可以这样说，这次会议，既开阔视野、交流经验，研判了县域经济发展取向与趋势，也探求和分析了新的发展理路、对策与措施。这对于全面落实科学发展观，推动和促进"十二五"时期我国县域经济的可持续发展是很有积极意义的。

为了报道和反映会议的情况，《人民日报》、《经济日报》、《中国经营报》、《中国工业经济》等有关报纸杂志以及惠州市有关媒体派记者到会采编稿件和采访与会代表。在这里，我谨代表会议主办方和承办方，对与会媒体和记者朋友们表示诚挚的谢意。对保障会议顺利推进的所有工作人员特别是康帝酒店的领导和员工们表示诚挚的感谢。

众所周知，"十二五"时期是我国全面建设小康社会的关键时期，也是深化改革开放、加快转变经济发展方式的攻坚时期。县域经济作为区域经济的主体之一，将成为国家"十二五"时期发展的亮点、热点和重点。实践证明，县域工业化、信息化、城镇化、农业现代化的协调发展是新形势下县域经济发展的重大命题和当务之急。县域经济的发展壮大也是推动区域科学发展、跨越发展、融合发展、协调发展、可持续发展的重要支撑。县域经济作为民本经济，事关民生改善、社会稳定，在统筹城乡、促进区域平衡协调发展中发挥关键性的作用，必须坚持把加快县域经济发展转型摆在调结构、扩内需、稳增长、促改革、惠民生的重要位置上，并作为实施区域发展总体战略和主体功能区战略的重要任务抓紧、抓好。相信有在座的专家学者，特别是从事县域经济发展实践和理论研究的工作者的共同努力，县域经济发展实践会不断取得新的实效，县域经济理论研究会不断取得新的成果。我们期待来年也就是第三届中国县域经济高峰论坛的再次相会。

各位代表、各位专家学者、同志们：到现在为止，本次论坛的各项议程已圆满完成，请让我宣布，第二届中国县域经济高峰论坛胜利闭幕。衷心祝愿大家身体健康、工作顺心、返程平安。谢谢大家！

笔 者

2012 年 8 月 28 日

后　记

《中国县域经济前沿》（2012~2013）主要是第二届中国县域经济发展高峰论坛的成果汇编。

第二届中国县域经济发展高峰论坛由中国区域经济学会、中国社会科学院工业经济研究所、中共惠州市委、惠州市人民政府主办，由惠州市社会科学界联合会与中国区域经济学会县域经济专业委员会承办。中国社会科学院副院长李捷研究员（现任《求是》杂志社社长）、中共广东省惠州市委黄业斌书记（现任广东省人大常委会副主任）、中共广东省惠州市委副书记、市人民政府陈奕威市长（现任中共惠州市委书记）、中国社会科学院学部委员金碚研究员、中国社会科学院工业经济研究所所长黄群慧研究员、中国社会科学院数量经济与技术经济研究所所长李平研究员、中共惠州市委陈训廷副书记、中共惠州市委常委范中杰秘书长、中国社会科学院工业经济研究所副所长黄速建研究员、中国社会科学院工业经济研究所副所长李维民等领导同志，对论坛的成功举办和文集出版给予了高度重视和直接指导。

第二届中国县域经济发展高峰论坛由中国井冈山干部学院副院长、中国区域经济学会副理事长、中国区域经济学会县域经济专业委员会主任委员周金堂教授、研究员（现任江西省教育厅巡视员）策划统筹，由中共惠州市委温小林副秘书长，惠州市社会科学界联合会王燕主席，中国社会科学院工业经济研究所投资与市场研究室主任、中国区域经济学会县域经济专业委员会副主任委员、秘书长刘勇研究员，中国井冈山干部学院教务部干部（现任副调研员）、中国区域经济学会县域经济专业委员会副秘书长罗勇硕士等负责协调和参与组织实施。

《中国县域经济前沿》（2012~2013）全书由周金堂、刘勇负责组稿、统稿工作，周金堂审定。中国区域经济学会县域经济专业委员会副主任委员、广东省人民政府参事、广东县域经济研究与发展促进会会长陈鸿宇教授协助组稿，中国区域经济学会县域经济专业委员会副主任委员、山东省县域经济研究院院长、山东行政学院县域经济研究中心主任高焕喜教授负责山东省的组稿工作，中国区域经济学会县域经济专业委员会副主任委员、《中国县域经济报》张丹青总编辑给予了大力协助。此外，葛健博士、罗勇硕士、耿强博士、叶振宇博士等有关学会、研究机构和高校的专业人士也参与了论坛筹备和文集的编辑工作。由于编者水平有限，书中不妥之处敬请有志于县域经济发展实践的探索者和理论研究的专家学者给予指正。

编 者

2014 年 9 月 1 日